Autonomie in verteilten IT-Architekturen

von
Dr. -Ing. Jan Richling
Prof. Dr. Matthias Werner
Dr. Michael C. Jaeger
Prof. Dr.-Ing. Gero Mühl
Prof. Dr. Hans-Ulrich Heiß

Oldenbourg Verlag München

Dr.-Ing. Jan Richling arbeitete als Wissenschaftlicher Mitarbeiter an der Humboldt Universität Berlin, als Wissenschaftlicher Assistent an der Technischen Universität Berlin sowie als Vertretungsprofessor an der Ernst Moritz Arndt Universität Greifswald. Derzeit habilitiert er sich an der TU Berlin auf dem Gebiet der nichtfunktionalen Eigenschaften.

Prof. Dr. Matthias Werner arbeitet seit vielen Jahren auf den Gebieten der Verlässlichkeit, Echtzeitfähigkeit und Mobilität von verteilten und eingebetteten IT-Systemen, u.a. an der HU Berlin, der TU Berlin, der University of Texas at Austin, bei Daimler Research Berlin und bei Microsoft Research Cambridge. Heute ist Matthias Werner Professor für Betriebssysteme an der TU Chemnitz.

Dr. Michael C. Jaeger arbeitet bei Siemens Corporate Technology in der Einheit System Architecture and Platforms. Hier berät er die Bereiche zu den Themen Softwarearchitektur und Design Patterns, führt Trainings zu Pattern-orientierter Software-Entwicklung durch und vertritt Siemens CT in geförderten Forschungsprojekten.

Prof. Dr.-Ing. Gero Mühl ist seit 2009 Professor für „Architektur von Anwendungssystemen" an der Universität Rostock. Sein aktueller Forschungsschwerpunkt ist Selbstorganisation in verteilten Systemen.

Prof. Dr. Hans-Ulrich Heiß ist seit 2001 Inhaber des Lehrstuhls für Betriebs- und Kommunikationssysteme an der TU Berlin. Zu seinen Arbeitsgebieten gehören Betriebssysteme, Verteilte Systeme, Parallelverarbeitung, Selbstorganisation, Leistungsanalyse und Rechnersicherheit.

Bibliografische Information der Deutschen Nationalbibliothek

Die Deutsche Nationalbibliothek verzeichnet diese Publikation in der Deutschen Nationalbibliografie; detaillierte bibliografische Daten sind im Internet über http://dnb.d-nb.de abrufbar.

© 2011 Oldenbourg Wissenschaftsverlag GmbH
Rosenheimer Straße 145, D-81671 München
Telefon: (089) 45051-0
www.oldenbourg-verlag.de

Lektorat: Kathrin Mönch
Herstellung: Constanze Müller
Einbandgestaltung: hauser lacour
Gesamtherstellung: Grafik + Druck GmbH, München

Dieses Papier ist alterungsbeständig nach DIN/ISO 9706.

ISBN 978-3-486-70414-3

Zusammenfassung

Heutige IT-Systeme werden immer komplexer und kommen in immer dynamischeren Umgebungen zum Einsatz. Daneben entstehen durch die steigende Vernetzung Abhängigkeiten, die für Menschen nur schwer zu überblicken sind. Insbesondere sind die globalen Auswirkungen selbst kleiner Änderungen kaum abzuschätzen und manchmal auch von überraschender Art.

Aktuelle Forschungsarbeiten sehen in autonomem Systemverhalten einen vielversprechenden Ansatz zur Beherrschung der inhärenten Komplexität heutiger IT-Systeme. Häufig werden in diesen Arbeiten die verwendeten Begrifflichkeiten jedoch nicht klar definiert und voneinander abgegrenzt. Ferner konzentriert sich die Forschung bisher weitgehend auf die positiven, gewollten Aspekte autonomen Verhaltens und ignoriert die Gefahren, z. B. eine Verringerung der Verlässlichkeit, die von unerwünscht auftretender Autonomie ausgehen.

Das vorliegende Buch untersucht das Phänomen Autonomie unter verschiedenen Gesichtspunkten. Es gibt klare Definitionen für Autonomie und verwandte Konzepte (z. B. *Self-X-Eigenschaften*), grenzt diese voneinander ab und zeigt Beziehungen zwischen ihnen auf. Daneben wird die wichtige Rolle von Architekturmustern und Architekturen für die Realisierung autonomen Verhaltens herausgearbeitet. Hierfür werden wesentliche Eigenschaften von Architekturmustern, Architekturen, konkreten Systemen und Modellierungsansätzen dahingehend systematisch untersucht, inwiefern sie autonomes Verhalten fördern bzw. ihm im Wege stehen.

Das Buch analysiert Schwachstellen, die sowohl typischerweise in autonomen Systemen auftreten, als auch durch unerwünschtes autonomes Verhalten entstehen können. Basierend auf dieser Analyse werden Maßnahmen zur Erkennung und Beseitigung solcher Schwachstellen diskutiert. Dabei erweist sich die durchgängige Verwendung modellbasierter Techniken in allen Stadien des Lebenszyklus eines Systems als besonders vielversprechend.

Ein wesentliches Ziel dieses Buches ist es, sich nicht in der Betrachtung konkreter einzelner Systeme zu verlieren, sondern verallgemeinerte Aussagen auf einer höheren Abstraktionsebene zu treffen. Dadurch wird sichergestellt, dass die Ergebnisse des Buches technologieunabhängig sind und eine Übertragbarkeit gewährleistet ist.

Schlagworte: Architekturen, Architekturmuster, Autonome Systeme, IT-Sicherheit, Model-Driven Architecture, Nicht-funktionale Eigenschaften, Schwachstellenerkennung und -beseitigung, Self-X-Eigenschaften Service-Oriented Architecture, Verlässlichkeit.

Inhaltsverzeichnis

1 Einführung

1.1 Motivation

IT-Systeme durchdringen unseren Alltag in zunehmendem Maße. Schon seit längerer Zeit sind Computer nicht nur in „klassischen" Bereichen wie in Rechenzentren oder in der Büroautomatisierung zu finden, sondern auch in Autos, Telefonen oder selbst in Kleidung. Das verlässliche Funktionieren von Informations- und Kommunikationssystemen wird somit immer essentieller. Damit sinkt auch die Bereitschaft der Nutzer, sich mit jedem kleinen Detail dieser Technik intensiv auseinander zu setzen und beispielsweise täglich Software auf Dutzenden von Geräten zu aktualisieren oder Rekonfigurationen vorzunehmen. Dies hängt auch damit zusammen, dass die kaum noch zu überschauende und folglich auch nur noch schwer zu beherrschende Komplexität heutiger IT-Infrastrukturen mittlerweile eine erhebliche Herausforderung für Nutzer und vor allem Administratoren darstellt. Ein effektiver Betrieb wird damit immer aufwändiger.

Andererseits erfordert der Kostendruck in einem globalisierten Markt die Effizienz bei Erstellung und Betrieb von IT-Infrastrukturen kontinuierlich zu steigern. Insbesondere ist es notwendig, den Betrieb zu automatisieren, um die Personalkosten zu reduzieren. Internetprovider haben dies beispielsweise bereits umgesetzt und haben die Verwaltung ihrer Dienste (z. B. Webspace oder virtuelle Server) weitgehend automatisiert. Durch diesen Automatisierungsprozess gerät der klassische Beruf des Systemadministrators auf den Prüfstand.

Die IT-Industrie steckt also in dem Dilemma, einerseits manuelle Eingriffe zu reduzieren und andererseits die Sicherheit komplexer Systeme zu gewährleisten. Ein vielversprechender Ansatz zur Lösung ist die vermehrte Realisierung autonomen Systemverhaltens. Dies ist jedoch alles andere als trivial, da Autonomie nicht nur erwünschte Auswirkungen haben kann, sondern auch zu unerwünschtem emergenten Verhalten führen kann. Bisherige Ansätze für Systemarchitekturen und Entwicklungsmethodiken berücksichtigen diese Problematik jedoch nicht ausreichend. Daher müssen neue Ansätze gefunden werden, um das Vertrauen in die Verlässlichkeit autonomer Systeme zu erhöhen.

Das Potential autonomer Systeme für die effiziente Handhabung komplexer IT-Infrastrukturen wurde erkannt und ist auch von Herstellern in der Computerindustrie bereits aufgegriffen worden. Zum Beispiel stellte IBM in diesem Bereich die Autonomic Computing Initiative (ACI) vor. Im Rahmen dieser Initiative werden existierende Systeme und Anwendungen mit *Self-X-Eigenschaften* ausgestattet. Dabei steht das *X* als Platzhalter für unterschiedliche Funktionen wie Konfigurations- oder Schutzmaßnahmen, die ein Computersystem *selbständig* durchführen soll. Durch diese Vorgehensweise soll die mit dem Betrieb des Systems verbundene Komplexität reduziert werden.

Die Grundidee besteht darin, ein System mit Algorithmen und Verfahren derart zu erweitern, dass dieses die Sicherstellung bestimmter, in einer abstrakten Zielstellung beschriebener Eigenschaften selbständig verfolgt. Für die Durchsetzung dieser Eigenschaften soll kein Nutzer oder Administrator dedizierte Maßnahmen ergreifen müssen.

Mechanismen zur Realisierung autonomen Verhaltens bergen ein immenses Potential für die Umsetzung sowie für den Betrieb komplexer und dynamischer IT-Systeme. Allerdings kann die Autonomie eines Systems ein bedarfsgerechtes Sicherheitsniveau gefährden (vgl. [129, 261]): Durch das Zusammenspiel mit anderen Systemen bzw. Systemteilen können ungewollte emergente Effekte auftreten, die die Verlässlichkeit des betrachteten Systems verringern. Autonomes Verhalten kann also die Einhaltung von Sicherheitszielen negativ beeinflussen. Dies trifft umso mehr zu, da auch *unerwünscht* Autonomie auftreten kann, also ein beim Systementwurf nicht beabsichtigtes autonomes Verhalten.

Es ist die daher das Ziel dieses Buches, Sicherheitsrisiken autonomen Verhaltens zu identifizieren. Dabei sollen nicht konkrete Implementationen im Vordergrund stehen, sondern es soll vielmehr auf einer abstrakteren Ebene argumentiert werden, damit die Ergebnisse des Buches möglichst allgemein anwendbar sind.

1.2   Aufbau des Buches

Das vorliegende Buch gliedert sich in fünf aufeinander aufbauende Kapitel. Jedes Kapitel ist weitgehend in sich abgeschlossen und enthält separate Ergebnisse. Entsprechend wird jedes Kapitel (mit Ausnahme des Grundlagenkapitels) mit einer eigenen Zusammenfassung und Diskussion abgeschlossen. Abbildung 1.1 zeigt die inhaltliche Struktur des Buches.

Kapitel 2 gibt eine Einführung in die relevanten Konzepte und definiert die Begriffe, die für das weitere Verständnis des Buches notwendig sind, unter anderen so grundlegende Begriffe wie *System*, *Komposition*, *Eigenschaft* und *Architektur*. Außerdem werden grundlegende Ansätze der Systementwicklung, Modellierung und Verlässlichkeit diskutiert.

Kapitel 3 geht auf das in diesem Buch zentrale Konzept der *Autonomie* ein. Autonomie wird als eine nicht-funktionale Systemeigenschaft eingeführt sowie sie kennzeichnende Merkmale diskutiert. Anschließend wird anhand dieser Autonomiemerkmale untersucht, inwiefern existierende Modellierungsansätze zur Modellierung von Autonomie in Systemen geeignet sind.

In Kapitel 4 werden grundlegende Architekturmuster sowie ausgewählte Architekturen behandelt. Zunächst wird in diesem Kapitel eine Taxonomie von Architekturmustern vorgestellt. Dann werden auf Grundlage der durch die Taxonomie gegebenen Parameter verschiedene typische Architekturmuster diskutiert und bezüglich der Förderung bzw. Hinderung von Autonomie bewertet. Anschließend werden Architekturmuster besprochen, die zur Realisierung autonomer Systeme geeignet sind.

Kapitel 5 behandelt die Schwachstellen, die mit Autonomie in Zusammenhang stehen. Dabei wird zwischen Gefährdungen von Systemen mit erwünschtem autonomen Verhalten und dem unerwünschten Auftreten autonomen Verhaltens unterschieden. Konkrete Schwachstellen werden informal beschrieben und anhand von Beispielen diskutiert. Abgeschlossen wird dieses Kapitel mit einer Checkliste zur Schwachstellenerkennung für autonome Systeme.

In Kapitel 6 wird aufbauend auf den Architekturmustern und der Diskussion möglicher Schwachstellen eine Zusammenstellung von Maßnahmen und Vorgehensmustern erarbeitet, die bei der

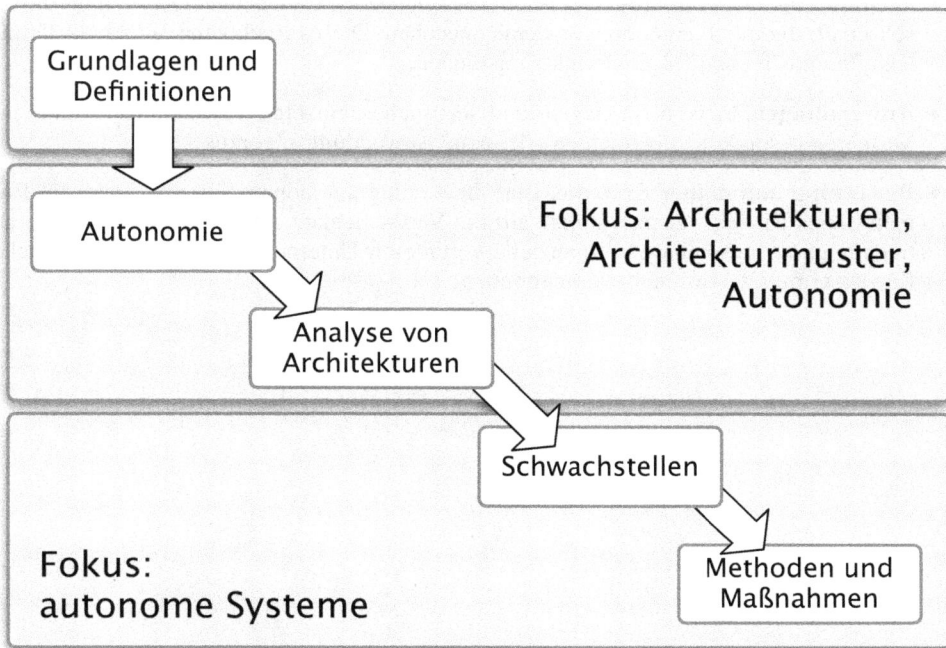

Abb. 1.1: *Aufbau und Inhalt des Buches*

Modellierung und Entwicklung verteilter autonomer Systeme berücksichtigt werden sollen. Die in diesem Kapitel betrachteten Maßnahmen werden – neben der ausführlichen Diskussion – in einem Empfehlungskatalog knapp und übersichtlich zusammengefasst.

Das Buch schließt mit einem Anhang, in dem grundlegende Ansätze zur Modellierung und zum Entwurf von (IT-)Systemen vorgestellt werden.

1.3   Abgrenzung des Inhalts

Die Betrachtungen des Buches zielen auf die Betrachtung von Autonomie in verteilten Systemen unter Berücksichtigung der Verlässlichkeit ab. Es soll ermittelt werden, inwiefern durch einen methodischen Ansatz Schwachstellen frühzeitig erkannt werden können und die Verlässlichkeit autonomer Systeme sichergestellt werden kann. Durch diesen Fokus grenzt sich die Ausrichtung des Buches von anderen Themen und Fragestellungen ab. Insbesondere sind folgende Themen nicht Bestandteil des Buches:

- **Marktpotential.** Weder die Marktanalyse noch die Abschätzung des Marktpotentials autonomer Systeme sind Bestandteil dieses Buches.

- **Technikfolgenabschätzung.** Das Buch betrachtet keine Chancen und Risiken für die Gesellschaft, die durch autonome Systeme entstehen. Dieses Buch kann jedoch als Grundlage für eine Technikfolgenabschätzung dienen.

- **Anwendungen.** Es ist nicht Gegenstand des Buches, einzelne Anwendungen autonomer Verfahren gesondert zu betrachten oder neue Anwendungen vorzuschlagen.

- **Bewertung autonomer Systeme.** Eine Bewertung autonomer Systeme findet im Rahmen dieses Buches nur in Hinblick auf die Verlässlichkeit statt. Eine ganzheitliche Betrachtung, die beispielsweise finanzielle Vorteile für Unternehmen beim wirtschaftlichen Einsatz ermittelt, wird nicht vorgenommen.

2 Grundlagen und Definitionen

Dieses Kapitel definiert grundlegende Begriffe und schafft damit die Basis für das Verständnis der weiteren Kapitel.

2.1 Systemmodell

In diesem Buch geht es um Autonomie als *Eigenschaft* von *Systemen* der Informationstechnologie (IT). Obwohl Begriffe wie „System" und „Eigenschaft" häufig genutzt werden, gibt es selten eine exakte Abgrenzung, was genau mit diesen Begriffen gemeint ist. Dies gilt umso mehr, da diese Begriffe sowohl zur Alltagssprache als auch zur Fachsprache vieler Disziplinen gehören.

Daher werden hier zunächst die Begriffe „System" und „Eigenschaft" diskutiert, um später die Konzepte der „Architektur" und „Architekturmuster" zu erörtern, die sich für die Betrachtung von Autonomie als wesentlich herausstellen werden.

2.1.1 Systembegriff und Systemeigenschaften

Ursprünge und Definitionen des Systembegriffs an sich lassen sich auf die Zeit vor der Entstehung der Informatik als Wissenschaft zurückführen (vgl. Wyssusek [272, Abschnitt 4.1]). Daher stützt sich die Informatik auf einen generischen Systembegriff. Es existieren bereits vielfältige Definitionen für den Begriff „System", von denen einige in Standardisierungen eingegangen sind – zum Beispiel in Standards des DIN [55] oder der ISO [118]. Als Grundlage für die weiteren Betrachtungen soll die folgende Definition, die entsprechende Standards berücksichtigt, gelten [267]:

Definition 1: *System*

> Ein *System* ist eine Menge von Elementen, die in einer bestimmten Umgebung oder in einem bestimmten Kontext als Einheit aufgefasst werden. Die Elemente dieser Einheit interagieren, stehen miteinander in Beziehung und können ihrerseits wiederum als System aufgefasst werden.

Diese Definition macht deutlich, dass ein System das Ergebnis einer Interpretation ist und nicht per se existiert. Aufgrund ihres rekursiven Charakters können des Weiteren die Begriffe System und Element weitgehend synonym verwendet werden. Aus Sicht des Nutzers gibt es jedoch einen Unterschied: Ein System hat einen bestimmten Zweck bzw. bietet dem Nutzer eine bestimmte Funktion an. Dagegen ist es die wichtigste Funktion von Elementen, dass sie zu einem System zusammengesetzt werden können. Dies führt zum Begriff der Komposition:

Definition 2:   *Komposition*

Komposition bezeichnet das Zusammenfügen von Elementen (d. h. elementaren Elementen oder bereits existierenden Systemen) zu einem neuen System.

Es stellt sich die Frage, warum Systeme komponiert werden. Offensichtlich leistet ein System etwas, das keines seiner Elemente leisten kann, sonst wäre die Schaffung des Systems überflüssig. Ein System hat in seiner Gesamtheit andere Eigenschaften als seine Komponenten. Genaugenommen definiert sich ein System oder Element über seine Eigenschaften; d. h. Eigenschaften machen die Unterscheidbarkeit von Systemen aus. Diese *neuen* Eigenschaften sind Folge des Kompositionsvorganges und werden daher auch *emergente* Eigenschaften[1] genannt. Es können durch eine Komposition sowohl erwünschte als auch unerwünschte Eigenschaften auftreten. Wenn ein System komponiert wird, so geschieht dies mit dem (positiven) Ziel, bestimmte Eigenschaften zu erreichen, oder mit dem (negativen) Ziel, bestimmte Eigenschaften zu verhindern. In der Regel wird eine Kombination aus beiden Zielstellungen verfolgt. Durch die steigende Komplexität heutiger IT-Systeme wird es aber immer schwieriger sicherzustellen, dass ein komponiertes System keine ungewollten emergenten Eigenschaften besitzt.

Was aber ist eine Systemeigenschaft? Die Antwort auf diese Frage ist nicht trivial, da der Begriff der „Eigenschaft" nicht leicht zu definieren ist; vielmehr wird der Eigenschaftsbegriff selbst häufig in Definitionen benutzt. Die Rückführung auf Begriffe wie „Attribut" hilft hier nur bedingt weiter, da dies in der Regel zu zirkulären Erklärungen führt. Deshalb wird an dieser Stelle zunächst auf das intuitive Verständnis zurückgegriffen, welches bei solch grundlegenden Begriffen meist relativ zuverlässig ist:

> Eine *Eigenschaft* ist das, was eine Entität (im hier interessierendem Fall: ein System) von einer anderen Entität (oder von sich selbst zu einem anderen Zeitpunkt) unterscheidbar machen kann.

Jede Entität besitzt eine unendliche Zahl von Eigenschaften. Schon allein das Schema „System x ist (nicht) geeignet für den Zweck y" (wobei in der Regel „Eignung" keine rein diskrete Eigenschaft ist) ergibt eine unendliche Zahl an Eigenschaften. Jedoch sind nicht alle Eigenschaften zu jeder Zeit von Interesse. Innerhalb eines Bezugsystems kann eine relativ kleine Anzahl von Eigenschaften ausreichen, ein Element zu charakterisieren. In [267] werden solche Eigenschaften *Basisqualitäten* genannt. Alle anderen Eigenschaften können (innerhalb dieses Bezugsystems) von den Basisqualitäten eines Elements abgeleitet werden. Beispielsweise kann die Eigenschaft „Das System eignet sich zum Knacken von Nüssen" von einer bestimmen Masse und Form abgeleitet werden. Entsprechend kann auch das Großsiegel von England [257] oder ein Mikroskop [149] zum Nüsseknacken benutzt werden.

---

[1] Eine ausführlichere Diskussion des Emergenz-Begriffes wird im Abschnitt 3.2.2 geführt.

Bei einer Eigenschaft kann zwischen ihrer *Existenz* und ihrem *Wert* unterschieden werden. In der Philosophie entspricht dies dem *qualitativen* und dem *quantitativen Sein*. Beispielsweise kann ein Werkzeug eine Farbe besitzen – die Eigenschaft „Farbe" existiert. Ihr Wert kann z. B. „rot" sein oder die Wellenlänge 650 ns. Eine andere Eigenschaft des Werkzeugs kann sein, dass es dafür geeignet ist, eine Schraube zu lösen. Der zugeordnete Wert wäre hier ein Wahrheitswert, also „ja" oder „nein", oder vielleicht eine rationale Zahl oder ein anderes Maß, das angibt, wie gut sich das Werkzeug dafür eignet. Der Wert einer Eigenschaft muss kein Skalar sein. Es sind beliebige Ausdrücke auch höherer Ordnung möglich. Dadurch kann auch das System*verhalten* oder Teile davon als Eigenschaft eines Systems betrachtet werden. In der Informatik wird der Existenzteil einer Eigenschaft häufig als *Typ* bezeichnet.

Ausgehend von diesen Betrachtungen wird der Begriff der Eigenschaft wie folgt definiert:

Definition 3: *Systemeigenschaft*

Eine *Systemeigenschaft* ist ein dem System S (gegebenenfalls zu einem Zeitpunkt t) zugeordnetes Tupel (P, V), wobei P den Eigenschaftstyp und $V = P(S)$ den P in S konkret zugeordneten Wert beschreibt. Statt $V = P(S)$ oder $V = P(S, t)$ kann auch $V = P_S$ bzw. $V = P_S(t)$ geschrieben werden.

Es gibt Eigenschaftstypen, die auf bestimmte Systeme oder Elemente nicht angewandt werden können. Beispielsweise kann die Laufzeit eines Computerprogramms bei gegebener Ausführungsumgebung bestimmt werden, aber nach der Laufzeit eines Hammers zu fragen, ergibt keinen Sinn. In diesem Buch wird der Sachverhalt, dass eine Eigenschaft P auf ein System S nicht angewendet werden kann (oder genauer gesagt, der Eigenschaftstyp auf S nicht angewendet werden kann), mit $P(S) = \perp$ oder $P_S = \perp$ bezeichnet. Zu beachten ist, dass die Existenz (also die Anwendbarkeit des Typs) einer Eigenschaft in einem System unabhängig von der *Beobachtbarkeit* der Eigenschaft in diesem System ist.

Eine wichtige Eigenschaft, die ein System auszeichnet, ist sein Verhalten. Um das Systemverhalten zu definieren, wird zunächst der Begriff der Systemschnittstelle eingeführt:

Definition 4: *Systemschnittstelle, Eingabeschnittstelle, Ausgabeschnittstelle*

Die *Systemschnittstelle* besteht aus der *Eingabeschnittstelle* und der *Ausgabeschnittstelle*. Während erstere bestimmt, welche Eingabewerte an das System übergeben werden können, bestimmt letztere, welche Ausgabewerte das System liefern kann.

Bei der Komposition eines Systems aus einzelnen Komponenten werden die Eingabeschnittstellen und die Ausgabeschnittstellen der einzelnen Komponenten entsprechend verbunden. Eine Teilmenge der Eingabeschnittstellen wird zur Eingabeschnittstelle des komponierten Systems und entsprechend eine Teilmenge der Ausgabeschnittstellen zur Ausgabeschnittstelle des komponierten Systems. An die Eingabeschnittstelle eines System können ab dem Zeitpunkt des Systemstarts Eingabewerte angelegt werden und an der Ausgabeschnittstelle des Systems erscheinen Ausgabewerte. Die Zeit kann hierbei sowohl diskret als auch kontinuierlich sein. Dies führt zu folgender Definition:

Definition 5:   *Eingabefunktion, Ausgabefunktion*

Eine *Eingabefunktion* legt fest, welche Eingabewerte über der Zeit an die Eingabeschnittstelle des Systems angelegt werden, während eine *Ausgabefunktion* angibt, welche Ausgabewerte das System über die Zeit liefert.

Aufbauend auf den Definitionen für die Ein- und Ausgabeschnittstellen sowie der Ein- und Ausgabefunktionen kann jetzt der Begriff des Systemverhaltens definiert werden:

Definition 6:   *Systemverhalten*

Ein *Systemverhalten* ist eine Relation, die jeder für eine gegebene Eingabeschnittstelle möglichen Eingabefunktion mindestens eine Ausgabefunktion zuordnet.

Systeme, die lediglich einen *Ausgabewert* auf Basis eines zum Zeitpunkt des Systemstarts angelegten *Eingabewertes* berechnen, sind von der Definition mit abgedeckt und können als Spezialfall von Systemen mit zeitabhängigen Eingaben und Ausgaben modelliert werden.

Bei *deterministischen* Systemen gibt es zu jeder Eingabefunktion genau eine zugeordnete Ausgabefunktion. Die Ausgabefunktion ist in diesem Fall bei gegebener Eingabefunktion eindeutig festgelegt. Die Relation, die das Systemverhalten beschreibt, ist dann (rechts-)eindeutig, also eine Funktion. Bei *nicht-deterministischen* Systemen können hingegen mehrere Ausgabefunktionen zu einer Eingabefunktion existieren. Von einem *determinierten* System wird gesprochen, wenn ein System auf einen eindeutigen Ausgabewert hinstrebt. Diese Eigenschaft ist orthogonal zu der Frage, ob ein System deterministisch oder nicht-deterministisch ist. Bei einem determinierten, nicht-deterministischen System gibt es bei gegebener Eingabefunktion mehrere Ausgabefunktionen, die aber zum gleichen Ausgabewert streben. So ist z. B. das Sortierverfahren Quicksort nicht-deterministisch, aber determiniert, da die Abfolge der Sortieroperationen durch die in jeder Sortierrunde zufällige Wahl des Pivotelements beeinflusst wird, das Endergebnis aber stets die sortierte Folge ist. Verteilte Systeme sind aufgrund diverser Effekte (z. B. Race Conditions aufgrund variierender Nachrichtenlaufzeiten) in der Regel nicht-deterministisch, sie können aber durchaus determiniert sein.

2.1.2   Architektur und Architekturmuster

Wie wird nun vorgegangen, wenn ein System mit bestimmten Eigenschaften realisiert werden soll? Häufig wird ein System zunächst in Subsysteme zerlegt, die später wieder reintegriert werden. Durch die Unterteilung des ursprünglichen Systems soll die Entwicklung des Systems handhabbarer gemacht werden. In der Informatik finden sich viele Beispiele für Systeme. Es existieren Betriebssysteme, die Bestandteil eines Computersystems sind und dessen Ressourcen verwalten. Ein Betriebssystem beinhaltet seinerseits ein Dateisystem, das die Organisation von Daten auf einem Datenträger realisiert. Verteilte Systeme haben z. B. die Charakteristik, dass ihre Elemente in logischer oder physischer Hinsicht aufgeteilt sind. Ein Beispiel hierfür sind Client/Server-Systeme, die in einen Client- und in einen Server-Anteil aufgeteilt sind.

An dieser Stelle kommt der Begriff der Architektur ins Spiel. Die Architektur ist ebenfalls nicht in der Informatik beheimatet und bildet eine selbständige Fachdisziplin. In Anlehnung an diese Disziplin hat sich der Begriff der Architektur in der Informatik als Bezeichnung für den Aufbau und die Struktur von Hardware oder Software etabliert. Des Weiteren stellt die systematische Anfertigung einer strukturierten Hardware oder Software ein der klassischen Architektur als Fachdisziplin sehr ähnliches Vorgehen dar. Der IEEE Standard 1471-2000 spricht hierbei von *Architectural Activities* [115]. Für die weitere Verwendung wird aufbauend auf diesen Betrachtungen eine Definition herangezogen, die auf dem Referenzmodell der ISO für verteilte Systeme basiert [118, Abs. 6.6]:

Definition 7:   *Architektur*

Eine *Architektur* definiert Regeln bezüglich der Struktur eines Systems und den Zusammenhängen zwischen seinen Elementen.

Diese Definition lässt sich leicht auf die Verwendung des Begriffs Architektur in der Informatik ausdehnen. Beispielsweise bestimmt eine Kernelarchitektur für Betriebssysteme, dass entweder nur notwendige Bestandteile zur Speicherverwaltung und Behandlung von Interrupts Bestandteile sein sollen (Mikrokernelarchitektur) oder aus Gründen der Effizienz alle zwingend notwendigen Basisbestandteile eines Betriebssystems Teil des Kernels sind (monolithische Kernelarchitektur [249]).

Im Bereich der Softwarearchitekturen sind schichtartige Modelle bekannt: Beispielsweise definiert das *Schichtenmodell* des Open System Interconnect (OSI)-Standards der ISO [120] eine Architektur für die Kommunikation zwischen Systemen. Aus dem Bereich der verteilten Systeme wurden bereits Client/Server-Systeme genannt, welche in einen Client-Bestandteil und einen Server-Bestandteil aufgeteilt sind. Diese Beispiele machen deutlich, dass eine Menge von Regeln die Eigenschaften einer bestimmten Architektur festlegt. Allerdings wird hierbei auch deutlich, dass beispielsweise die Architektur eines Client/Server-Systems nicht vollständig von „der" Client/Server-Architektur beschrieben wird. Vielmehr stellt die Client/Server-Architektur eine Abstraktion einer Klasse von Architekturen dar (zu der z. B. die Java Enterprise Edition gehört), die wesentliche Charakteristiken der betreffenden Architekturen wiedergibt. Daher wird im Folgenden der Begriff des Architekturmusters definiert, das eine Abstraktion einer Architektur im Sinne des RM-ODPs [118, Abschnitt 6.3] darstellt:

Definition 8:   *Architekturmuster*

Ein *Architekturmuster* abstrahiert von einer Klasse von Architekturen und gibt mindestens eine wesentliche Charakteristik der betreffenden Architekturen wieder.

Beispielsweise gibt das Client/Server-Architekturmuster die Charakteristika von Client/Server-Architekturen wieder, dass (im einfachsten Fall, vgl. Abschnitt 4.3.1) die Funktionalität in mindestens zwei Schichten aufgeteilt wird und hierbei die Client-Schicht mit der Server-Schicht mittels Request/Reply-Kommunikation kommuniziert.

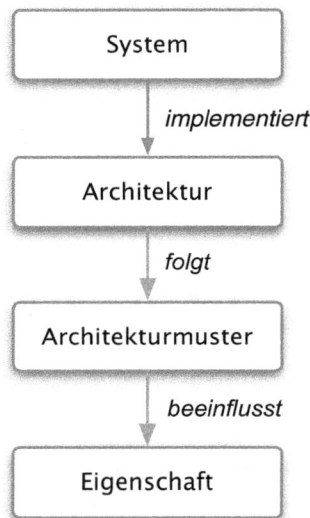

Abb. 2.1: Zusammenhang zwischen System, Architektur, Architekturmuster und Eigenschaft

Zusammenfassend ergeben sich die folgenden Zusammenhänge zwischen den eingeführten Begriffen (Abbildung 2.1):

- Ein System implementiert eine Architektur.

- Eine Architektur folgt einem oder auch mehreren Architekturmustern.

- Ein Architekturmuster ermöglicht oder verhindert bzw. verstärkt oder vermindert bestimmte Eigenschaften des Systems.

2.2 Modelle und Modellierung

Autonomie ist eine abstrakte Eigenschaft – sie lässt sich nicht unmittelbar erkennen, sondern nur in der Abstraktion, d. h. im *Modell*. Jedoch ist auch die Modellierung alles andere als trivial. Dies liegt u. a. daran, dass bereits das Konzept des „Modells" z. T. unscharf ist und in vielen Disziplinen unterschiedlich definiert und verwendet wird. Deshalb wird hier der in diesem Buch verwendete Modellbegriff erläutert und eine Taxonomie von Modelleigenschaften vorgestellt, um eine Grundlage für die z. T. sehr unterschiedlichen Modelle und Modellierungsansätze zu geben, die in den Folgekapiteln genutzt werden. Dabei wird vorausgesetzt, dass dem Leser grundlegende Ansätze der Modellierung in der IT bekannt sind. Im Anhang A werden die Wesentlichsten an Beispielen kurz diskutiert; für eine ausführlichere Erläuterung sei auf die Literaturliste verwiesen.

2.2.1 Begriffsbestimmung

Im Duden Fremdwörterbuch [63] sind verschiedene Bedeutungen für den Begriff Modell angegeben, nämlich

> 1. Muster, Vorbild. 2. Entwurf od. Nachbildung in kleinerem Maßstab (z. B. eines Bauwerks). 3. [Holz]form zur Herstellung der Gussform. [...] 5. Mensch od. Gegenstand als Vorbild für ein Werk der bildenden Kunst. 6. Typ, Ausführungsart eines Fabrikats. 7. vereinfachte Darstellung der Funktion eines Gegenstands od. des Ablaufs eines Sachverhalts, die eine Untersuchung od. Erforschung erleichtert od. erst möglich macht. [...]

Da dieses Buch IT-Systeme behandelt, wird hier der Begriff Modell ausschließlich im Sinn von Punkt 7 der Dudendefinition gebraucht und weitergehende Aspekte (Vorbildwirkung, Modell in der Kunst) vollständig ausgelassen. Trotzdem ist es schwierig, einen klaren Modellbegriff anzugeben. Unterschiedliche Ansätze zur Definition des Modellbegriffs werden in [157] vorgestellt und es wird dort auch diskutiert, woran ein Modell als ein solches erkannt werden kann. Für IT-Systeme ist der Ansatz von Stachowiak [239] passend, der ein Modell anhand von drei Merkmalen beschreibt:

Definition 9: *Modell*

Ein *Modell* besitzt folgende Merkmale:

1. **Abbildungsmerkmal.** Modelle sind stets [...] Abbildungen, Repräsentationen natürlicher oder künstlicher Originale, die selbst wieder Modelle sein können.

2. **Verkürzungsmerkmal.** Modelle erfassen im Allgemeinen nicht alle Attribute des durch sie repräsentierten Originals, sondern nur solche, die den jeweiligen Modellerschaffern und/oder Modellbenutzern relevant scheinen.

3. **Pragmatisches Merkmal.** Modelle sind ihren Originalen nicht per se eindeutig zugeordnet. Sie erfüllen ihre Ersetzungsfunktion:

- für bestimmte – erkennende und/oder handelnde modellbenutzende – Subjekte;
- innerhalb bestimmter Zeitintervalle und
- unter Einschränkung auf bestimmte gedankliche oder tatsächliche Operationen.

Modelle können sowohl als Abbild von existierenden Systemen geschaffen werden als auch als Vorbild für neu zu erstellende Systeme dienen. Diese abbildende bzw. deskriptive Eigenschaft wird bei Mahr [157] auch als „*Modell von*" und „*Modell für*" bezeichnet. Die Frage, wie ein Modell erzeugt wird, führt zum Begriff der Modellierung:

Definition 10: *Modellierung*

Modellierung bezeichnet den Vorgang, der zur Erschaffung eines Modells führt. Bestandteil dieses Vorgangs ist eine Analyse, um z. B. relevante und irrelevante Eigenschaften zu bestimmen, die im Modell hervorgehoben bzw. vernachlässigt werden.

Wie an den drei in Definition 9 genannten Merkmalen erkannt werden kann, dürfen Modelle nicht nur für sich selbst betrachtet werden, d. h. *was* und *wie* ein Modell Eigenschaften des bezogenen Systems beschreibt, sondern auch immer im Kontext ihres Einsatzes, d. h. *wie* und *warum* Modelle in Beziehung zur Realität[2] gesetzt werden. Deshalb werden in diesem Buch Modelle unter drei Blickwinkeln betrachtet:

- **Intrinsische Sicht.** Die intrinsische Sicht beschreibt einen Modellierungsansatz aus sich heraus: Welche Art von *Eigenschaften* bildet das Modell ab, welche Eigenschaften hat das Modell etc.

- **Nutzungssicht.** Hier wird beschrieben, wo und wie ein Modellierungsansatz *eingesetzt* wird.

- **Kommunikationssicht.** Hier werden Kriterien betrachtet, die die *Kommunikation* des Modells bzw. über das Modell betreffen.

Alle drei Sichten korrelieren naturgemäß bis zu einem gewissen Grad, der jedoch nicht so weitgehend ist, dass auf eine der Sichten vollständig verzichtet werden kann. Die einzelnen Sichten und die in der jeweiligen Sicht wichtigen Eigenschaften sind in den Abbildungen 2.2, 2.3 und 2.5 (siehe Abschnitte 2.2.2 bis 2.2.4) wiedergegeben und werden in den folgenden Abschnitten erläutert.

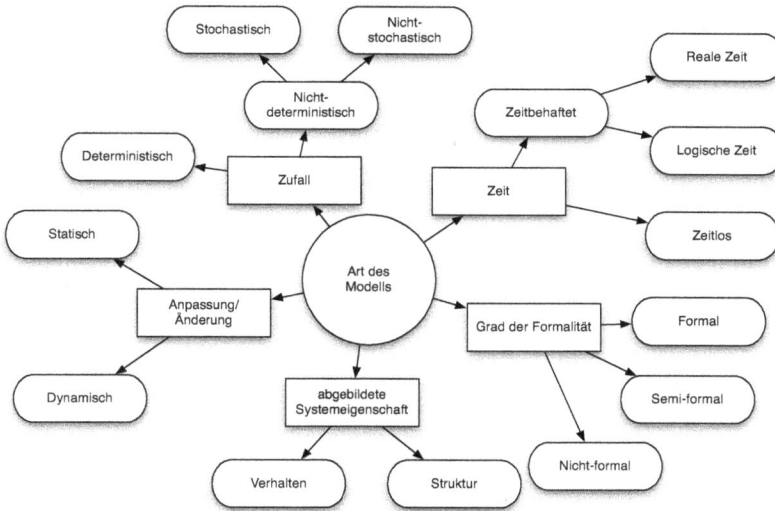

Abb. 2.2: *Intrinsische Sicht auf Modelle*

2.2.2 Intrinsische Sicht

Bei der intrinsischen Sicht wird betrachtet, um was für eine Art von Modell es sich handelt. Es geht daher um diejenigen Modelleigenschaften, die direkt dem Modell (also der Abbildung) zu entnehmen sind, ohne die Beziehung zum Original (also dem abgebildeten Objekt) zu untersuchen. Zwar spiegeln sie in einer gewählten Modellierungstechnik auch immer Aussagen über das Original wider, aber dies liegt in der Natur der Sache: Wenn z. B. ein Modellierungsansatz gewählt wird, der (womöglich ausschließlich) ein Zeitverhalten beinhaltet, wird damit kaum ein statisches System modelliert werden.

Wenn Eigenschaften von einem Gegenstand – in diesem Fall von einem Modell – beschrieben werden sollen, kann dies beliebig exakt erfolgen, so dass letztlich der Gegenstand vollständig beschrieben ist.[3] Eine solche Sicht ist jedoch taxonomisch nur beschränkt sinnvoll. In diesem Buch wird sich deshalb auf einige wenige, jedoch wesentliche und charakteristische Modelleigenschaften beschränkt, die eine gute Vergleichbarkeit gewährleisten:

- **Abgebildete Systemeigenschaft.** Prinzipiell gibt es zwei Klassen von Grundeigenschaften, die ein Modell abbilden kann: die Struktur eines Systems und das Verhalten eines Systems. Jede andere Eigenschaft lässt sich auf eine dieser beiden Kategorien reduzieren. Verhalten beschreibt dabei die Aktionen eines Systems, die entweder autonom oder eine Reaktion auf Interaktionen (mit) der Umwelt sind.[4] Struktur beschreibt dagegen die

---

[2]Diese Realität kann selbst wieder ein Modell sein.

[3]Die Identität eines Systems/Gegenstands kann als die vollständige Enumeration seiner Eigenschaften aufgefasst werden.

[4]Auch statische Attribute können als Verhalten aufgefasst werden. Beispielsweise ist die Farbe eines Gegenstandes

Verknüpfungen zwischen Systemelementen. Eine Modellierungstechnik kann beide Elemente in unterschiedlicher Gewichtung enthalten.

- **Zufall und Zeit.** Obwohl Zufall und Zeit nur zwei Eigenschaften unter vielen anderen sind, mit denen ein System beschrieben werden kann und die sich entsprechend im Modell wieder finden können, erscheinen den Autoren dieses Buches diese beiden Eigenschaften besonders wichtig: Je nach Ausprägung dieser Eigenschaften sind in der Regel qualitativ andere Ansätze bei Beschreibung, Analyse und Simulation notwendig.

    - **Zufall.** Unter Umständen kann es gewünscht sein, Eigenschaften eines Systems zu modellieren, die nicht völlig vorherbestimmt sind, sondern dem Zufall unterliegen. Es kann zunächst grob zwischen deterministischen und nicht-deterministischen Modellen unterschieden werden. Dabei steht Determinismus bei Modellen für Verhalten oder Strukturen, deren Ausprägung völlig vorherbestimmt sind. Im Gegenzug werden bei nicht-deterministischen Modellen explizit bestimmte Facetten des modellierten Systems als nicht vorherbestimmt deklariert.[5] Nicht-deterministische Strukturen oder nicht-deterministisches Verhalten ist nicht völlig unbestimmt, sondern nur für eine einzelne Instanz (eines Modellelements, einer Modellbeziehung etc.). Unter Umständen gibt es Gesetzmäßigkeiten über eine größere Menge von Instanzen. Solche Systeme werden *stochastisch* genannt. Systeme, bei denen (bzw. bei ihrer Widerspiegelung im Modell) dies nicht der Fall ist, sind entsprechend *nicht-stochastisch*.

    - **Zeit.** Zeit spielt eine wichtige Rolle in Systemen: Jedes reale System existiert in der Zeit. Allerdings wird diese Eigenschaft in vielen Modellen vernachlässigt, nicht zuletzt da „Zeit" ein nicht sehr einfaches Konzept darstellt.[6]

        Modelle, die ohne Beschreibung von Zeit auskommen, sind *zeitlos*. Den Gegensatz bilden *zeitbehaftete* Modelle. Dabei können die zeitbehafteten Modellierungstechniken in Techniken mit realer oder logischer Zeit unterteilt werden. Mit *realer Zeit* ist eine Abbildung auf ein Zeitkonzept gemeint, wie es von physischen Systemen (insbesondere Uhren) bekannt ist. Die reale Zeit wird als kontinuierlich angesehen und gestattet neben der Bestimmung der Reihenfolge auch die Messung der Dauer von Ereignissen. Reale Zeit ist oft schwierig zu modellieren. Jedoch wird ein Zeitkonzept oft gar nicht gebraucht, um eine Zeitdauer zu messen, sondern nur, um Ereignisse in eine kausale Halbordnung zu bringen (vgl. [141]). In diesem Fall reicht eine *logische Zeit* aus. Eine bekannte Variante sind logische Uhren, (z. B. die Lamport-Uhr oder die Vektoruhr), wie sie häufig in verteilten Systemen verwendet werden. Einen anderen Modellierungsansatz für logische Zeit stellen *Temporallogiken*, eine Spezialform der *Modallogiken*, dar (vgl. z. B. [159]).

- **Anpassung/Änderung.** Unabhängig davon, ob sich ein modelliertes System in der Zeit oder bezüglich anderer Eigenschaften ändert, kann eine Modellierungstechnik statische

---

die (in der Regel konstant bleibende) Reaktion auf einen Lichteinfall.

[5]Der hier betrachtete Nicht-Determinismus ist zu unterscheiden von impliziter Nicht-Vorherbestimmtheit, wie sie zum Beispiel durch Anwendung von Verkürzungen vorkommt: Die Verkürzung tritt bei vielen Modellen auf und bezeichnet das Weglassen von irrelevanten Details. Diese Details sind dann durch das Modell nur implizit nicht vorherbestimmt.

[6]Es ist nur scheinbar einfach. Diesen Sachverhalt drückt Augustinus in [8] gut aus: „Was ist Zeit: Wenn niemand mich danach fragt, weiß ich es, wenn ich es jemandem auf seine Frage hin erklären will, weiß ich es nicht".

oder veränderliche (dynamische) Modelle zulassen. So sind etwa klassische Graphen (die sehr häufig zur Modellierung eingesetzt werden) statisch, obwohl mit ihnen zeitliche Abläufe modelliert[7] werden können: Änderungen des *Modells* bedürfen einer neuen Modellinstanz. Dagegen lassen manche Grapherweiterungen, wie z. B. *Petri-Netze*, eingeschränkt Änderungen zu. So können sich die Token bewegen, die Vernetzung der Stellen ist jedoch fix.

- **Formalität.** Ein Modell kann einen unterschiedlichen Grad an *Formalität* haben. Unter Formalität wird die Eigenschaft verstanden, dass die Modellsemantik (nicht die Semantik des modellierten Objekts) mathematisch beschreib- und analysierbar ist. Ist dies vollständig der Fall, so wird von formalen Modellen gesprochen.[8] Nicht vollständig formale Modelle sind entweder halb-formal oder nicht-formal, je nachdem, ob mathematische Erfassbarkeit eine bedeutende Rolle in der Modellierungstechnik spielt oder nicht. Da die Einschätzung einer Bedeutung subjektiv ist, gibt es keine klare Trennlinie zwischen halb-formalen und nicht-formalen Modellen.

2.2.3   Nutzung von Modellen

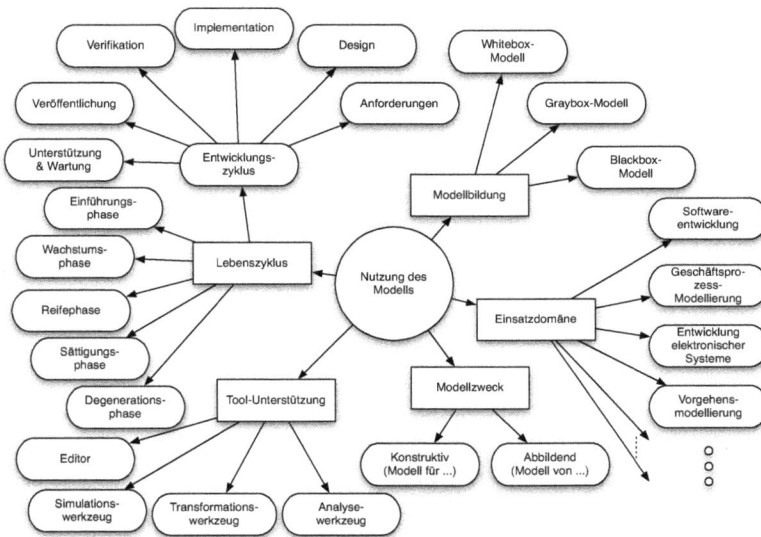

Abb. 2.3: *Nutzung von Modellen*

Bei der Nutzungssicht geht es darum, wie ein Modellierungsansatz eingesetzt werden kann. Sie stellt sozusagen die „Außenansicht" dar, wogegen in Abschnitt 2.2.2 die „Innenansicht" dargestellt wurde. Auch hier gilt es, eine Vielzahl von Eigenschaften zu unterscheiden:

---

[7]Beispielsweise kann die Ordnung von Ereignissen mit ihnen modelliert werden.
[8]Mit welchen Methoden dies geschieht, ist nicht festgelegt. Es werden beispielsweise denotationale, axiomatische und operationale Semantiken unterschieden (vgl. [269]).

- **Einsatzdomäne.** Die Eigenschaft *Einsatzdomäne* kategorisiert das jeweilige Anwendungsgebiet einer Modellierungstechnik. Zwar lassen sich in der Regel fast alle Modellierungsansätze in verschiedenen Bereichen anwenden, aber es gibt häufig „typische" Einsatzgebiete. Einige Einsatzgebiete für Modelle von in diesem Buch betrachteten Systemen sind in Abbildung 2.3 aufgelistet; jedoch ist diese Aufzählung exemplarisch und erhebt keinen Anspruch auf Vollständigkeit.

- **Modellbildung.** Häufig werden in der Informatik (insbesondere im Bereich des Testens) Modelle eingesetzt, in denen bekannte Informationen bewusst ausgelassen werden, die aber für die Modellintention durchaus relevant sind.[9] In diesem Fall wird von *Blackbox-Modellen* gesprochen. Das Gegenstück stellen die *Whitebox-Modelle* dar, in die alle der Modellintention entsprechenden Information eingehen. Mitunter wird auch von *Graybox-Modellen* gesprochen, wenn eine Mischung beider Ansätze vorliegt (vgl. [117]).

- **Modellzweck.** Der Einsatz eines Modells kann zweierlei Charakter haben: Es bildet entweder ein Objekt ab, oder es dient dazu, ein Objekt zu schaffen.[10] Mahr [157] prägt für diese Sachverhalte die Ausdrücke „*Modell von*" und „*Modell für*". Beide Aspekte können in einem Modell vereinigt sein, wenngleich in unterschiedlichem Ausmaß. Abbildung 2.4 skizziert den Zusammenhang von Modellnutzungsaspekten und modelliertem Objekt.

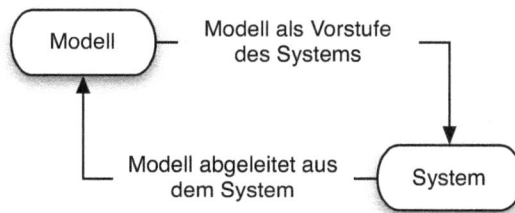

Abb. 2.4: Modell-System Relation

- **Lebenszyklus.** Modelle können in unterschiedlichen Phasen des Lebenszyklus des modellierten Systems eine Rolle spielen und auch das System in unterschiedlichen Phasen beschreiben. Eine herausgehobene Rolle spielt die Entwicklungsphase, da in der Informatik die Nutzung von Modellen auf Grund der Komplexität der zu realisierenden Systeme praktisch unumgänglich ist.

  Modelle von Systemen, die selbst wieder zur Erstellung von Systemen führen, können genau diese Phasen zum Inhalt ihrer Modellierung machen. Anhang B gibt einen kurzen Überblick über derartige Modelle.

- **Werkzeugunterstützung.** Schließlich kann beim Einsatz von Modellen unterschieden werden, ob und welche Art von Hilfsmitteln – in der Regel Computerprogramme – es

---

[9]Davon zu unterscheiden sind Verkürzungen, die ein Modell als ein solches kennzeichnen und nicht in der Modellintention liegende Eigenschaften abstrahieren.

[10]Das zu schaffende Objekt kann auch vollständig virtueller Natur sein, etwa wenn Aussagen über ein beobachtetes Modell deduziert werden sollen.

für diese Modellierungstechnik gibt. Beispielsweise bieten *Editoren* das Erstellen und Editieren von Modellen in einer auf die jeweilige Modellierungsart abgestimmten Weise an. Damit unterscheiden sie sich von generischen Texteditoren und Bildbearbeitungsprogrammen, die nicht auf Modellierungsarten spezialisiert sind und damit in der Regel auch keine komfortable Bearbeitung erlauben. *Simulations-* und *Analysewerkzeuge* erlauben eine Untersuchung von Eigenschaften, die in der Regel dem Nutzer des Modells nicht unmittelbar zugänglich sind. Simulation und Analyse sind meist nicht scharf voneinander trennbar. Üblicherweise wird von Analyse im engeren Sinn gesprochen, wenn eine Aussage in einer (algebraisch) geschlossenen Form erlangt werden kann, während bei der Simulation ein iteratives/algorithmisches Vorgehen notwendig ist. *Transformationswerkzeuge* erlauben die automatische Generierung von einem oder mehreren Modellen aus einem oder mehreren bereits existierenden Modellen.

2.2.4   Kommunikation

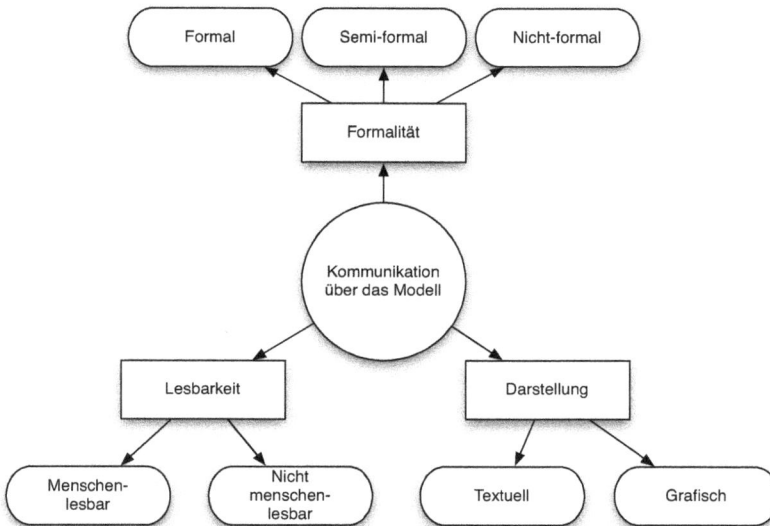

Abb. 2.5: *Kommunikation über Modelle*

Der letzte Hauptaspekt der vorgestellten Taxonomie beschäftigt sich mit der Kommunikation über das Modell. Der Kommunikationsaspekt ist sowohl mit der Nutzung eines Modells als auch direkt mit inneren Eigenschaften der Modellierungstechnik verknüpft und kann deshalb nicht vollständig einer dieser beiden Sichten zugeordnet werden.

- **Darstellung.** Der wichtigste Unteraspekt bei der Modellkommunikation besteht darin, wie die Darstellungsform aussieht. Ein Modell kann mehrere Darstellungsformen haben. Beispielsweise kann ein Graph in einer *Grafik* dargestellt werden, aber auch (inhaltlich äquivalent) durch eine Inzidenzmatrix in *textueller* Form. Sowohl textuelle als auch grafische Darstellungen sind bei den in diesem Buch betrachteten Modellierungsansätzen weit verbreitet und kommen in vielfältigen Unterformen vor (z. B. verschiedene textuelle Notationen in formalen Sprachen). Dagegen sind andere theoretisch mögliche Darstellungsarten, beispielsweise physische Modelle, in der Informatik ungebräuchlich.

- **Formalität.** Weitgehend unabhängig davon, wie formal der Modellierungsansatz selbst ist, kann die Darstellung formalisiert sein. Beispielsweise kann über einen formalen Ansatz wie die Turingmaschine (vgl. Anhang A.1.1.2) in gänzlich informaler Weise kommuniziert werden.

- **Lesbarkeit.** Schließlich kann betrachtet werden, *wer* über Modelle kommuniziert: Neben Menschen können auch Maschinen beteiligt sein. Dabei ist es möglich, dass eine maschinenlesbare Modelldarstellung von einem Menschen nicht (bzw. nur sehr schwer) lesbar ist. Maschinenlesbare Modelldarstellungen erfordern eine formale Darstellung.

2.3   Verlässlichkeit

Wird ein IT-System mit der Eigenschaft „Autonomie" entworfen, so stellt diese keinen Selbstzweck dar. Vielmehr ist sie mit bestimmten Zielen verbunden, wie einer Einfachheit der Bedienung oder einer höheren Robustheit oder Zuverlässigkeit. Gleichzeitig kann Autonomie auch eine Gefahr darstellen, die zur einer Reduzierung des Vertrauens in die Korrektheit der Systemfunktionen führen kann.

Da Autonomie offensichtlich im Positiven wie in Negativen die Verlässlichkeit beeinflussen kann, werden in diesem Abschnitt Konzepte, Modelle und Bewertungsansätze der Verlässlichkeit diskutiert.

Der Begriff der Verlässlichkeit deckt in der Informatik einen Teilbereich der nicht-funktionalen Eigenschaften ab. Ein System stellt seinen Benutzern eine Menge von Funktionen zur Verfügung, welche die *funktionalen Eigenschaften* des Systems repräsentieren und sich auf den Zugriff auf Informationen oder auch auf die Durchführung von Aktivitäten beziehen können. Mit einem System ist, neben der Frage, *welche* Funktionen es erbringt, aber auch die Frage verbunden, *wie* es diese Funktionen erbringt. Die Beantwortung der Frage, wie ein System eine Funktion erbringt, kann diverse Aspekte beinhalten, wie z. B. die Verarbeitungsgeschwindigkeit eines Systems, welche Organisation den Betrieb eines Systems verantwortet, mit welcher Zuverlässigkeit ein System seine Funktionen erbringt oder wie viele Ressourcen zur Durchführung einer Funktion benötigt werden. Diese und weitere Aspekte werden in der Informatik unter dem Begriff *nicht-funktionale Eigenschaften* zusammengefasst. Die *Dienstgüte* (engl.: *Quality-of-Service (QoS)*) misst die nicht-funktionalen Eigenschaften eines Systems, wobei eine Größe, die eine einzelne nicht-funktionale Eigenschaft quantitativ erfasst, *Dienstgütemerkmal* (engl.: *QoS characteristic*) genannt wird.

Aufgrund der durch den allgemeinen Sprachgebrauch gegebenen Bedeutung des Begriffs der *Verlässlichkeit* ist dieser zunächst nur schwierig abzugrenzen (z. B. von der Zuverlässigkeit). Um Klarheit zu schaffen, wurden in der Informatik eigene Definitionen entwickelt. Ein anerkannter Versuch einer solchen Definition aus [36, 143, 209, 267] lautet:

Definition 11: *Verlässlichkeit*

Die *Verlässlichkeit* eines Systems ist das begründete Vertrauen darin, dass das System genau seine spezifizierte Funktionalität erbringt.

Die umgangssprachliche Bedeutung des Begriffs „Vertrauen" ist nicht für alle Bereiche der Informatik passend, weil von Computersystemen im Allgemeinen und von solchen im Bereich kritischer Geschäftsprozesse im Besonderen ein vorhersagbares, determiniertes Verhalten erwartet wird. Ein nur informal begründetes Vertrauen in ein System haben zu müssen, wird oft als nicht ausreichend empfunden. Das begründete Vertrauen, im Sinne der obigen Definition, basiert jedoch auf anderen Dienstgütemerkmalen, die jeweils einen Aspekt der Verlässlichkeit eines Systems abdecken. Die Verlässlichkeit stellt in diesem Sinne eine Art Überbegriff dar, der sich in verschiedene Aspekte aufteilt. Die Literatur sieht folgende Begriffe vor [143, 201, 209, 267]:

- **IT-Sicherheit.** Das Konzept der Sicherheit eines Systems subsumiert viele einzelne Aspekte und beschreibt ein eher generisches Qualitätsmerkmal eines Systems. Der BSI Standard 100-1 zum Beispiel definiert die Aspekte Vertraulichkeit, Integrität und Authentizität als Grundwerte der Sicherheit in der IT [32, 201]:

  - **Vertraulichkeit.** Die Vertraulichkeit ist die Eigenschaft eines Systems, Daten vor dem Zugriff durch unbefugte Dritte zu schützen.

  - **Integrität.** Die Integrität bezeichnet die Fähigkeit eines Systems, Daten unverfälscht und in gültiger Weise zu verarbeiten.

  - **Authentizität.** Die Authentizität eines Objektes besagt, dass aufgestellte Behauptungen über das Objekt wahr sind.

Darüber hinaus wird mit dem Begriff der Sicherheit auch die *Betriebssicherheit* abgedeckt, die auch *technische Sicherheit* genannt wird. Gängige Konzepte der Betriebssicherheit sind [143, 201, 209, 267]:

- **Verfügbarkeit.** Die (operationale) Verfügbarkeit ist die Fähigkeit des Systems, zu einem gegebenen Zeitpunkt seinen Dienst erbringen zu können.

- **Zuverlässigkeit.** Die Zuverlässigkeit ist die Fähigkeit eines Systems, seinen Dienst über einen gegebenen Zeitraum hinweg zu erbringen.

- **Fehlertoleranz.** Die Fehlertoleranz ist die Eigenschaft eines Systems, trotz des fehlerhaften Verhaltens von Systemkomponenten, wie z. B. deren Ausfall, die operationale Verfügbarkeit zu gewährleisten (*maskierende Fehlertoleranz*) bzw. wiederherzustellen (*nicht-maskierende Fehlertoleranz*), d. h. die spezifizierte Funktion zu erbringen.

- **Robustheit.** Die Robustheit ist die Eigenschaft eines Systems, seine operationale Verfügbarkeit auch bei einem Betrieb in einem Bereich außerhalb seiner eigentlichen Spezifikation zu gewährleisten [155]. Im Unterschied zur Fehlertoleranz geht es hier daher nicht – oder zumindest nicht ausschließlich – um Fehler innerhalb des Systems, sondern um eine widrige Einwirkung der Umwelt (inklusive der Eingaben) auf das System.

- **Leistung.** Die Leistung ist die Eigenschaft eines Systems, eine vorgegebene Funktion ausreichend schnell ausführen zu können. Häufig wird nur die durchschnittliche Leistung betrachtet.

- **Echtzeitfähigkeit.** Die Echtzeitfähigkeit ist die Eigenschaft eines Systems, unter vorgegebenen zeitlichen Bedingungen die geforderte Funktion zu erbringen [233].

Wird von der Verlässlichkeit eines Systems gesprochen, so beinhaltet dies unter anderem die Aspekte, die in der obiger Auflistung enthalten sind. Wird die Verlässlichkeit eines Systems betrachtet, so werden meist die einzelnen Aspekte, die durch den Begriff der Verlässlichkeit subsumiert werden, untersucht.

Im Folgenden wird zunächst auf Störungen, die die Verlässlichkeit eines Systems bedrohen, eingegangen (Abschnitt 2.3.1). Danach werden in Abschnitt 2.3.2 Metriken zur Bewertung der Verlässlichkeit von Systemen erläutert. Anschließend wird in Abschnitt 2.3.3 auf die Verlässlichkeit zusammengesetzter Systeme eingegangen.

2.3.1   Störungen

Der Begriff „Störung" (auch *Beeinträchtigung*, engl.: *impairment*) wird an dieser Stelle bewusst verwendet. Während in der frühen Verlässlichkeitsforschung im Wesentlichen nur zufällige Fehler betrachtet wurden, wurde später eine nutzerzentrierte Sicht stärker berücksichtigt. Für einen Nutzer eines Systems ist es letztlich egal, ob das System wegen einer zufälligen oder einer bewusst herbeigeführten Beeinträchtigung (*Angriff*) seinen Dienst nicht erbringt. Deshalb gab es vielfach Ansätze, die klassische Verlässlichkeitsforschung und die Forschung zu IT-Sicherheit zu vereinheitlichen, z. B. [165]. Entsprechend wurden bereits „klassische" Verlässlichkeitseigenschaften und Eigenschaften der IT-Sicherheit gemeinsam diskutiert.

Ein gestörtes System ist immer ein – in irgendeiner Beziehung – nicht korrektes System. Korrektheit wird in der Regel als Übereinstimmung von erwarteten und tatsächlichen Systemverhalten beschrieben. Nun kann ein Verhalten auf zwei verschiedene Weisen von der Erwartung abweichen und damit inkorrekt sein: Ein inkorrektes System kann entweder das spezifizierte (d. h. erwartete) Verhalten nicht erbringen oder aber – unabhängig davon, ob ein erwarteter Dienst erbracht wurde oder nicht – ein Verhalten zeigen, das nicht spezifiziert ist und als „schlecht" betrachtet werden kann.

Problematisch ist dabei, dass das Verhalten meist nur positiv beschrieben bzw. spezifiziert wird. Allerdings ist die negative Spezifikation, also die Beschreibung des Verhaltens, das das System auf jeden Fall zu unterlassen hat, in der Regel von mindestens ebenso großer Bedeutung, häufig sogar größer. Unter bestimmten Umständen werden die negativen Teile einer Spezifikation durch staatliche Gesetze oder Verordnungen vorgegeben.

Inkorrektes Verhalten kann nach seinen Auswirkungen unterschieden werden. Egal, ob es durch Unterlassen oder durch Aktivität geschieht, in beiden Fällen kann das inkorrekte Verhalten schädliche Auswirkungen (auf die Umgebung) haben. Das Verhalten eines Systems kann demnach in drei verschiedene Klassen (vgl. Abbildung 2.6) eingeteilt werden:

- **Korrektes Verhalten.** Das Verhalten des Systems entspricht der Erwartung.

- **Inkorrektes Verhalten.** Das Verhalten des Systems entspricht nicht der Erwartung.

- **Schädliches Verhalten.** Ein inkorrektes Verhalten, das einem oder mehreren Systemen der Umwelt Schaden zufügt.

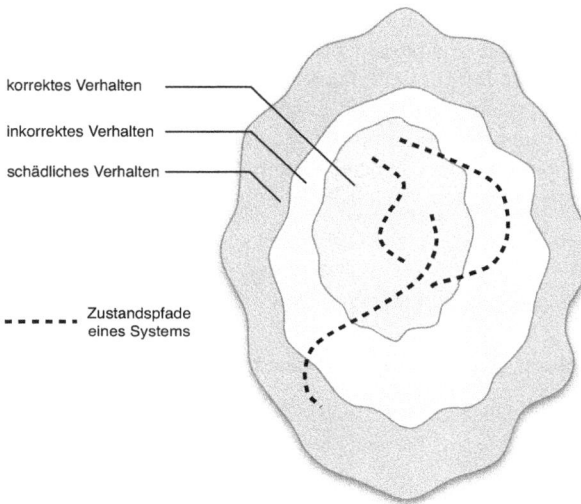

Abb. 2.6: *Verschiedene Arten von Systemverhalten*

Es ist zu beachten, dass schädliches Verhalten entsprechend dieser Einteilung stets inkorrektes Verhalten impliziert. Die Umkehrung gilt aber nicht.

Inwieweit ein Verhalten schädlich ist, hängt von der konkreten Situation ab. In der VDE-Norm 31000-2 wird ein Schaden wie folgt definiert:

> Schaden ist ein Nachteil durch Verletzung von Rechtsgütern aufgrund eines bestimmten technischen Vorganges oder Zustandes.

Nun sind Rechtsgüter stets an rechtliche Subjekte gebunden. Dies trifft nicht auf jedes System der Umwelt zu. Deshalb werden hier unter schädlichen Einwirkungen solche verstanden, die der Systemintention entgegenwirken.

Mit Hilfe von Verhaltensbeschreibungen können Störungen anhand der Pfade von Zustandsübergängen (engl.: *traces*) identifiziert und beschrieben werden. Die klassische Fehlertoleranzforschung konzentrierte sich jedoch verstärkt auf Fehlerursachen bzw. die Lokalisierung von

Fehlern. Deshalb stehen dort Fehlermodelle im Vordergrund, die Fehlverhalten auf lokales Verhalten zurückführt.

Leider ist der Begriff des *Fehlers* in der deutschen Sprache mehrfach besetzt. Dagegen benutzt die englische Fachsprache mehrere Begriffe, die sich im Deutschen mit *Fehler* wiedergeben lassen: *fault*, *error*, *mistake* und *failure*. Da diese Begriffe je nach Ansatz unterschiedlich definiert werden, was beim Versuch einer bedeutungsnahen Übertragung auch zu unterschiedlichen deutschen Übersetzungen führt, werden während der Diskussion vorwiegend die englischen Begriffe benutzt.

Im Bereich der Verlässlichkeitsforschung hat sich weitgehend die Terminologie nach Laprie [144, 145] durchgesetzt, die drei zentrale Begriffe kennt: *fault* (Fehlerursache), *error* (Fehlerzustand) und *failure* (Ausfall). Ein *fault* ist die Ursache eines Fehlers oder ein inkorrekter interner Zustand, z. B. ein *stuck-at*-Fehler. *Error* ist die Manifestation eines *faults*, z. B. der falsche Inhalt eines Prozessorregisters. Ein *failure* liegt dann vor, wenn ein erbrachter Dienst (eines Systems) sich vom spezifizierten (erwarteten) Dienst unterscheidet. Der *failure* ist dabei wiederum die Manifestation eines *errors*, also ein konkreter Ausfall des Systems. Zu beachten ist, dass mit System auch eine Komponente oder ein Subsystem gemeint sein kann. Ein *failure* eines Subsystems kann somit zum *fault* auf der nächsthöheren Abstraktionsebene werden.

Fehlerursachen müssen nicht permanent vorhanden sein. Sie können ihre Ursache in verschiedenen Phasen des Entwicklungsprozesses haben und unterschiedliche Wirkungsdauern haben. Es werden drei Arten zeitlichen Verhaltens unterschieden:

- **Permanente Fehler.** Der Fehler ist permanent wirksam.

- **Transienter Fehler.** Der Fehler ist temporär wirksam. Das Auftreten des Fehlers ist stochastisch.

- **Intermittierender Fehler.** Der Fehler ist temporär. Das Auftreten des Fehlers wird durch bestimmte Bedingungen ausgelöst.

Der Großteil der in der Realität auftretenden Fehler ist temporär. Ein anderes charakterisierendes Merkmal eines Fehlers ist die Quelle der Fehlerursache innerhalb des Lebenszyklus des Systems bzw. seiner Stellung zur Umwelt. Abbildung 2.7 zeigt die Zusammenhänge zwischen der Fehlerursache im Entwicklungsprozess und dem Zeitverhalten.

2.3.1.1 Semantische Fehlermodelle

Semantische Fehlermodelle dienen dazu, das zu erwartende Fehlverhalten zu beschreiben. Sie können dies auf verschiedenen Abstraktionsebenen tun. Es gibt daher semantische Fehlermodelle für verschiedene Abstraktionsebenen. Häufig werden folgende Ebenen unterschieden: Schaltungsebene (engl.: *circuit level*), Schalterebene (engl.: *switching circuit level*), Registerebene (engl.: *register transfer level*), PMS-Ebene (engl.: *processor-memory-switch level*) und Systemebene (engl.: *system level*) [267].

Die derzeitig gebräuchlichsten Abstraktionsebenen sind die Schalterebene, da diese sehr einfach und übersichtlich ist, und die Systemebene, da diese universell einsetzbar ist. Fehlermodelle auf Systemebene sind auch im Rahmen dieses Buches am interessantesten und werden im Folgenden diskutiert.

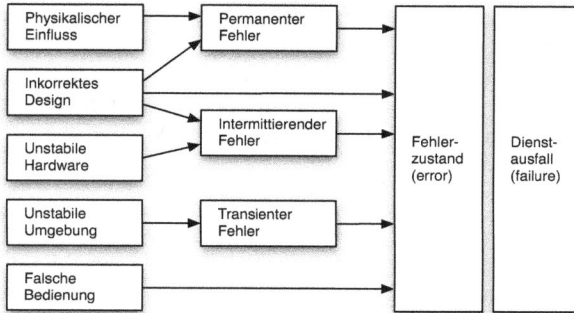

Abb. 2.7: *Fehlerursachen und zeitliches Verhalten (nach [234])*

Cristian et al. [48] stellte ein Modell für das Fehlerverhalten von Servern in Client/Server-Systemen auf. Dabei wird der Server als eine engl.: *black box* betrachtet und nur die Ein-/Ausgaben als Reaktion auf Anforderungen des Klienten betrachtet. Das Modell ist aber auch über reine Client/Server-Systeme hinaus anwendbar auf jeden Verarbeitungsknoten in einem verteilten oder mit einem elementaren Kommunikationsverhalten beschreibbaren System. Das Modell von Cristian wurde später erweitert. Hier sind neben dem Originalmodell die Erweiterungen von Laranjeira, Malek und Jenevein [146] sowie eine spätere Erweiterung von Cristian [49] zu nennen. In allen diesen Modellen wird davon ausgegangen, dass das die einzelnen Knoten verbindende Netzwerk fehlerfrei arbeitet. Daher werden Kommunikationsfehler (engl.: *link faults*) auf die an der Kommunikation beteiligten Knoten abgebildet.

Das Originalmodell kennt folgende Fehlerklassen [48], die auf immer schwächeren Annahmen beruhen und sich deshalb einschließen:

- **Ausfallfehler (engl.: *crash fault*).** Dieser Fehler tritt auf, wenn ein Prozessor seinen inneren Zustand verliert oder anhält; z. B. erleidet ein Prozessor, dessen Stromversorgung versagt, einen Ausfallfehler.

- **Auslassungsfehler (engl.: *omission fault*).** Dieser Fehler tritt auf, wenn es einem Prozessor nicht gelingt, eine Deadline einzuhalten oder eine Task zu starten. Insbesondere kommt es zu einem Sendeauslassungsfehler (engl.: *send omission fault*), wenn eine erforderliche Nachricht nicht rechtzeitig oder überhaupt nicht gesendet wird. Umgekehrt liegt ein Empfangsauslassungsfehler (engl.: *receive omission fault*) vor, wenn ein Prozessor eine Nachricht nicht empfängt.

- **Zeitfehler (engl.: *timing fault*).** Dies ist der Fehler, der auftritt, wenn ein Prozessor eine Aufgabe entweder vor oder nach dem vorgesehenen Zeitfenster oder auch überhaupt nicht beendet. Er wird auch manchmal als engl.: *performance fault* bezeichnet.

- **Byzantinischer Fehler (engl.: *byzantine fault*).** Jeder nur mögliche Fehler im Systemmodell. Diese Fehlerklasse kann als die universelle Fehlermenge angesehen werden. Es wird in der Literatur teilweise auch von willkürlichen Fehlern (engl.: *arbitrary faults*) gesprochen.

Vom byzantinischen Fehler wird meist noch einmal die Fehlerklasse des **Byzantinischen Fehlers mit Beglaubigung** (engl.: *authenticated byzantine fault*) unterschieden. Ein solcher umfasst alles, was der byzantinische Fehler abdeckt, außer Nachrichten Dritter so zu verfälschen, dass es vom Empfänger nicht bemerkt wird. In der Praxis wird dies durch Verschlüsselungs- oder Signierungsverfahren realisiert, von denen angenommen wird, dass sie nicht zu brechen sind.

Das Modell von Cristian und andere ähnliche Fehlermodelle sind zwar relativ intuitiv, haben aber den Nachteil der fehlenden Formalisierung. Dem helfen Modelle ab, wie z. B. das aus [203]. Ausgehend von einer Dienstdefinition, bei der jeder Dienst als eine Sequenz von Dienstelementen beschrieben wird, wird in [203] eine Halbordnung von verschiedenen Fehlern angegeben. Ein Dienstelement ist – ähnlich wie eine Nachricht – durch einen Wert und durch einen Zeitpunkt gekennzeichnet, zu dem dieser Wert auftritt. Entsprechend werden bei jeder Fehlerklasse der Zeitbereich und der Wertebereich betrachtet. Durch diese Überlagerung von Zeit- und Wertebereich entsteht eine Halbordnung von Fehlern, die formale Betrachtungen zulässt.

2.3.1.2 Beabsichtigte Störungen

Wie bereits erörtert wurde, versucht die moderne Verlässlichkeitsforschung gemeinsame Ansätze für Beeinträchtigungen durch zufällige und durch beabsichtigte Wirkungen zu finden. Mit anderen Worten: Das Gebiet der klassischen Fehlertoleranz-Forschung und das Gebiet der IT-Sicherheit werden zusammengeführt. Somit wird versucht, entsprechende Methodologien auf dem jeweils anderen Gebiet zu finden. Deshalb werden an dieser Stelle Störungsmodelle für mutwillige Störungen diskutiert.

Wenn einem System mutwillig Störungen beigebracht werden, so handelt es sich um einen *Angriff* (engl.: *attack*). Prinzipiell könnten die semantischen Störungsmodelle aus Abschnitt 2.3.1.1 für zufällige Fehler auch hier angewendet werden. Jedoch sind die dort benutzten Abstraktionen für die meisten Betrachtungen von Angriffen nicht günstig und bieten kaum Nutzen beim Entwurf von Systemen, die realen Angriffen standhalten sollen. Einzig der byzantinische Fehler und der byzantinische Fehler mit Beglaubigung scheinen auch hier geeignet zu sein, da sie mit „alle möglichen Fehler" auch absichtlich schädigendes Verhalten beinhalten.

Leider sind keine allgemeinen systematischen semantischen Störungsmodelle im Bereich der beabsichtigten Störungen bekannt. Es gibt zwar eine Vielzahl von Ad hoc-Modellen, die jeweils einen bestimmten Angriff oder ein bestimmtes Angriffsszenario beschreiben, aber keine Beschreibung von Relationen zwischen den Modellen und keine Erörterung von Abdeckung oder Vollständigkeit.

Lediglich für bestimmte, eng gefasste Angriffs- bzw. Nutzungsmodelle gibt es Modellverfeinerungen, die solche Betrachtungen unterstützen, beispielsweise für den Angriff auf Kryptoverfahren, das heißt die Ermittlung eines benutzten Schlüssels.

Neben spezialisierten Angriffsmodellen ist noch eine andere Art von Modellen üblich, die beschreiben, wie mit dem Zusammenwirken verschiedener Angriffsmaßnahmen eine bestimmte Schadenswirkung erreicht werden kann. Es handelt sich dabei um *Bedrohungsbäume* (engl.: *attack trees*) [227, 228], mitunter auch näher am englischen Begriff als *Angriffsbäume* bezeichnet.

Bedrohungsbäume funktionieren ähnlich wie Fehlerbäume [265, 167]: Sie stellen dar, wie die logische Verknüpfung bestimmter Einzelereignisse zu einem Zielereignis (bei Bedrohungsbäumen: Verletzung eines Schutzziels, bei Fehlerbäumen: Ausfall) führt. Es ist jedesmal möglich, dass Elementarereignisse (Einzelangriffe, Fehler), die die Blätter im Graphen bilden, mehrmals vorkommen, so dass die entstehenden Modelle streng genommen nicht immer Bäume sind. Die logischen Verknüpfungen beschränken sich dabei auf Und- und Oder-Verknüpfungen, so dass eine Normalisierung sehr einfach ist.

Bei Fehlerbäumen können den einzelnen Ereignissen Wahrscheinlichkeitsmaße zugeordnet werden, so dass eine Wahrscheinlichkeitsaussage über das Zielereignis gemacht werden kann. Dies ist bei Bedrohungsbäumen nicht möglich. Dafür können die Elementarereignisse kategorisiert werden, z. B. nach dem Aufwand, den ein Angreifer hat, um ein solches Elementarereignis herbeizuführen, oder nach den Hilfsmitteln, die für die Generierung eines solchen Elementarereignisses notwendig ist. Entsprechend können beispielsweise bei der Analyse nur Teilbäume berücksichtigt werden, die möglich sind, wenn dem Angreifer bestimmte Hilfsmittel zur Verfügung stehen oder die Kosten des Angreifers ein bestimmtes Maß nicht überschreiten dürfen.

2.3.2 Verlässlichkeitsmetriken

In diesem Abschnitt werden Verlässlichkeitsmetriken aus der Fehlertoleranz, aus der technischen Sicherheit und aus der IT-Sicherheit betrachtet.

2.3.2.1 Fehlertoleranz

Die Fehlertoleranzforschung kennt eine ganze Reihe probabilistischer Bewertungsmaße. Viele quantifizieren bestimmte Eigenschaften, wie sie z. B. zu Beginn des Abschnitts 2.3 diskutiert wurden. Entsprechend tragen die Maße häufig die gleichen Namen wie die Eigenschaften, was mitunter zu Verwechslungen führt. Beispielsweise ist eines der am meisten verbreiteten Maße das der *Zuverlässigkeit*, das zwar eng mit der Zuverlässigkeitseigenschaft verbunden ist, aber nicht mit ihr verwechselt werden sollte:

Definition 12: *Zuverlässigkeit*

Das Maß der *Zuverlässigkeit* (engl.: *reliability*, auch Überlebenswahrscheinlichkeit) $R(t)$ ist die Wahrscheinlichkeit, dass ein System innerhalb einer Zeitspanne $[t_0, t_0 + t]$ zufriedenstellend funktioniert, unter der Voraussetzung, dass das System zum Zeitpunkt $t_0 = 0$ funktioniert hat.

Die Zuverlässigkeit hängt von der Wahrscheinlichkeit des Auftretens eines Fehlers ab. Der Anteil von Systemen, die im Mittel in einer Menge gleichartiger Systeme während einer gegebenen Zeitdauer ausfallen, wird *Fehlerrate* oder *Ausfallrate* (engl.: *failure rate*) genannt und mit λ gekennzeichnet. Die Ausfallrate λ ist somit ein Wahrscheinlichkeitsmaß für den Ausfall eines einzelnen Systems. Die Ausfallrate λ eines Systems kann sich in Abhängigkeit von Umweltbedingungen des Systems ändern. Auch wurde bei Hardware eine Veränderung der Ausfallrate über die Lebenszeit beobachtet. Grob kann daher die Lebenszeit eines Systems in drei Phasen eingeteilt werden (diese Einteilung gilt in dieser Form nur für Hardware, wird hier jedoch vorgestellt, da jedes System letztlich die Hardware beinhaltet, auf der die jeweilige Software ausgeführt wird):

- **Frühphase (Einlaufperiode, engl.: *early-life phase*).** Das System ist neu und die Ausfallrate (und damit die Fehlerwahrscheinlichkeit bzw. die Unzuverlässigkeit) ist relativ hoch, fällt aber mit der Zeit ab.

- **Gebrauchsphase (Periode normaler Arbeit, engl.: *useful-life phase*).** In der Gebrauchsphase ist die Ausfallrate konstant.

- **Altersphase (engl.: *wear-out phase*).** Es kommt durch Verschleiß zu einer erhöhten Fehleranfälligkeit – die Ausfallrate steigt.

Dieses Veränderung der Ausfallrate über die Lebenszeit eines Systems wird durch eine Funktion beschrieben, die wegen der bildlichen Ähnlichkeit als „Badewannenkurve" bezeichnet wird (vgl. Abbildung 2.8).

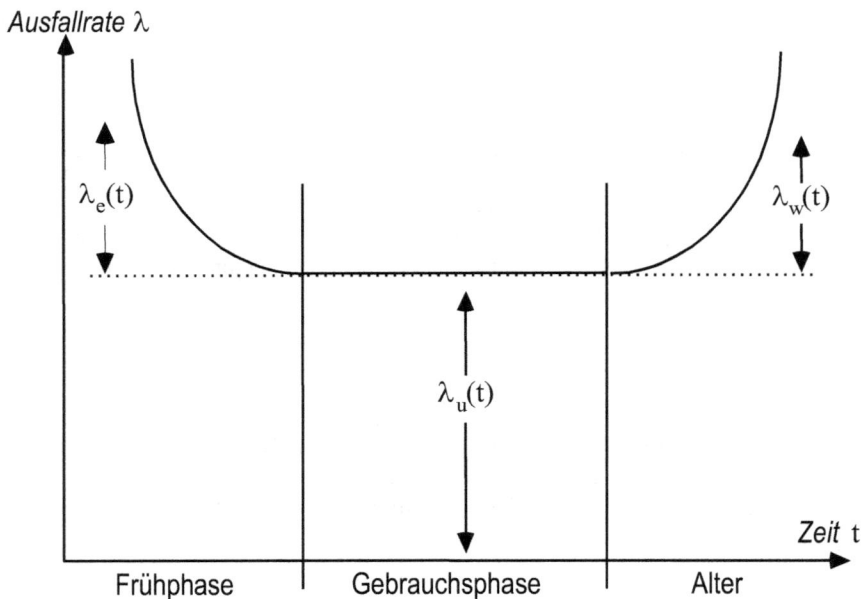

Abb. 2.8: Die „Badewannenkurve" – Änderung der Fehlerrate über die Lebenszeit (idealisiert)

In der Regel werden Systeme nur während ihrer Gebrauchsphase betrachtet, in der die Fehlerrate als konstant angenommen wird. Deshalb wird die Fehlerrate in der Früh- bzw. der Altersphase meist als Summe der konstanten Ausfallrate der Gebrauchsphase und einer veränderlichen phasenspezifischen Ausfallrate angegeben, d. h. $\lambda = \lambda_u + \lambda_e(t)$ bzw. $\lambda = \lambda_u + \lambda_w(t)$.

In der Gebrauchsphase hängt das Auftreten eines Fehlers nicht vom vorherigen Auftreten des gleichen Fehlers ab. Das Auftreten von Ausfällen folgt einem Poisson-Prozess. Dies bedeutet, dass die Wahrscheinlichkeit, dass genau m Fehler auftreten,

$$\Pr\{N(t) = m\} = \frac{(\lambda \cdot t)^m}{m!} e^{-\lambda \cdot t}$$

ist, wobei λ genau die Ausfallrate ist. Entsprechend gilt für die Zuverlässigkeit – die ja die Wahrscheinlichkeit von null Ereignissen (Fehlern) innerhalb eines Intervalls beschreibt – folgende Funktion:

$$R(t) = e^{-\lambda t} \tag{2.1}$$

Wenn ein System ausgefallen ist, so wird es in der Praxis häufig repariert. Deshalb wurde analog zur Zuverlässigkeit das Maß der *Instandhaltbarkeit* definiert:

Definition 13: *Instandhaltbarkeit*

Das Maß der *Instandhaltbarkeit* (engl.: *maintainability*, auch Wartbarkeit) $M(t)$ ist die Wahrscheinlichkeit, dass ein zum Zeitpunkt t_0 defektes System bis zum Zeitpunkt $t_0 + t$ wieder in den funktionsfähigen Zustand zurückkehrt.

Jedoch ist die Instandhaltbarkeit problematisch: In der Regel erfolgt die Wiederkehr eines Systems in den funktionsfähigen Zustand durch eine Reparatur. Eine Reparatur ist jedoch mit intentionalem Handeln verknüpft.

Analog zur Zuverlässigkeit wird bei der Unzuverlässigkeit eine *Reparaturrate* definiert, die meist mit μ bezeichnet wird. Häufig wird auch für die Reparatur ein Poisson-Prozess angenommen. Dies ist jedoch in vielen Fällen nicht empirisch verifizierbar. Näher an der Realität sind in der Regel Weibull-Verteilungen mit $\beta > 1$ und Log-Normal-Verteilungen (vgl. [253]).

In der Praxis hat sich das Arbeiten mit vollständigen Wahrscheinlichkeitsfunktionen als nur bedingt tauglich – da nicht gut handhabbar – erwiesen. Deshalb wurden einige mittlere Zeiten als Bewertungsmaße etabliert. Diese sind kompakter und damit besser zu handhaben.

Definition 14: *MTTF*

Die *MTTF* (engl.: *mean time to failure*) ist die mittlere Zeit, die zwischen einer Inbetriebnahme und dem Ausfall eines Systems vergeht.

Es gilt:

$$\text{MTTF} = \int_0^\infty R(t)dt. \tag{2.2}$$

Für den Spezialfall eines Poisson-Prozesses für das Ausfallverhalten gilt somit:

$$\text{MTTF} = \int_0^\infty e^{-\lambda \cdot t} dt = \frac{1}{\lambda}. \tag{2.3}$$

Das Verhalten bei der Reparatur wird durch die MTTR beschrieben.

Definition 15: *MTTR*

Die *MTTR* (engl.: *mean time to repair*) ist die mittlere Zeit, die zwischen dem Ausfall eines Systems und seiner Wiederinbetriebnahme vergeht.

Ähnlich wie für die MTTF gilt für die MTTR: $\text{MTTR} = \int_0^\infty M(t)dt$, also speziell für Poisson-Prozesse $\text{MTTR} = \frac{1}{\mu}$.

Als dritte gemittelte Zeit wird die MTBF genutzt:

Definition 16: *MTBF*

Die *MTBF* (engl.: *mean time between failures*) ist die mittlere Zeit, die zwischen zwei Ausfällen eines Systems (einschließlich seiner zwischenzeitlichen Wiederinbetriebnahme) vergeht.

Wie leicht zu sehen ist, gilt

$$\text{MTBF} = \text{MTTF} + \text{MTTR} \tag{2.4}$$

Zusammen mit der Zuverlässigkeit eines Systems ist das wahrscheinlich am häufigsten angewandte Bewertungsmaß die *Verfügbarkeit*. Sie wird besonders dort genutzt, wo der durch das System angebotene Dienst im Vordergrund steht:

Definition 17: *Verfügbarkeit*

Die *Verfügbarkeit* (engl.: *availability*) $A(t)$ ist die Wahrscheinlichkeit, dass ein System zu einem gegebenen Zeitpunkt t funktionsfähig ist, oder dass ein Dienst zu einem Zeitpunkt t erbracht werden kann.

Die Verfügbarkeit eines Systems kann starken Schwankungen unterworfen sein. Beispielsweise ergeben Studien, dass die Verfügbarkeit von Web-Servern an Wochenenden geringer ist als Wochentags, da an den Wochenenden nicht so schnell auf Ausfälle reagiert wird.

Um ein allgemeineres, das System in seiner Lebenszeit charakterisierendes Maß zu haben, wird deshalb häufig die *stationäre Verfügbarkeit* benutzt.

Definition 18: *stationäre Verfügbarkeit*

Die *stationäre Verfügbarkeit* (engl.: *steady-state availability*) ist der Anteil an der (nutzbaren) Lebenszeit, in der das System funktioniert.

Für die stationäre Verfügbarkeit gilt

$$A_s = \frac{\text{MTTF}}{\text{MTTB}} = \frac{\text{MTTF}}{\text{MTTF} + \text{MTTR}},$$ (2.5)

bzw. für Poisson-Prozesse beim Ausfall und bei der Reparatur

$$A_s = \frac{\mu}{\mu + \lambda}.$$ (2.6)

2.3.2.2 Technische Sicherheit

Metriken zur Bewertung von technischer Sicherheit werden mit zwei Zielrichtungen eingesetzt: Zum einen sollen sie die Möglichkeit des Bruchs der technischen Sicherheit bewerten, zum anderen die Auswirkungen eines solchen Bruchs.

Die erste Art unterteilt sich wiederum in zwei Arten: probabilistische und nicht-probabilistische Metriken. Die nicht-probabilistischen Metriken sind diskrete Korrektheitsaussagen bezüglich der Nichtexistenz einer Schadenswirkung auf die Umwelt. Probabilistische Metriken ähneln den Wahrscheinlichkeitsmaßen in der klassischen Verlässlichkeit. Mitunter werden sogar die gleichen Metriken eingesetzt, nämlich immer dann, wenn ein Versagen direkt einen Bruch der technischen Sicherheit darstellt, also seine Umgebung (dazu gehören auch die Nutzer) gefährdet. Das entsprechende Sicherheitsmaß ähnelt dem Zuverlässigkeitsmaß:

Definition 19: *Sicherheit*

Das Maß der (technischen) *Sicherheit* $S(t)$ eines Systems ist die Wahrscheinlichkeit, dass das System über einen Zeitraum $t_0 + t$ seine Umgebung nicht gefährdet.

Der Unterschied zwischen Zuverlässigkeit und Sicherheit liegt also im zulässigen Systemverhalten. Während Zuverlässigkeit die Erbringung eines Dienstes fordert (also ein gewisses Verhaltensmuster an der Systemgrenze), erwartet technische Sicherheit die Nichtgefährdung der

Umwelt (was auch gegebenenfalls die Einstellung jeglicher Kommunikation bedeuten kann). Das folgende Beispiel soll den Unterschied verdeutlichen.

Bei einem System bestehend aus n Komponenten sollen alle Komponenten innerhalb einer vorgegebenen Zeit zu einer Übereinkunft kommen. Jede Komponente hat einen privaten Wert aus der Menge $\{0, 1\}$. Wenn eine qualifizierte Mehrheit von mindestens m gleichen Stimmen in einer Abstimmung zustande kommt, gilt das Ergebnis der Mehrheit als Resultat des Systems. Wenn keine qualifizierte Mehrheit zustande kommt, wird eine erneute Abstimmungsrunde durchgeführt. Es stellt sich nun die Frage, wie hoch eine qualifizierte Mehrheit mindestens sein soll.

Als *zuverlässig* wird das System angesehen, wenn ein korrektes Ergebnis zustande kommt. *Sicher* ist das System, wenn kein inkorrektes Ergebnis zustande kommt.

Dass Zuverlässigkeit und Sicherheit nicht identisch sind, ist ebenfalls zu sehen, wenn die Wahrscheinlichkeiten für diese Ereignisse betrachtet werden. Es sei R_c die Wahrscheinlichkeit, dass bei einer einzelnen Abstimmung eine einzelne Systemkomponente ein korrektes Ergebnis liefert. Dann berechnen sich die Systemzuverlässigkeit R_s und die Systemsicherheit S_s für eine Abstimmungsrunde wie folgt:

$$R_s = \sum_{i=m}^{n} \binom{n}{i} R_c^i (1 - R_c)^{n-i} \tag{2.7}$$

$$S_s = 1 - \sum_{i=0}^{m-1} \binom{m}{1} R_c^{n-i} (1 - R_c)^i \tag{2.8}$$

Für den Spezialfall $m = \lceil \frac{n+1}{2} \rceil$ fallen R_s und S_s zusammen, für größere m unterscheiden sie sich.

Die zweite Art von Sicherheitsmaßen betrachtet die *Auswirkungen* von Sicherheitsbrüchen. Es handelt sich dabei um die Bemessung von *Schaden* und *Risiko*. Sowohl bei der Schadens- als auch bei der Risikobetrachtung geht es um durch Sicherheitsbrüche entstehende Kosten.[11] Während bei Schadenskosten die Kosten für einen Sicherheitsbruch in einem konkreten Einzelfall betrachtet werden, werden bei Risikoabschätzungen gewichtete Gesamtkosten betrachtet. Für eine Menge von diskreten Schadensereignissen $\mathcal{D}$, für die es ein Kostenmaß $C(d), d \in \mathcal{D}$ gibt, berechnet sich das Gesamtrisiko typischerweise durch:

$$C_R = \sum_{d \in \mathcal{D}} \Pr\{d\} \cdot C(d) \tag{2.9}$$

2.3.2.3   IT-Sicherheit

Metriken für Sicherheit (engl.: *security*) anzugeben, hat sich als äußerst schwierig herausgestellt. Die Gründe dafür sind vielfältig:

---

[11]Kosten müssen dabei nicht notwendigerweise monetär angegeben werden. Auch Kostenmaße, die Aufwand oder Zeit zur Schadensbehebung angeben, sind beispielsweise möglich.

- Aufgrund des intentionalen Charakters der Störungen (Angriffe) der Sicherheit sind probabilistische Metriken in der Regel nutzlos. Natürlich ist es möglich, z. B. empirische Wahrscheinlichkeiten für eine Systemverfügbarkeit in Analogie zum klassischen Verfügbarkeitsmaß (siehe Abschnitt 2.3.2.1) unter der Annahme bestimmter Angriffsstrategien anzugeben (und dies wird in der Tat auch gemacht). Nur kann der Deckungsgrad solcher Annahmen schwer verifiziert werden, so dass die entstehende probabilistische Aussage nur eine sehr begrenzte Aussagekraft hat.

- Die tatsächlichen Auswirkungen von Störungen auf den Systemnutzer sind individuell sehr unterschiedlich, so dass eine Vergleichbarkeit auf Auswirkungsebene nicht ohne weiteres angegeben werden kann. Selbst die gleiche Störung am gleichen System kann für den einen Nutzer katastrophal und für den anderen vernachlässigbar sein.

- Außerdem gibt es eine unübersehbare Zahl von Angriffsmöglichkeiten, die jeweils ihre eigenen Bewertungen benötigen. Die gleichen Gründe, die ein allgemeines Angriffsmodell schwierig machen (vergleiche Abschnitt 2.3.1.2), behindern die Nutzung von allgemeinen Sicherheitsmaßen.

Deshalb werden zur Beschreibung von Sicherheit häufig Metriken oder Modelle benutzt, die nicht die Sicherheit (also die Gewährleistung) von Schutzzielen beschreiben, sondern die Effektivität von Schutzmaßnahmen. In [168] werden z. B. fünf Sicherheitsklassen unterschieden (vgl. Abbildung 2.9):

- **Ad hoc-Sicherheit (engl.: *ad hoc security*).** Ein Abwehrmechanismus ist *ad hoc sicher* (häufig auch *heuristisch sicher* genannt), wenn es *überzeugende* Argumente dafür gibt, dass er mit einem bestimmten Aufwand nicht zu überwinden ist.

- **Aufwandsabhängige Sicherheit (engl.: *computational security*).** Ein Abwehrmechanismus ist *aufwandsabhängig sicher* (mitunter auch *praktisch sicher* genannt), wenn der angenommene (Rechen-)Aufwand zur Überwindung (unter Annahme des effektivsten bekannten Angriffs) einen gewissen (großen) Rechenaufwand benötigt.

- **Beweisbare Sicherheit (engl.: *provable security*).** Ein Abwehrmechanismus wird als *beweisbar sicher* gegenüber einem Angriff bezeichnet, wenn gezeigt werden kann, dass die Überwindung des Mechanismus im Wesentlichen so schwierig ist wie die Lösung eines wohlbekannten und als schwierig vermuteten Problems.

- **Komplexitätstheoretische Sicherheit (engl.: *complexity-theoretic security*).** Es wird angenommen, dass ein Angreifer sich jeden Aufwand einer bestimmten Komplexitätsklasse (meist $\mathbb{P}$) leisten kann. Ein Abwehrmechanismus ist *komplexitätstheoretisch sicher*, wenn bewiesen werden kann, dass der Mechanismus gegen jeden Angriff, den der Angreifer sich leisten kann, unüberwindlich ist.

- **Unbedingte Sicherheit (engl.: *unconditional security*).** Ein Abwehrmechanismus ist *unbedingt* (auch: *unbeschränkt*) *sicher*, wenn er bewiesenermaßen nicht von einem Angreifer mit beliebigen Ressourcen überwunden werden kann.

Die konzentrische Anordnung dieser Bewertungsklassen in Abbildung 2.9 deutet die Striktheit der Anforderungen an: Ad hoc-Sicherheit stellt die geringsten Anforderungen und schließt daher alle anderen Klassen mit ein.

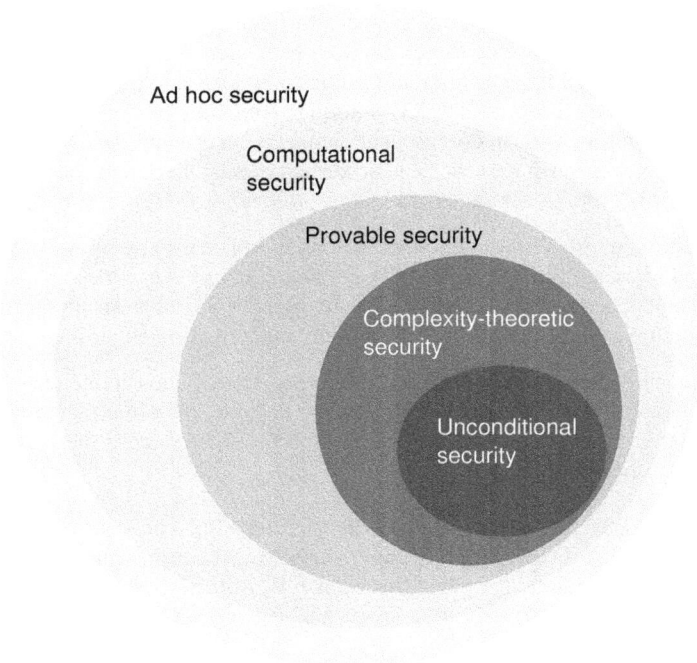

Abb. 2.9: *Sicherheitsklassen nach [168]*

Neben solchen sehr allgemeinen Bewertungsmöglichkeiten gibt es – ähnlich wie bei den Angriffsmodellen – eine Reihe von Korrektheitsbewertungen, die sich auf einen bestimmten Sicherheitsaspekt oder sogar eine bestimmte Angriffsart beziehen.

So kann beispielsweise die Gewährleistung von Vertraulichkeit als Informationsfluss modelliert werden. Entsprechend gibt es Eigenschaften, die für bestimmte Szenarien oder Modelle die Beschränktheit des Informationsflusses bzw. des Zugriffs auf Objekte graphentheoretisch beschreiben. Zu diesen Modellen zählen u. a. rollenbasierte Modelle [222], das Chinesische-Mauer-Modell [29], die in ihren Schutzzielen komplementären Modelle von Bell/LaPadula [17] und Biba [23], oder das Take-Grant-Modell [152]. All diese Modelle werden mitunter als *Verbandsmodelle* (engl.: *lattice model*) [53] bezeichnet, da sie komplette Systeme von Subjekten/-Objekten mit ihren Beziehungen untereinander betrachten.

In jedem dieser Modelle gibt es Eigenschaften folgender Art:

> Für alle Objekte/Subjekte mit der Eigenschaft X soll gegenüber allen Objekten/-Subjekten mit der Eigenschaft Y die Relation Z (nicht) gelten.

Beispielsweise lautet die $\star$-Eigenschaft im Bell/LaPadula-Modell:

Definition 20: *★-Eigenschaft im Bell/LaPadula-Modell*

Alle Subjekte mit einer Sicherheitsfreigabe c dürfen nicht auf Objekte einen Schreibzugriff erhalten, die eine Sicherheitsklassifizierung $s > c$ haben.

Bei der Evaluierung von Systemen soll dann in der Regel festgestellt werden, ob eine solche Zieleigenschaft immer gewährleistet ist. Es gibt eine Anzahl von Existenzaussagen, z. B., dass im Take-Grant-Modell eine Entscheidung in linearer Zeit gefällt werden kann [152].

Auch für andere Aspekte bzw. Schutzziele gibt es spezielle Korrektheitsmaße, denen teilweise Ad hoc-Charakter zugeschrieben werden muss, da ihre Anwendbarkeit stark limitiert ist. Ein Beispiel aus dem Bereich der Verfügbarkeit (das klassische Verfügbarkeitsmaß ist wegen seines probabilistischen Charakters in der Informationssicherheit aus den oben diskutierten Gründen schwer anwendbar) ist das Kostenmodell, das in [166] für Dienstverweigerungsangriffe (engl.: *denial of service attack*) vorgestellt wird.

Neben diesen Bewertungsmodellen gibt es ganzheitliche Ansätze, die verschiedene Bewertungsmaße mit einem Vorgehensmodell für sichere Systeme verbinden. Ein Beispiel dafür ist die Security Operations Maturity Architecture (SOMA) des Institute for Security and Open Methodologies (ISECOM) [116].

2.3.3   Verlässlichkeit komponierter Systeme

Ein System besteht aus Subsystemen bzw. Komponenten. Diese können z. T. recht unterschiedliche Zuverlässigkeiten aufweisen. In diesem Abschnitt wird kurz dargestellt, wie sich die Zuverlässigkeit von Komponenten auf die Zuverlässigkeit des Gesamtsystems auswirkt.

Die folgenden Betrachtungen ergeben sich direkt aus der Wahrscheinlichkeitsrechnung und gelten nicht nur für die Zuverlässigkeit, sondern auch für alle anderen Maße, die eine Wahrscheinlichkeit darstellen, z. B. die Verfügbarkeit.

Die Struktur des Zusammenwirkens mehrerer Komponenten bestimmt, wie die Gesamtzuverlässigkeit berechnet wird. Einfache Fälle werden häufig mit Blockschaltbildern dargestellt. Zu beachten ist, dass diese Schaltbilder *keine* Informationen über Material-, Daten- oder Informationsfluss beinhalten. Sie geben lediglich Auskunft darüber, wie die Komponenten bezüglich ihrer Zuverlässigkeit zusammenwirken. Dabei sind zwei grundsätzliche Fälle zu unterscheiden:

- **Serienschaltung.** Wenn zwei oder mehr Komponenten zur Erzielung einer Funktion notwendig sind, so handelt es sich um eine Serienschaltung (siehe Abbildung 2.10). Sobald eine der Komponenten ausfällt, fällt auch das Gesamtsystem aus. Für die Zuverlässigkeit der Serienschaltung von n Komponenten gilt:

$$R_{ges} = \prod_{i=1}^{n} R_i \tag{2.10}$$

Abb. 2.10: Systemverlässlichkeit: Serienschaltung zweier Komponenten

Eine Serienschaltung wird mit dem Symbol „·" gekennzeichnet. Für Abbildung 2.10 gilt
also: $R_{ges} = R_{1 \cdot 2} = R_1 R_2$.

- **Parallelschaltung.** Parallel geschaltete Komponenten (siehe Abbildung 2.11) arbeiten
  redundant zueinander. Es ist also lediglich eine der Komponenten zur Erfüllung der Funk-

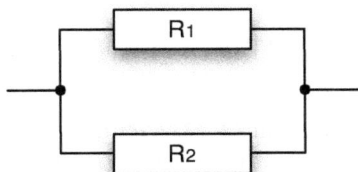

Abb. 2.11: Zuverlässigkeit: Parallelschaltung zweier Komponenten

tion notwendig. Das System fällt aus, wenn *alle* notwendigen Komponenten ausgefallen
sind. Entsprechend gilt für die Berechnung der Zuverlässigkeit:

$$R_{ges} = 1 - \prod_{i=1}^{n}(1 - R_i) \tag{2.11}$$

Für den häufig anzutreffenden Spezialfall der Parallelwirkung zweier identischer Kom-
ponenten gilt dann: $R_{ges} = 2R - R^2$. Parallelschaltung wird mit dem Symbol „||" ge-
kennzeichnet. Für Abbildung 2.11 gilt also: $R_{ges} = R_{1||2} = R_1 + R_2 - R_1 R_2$.

Mit den beiden betrachteten Fällen der seriellen und der parallelen Verknüpfung kann bereits
die Zuverlässigkeit vieler Systeme berechnet werden. Allerdings gibt es Fälle, in denen die
Reduktion auf diese Standardfälle versagt, was beispielsweise an dem Blockschaltbild in Abbildung 2.12 zu sehen ist.

Das Problem in Abbildung 2.12 ist Element 3: Es lässt sich nicht eindeutig in einen der betrachteten Ansätze einordnen. In diesem Fall hilft die totale Wahrscheinlichkeit. Dazu werden die
beiden Fälle, dass die Komponente 3 funktioniert (Fall A) und dass sie ausfällt (Fall B), betrachtet. Die Wahrscheinlichkeiten für beide Fälle sind bekannt: $\Pr\{A\} = R_3$, $\Pr\{B\} = 1 - R_3$.

Beide Fälle stellen sich jetzt so dar, wie sie in den Ersatzschaltbildern in Abbildung 2.13 zu
sehen sind.

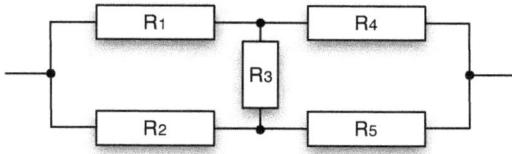

Abb. 2.12: *Blockschaltbild eines nicht reduzierbaren Systems*

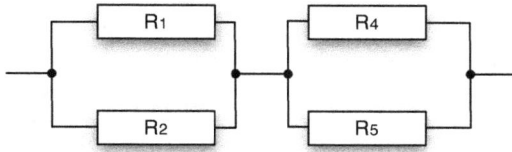

(a) Fall A: Komponente 3 funktioniert

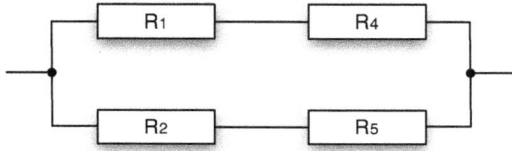

(b) Fall B: Komponente 3 ist ausgefallen

Abb. 2.13: *Reduzierte Blockschaltbilder zu Abbildung 2.12*

A und B lassen sich leicht auf die Standardansätze zurückführen: Fall A ist die Serienschaltung zweier Parallelschaltungen und Fall B die Parallelschaltung zweier Serienschaltungen. Entsprechend gilt:

$$R_A = R_{1||2} \cdot R_{4||5}$$
$$R_B = R_{1 \cdot 4} + R_{2 \cdot 5} - R_{1 \cdot 4} R_{2 \cdot 5}$$

Die Gesamtzuverlässigkeit errechnet sich aus der totalen Wahrscheinlichkeit für beide Fälle:

$$R_{ges} = R_3 R_A + (1 - R_3) R_B.$$

Ein anderer häufig anzutreffender Fall lässt sich ebenfalls nicht einfach reduzieren, ja noch nicht einmal ohne weiteres im Blockschaltbild darstellen. Dabei handelt es sich um eine Gruppe gleichartiger Komponenten, von denen eine gewisse Anzahl, jedoch nicht alle, für das Funktionieren des Systems notwendig sind. Der wahrscheinlich bekannteste Fall, bei dem diese Art von Redundanz auftritt, ist der Betrieb mehrerer Festplatten in einem RAID (früher *redundant array of inexpensive disks*, heute *redundant array of independent disks*, etwa: redundante Anordnung billiger/unabhängiger Festplatten).

Die Gesamtzuverlässigkeit einer Gruppe von n Komponenten, von denen mindestens m zur Gesamtfunktion nicht ausfallen dürfen und von denen jede jeweils die Zuverlässigkeit R besitzt, ist

$$R_{ges} = \sum_{i=m}^{n} \frac{n!}{(n-i)!i!} R^i (1-R)^{n-i} \tag{2.12}$$

Gleichung (2.12) kann als eine allgemeine Gleichung für die Berechnung der Zuverlässigkeit gleicher Komponenten angesehen werden: Wenn $m = n$ gesetzt wird, ergibt sich Gleichung (2.10), und wenn $m = 1$ gesetzt wird, Gleichung (2.11), jeweils für gleichartige Komponenten.

3   Autonomie

Dieses Kapitel diskutiert den für dieses Buch zentralen Begriff der Autonomie und stellt ihn in den Kontext der bisherigen Betrachtungen. Dabei wird in vier Schritten vorgegangen: Abschnitt 3.1 diskutiert detailliert den Begriff der Autonomie und führt wesentliche verwandte Begriffe ein, während Abschnitt 3.2 sich der Frage widmet, welche Autonomiemerkmale es in realen Systemen gibt und wie diese formal erfasst werden können. Daran anschließend werden in Abschnitt 3.3 mögliche Auswirkungen von Autonomie auf die Verlässlichkeit von Systemen diskutiert und in Abschnitt 3.4 die Modellierung autonomer Systeme betrachtet. Abgeschlossen wird das Kapitel mit einer Zusammenfassung (Abschnitt 3.5).

3.1   Definition und Abgrenzung von Autonomie im Kontext von IT-Systemen

Die Autonomie im Kontext von IT-Systemen bezieht sich auf das beobachtbare Verhalten eines solchen Systems. Ob ein System autonom ist, wird also daran festgemacht, ob es seine Funktion autonom, d. h. ohne äußere Steuereingriffe erbringt. Im Weiteren wird daher davon ausgegangen, dass Autonomie eine nicht-funktionale Eigenschaft ist, die sich ähnlich wie die örtliche Verfügbarkeit orthogonal zu den klassischen Dienstgütemerkmalen verhält: Ein Dienst kann beispielsweise nur auf einem Server oder auch auf mobilen Endgeräten erbracht werden. Der Ort der Verfügbarkeit sagt jedoch nichts über seine Funktionalität aus. Genauso ist die Eigenschaft des Systems zu sehen, eine Funktionalität autonom zu erbringen: Ein Router beispielsweise benötigt für das Weiterleiten von Paketen Informationen über die benachbarten Knoten. Diese Informationen können beispielsweise per Webbrowser von einem Administrator eingegeben oder auch durch autonomes Verhalten selbständig ermittelt werden. Ansätze hierfür sind bereits für unterschiedliche Anwendungen beschrieben worden (z. B. Herrmann et al. [98]). In beiden Fällen ist die eigentliche Funktionalität des Routers identisch, allerdings verbessert sich durch eine selbständige Konfiguration des Routers die Robustheit gegenüber Veränderungen in seinem Umfeld. Autonomes Verhalten ist damit eine nicht-funktionale Eigenschaft, die im Zusammenhang zu anderen nicht-funktionalen Eigenschaften steht.

Auf Basis dieser Betrachtungen können die Begriffe miteinander in Relation gesetzt werden (siehe Abbildung 3.1). Der Aufbau des konzeptionellen Modells ist an die Arbeiten von Avizienis et al. im Bereich der Verlässlichkeit [10] und Pohl für den Bereich der Sicherheit [201] angelehnt. Es greift die in Abschnitt 2.3 erläuterten Begriffe aus dem Bereich der Verlässlichkeit auf: Als Oberbegriff, der alle anderen Begriffe subsumiert, steht die Systemeigenschaft, die sich in funktionale und nicht-funktionale Eigenschaften unterteilen lässt. Als nicht-funktionale Eigenschaften wurden Leistung und Verlässlichkeit bereits genannt und als weitere nicht-funktionale Eigenschaft wurde die Autonomie eines Systems eingeführt. Die Dienstgüte ist, wie in Abschnitt 2.3 definiert, selbst keine nicht-funktionale Eigenschaft, sondern ein Maß für nicht-funktionale Eigenschaften.

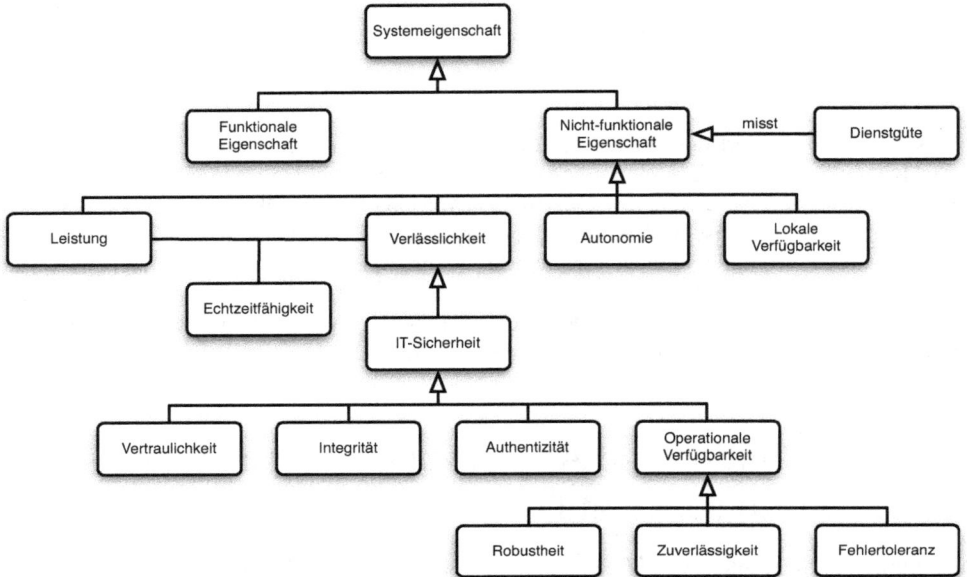

Abb. 3.1: *Taxonomie der Systemeigenschaften*

Autonomes Verhalten an sich kann nicht innerhalb eines isolierten Systems beobachtet werden, da autonomes Verhalten immer an eine Funktion gebunden ist, die *autonom* erbracht wird und dieses System in Beziehung zu anderen Systemen setzt. So verhält sich die Autonomie eines Systems bei dieser Betrachtung wie beispielsweise die örtliche Verfügbarkeit: Auch sie stellt keine Funktionalität eines Systems dar und ist auch nicht durch eine Funktion zu repräsentieren. Stattdessen kann Autonomie (wie auch lokale Verfügbarkeit) durch Entwurfsmuster bzw. Architekturmuster realisiert werden.

Dabei kann ein Architekturmuster nicht per se eine nicht-funktionale Eigenschaft gewährleisten. So kann eine vorgegebene Zuverlässigkeit nicht durch eine spezielle Architektur sichergestellt werden, da diese Eigenschaft je nach Anwendungsfall unterschiedlich umgesetzt sein kann. In einigen Systemen würde die Zuverlässigkeit durch eine redundante Auslegung von Komponenten erreicht. In anderen Fällen würden zusätzliche Komponenten unter Umständen die Zuverlässigkeit verringern, weil dadurch die Wahrscheinlichkeit einer fehlerhaften Ausführung innerhalb des Gesamtsystems vergrößert wird. Beispielsweise ist ein Architekturmuster zur Realisierung hochverfügbarer Systeme der Betrieb von so genannten „Hot-Standby"-Systemen. In diesem Fall wird eine Kopie des eigentlichen Systems zusätzlich bereitgestellt, die im Fehlerfall sofort und ohne Startzeit als Ersatz einsatzbereit ist. Im Gegensatz dazu geht die Tendenz bei Server-Anwendungen in Unternehmen zur Zusammenfassung von zuvor einzeln betriebenen Computern zu einem leistungsstarken Computer. Der Betrieb bzw. die Wartung mehrerer Computer ist aufwändiger als die Wartung eines einzelnen, um ein mittleres Verfügbarkeitsniveau zu gewährleisten. So wird durch die Zusammenfassung mehrerer Anwendungen auf einem Gerät, welches dann in virtuelle Administrationsdomänen unterteilt wird, bei niedrigeren Kosten eine höhere Verfügbarkeit realisiert. Daher ist die Auswirkung eines Architekturmusters auf eine nicht-funktionale Eigenschaft vom Einsatz abhängig. Dies verdeutlicht, dass autonomes Verhalten als Eigenschaft durch ein Architekturmuster beeinflusst werden kann. Um den gewünschten Einfluss zu gewährleisten, sollte die konkrete Architektur einem geeignetem Architekturmuster folgen.

Die Grundidee, Computersysteme mit autonomem Verhalten zu entwickeln, besteht darin, ein System derart anzureichern, dass die Einhaltung bestimmter Eigenschaften, ausgedrückt in einer Zielstellung, selbständig verfolgt wird. Das Ziel ist die Schaffung von Systemen, die die notwendigen steuernden Interaktionen mit dem Menschen minimieren. Hierfür gibt es bereits einige Ansätze bzw. Initiativen:

Autonomic Computing Initiative (ACI).
Autonomie wurde bereits von Herstellern in der Computerindustrie als eine Möglichkeit zur effizienten Handhabung komplexer IT-Infrastrukturen erkannt. Ein Ansatz in diesem Gebiet ist die Autonomic Computing Initiative (ACI) von IBM [114]. Diese umfasst eine weitreichende Vision, an deren Ende sich IT-Systeme komplett selbst verwalten sollen. Der Name Autonomic Computing (AC) ist durch das vegetative Nervensystem (engl.: *autonomic nervous system*) des Menschen inspiriert. Dieses System kontrolliert Körperfunktionen wie die Atmung und den Herzschlag, ohne dass der Mensch bewusst steuernd eingreifen muss. Genau dies ist das Ziel, das mit der ACI in Bezug auf die Komponenten eines komplexen Rechnersystems verbunden ist: Applikationsserver, Datenbanken und Kommunikationsinfrastrukturen sollen sich ohne Eingriff von außen selbst verwalten.

Die ACI will existierende Systeme und Anwendungen mit *Self-X*-Eigenschaften ausstatten, wobei das *X* ein Platzhalter für unterschiedliche Aufgaben darstellt, die ein System selbständig erbringen soll. Darunter fallen die Begriffe Selbstkonfiguration, Selbstheilung, Selbstsicherung und Selbstoptimierung (engl.: *Self-Configuration, Self-Healing, Self-Protection* und *Self-Optimization*):

- Self-Configuration: Automatische Re- bzw. Neukonfiguration, um sich an veränderliche Umgebungen anpassen;

- Self-Healing: Aufdecken, Diagnose und Reaktion bei Störungen;

- Self-Optimization: Überwachung und Anpassung von Ressourcen bezüglich der betrieblichen und kundenbezogenen Anforderungen;

- Self-Protection: Antizipation, Identifikation und Schutz vor beliebigen Attacken.

Die Self-X-Eigenschaften der ACI spiegeln die Bereiche wider, in denen IBM autonomes Verhalten eines Systems als besonders wichtigen Vorteil erachtet: Konfiguration, Reparatur, Schutz und Optimierung von Computersystemen. IBM zielt mit der ACI daher hauptsächlich auf Unternehmensanwendungen. Präzise Definitionen für die einzelnen Self-X-Eigenschaften werden jedoch leider nicht gegeben, so dass deren exakte Bedeutung offen sowie die Abgrenzung der einzelnen Begriffe voneinander unklar bleibt. Was unterscheidet beispielsweise ein selbstkonfigurierendes System von einem selbstoptimierenden? Des Weiteren wird auch nicht erläutert, wie sich die Self-X-Eigenschaften zu aus der Literatur bekannten Eigenschaften, wie z. B. der Selbststabilisierung, verhalten. Die ACI definiert fünf aufeinander aufbauende Stufen auf dem Weg zur Realisierung von selbstmanagenden Systemen: Stufe eins bezeichnet den aktuellen Stand der Technik, bei dem menschliche Administratoren individuelle Komponenten mehr oder weniger manuell verwalten. Die Stufen zwei bis vier sind Zwischenschritte auf dem Weg hin zu autonomen Systemen. Auf Stufe fünf sind autonome Systeme angesiedelt, die sich auf Basis vorgegebener Ziele vollständig selbst managen. Die ACI wird nochmals in Abschnitt 4.5.1 im Kontext möglicher Architekturmuster für autonome Systeme aufgegriffen.

Organic Computing (OC).
In einem Positionspapier [261] erläutern die Informationstechnische Gesellschaft (ITG) im VDE und die Gesellschaft für Informatik (GI) ihre Vision des Organic Computing. In diesem Positionspapier wird die Einschätzung dargelegt, dass Selbstorganisation die zukünftigen Computersysteme prägen wird. Diese Systeme sollen Self-X-Eigenschaften aufweisen, wie sie auch von IBM eingeführt werden, um Computer stärker ins alltägliche Leben integrieren zu können. Organic Computing hat damit eine ähnliche Stoßrichtung wie die ACI von IBM. Die OC-Initiative verfolgt drei wesentliche Ziele:

- **Systeme mit lebensähnlichen Eigenschaften erschaffen**. Zu den angestrebten Eigenschaften zählen unter anderem Autonomie, Adaptivität, Lernfähigkeit, Skalierbarkeit, Fehlertoleranz sowie die Self-X-Eigenschaften.

- **Vorgehensweisen aus der belebten Natur auf IT-Systeme übertragen**. Beispiele hierfür sind Redundanz, Observer/Controller-Muster, Schwarmverhalten, Immunabwehr und pheromonbasierte Algorithmen;

- **Hinwendung auf die Wünsche und Belange des Benutzers**, um die Benutzbarkeit zu steigern sowie ein Kontextbewusstsein zu schaffen.

Nicht direkt im Fokus von Organic Computing stehen hingegen DNA-Computer, genetische Algorithmen und künstliche Intelligenz. Stattdessen wird vor allem die Selbstorganisation in den Vordergrund gerückt. Das Verbesserungspotential selbstorganisierender Systeme wird hierbei insbesondere bei Handhabung komplexer Situationen und bei der Energieeinsparung gesehen. Gleichzeitig stellt diese Vision klar, dass Sicherheitskonzepte erforderlich sind, die zu einem vertrauenswürdigen Computersystem führen. Insgesamt ist Organic Computing daher eher im Bereich Pervasive Computing und Ubiquitous Computing angesiedelt und nicht wie die ACI im Bereich der Unternehmensanwendungen.

Observer/Controller-Muster.
Im Bereich der Regelungstechnik wird von einem Regelkreis gesprochen, der eine Regeleinrichtung aus Messort und Stellort bildet (vgl. Unbehauen [258, S. 5ff.]). Dieses Architekturmuster ist in der Informatik als *Observer/Controller Pattern* bekannt. Nach diesem Muster wird ein System von einem Controller in einer Schleife überwacht *(closed control loop)*. Der Controller modifiziert aufgrund seiner Beobachtung einen oder mehrere Parameter des Systems derart,

dass das System die gewünschte Zielstellung erreicht. Die Anwendung dieses Musters in der Informatik wurde bereits in vielen wissenschaftlichen Publikationen aufgegriffen (vgl. Herrmann et al. [100], Müller-Schloer et al. [182, 183, 217]). Müller-Schloer et al. sehen die Anwendung dieses Musters als Bestandteil der Organic Computing-Initiative, die durch Verfahren aus der Natur inspiriert, neuartige Computersysteme mit Self-X-Eigenschaften ermöglichen möchte. Auf das Observer/Controller-Muster wird in Abschnitt 4.5.1 nochmals aufgegriffen.

Nachdem bereits unterschiedliche Termini aus dem Bereich der Autonomie erwähnt wurden, stellt sich die Frage, was genau unter den verschiedenen Begriffen verstanden wird. Deswegen wird im Folgenden nun formaler definiert, was unter einem autonomen System zu verstehen ist. Hierzu soll zunächst der für die Autonomie grundlegende Begriff der Adaptierbarkeit durch die folgende Definition eingeführt werden [83]:

Definition 21: *Adaptierbarkeit*

Ein System ist *adaptierbar* bezüglich einer Menge von Eingabefunktionen und einer Zielstellung, wenn es für diese Eingabefunktionen die Zielstellung erfüllt.

Die Adaptierbarkeit eines Systems stellt also die prinzipielle Eignung dieses Systems für die betrachteten Eingabefunktionen fest, wobei die Eignung dadurch festgestellt wird, dass die Zielstellung erreicht wird. Eine Eingabefunktion (vgl. Abschnitt 2.1.1) wirkt hierbei ab dem Systemstart fortlaufend auf das System ein und kann manuelle Eingaben von Benutzern und Administratoren, Eingaben von anderen Systemen sowie Umwelteinflüsse (z. B. Temperaturänderungen) umfassen. Ob ein System seine Zielstellung erfüllt, wird durch die Evaluation seines Verhaltens mittels einer *Leistungsbewertungsfunktion* und eines *Akzeptanzkriteriums* entschieden. Da die Festlegung der betrachteten Eingaben, der Leistungsbewertungsfunktion sowie des Akzeptanzkriteriums vom Beobachter – im Prinzip willkürlich – vorgenommen wird, ist nicht die Frage, *ob* ein System adaptierbar ist, sondern bezüglich *welcher* Eingaben und *welcher* Leistungsbewertungsfunktion.

Adaptierbare Systeme lassen (um das Erreichen der Zielstellung zu ermöglichen) auch Steuereingaben zu. So kann etwa eine Klimaanlage manuell von einem Benutzer ein- und ausgeschaltet werden, um die Raumtemperatur in einem definierten Intervall um eine Solltemperatur zu halten. Sollen Steuereingaben vermieden werden, z. B. um die Administrationskosten zu senken, werden adaptive Systeme [181] benötigt:

Definition 22: *Adaptivität, Selbstmanagement, Autonomie*

Ein System ist *adaptiv*, wenn es adaptierbar ist, ohne von außen gesteuert zu werden. Autonomie und Selbstmanagement sind aus Sicht dieses Buches Synonyme der Adaptivität.

Diese Definition von Adaptivität (und ihren Synonymen Selbstmangement und Autonomie) impliziert eine Unterteilung der Systemeingaben in *Steuereingaben* und *Reguläreingaben*. Lendaris [150] führt hierzu aus, dass sich aus der Leistungsbewertungsfunktion ergibt, welche Eingaben als Steuer- und welche als Reguläreingaben zu sehen sind. Adaptive Systeme können mittels des Observer/Controller Patterns realisiert werden, indem ein nicht-adaptives, aber adaptierbares System um einen Controller erweitert wird, welcher die benötigten Steuereingaben auf Basis der Reguläreingaben bereitstellt. Die Steuereingaben werden durch diese Vorgehensweise von der Eingabe des Systems eliminiert. Beispielsweise kann eine manuelle Klimaanlage um einen Regelkreis erweitert werden, der die Klimaanlage derart steuert, dass die Raumtemperatur in einem definierten Intervall um eine Solltemperatur gehalten wird. Die neue, geregelte Klimaanlage erreicht dieses Ziel selbstständig, ohne externe Steuereingriffe.

Aufbauend auf einer Parametrisierung der Leistungsbewertungsfunktion sowie des Akzeptanzkriteriums lässt sich ein Maß für die Güte des Systemverhaltens definieren, mit dessen Hilfe sich die Adaptivität von Systemen hinsichtlich der gleichen Eingaben nicht nur qualitativ, sondern auch quantitativ bewerten lässt. Gleichermaßen lässt sich bei fester Leistungsbewertungsfunktion und festem Akzeptanzkriterium durch eine Parametrisierung der Größe der Menge der Eingabefunktionen quantitativ erfassen, wie robust ein System bezüglich einer Ausweitung der Menge der betrachteten Eingabefunktionen ist. *Verhaltensgüte* und *Robustheit* können damit als zwei Facetten der Adaptivität gesehen werden.

Nach Definition 22 ist ein System nur dann adaptiv, wenn es *keinerlei* Steuereingaben erhält. Oftmals wird es in der Praxis jedoch nicht möglich sein, auf Steuereingaben völlig zu verzichten. Beispielsweise wird häufig zumindest eine Eingriffsmöglichkeit in kritischen Situationen für notwendig erachtet. In diesen Fällen kann eine Quantifizierung der zeitlichen Häufigkeit sowie der Informationsmenge der Steuereingaben durch ein geeignetes Maß sinnvoll sein. Durch dieses Vorgehen wird Adaptivität quantitativ erfassbar. Zusammen mit einem Maß für die Güte des Systemverhaltens und einem Maß für die Größe der Menge der Eingabefunktionen ergeben sich damit vielfältige Möglichkeiten, Systeme hinsichtlich ihrer Adaptivität zu vergleichen.

Eine Möglichkeit, selbstmanagende Systeme zu realisieren, ist die Selbstkonfiguration. Die *Konfiguration* eines Systems bezeichnet hierbei den Teil des Systemzustands, der das Systemverhalten maßgeblich festlegt:

Definition 23: *Selbstkonfiguration*

Ein System ist *selbstkonfigurierend*, wenn es seine Konfiguration ohne externen Steuereingriff anpasst, um seine Adaptivität sicherzustellen.

Das Ziel der Selbstkonfiguration ist es, dem menschlichen Administrator die Konfiguration des Systems aus den genannten Gründen weitestgehend zu ersparen. Eng verwandt mit der Selbstkonfiguration ist der Begriff *Selbstoptimierung*, der zusätzlich betont, dass ein Optimierungsziel durch fortlaufende Selbstkonfiguration verfolgt werden soll. *Selbstschutz* wiederum ist die Selbstkonfiguration mit dem Ziel der Sicherstellung von Sicherheitseigenschaften.

Eng verwandt mit der Selbstkonfiguration ist die Selbststabilisierung. Ein selbststabilisierendes System ist in der Lage, sich von beliebigen transienten Fehlern zu erholen, wenn für eine gewisse Zeit (die *Stabilisierungszeit*) keine weiteren Fehler auftreten. Während der Stabilisierung kann ein selbststabilisierendes System ein beliebiges, insbesondere auch inkorrektes Verhalten aufweisen; spätestens nach Ablauf der Stabilisierungszeit muss es sich aber wieder korrekt verhalten. Im Gegensatz hierzu können Systeme, die nicht selbststabilisierend sind, eventuell für alle Zukunft ein inkorrektes Verhalten aufweisen. Dieser Fall kann eintreten, falls ein Fehler auftritt, der nicht maskiert werden kann. Selbststabilisierung [226, 60] ist eine Eigenschaft, die für Computersysteme sehr erstrebenswert ist. Eine Definition in unserem Kontext lautet:

Definition 24: *Selbststabilisierung*

Ein System ist *selbststabilisierend*, wenn es sich von jedem transienten Fehler, sobald der Fehler aufgehört hat zu wirken, innerhalb einer beschränkten Zeitspanne wieder erholt und ab dann seine Zielstellung erfüllt, bis wieder ein neuer Fehler auf das System einwirkt.

Dijkstra stellt in einer fundamentalen Arbeit von 1974 einen selbststabilisierenden Algorithmus zur Zirkulation eines Tokens in einem unidirektionalen Ring vor [58]. Er definiert selbststabilisierende Systeme auf Basis einer Unterteilung der Systemzustände in *legale* und *illegale* Zustände. Ein System ist laut seiner Definition *selbststabilisierend*, wenn es im fehlerfreien Fall *(1)* ausgehend von einem beliebigen Zustand einen legalen Zustand in beschränkter Zeit erreicht und *(2)* ausgehend von einem legalen Zustand seinen Zustand in der Menge der legalen Zustände hält. Diese Bedingungen modellieren genau die Eigenschaft des Systems, sich von beliebigen transienten Fehler in einer beschränkten Zeit zu erholen.

Selbststabilisierende Systeme haben weitere interessante Eigenschaften. Zum Beispiel können sie auch permanente Fehler unter gewissen Bedingungen verkraften. Beispielsweise wird ein selbststabilisierender Algorithmus zur Konstruktion eines Spannbaums bestehend aus Knoten und Verbindungen im Falle eines permanenten Ausfalls eines Links, der Teil des Spannbaums ist, einen neuen Spannbaum ohne den ausgefallenen Link bilden, sofern das Netzwerk weiterhin zusammenhängend ist. Außerdem brauchen selbststabilisierende Systeme nicht initialisiert zu werden, sofern ein zeitweises Fehlverhalten toleriert werden kann, da sie in jedem Fall nach einer beschränkten Zeitspanne einen legalen Zustand erreichen und damit das gewünschte Verhalten ab diesem Zeitpunkt aufweisen.

Selbststabilisierung kann mit Fehlermaskierung kombiniert werden, um für *bestimmte* Fehler ein auch nur zeitweises Versagen des Systems zu verhindern. Des Weiteren kann durch *Superstabilisierung* [61] und *Fehlereindämmung* [84] erreicht werden, dass für bestimmte Fehlerklassen kein beliebiges, sondern ein definiertes Verhalten auftritt bzw. dass die Auswirkungen von Fehlern auf einzelne Systemteile beschränkt bleiben. Seit der ersten Publikation von Dijkstra wurden für viele Probleme in verteilten Systemen selbststabilisierende Algorithmen vorgestellt, z. B. für die Konstruktion von Spannbäumen [81]. Auf Selbststabilisierung, Superstabilisierung und Fehlereindämmung wird in Abschnitt 6.2 im Detail eingegangen.

Ein weiterer Begriff im Bereich der autonomen Systeme ist die Selbstorganisation. Diese bezieht sich auf die Struktur eines Systems. Selbstorganisierende Systeme verändern selbständig ihre Struktur, um trotz einer sich ändernden Umwelt eine Zielstellung zu erfüllen. Diese Eigenschaft selbstorganisierender Systeme wird auch als *Strukturadaptivität* bezeichnet. Ein System ist hierbei *strukturadaptiv*, wenn es adaptiv ist, *weil* es seine Struktur ändert. Das heißt, wenn es seine Struktur nicht ändern würde, wäre es nicht adaptiv. Hierbei beschreibt Struktur Beziehungen zwischen den Systembestandteilen im Sinne einer Architektur (z. B. Kommunikationsbeziehungen). Dementsprechend bezieht sich Selbstorganisation auf die Struktur eines Systems. Zusätzlich wird eine dezentrale Steuerung des Systems verlangt, da ein zentral gesteuertes System eher organisiert wird als sich selbst zu organisieren [102, 181]:

Definition 25: *Selbstorganisation*

Ein *selbstorganisierendes* System ist ein adaptives System, welches zusätzlich strukturadaptiv ist und eine dezentrale Kontrolle aufweist.

Es ist sinnvoll, Kenntnisse über die Struktur eines selbstorganisierenden Systems, die innerhalb des Entwicklungsprozesses gewonnen wurden, beim Betrieb des Systems mit zu verarbeiten. Dies kann z. B. durch die Anwendung eines modellgetriebenen Entwicklungsprozesses erreicht werden. Durch diese Vorgehensweise können die spezifischen Eigenschaften einer Anwendung bezüglich der Selbstorganisation in dem realisierten System berücksichtigt werden. Abbildung 3.2 zeigt nochmals den Zusammenhang zwischen den behandelten Begriffen.

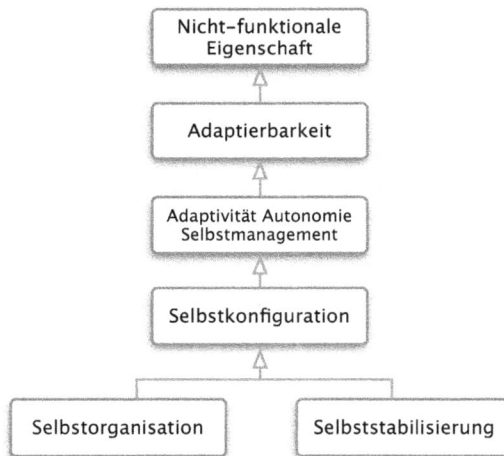

Abb. 3.2: Konzeptionelles Modell: Autonomie

Abbildung 3.3 zeigt eine Übersicht über wesentliche Begriffe, die in Kapitel 2 und bisher im vorliegenden Kapitel eingeführt wurden, und stellt diese in einen Zusammenhang. Hinzu kom-

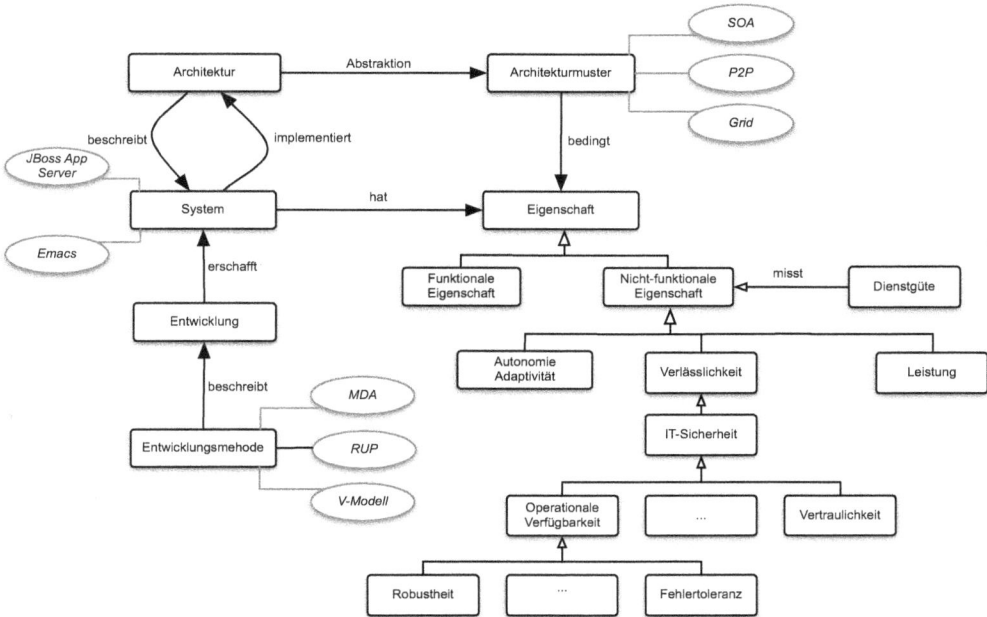

Abb. 3.3: *Zusammenfassung der Konzepte und deren Zusammenhänge*

men in diesem Modell konkrete Beispiele, die Ausprägungen der jeweiligen Konzepte darstellen. Im objektorientierten Sinn wären diese Instanzen einer Objektklasse. Entsprechende Instanzen sind durch ovale Felder gekennzeichnet, während für die Konzepte die Rechtecke beibehalten wurden. Einige der Beispiele verdeutlichen den Unterschied zwischen Architekturmustern und konkreten Architekturen: Bei SOA, Peer-to-Peer (P2P) oder Grid handelt es sich um Architekturmuster, die von einer konkreten Architektur abstrahieren und daher in verschiedenen Architekturen Verwendung finden können. Diese und weitere Architekturmuster werden in Kapitel 4 vorgestellt und hinsichtlich Autonomie bewertet. Zusätzlich wurden noch Beispiele für Entwicklungsmethoden aufgenommen, wobei der Begriff der Entwicklungsmethode neben der in Anhang B.3 vorgestellten MDA auch umfassendere Vorgehensmodelle wie das V-Modell oder Rational Unified Process (RUP) (vgl. Anhang B.1) beinhaltet. Schließlich werden, um den Begriff *System* zu verdeutlichen, auch Beispiele für konkrete Systeme integriert. Bezüglich der Verlässlichkeit wurde das konzeptionelle Modell aus Abbildung 3.1 integriert.

3.2 Autonomieaspekte

Nachdem in Abschnitt 3.1 das Umfeld der Autonomie diskutiert wurde, werden in diesem Abschnitt Autonomiemerkmale, also Indizien dafür, dass ein System autonomes Verhalten aufweist, identifiziert und beschrieben. Die Betrachtung existierender autonomer Architekturmuster (insbesondere Observer/Controller und schwarmbasierte Architekturen, siehe Abschnitt 4.5) unter diesem Gesichtspunkt führt zu der Beobachtung, dass es zwei grundsätzliche Kennzeichen von Autonomie gibt:

- **Informationsgradient.** Innerhalb eines Systems werden wesentlich größere Mengen an Information verarbeitet, als über die Systemgrenzen hinweg ausgetauscht werden.

- **Emergentes Verhalten.** Das System zeigt Verhaltensweisen, die nicht unmittelbar auf Komponenten- bzw. Subsystemebene angelegt sind.

Beide Kennzeichen sind nicht eindeutig – in einem stärker oder schwächeren Maß kommen sie praktisch in jedem System vor. Dies stimmt aber mit der bereits getroffenen Beobachtung überein, dass auch Autonomie prinzipiell in jedem System zu finden ist, wenn auch in unterschiedlicher Ausprägung. Beide Kennzeichen sollen in den folgenden Abschnitten genauer erörtert werden und es soll insbesondere begründet werden, warum sie als Indikator für autonomes Verhalten betrachtet werden können.

Im Anschluss daran wird in Abschnitt 3.2.3 das Verhältnis von Autonomie und Komplexität diskutiert und dargelegt, warum Komplexität in diesem Buch nicht als Kriterium für Autonomie angesehen wird.

3.2.1   Informationsgradient

Ein Unterschied zwischen der Menge an Informationen, die über die Grenzen eines Systems transportiert werden, und der Menge an Informationen, die innerhalb eines Systems verarbeitet werden, ist typisch für Systeme der Informationsverarbeitung. Bei Systemen, denen (intuitiv) das Attribute „autonom" zugeschrieben wird, ist ein solcher Informationsgradient insbesondere bei Steuer- bzw. Kontrollinformationen[1] zu finden.

Gemäß der Informationstheorie von Shannon [266] werden Informationsmengen, genauer gesagt Informationsdichten, mit dem Maß der *Entropie* gemessen. Die Entropie $H(X)$ einer diskreten, gedächtnislosen Quelle (in Begriffen der Wahrscheinlichkeitstheorie einer diskreten Zufallsvariable) X über einem Alphabet einer höchstens abzählbaren Menge $Z = \{z_1, z_2, \ldots\}$ mit der Wahrscheinlichkeit $P(X \in Z) = 1$ wird von Shannon hierbei folgendermaßen definiert:

$$H(X) = - \sum_{z \in Z} P(X = z) \log_2\big(P(X = z)\big)$$

Unter anderem wird von Schmeck [224] ein auf Kontrollinformationen bezogener Entropiegradient als ein direktes Maß für Autonomie benutzt: Je größer die Dichte der Kontrollinformation *innerhalb eines Systems* im Verhältnis zur Dichte der Kontrollinformation, die über die Systemgrenzen in das System eindringen, um so autonomer ist das betrachtete System. Dies stimmt auch mit der Definition eines *autonomen Automaten* (vergleiche z. B. [151]) überein, bei dem ein Nachzustand ausschließlich vom Vorzustand abhängig ist und keinerlei Eingangsinformation nutzt.[2]

---

[1] Zur Unterscheidung von *Kontrollinformation* und *Regulärinformation* siehe [150] und die Erläuterung zur Definition 22 von *Selbstmanagement* auf Seite 41.

[2] Zum Automatenmodell siehe auch Anhang A.1.1.

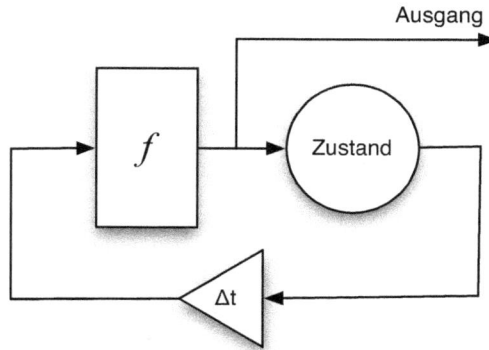

Abb. 3.4: *Autonomer Automat*

Ein solches Autonomiemaß stimmt mit der intuitiven Auffassung von Autonomie relativ gut überein – jedoch nicht vollständig: es beschreibt nur quantitative Aspekte. In der Regel hat Autonomie jedoch auch einen qualitativen Aspekt. Um diesen zu erfassen, wird als zweites Autonomiekennzeichen auf das Vorhandensein von Emergenz zurückgegriffen.

3.2.2 Emergenz

Der Begriff der Emergenz ist stark umstritten; die folgenden Betrachtungen entsprechen weitgehend der Argumentation aus [267]. Dies liegt vor allem daran, dass es sich bei Emergenz einerseits um ein sehr altes Konzept handelt, das aber andererseits z. T. nicht vollständig durchdrungen scheint und somit der damit verbundene Begriff häufig nicht eindeutig definiert ist. Hinzu kommt, dass der Emergenz-Begriff in vielen Wissenschaftsbereichen vorkommt, von der Soziologie über die Biologie bis eben in die Informatik. In der Informatik wird Emergenz häufig im Zusammenhang mit Agentsystemen diskutiert (z. B. in [137]), um Eigenschaften des Kollektivverhaltens von Agenten zu beschreiben. In [103] wird eine *Montageeigenschaft* (engl.: *assembly property*) beschrieben, die einem allgemeineren Emergenz-Begriff entspricht. Der Begriff „Emergenz" stammt vom lateinischen *emergere*, also „auftauchen". Intuitiv sind damit all jene Eigenschaften und Verhaltensweisen gemeint, die erst auf Systemebene erscheinen, aber sich nicht unmittelbar aus der Betrachtung der Subsysteme ergeben. Jedoch ist schon dieses intuitive Verständnis nicht unumstritten.

Als Kriterium der Emergenz wird häufig *Überraschung* genannt [38, 73, 218, 219]. Dies ist nicht vollständig nachvollziehbar, da eine solche Definition das definierte Phänomen vom Beobachter abhängig macht: für einen „ungebildeten" Beobachter wären damit viel mehr Erscheinungen ermergent als für einen „gebildeten". Es gibt in der Wissenschaft lediglich zwei Fälle, in denen der Beobachter einbezogen wird: Wenn der Beobachter als Vergleichsobjekt dient, z. B. beim Turing-Test [256], oder wenn der Beobachter Teil des beobachteten Systems ist und damit die Beobachtung das Ergebnis beeinflusst, z. B. in der Quantenphysik (siehe z. B. [59]). Beides ist hier nicht der Fall.[3]

---

[3]Es gibt vereinzelt die (von den Autoren dieses Buches nicht vertretene) Meinung, dass der menschliche Geist das

Mitunter wird auch Emergenz mit *Selbstorganisation* gleichgesetzt, z. B. in [75]. Nun kann die Fähigkeit zur Selbstorganisation durchaus eine emergente Eigenschaft sein. Allerdings lässt sich Selbstorganisation – zumindest im Bereich von Softwaresystemen – relativ einfach als Strukturadaptivität auffassen, für deren Definition keinerlei Referenzen auf einen Emergenz-Begriff notwendig ist [101, 102, 181]. Auch können nach intuitivem Verständnis Eigenschaften auftauchen, die nicht in der *Organisation* eines Systems bedingt sind.

Um den divergierenden intuitiven Verständnismöglichkeiten Herr zu werden, werden mitunter verschiedene Arten von Emergenz definiert. Allerdings ist auch in diesem Fall die Einteilung nicht einheitlich: Werden in [16] lediglich *starke* und *schwache* Emergenz unterschieden, gibt es in [12] bereits fünf und in [74] sieben verschiedene Arten der Emergenz.

Wie an diesen Betrachtungen zu sehen ist, ist „Emergenz" ein überaus umstrittenes Konzept. Johnson [126] gibt einen guten Überblick über verschiedene Ansätze zum Emergenz-Begriff in der Philosophie und im Bereich Systemdesign. Es ist kein Anspruch des vorliegenden Buches, eine allseits gültige Definition für Emergenz zu geben, schon gar nicht über den Bereich der Informatik hinaus. Deshalb wird hier ein sehr allgemeiner Emergenz-Begriff verwendet, der zwar praktisch alle diskutierten Konzepte erfasst, aber auch Fälle beinhaltet, die von vielen Arbeiten als (äußerst) schwache Emergenz bzw. gar nicht als Emergenz betrachtet werden.

Im Unterschied zu den meisten Emergenz-Ansätzen wird bei dem hier gegebenen Emergenz-Begriff keine Unterscheidung von Systemebenen (Mikro- versus Makro-Ebene) gemacht, sondern eine temporale: *vor* und *nach* dem Kompositionsvorgang, also demjenigen Vorgang, bei dem das System aus Subsystemen entsteht. Dadurch wird keine Identifikation von Vorsystemen innerhalb von Folgesystemen oder eine Betrachtung des Verhältnisses von Vorsystemen untereinander verlangt; das Vorsystem kann (anders als etwa in Agentensystemen) vollständig im Nachsystem aufgehen. Auch entfällt die Forderung nach Dynamik, die manchmal von Systemen verlangt wird, damit sie als „emergent" gelten: Emergenz wird hier im Bezug zum *Kompositionsprozess* angesehen, *nicht* im Bezug *zum System*. Die gleiche Eigenschaft kann bei einem System[4] emergent sein und bei einem anderen nicht, je nachdem ob sie schon in einem Vorsystem vorgekommen ist.

Zur genaueren Klärung sei betrachtet, was bei der Systemkomposition geschieht. Wenn ein (Sub-)System von einem Kompositionsvorgang betroffen ist, also in der Regel zum Bestandteil eines Systems (ungleich seiner selbst) wird, ändert es potentiell seine Eigenschaften – zu denen auch sein Verhalten zählt.[5] Da eine Eigenschaft als eine *Frage über ein System* mit der zugehörigen Antwort betrachtet werden kann, wobei die Antwort den Eigenschaftswert darstellt (vergleiche Abschnitt 2.1), kann die Frage nach der qualitativen Existenz (dem Typ) einer Eigenschaft darauf zurückgeführt werden, ob es eine gültige und anwendbare Formulierung dieser Frage gibt.

Als *emergent* wird in diesem Buch eine Eigenschaft bezeichnet, deren Typ erst während des Kompositionsvorganges auftaucht. Formaler ausgedrückt:

---

einzige Auftreten „echter" Emergenz wäre. In diesem Fall würde das Vergleichsargument gelten.

[4]Ein System wird dabei als das Ergebnis eines Kompositionsprozesses aufgefasst.

[5]Zu beachten ist, dass es bei real existierenden Systemen genaugenommen keine unkomponierten, d. h. freien Elemente gibt. Wenn von einem freien System gesprochen wird, ist dann eigentlich ein Subsystem innerhalb eines Systems gemeint, das seine *Standardumgebung* darstellt.

Definition 26:   *Emergenz*

Wenn ein System S_g aus den Vorsystemen $S_1 \ldots S_n$ entsteht, dann ist P eine emergente Eigenschaft bezüglich des Kompositionsvorganges, wenn gilt:

$$emergent(P) \Leftrightarrow (\forall i, P(S_i) = \perp) \wedge (P(S_g) \neq \perp)$$

Eine so verstandene Emergenz tritt häufig auf. Sie ist vielfach das *Ziel* von Systemkomposition: Erst ein System „Auto" ist als Transportmittel geeignet, nicht der Motor, die Räder oder das Chassis allein. Die Transportmitteleigenschaft ist also im Kompositionsprozess des Autos emergent.

Für die Betrachtungen in diesem Buch sind nicht emergente Eigenschaften im Allgemeinen, sondern nur *emergentes Verhalten* interessant und gilt als ein Autonomieindikator.

3.2.3   Komplexität

Es gibt noch einen weiteren Aspekt, der häufig als typisches Merkmal eines autonomen Systems genannt wird: *Komplexität*. Dies ist insofern richtig, da autonome Systeme häufig komplex sind. Es ist aber nicht notwendigerweise so, sondern dem typischen, bereits in Abschnitt 3.1 beschriebenen Entwurfsprozess, der in der Praxis meist anzutreffen ist, geschuldet: Ein bestehendes System wird „angereichert", um die zu lösenden Aufgaben besser, also mit weniger Eingriffen (d. h. autonomer) zu lösen. Durch diese Anreicherung steigt natürlich meist auch die Komplexität des Systems.

Es bietet sich in diesem Zusammenhang an, kurz das Verständnis von Komplexität zu diskutieren. Es gibt in der Informatik keine allgemeine Definition des Begriffs „Komplexität", aber zahlreiche spezifische Definitionen und Maße. Insgesamt kann aber beobachtet werden, dass ein System als komplexer als ein anderes gilt, wenn in ihm mehr Beziehungen (räumliche, zeitliche, funktionelle etc.) existieren, als in dem anderen System. Dabei sind Systeme mit vielen Komponenten meist automatisch komplexer, weil bei gleichen Konstruktionsschema zwischen mehreren Elementen auch mehr Beziehungen existieren. Die bekannteste Klasse von Maßen zu Komplexität in der Informatik beschreibt die *Berechnungskomplexität*, die den algorithmischen Aufwand eines Programms bewertet. Teilweise wird zwischen „Kompliziertheit" und „Komplexität" eines Systems unterschieden. In diesem Fall betont Kompliziertheit die Anzahl der Komponenten und deren Beziehungen, während Komplexität zusätzlich die Art der Beziehungen berücksichtigt. So impliziert beispielsweise die Nichtlinearität von Beziehungen häufig, dass kleine Änderungen zu großen und oft unvorhersagbaren Auswirkungen führen können.

Häufig sind die Beziehungen systemintern, da IT-Systeme meist über eine relativ geringe Anzahl von Schnittstellen verfügen. Deshalb kommt es mit der Komplexität meist auch zu einem Gradienten im Informationsfluss zwischen innerem System und über die Schnittstellen. Emergentes Verhalten wird ebenfalls unterstützt, da mit der Anzahl der Beziehungen auch die Freiheiten zunehmen. Es besteht also eine starke Relation zwischen den in diesem Kapitel diskutierten Autonomieaspekten und der Komplexität. Die Autonomieaspekte sind jedoch stärker:

Selbst ein sehr einfaches – also eher nicht komplexes – System kann autonom sein. Als Beispiel sei der autonome Automat genannt (siehe Abschnitt 3.2.1). Umgekehrt gibt es komplexe Systeme, die nicht als sehr autonom betrachtet werden können, da viele ihrer das Verhalten betreffenden Beziehungen an Steuerinformationen gekoppelt sind.

Die Autoren des Buches haben sich deshalb dagegen entschieden, Komplexität als ein eigenständiges Autonomie-Kriterium zu benennen. Dessen ungeachtet besteht die beschriebene Korrelation und es lohnt sich bei komplexen Systemen eher, sie auf (gewünschte oder unerwünschte) Autonomie zu untersuchen.

3.3   Auswirkung auf die Verlässlichkeit

Die Auswirkung von Autonomie auf die Verlässlichkeit sind vielfältig. Sie werden in den Kapiteln 5 und 6 ausführlich in Hinblick auf typische autonomieinduzierte Eigenschaften, die im Kapitel 4 betrachtet werden, diskutiert. An dieser Stelle sei aber auf einen grundsätzlichen Sachverhalt hingewiesen: Autonomie kann sich sowohl positiv als auch negativ auf die Verlässlichkeit eines Systems auswirken.

- **Positive Auswirkungen.** Die Erhöhung der Verlässlichkeit ist in der Regel ein Hauptziel beim Entwurf von Systemen mit erhöhter Autonomie. Die Auswirkungen von Störungen sollen besser ohne äußeren Eingriff behandelt werden können. Dadurch kann erreicht werden, dass Fehlerzustände zu keiner oder keiner langfristigen Beeinträchtigung des Systemdienstes führen. Dies wirkt sich positiv auf Metriken wie Zuverlässigkeit oder Verfügbarkeit aus.

- **Negative Auswirkungen.** Autonomie kann sich auch negativ auswirken. Prinzipiell muss hier zwischen zwei Fällen unterschieden werden:

  - **Erwünschte Autonomie.** Autonomie führt in der Regel zu einer höheren Komplexität (vgl. Abschnitt 3.2.3). Dies steigert die Wahrscheinlichkeit, dass im Laufe des Entwurfszyklus Fehler auftreten bzw. auftretende Fehler nicht behoben werden. Während dies ein Problem ist, das allgemein bei Komplexitätserhöhung auftritt (z. B. allgemein bei Einführung von Fehlertoleranzmaßnahmen), gibt es eine Reihe von autonomietypischen Beeinträchtigungen. Diese werden detailliert in Abschnitt 5.2 diskutiert. Allgemein gilt: Jedem Mehr an Autonomie für das System steht ein Weniger an Autonomie für Systemnutzer gegenüber. Je nach potentieller Fähigkeit eines Nutzers, Störungen zu erkennen und korrekt darauf zu reagieren, kann dies zu einer Verringerung der Systemverlässlichkeit (bezüglich einer durch den Nutzer erreichbaren Verlässlichkeit) führen.

  - **Unerwünschte Autonomie.** Autonomie kann auch auftreten, wenn dies im Systementwurf nicht explizit vorgesehen ist. Prinzipiell gelten hier auch die evtl. negativen Auswirkungen, die bei erwünschter Autonomie auftreten. Zusätzlich kann – insbesondere durch die mit Autonomie verbundene Verhaltensemergenz (vgl. Abschnitt 3.2.2) – die Korrektheit des Systems leiden. Dabei widerspricht das Systemverhalten unter Umständen nicht der geschriebenen Spezifikation, aber dem intendierten Systemverhalten. Beispiele und Auswirkungen unerwünschter Autonomie werden detailliert in Abschnitt 5.3 betrachtet.

3.4 Modellierung von Autonomie

Nachdem die vorangegangenen Abschnitte ein besseres Verständnis von Autonomie und verwandten Begriffen geschaffen haben, stellt sich jetzt die Frage, ob es möglich ist, Autonomie mittels geeigneter Modellierungsansätze zu modellieren. Die Anhänge A.1 und A.2 beschreiben die gängigsten Klassen der in der theoretischen Informatik bekannten und im praktischen Softwareengineering eingesetzten Modellierungsansätze. Keiner dieser Modellierungsansätze beschreibt Autonomie direkt. Dies ist nicht verwunderlich, weil Autonomie keine auf Komponentenebene identifizierbare Eigenschaft ist. Entsprechend gab es in der im Abschnitt 2.2.1 dargelegten Taxonomie auch in keiner Sicht eine Autonomieeigenschaft und keiner der Ansätze aus den Anhängen A.1 und A.2 hat eine entsprechende Erweiterung der Taxonomie verlangt. Deshalb wird im Folgenden untersucht, ob und, wenn ja, wie innerhalb dieser Ansätze Autonomie *indirekt* beschrieben werden kann. Da sich Autonomie explizit auf *Verhalten* eines Systems bezieht, sind alle Modellierungsansätze, die den Verhaltensaspekt (vgl. Abschnitt 2.2.2) nicht oder nur schwach beinhalten, nur bedingt für die Beschreibung von Autonomie geeignet. Möglicherweise können allerdings auch in Strukturbeschreibungen Anzeichen für Autonomie gefunden werden.

In Abschnitt 3.2 wurden zwei Merkmale für Autonomie genannt: die Existenz eines Informationsgradienten und das Auftreten emergenten Verhaltens. Deshalb werden im Folgenden die Modellierungsansätze aus den Anhängen A.1 und A.2 daraufhin untersucht, wie gut diese Merkmale in der Modellierungstechnik darstellbar sind. Dies garantiert keine (gute) Modellierbarkeit von Autonomie *per se*, da – wie in Abschnitt 3.2 diskutiert – beides keine hinreichenden Eigenschaften sind. Auch können Modellierungstechniken entgegen ihrer ursprünglichen Intention eingesetzt werden, vergleiche Abschnitt 2.2.1. Falls sich jedoch die Autonomie-Merkmale im Modellierungsansatz darstellen lassen, erhöht dies die Wahrscheinlichkeit, dass der Modellierungsansatz zur Beschreibung oder Untersuchung von Autonomie in Systemen geeignet ist.

3.4.1 Fallbeispiel

Um die Modellierungsansätze vergleichen zu können, werden sie anhand des folgenden einfachen Beispiels betrachtet, das gewisse Autonomieaspekte enthält:

Beispiel 3.1: *Flusskontrolle*

Betrachtet wird ein Netzwerk von aktiven Rechnerknoten und Kommunikationsverbindungen, bei dem die Knoten jeweils als Produzent, Verbraucher und Router agieren. Produzenten veröffentlichen Nachrichten und senden diese an die benachbarten Router. Router leiten Nachrichten an andere Router oder Verbraucher weiter. Unter der Annahme, dass die Produzenten mehr Nachrichten produzieren können, als die Router und Verbraucher verarbeiten können, ist eine *Flusskontrolle* notwendig, die den Nachrichtenstrom an die Kapazität anpasst. Diese soll nicht zentral für das Gesamtsystem, sondern lokal auf den Knoten erfolgen. Hierfür sendet jeder Empfänger einer Nachricht – ob Router oder Verbraucher – eine Verarbeitungsbestätigung an den Sender (der Produzent oder Router sein kann). Bleibt eine Verarbeitungsbestätigung aus, so liegt eine Überlastung vor.

Die Flusskontrolle eines Produzenten oder Routers regelt in diesem Fall autonom, basierend auf Empfangsbestätigungen, den Fluss von Nachrichten und reagiert nach einem festgelegten Kriterium, indem es auf die Weiterleitung von Nachrichten verzichtet. Als Kriterium kann beispielsweise angenommen werden, dass ein Anteil der Nachrichten abhängig von der verfügbaren Kapazität eines bestimmten Produzenten ausgelassen wird. Damit soll verhindert werden, dass bei Kapazitätsproblemen alle Nachrichten eines Produzenten ignoriert werden und Fairness gewährleistet werden.

Zweifellos bietet dieses Fallbeispiel einen gewissen Grad an Autonomie. Die Flusskontrolle erfolgt lokal, nicht von außen gesteuert (wohl aber veranlasst: Es handelt sich um Regulärinformation, nicht um Kontrollinformation).

3.4.2   Qualitative Betrachtung von Modellierungsansätzen

In diesem Abschnitt werden gängige Modellierungsansätze[6] anhand des Fallbeispiels aus Abschnitt 3.4.1 dahingehend untersucht, ob sich mit ihnen entsprechende Autonomiemerkmale beschreiben lassen.

Wird für das Fallbeispiel ein Anwendungsfalldiagramm (vgl. Anhang A.2.2.1) auf Knotenebene erstellt, fällt auf, dass die Formulierung von Akteuren und Szenarien der Flusskontrolle recht kurz erscheint: „Router fragt Flusskontrolle nach Entscheidung über Weiterleitung". Werden die Structured Use Cases nach Cockburn [43] berücksichtigt, so müsste die Spezifikation etwa so erfolgen, wie es in Abbildung 3.5 dargestellt ist.

- **Akteur:** Router

- **Vorbedingung:** Empfangende Verarbeitungsbestätigung benachbarter Knoten (optional)

- **Ziel:** Entscheidung über Weiterleitung einer Nachricht

- **Schritte:**

  1. Router übergibt Flusskontrolle Nachricht zur Evaluation
  2. Flusskontrolle ermittelt Entscheidung über Weiterleitung

Abb. 3.5: Structured Use Case des Anwendungsbeispiels

Dieses Modell zeigt zunächst keine Besonderheiten in Hinblick auf Autonomie – sie stellt im Wesentlichen die Spezifikation einer Funktion dar. Es ist nicht erkennbar, ob der Informationsfluss einen Gradienten besitzt. Ebenso ist keine Emergenz offensichtlich. Jedoch kann es Anzeichen auf Emergenz im Sinne von Autonomie geben, wenn die Abstraktionen der Verhaltensbeschreibung sehr hoch sind, insbesondere wenn es einen Unterschied im Abstraktionsniveau zwischen dem Nutzungsaufruf und dem Verhalten gibt.

---

[6]Für eine kurze Übersicht über übliche Modellierungsansätze siehe Anhang A.

Ähnlich verhält es sich auch beim Kommunikationsdiagramm (vgl. Anhang A.2.2.7). Ein Kommunikationsdiagramm für die Flusskontrolle ist in Abbildung 3.6 dargestellt. Auch in diesem Ansatz ist – da Verhalten nur indirekt beschrieben wird – die Modellierung von Autonomieaspekten nur eingeschränkt möglich.

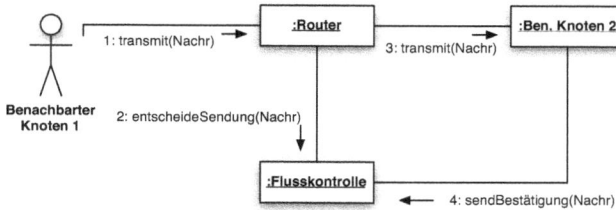

Abb. 3.6: Kommunikationsdiagramm des Anwendungsfalls

Ein Sequenzdiagramm (vgl. Anhang A.2.2.3) dagegen gibt eindeutig eine Verhaltensbeschreibung. Mit ihm kann die Interaktion der Flusskontrolle mit den anderen Akteuren beschrieben werden. Andere Akteure wären der Router, der Bestandteil eines Knotens ist, sowie Router und Verbraucher, die eine Verarbeitungsbestätigung schicken. Ein Sequenzdiagramm für die Flusskontrolle ist in Abbildung 3.7 gezeigt.

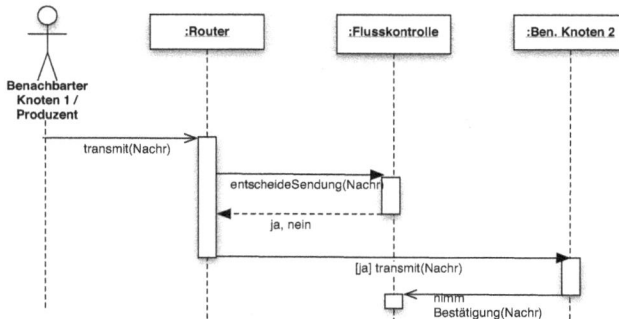

Abb. 3.7: Sequenzdiagramm des Anwendungsfalls

Hier ist deutlich zu erkennen, dass zwischen Router und Flusskontrolle mehr Informationen ausgetauscht werden, als zwischen Nachbarknoten. Dies deutet eine gewisse Autonomie der Einheit Router/Flusskontrolle, also des einzelnen Knotens, an.

Der Unterschied zwischen mehr oder weniger Autonomie ist nicht (nur) eine Frage der Granularität der Modellierung. Vielmehr benötigt die Beschreibung der Phänomene Informationsgradient und emergentes Verhalten bestimmte Aspekte: Für das Autonomie-Anzeichen „Informationsgradient" sind Beschreibung von Informationsmengen (und sei sie auch nur qualitativer Natur) *und* deren örtliche Abgrenzung notwendig. Deshalb ist z. B. ein π-Kalkül (vgl. Anhang A.1.2.3) zur Unterscheidung von mehr oder weniger autonomen Komponenten besser

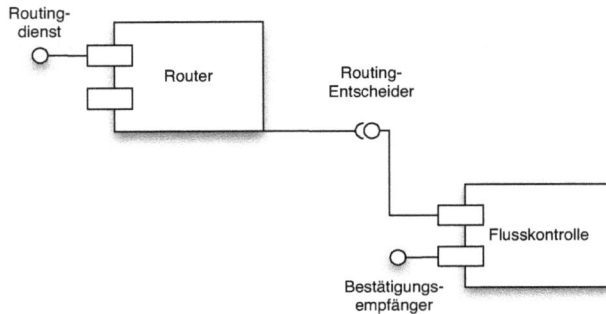

Abb. 3.8: *Komponentendiagramm des Anwendungsfalls*

geeignet als ein λ-Kalkül (vgl. Anhang A.1.2.1), da es den Ortsaspekt explizit enthält.[7] Ein Komponentenmodell (vgl. Anhang A.2.2.8) gibt in der von UML intendierten Nutzung eine bessere räumliche Abtrennung (siehe die Modellierung des Fallbeispiels in Abbildung 3.8) als ein Klassendiagramm (vgl. Anhang A.2.2.2, Fallbeispiel in Abbildung 3.9), wobei Letzteres bessere Hinweise auf zu verarbeitende Informationen gibt.

Bei Modellierungsansätzen, die explizit Verhalten beschreiben, ist ein Informationsgradient wahrscheinlicher, wenn mehr Zustandsänderungen auf interne als auf externe Ereignisse zurückzuführen sind oder wenn es verhältnismäßig mehr interne Zustände gibt – also solche, die nicht durch Beobachtung der Eingangs- und Ausgangsschnittstellen von außen zu bestimmen sind. Insbesondere Rückkopplungen sind ein Indiz. So existieren im Fallbeispiel beispielsweise beim Zustandsdiagramm (Abbildung 3.10) oder beim Petri-Netz (Abbildung 3.11) zwar solche Indizien, sie sind jedoch nicht sonderlich stark ausgeprägt.

3.4.3   Abstraktionsänderung

Für das Autonomie-Indiz „emergentes Verhalten" ist (noch mehr als bei „Informationsgradient") eine Ausprägung des Verhaltensaspektes notwendig. Diese ist jedoch nicht hinreichend: Vielmehr muss der Modellierungsansatz den Wechsel der Beschreibungsebene ermöglichen, um emergente Eigenschaften überhaupt *ausdrücken* zu können. In vielen theoretischen Modellierungsansätzen sind bereits Möglichkeiten zur Beschreibung von speziellen Eigenschaften des Gesamtsystems enthalten. Beispiele sind die *Berechenbarkeit* in der Turingmaschine (vgl. Anhang A.1.1.2) oder die in Anhang A.1.4.1 diskutierte Petri-Netz-Sicherheit. Häufig sind diese Modelleigenschaften jedoch nicht ohne weiteres auf emergentes Verhalten abbildbar. Es existieren aber einige Eigenschaften, für die eine solche Abbildung leicht möglich ist. Beispielsweise sind das Auftreten von *Verklemmungen* eine typische Eigenschaft, die leicht zwischen Objekt- und Modellebene transformiert werden kann. Verklemmungen sind ein Phänomen, das in der Regel vermieden werden soll und als negative Emergenz aufgefasst werden kann. Es kann u. a.

---

[7]Jedoch ist die Abbildungsinterpretation (Einsatz des Modell, vgl. Abschnitt 2.2.3) nicht vollständig durch die Modellierungstechnik festgelegt. Entsprechend kann eine Modellierungstechnik auch gänzlich anders eingesetzt werden, als ursprünglich geplant war und z. B. ins λ-Kalkül ein Ortsaspekt hineininterpretiert werden.

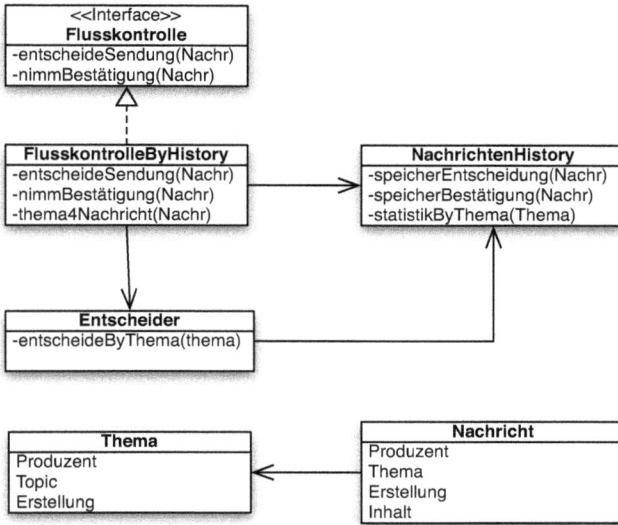

Abb. 3.9: Klassendiagramm des Anwendungsfalls

mit Hilfe von Temporallogiken (vgl. Anhang A.1.3) oder Petri-Netzen nachgewiesen werden.[8]

Es soll wiederum das Beispiel der Flusssteuerung betrachtet werden. Als Modell wird das eher schlichte Petri-Netz-Modell, wie es in Abschnitt 3.4.2 in Abbildung 3.11 gezeigt wurde, benutzt. Die in diesem Modell beschriebene Steuerung nimmt Nachrichten so lange an, wie Kapazität vorhanden ist. Kommen mehr Nachrichten an, wird keine Bestätigung mehr ausgegeben und die Nachricht nicht in den Puffer übernommen. Das Modell zeigt nur eine Flussregulierung und abstrahiert vom Aspekt des Routings – es ist nur jeweils ein Eingang und ein Ausgang dargestellt. Durch entsprechende Erweiterung (z. B. durch Nutzung von *farbigen Petri-Netzen*, vgl. z. B. [125]) könnte auch der Routingaspekt modelliert werden.

Wenn die Kapazität des internen Puffers (in Abbildung 3.11 mit n gekennzeichnet) eins ist und zwei Knoten sich gegenseitig Nachrichten zusenden, kann es zu der in Abbildung 3.12 dargestellten Situation einer Verklemmung kommen.

Eine solche Verklemmung kann durchaus auf der Modellebene bestimmt werden. Sie wird über die Eigenschaft der *Lebendigkeit* des Petri-Netzes ermittelt. Ein Petri-Netz ist *schwach lebendig* bzw. verklemmungsfrei, wenn es zu der betrachteten Markierung keine Folgemarkierungen gibt, bei der keine Transition mehr schalten kann (vgl. [213, 240]. Die formale Analyse der Lebendigkeit von Petri-Netzen wird im Abschnitt 5.4.4 diskutiert.

---

[8]Es ist evtl. etwas verwirrend, eine Verklemmung als ein *Verhalten* zu betrachten, da es auf den ersten Blick ein Nicht-Verhalten ist. Jedoch ist der Begriff nur in der Betrachtung der Reaktion des Systems auf die Umwelt – d. h. Verhalten – sinnvoll.

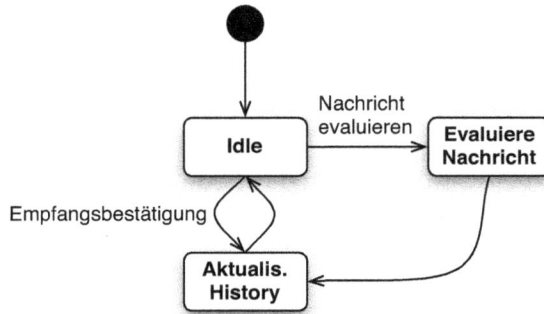

Abb. 3.10: *Zustandsdiagramm des Anwendungsfalls*

3.4.4   Systemtheorie

Die bisherigen Diskussionen zeigen, dass die gängigen Modelle insbesondere des Softwareengineerings nur eingeschränkt zur Modellierung von Autonomie geeignet sind. Dies ist nicht verwunderlich, da es in der Informatik bisher meist kein unmittelbares Ziel war, Autonomie analytisch zu finden oder konstruktiv herzustellen. Daher ist es vielversprechend, auch Modellierungsansätze zu betrachten, die in der Informatik eher am Rand stehen oder aus vollständig anderen Bereichen kommen und folgende Eigenschaften aufweisen:

- Sie sollten auf IT-Systeme anwendbar und verhaltensorientiert sein.
- Die Autonomiemerkmale (vgl. Abschnitt 3.2) sollten beschreibbar sein.
- Der Ansatz sollte Übergänge von Abstraktionen (vgl. Abschnitt 3.4.3) ermöglichen.

Diese Merkmale sehen die Autoren des vorliegenden Buches am ehesten in der Systemtheorie gewährleistet. Die Systemtheorie wurde in den Dreißiger- und Vierzigerjahren des vorherigen Jahrhunderts von Norbert Wiener für den Bereich Steuerungstechnik und Kommunikation sowie von Ludwig von Bertalanffy für die Biologie entwickelt [39]. Mittlerweile hat sich ihre Anwendung in vielen Wissenschaftsbereichen etabliert, u. a. auch der Informatik. Andere (in der Regel etwas spezifischer verstandene) Bezeichnungen sind *Kybernetik*, *Regelungstheorie* oder *Regelungstechnik*.[9] In der Systemtheorie wird versucht, vom konkreten Anwendungsfall zu abstrahieren und typische Verhaltensweisen der Interaktion verschiedener Komponenten zu beschreiben. Interaktion wird als *Informationsaustausch* aufgefasst, wobei vom Medium, dass die Information trägt, abstrahiert wird. So kann z. B. ein elektrischer Schwingkreis und ein mechanischer Federschwinger auf ähnliche Weise beschrieben werden. Auch bei IT-Systemen kann es zu Schwingungen kommen, auch wenn das Medium wiederum ein anderes ist (vgl. Beispiel aus Abschnitt 5.3.1).

---

[9]Auch in der Soziologie gibt es den Begriff der Systemtheorie, z. B. bei Luhmann und Parsons. Allerdings unterliegen hier die Begrifflichkeiten einer in vielen Geisteswissenschaften anzutreffenden Unschärfe, so dass ein Vergleich mit den natur- und ingenieurwissenschaftlichen Varianten der Systemtheorie nur schwer möglich ist und nur bedingt sinnvoll ist.

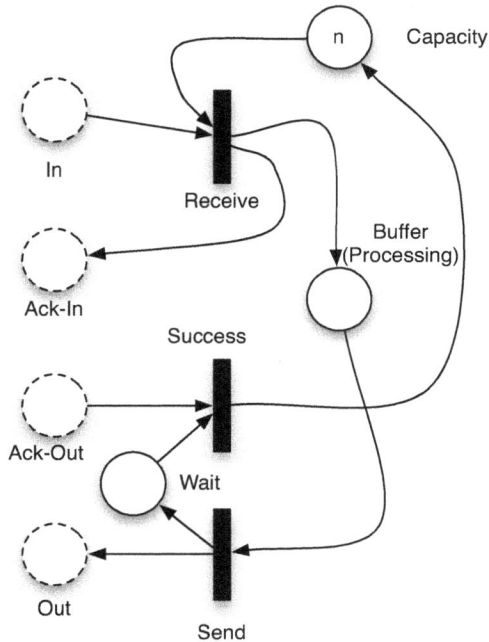

Abb. 3.11: *Petri-Netz-Modell einer Flusssteuerung. Gestrichelt gezeichnete Plätze sind Schnittstellen.*

Die Systemtheorie versucht also, Gemeinsamkeiten bei solch unterschiedlichen Vorgängen zu finden und diese auch auf eine gemeinsame Weise zu modellieren und zu analysieren. Für die Autonomiebetrachtungen dieses Buches ist nicht in erster Linie nur die eigentliche Modellierung interessant, die sich nicht zu sehr von bisher beschriebenen Ansätzen unterscheidet (häufig werden in der Systemtheorie Modellbeschreibungen wie Automaten, Petri-Netze und ähnliches benutzt), sondern besonders auch die Analysemethoden. Da es in der Systemtheorie einerseits ausschließlich um Informationen geht, andererseits Verhalten beschrieben wird, lassen sich beide in diesem Buch benutzten Autonomiemerkmale beschreiben.

Allerdings erscheint die Anwendung der Systemtheorie auf IT-Systeme zunächst schwierig: Ursprünglich behandelte die Systemtheorie *kontinuierliche* Systeme. Diskrete Systeme, die in der Informatik die Regel sind, werden als ein Spezialfall betrachtet. Außerdem sind die meisten Ergebnisse der Systemtheorie nur auf *lineare* Systeme anwendbar, also Systeme, in denen das Superpositionsprinzip gilt. Systeme der Informatik benutzen häufig Synchronisation oder haben andere Verhaltenseigenschaften, die die Linearität zerstören. Jedoch existiert eine Theorie diskreter Ereignissysteme, die eine Linearität auch in solchen Fällen wiederherstellt.

Um ein besseres Verständnis für die Systemtheorie zu ermöglichen, werden im Folgenden zunächst allgemeine Ansätze der klassischen Systemtheorie beschrieben, bevor die Besonderheiten der Informatik diskutiert werden.

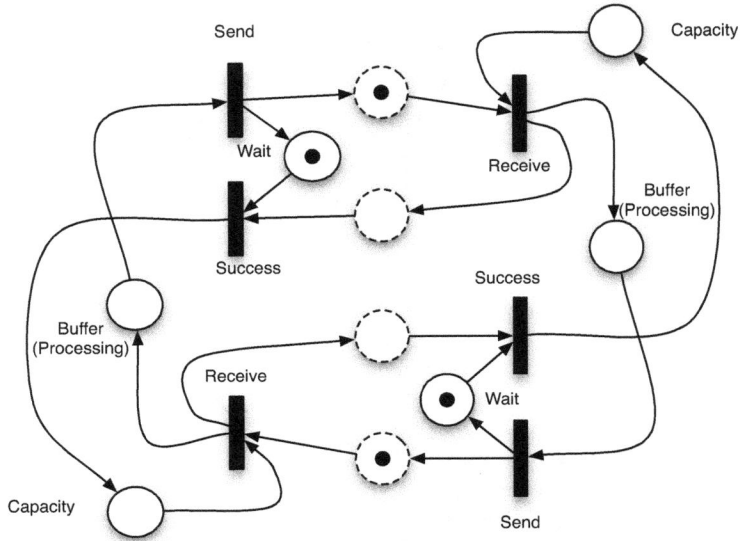

Abb. 3.12: *Verklemmung bei wechselseitiger Weiterleitung von Nachrichten*

3.4.4.1 Grundlagen

In der Regelungstheorie ist ein *System* eine Einheit, die auf ein *Eingangssignal* mit einem *Ausgangssignal* reagiert. Das Eingangs- bzw. Ausgangssignal wird auch *Eingangs-* bzw. *Ausgangsgröße* des Systems oder *Ursache* bzw. *Wirkung* genannt. Eine weitere Bezeichnung für das Ausgangssignal ist *Antwort* des Systems. Es ist egal, was das Trägermedium eines Signals ist oder welche physikalischen Vorgänge die Systemantwort aus dem Eingangssignal erzeugen. Ein Signal kann als eine Funktion der Zeit beschrieben werden.[10] Meist werden Eingangssignale mit $u(t)$ und Ausgangssignale mit $y(t)$ bezeichnet.

Wegen der einfacheren Behandelbarkeit werden in der Systemtheorie überwiegend *lineare* Systeme betrachtet. Damit ist nicht gemeint, dass ein einzelnes System ein lineares Verhalten zwischen Eingangs- und Ausgangssignal aufweist – also das Eingangssignal lediglich verstärkt oder abschwächt –, sondern dass das *Superpositionsprinzip* gilt. Dieses besagt, dass die lineare Überlagerung mehrerer Signale bei einem System das gleiche Ausgangssignal ergibt wie die Überlagerung der Ausgangssignale, die die Reaktionen auf die einzelnen Eingangssignale darstellen. Dies bedeutet für ein System, bei dem $u_i(t)$ die Eingangs- und $y_i(t)$ die Ausgangssignale sind, dass für beliebige konstante Werte k_1 und k_2 gilt:

$$u(t) = k_1 \cdot u_1(t) + k_2 \cdot u_2(t) \rightarrow y(t) = k_1 \cdot y_1(t) + k_2 \cdot y_2(t)$$

Das Verhalten eines linearen Systems lässt sich mit einer *Differentialgleichung* beschreiben, die den Zusammenhang zwischen der Eingangsgröße $u(t)$ und der Ausgangsgröße $y(t)$ darstellt,

---

[10]Es gibt Signale, die im streng mathematischen Sinn keine Funktionen sind, z. B. der *Dirac*-Impuls.

also:

$$a_n \frac{d^n y(t)}{dt^n} + a_{n-1} \frac{d^{n-1} y(t)}{dt^{n-1}} + \cdots + a_1 \frac{dy(t)}{dt} + a_0 y(t) =$$
$$b_q \frac{d^q u(t)}{dt^q} + b_{q-1} \frac{d^{q-1} u(t)}{dt^{q-1}} + \cdots + b_1 \frac{du(t)}{dt} + b_0 u(t) \quad (3.1)$$

Häufig wird die Schreibweise angewendet, die erste und zweite Ableitung nach der Zeit mit einem Punkt bzw. zwei Punkten über der Funktion zu kennzeichnen und höhere Ableitungen wie einen in Klammern gesetzten Exponent zu schreiben. Außerdem wird die Kennzeichnung von Funktionen durch Nachstellung der geklammerten Indizes (in diesem Fall der Zeit t) weggelassen. Die Differentialgleichung 3.1 lässt sich also auch folgendermaßen darstellen:

$$a_n y^{(n)} + a_{n-1} y^{(n-1)} + \cdots + a_1 \dot{y} + a_0 y =$$
$$b_q y^{(q)} + b_{q-1} u^{(q-1)} + \cdots + b_1 \dot{u} + b_0 u$$

Ein System kann natürlich auch mehrere Eingangs- und/oder Ausgangssignale haben. In diesem Fall werden die Signal zu Vektoren $\vec{u}(t)$, $\vec{y}(t)$.

Da das Ausgangssignal die Antwort auf die Ursache „Eingangssignal" darstellt, dürfen in der Differentialgleichung 3.1 die Ableitungen des Eingangssignals nicht höher sein als die Ableitungen der Antwort, also:

$$q \leq n \qquad\qquad\qquad\qquad\qquad\qquad\qquad\qquad\qquad\qquad\qquad\qquad (3.2)$$

Wenn diese Regel durchbrochen wird, bedeutet dies, dass das System Information über die Zukunft nutzen müsste – es enthielte ein Orakel.

Die Differentialgleichung nach 3.1 hat für alle Eingangsgrößen $u(t)$, $t \geq 0$ eine eindeutige Lösung $y(t)$, $t \geq 0$, wenn die Anfangsbedingungen gegeben sind. Die Anfangsbedingungen beschreiben die verschiedenen Ableitungen von $y(t)$ an der Stelle 0, also:

$$y^{(n-1)}(0) = y_{0n}$$
$$y^{(n-2)}(0) = y_{0(n-1)}$$
$$\vdots$$
$$\dot{y}(0) = y_{02}$$
$$y(0) = y_{01}$$

Anstatt die Differentialgleichung für das Gesamtsystem aufzustellen, werden Systeme häufig aus einzelnen, standardisierten *Übertragungsgliedern* zusammengesetzt. Ein Übertragungsglied wird entweder durch seine tatsächliche *Übertragungsfunktion*[11] bezeichnet, oder aber durch

---

[11]Es hat sich eingebürgert, mit „Übertragungsfunktion" nicht die tatsächliche Funktion des Übertragungsgliedes zu bezeichnen, sondern nur die korrespondierende Funktion bei der *Laplace-Transformation*, auch Funktion im *Bildbereich* genannt. Zur Vereinfachung wird in diesem Buch nicht auf diesen Unterschied eingegangen.

Tabelle 3.1: Wichtige Übertragungsglieder

Name	Übertragungs-Funktion	Schaltbild	Sprungantwort
P-Glied, Proportionalglied	$y(t) = K \cdot u(t)$	K	
D-Glied, Differenzierungsglied	$y(t) = \frac{d}{dt} u(t)$	Ks	
I-Glied, Integralglied	$\dot{y}(t) = u(t)dt$	$\frac{K}{s}$	
T_t-Glied, Totzeitglied	$y(t) = u(t + T_0)$	T_t	
PT_1-Glied, Verzögerungsglied 1. Ordnung	$T\dot{y}(t) + y(t) = u(t)$	PT_1	

seine *Sprungantwort*. Die Sprungantwort ist dasjenige Signal, das als Ausgangssignal an einem Übertragungsglied beobachtet werden kann, wenn das Eingangssignal der *Einheitssprung* ist, also folgende Form hat:

$$u(t) = \begin{cases} 1 & \text{wenn } t \geq 0 \\ 0 & \text{sonst} \end{cases}$$

Neben der Sprungantwort ist noch die *Impulsantwort* interessant. Dies ist das Antwortsignal, das ein System erzeugt, wenn als Eingangssignal die erste Ableitung des Einheitssprunges benutzt wird. Die Sprungantwort wird auch *Gewichtsfunktion* genannt. Es wurde theoretisch gezeigt, dass die Gewichtsfunktion ein (lineares und zeitinvariantes) Übertragungsglied vollständig charakterisiert. Aber noch aus einem anderen Grund ist die Gewichtsfunktion interessant: Mit ihrer Hilfe kann das Antwortsignal auf ein beliebiges Eingangssignal errechnet werden, und zwar in vielen Fällen einfacher, als dies durch die direkte Anwendung der Übertragungsfunktion auf das Eingangssignal möglich wäre. Die Systemantwort $y(t)$ ist nämlich das Ergebnis der Faltung der Gewichtsfunktion mit dem Eingangssignal $u(t)$. Zwar ist die Faltung keine triviale Operation, aber im Bildbereich der *Laplace-Transformation* entspricht sie der Multiplikation. Deshalb wird bei Systemen in der Systemtheorie häufig zuerst eine Transformation in den Bildbereich der Laplace-Transformation durchgeführt, dort die mathematische Analyse des Systems durchgeführt, und anschließend eine Rücktransformation vorgenommen, siehe Abbildung 3.13. Die Übertragungsfunktion $G(s)$ im Bildbereich ist übrigens die Laplace-Transformierte der Gewichtsfunktion. Bei der Benennung eines Übertragungsgliedes wird (ins-

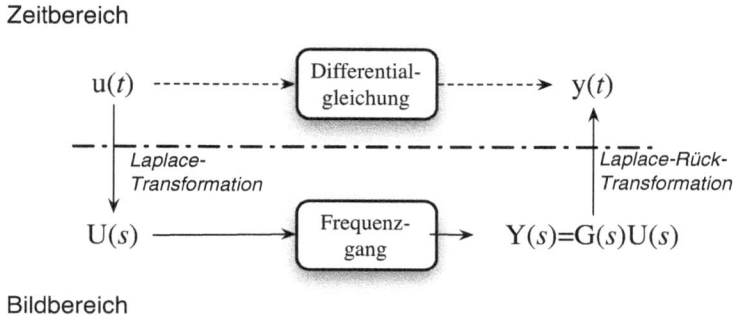

Abb. 3.13: *Nutzung der Laplace-Transformation*

besondere bei graphischer Darstellung) häufiger die Sprung- als die Impulsantwort angegeben, da diese intuitiver ist. Tabelle 3.1 listet einige wichtige Übertragungsglieder mit ihrer Übertragungsfunktion, Blockschaltbild und einem Graphen der Sprungantwort. Häufig finden sich in der Literatur alternative Darstellungen von Blockschaltbildern von Übertragungsgliedern, die den Graphen der Sprungantwort zur Beschreibung des Übertragungsgliedes nutzen.

3.4.4.2 Zustandsraum

Ein System in der Systemtheorie ist durch seine Differentialgleichung vollständig beschrieben. Jedoch ist der Umgang mit Differentialgleichungen höherer Ordnung – also Differentialgleichungen, bei denen eine höhere als die erste Ableitung vorkommt – in der Regel nicht einfach. Deshalb hat sich in der Systemtheorie *Zustandsraumdarstellung* als Alternative etabliert.

Die Idee der Zustandsraumdarstellung ist, statt einer Differentialgleichung höherer Ordnung ein Differentialgleichungssystem erster Ordnung zu benutzen. Dazu werden einige zusätzliche Variablen $x_1, \ldots x_n$ eingeführt. Dann können Koeffizienten $a_{1,1}, \ldots, a_{n,1}, a_{2,1}, \ldots a_{n,n}$, $b_1, \ldots b_n$, $c_1, \ldots c_n$ und d angegeben werden, so dass folgendes Differentialgleichungssystem äquivalent zur Differentialgleichung 3.1 ist:

$$\dot{x}_1(t) = a_{1,1}x_1(t) + \cdots + a_{1,n}x_n(t) + b_1 u(t) \tag{3.3}$$

$$\vdots$$

$$\dot{x}_n(t) = a_{n,1}x_1(t) + \cdots + a_{n,n}x_n(t) + b_n u(t)$$
$$y(t) = c_1 x_1(t) + \cdots + c_n x_n(t) + d \cdot u(t)$$

Dieses Differentialgleichungssystem wird so interpretiert, dass alle Variablen x_i einen internen *Zustand* eines Systems darstellen, der sich in Reaktion auf das Eingangssignal $u(t)$ ändert – daher der Name „Zustandsraumdarstellung". In der Regel wird Differentialgleichung 3.3 in Vektorform geschrieben:

$$\frac{d}{dt}\vec{x}(t) = \mathbf{A}\vec{x}(t) + \vec{b}u(t) \tag{3.4}$$

$$y(t) = \vec{c}x(t) + d \cdot u(t)$$

Dann wird $\vec{x}$ der *Zustandsvektor* des Systems genannt. Zur Lösung müssen noch Anfangsbedingungen angegeben werden – der Zustand des Systems zum Zeitpunkt 0:

$$\vec{x}(0) = \vec{x}_0$$

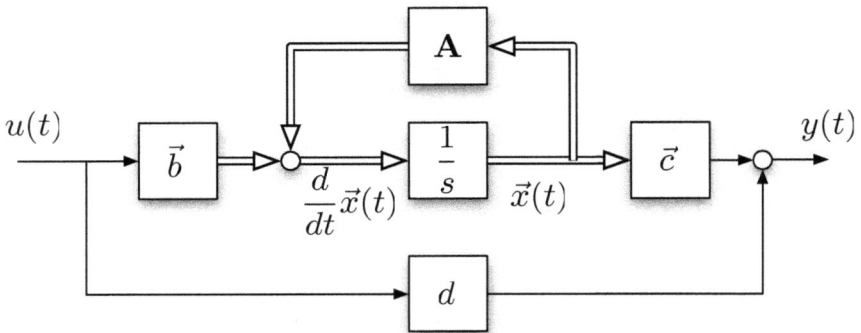

Abb. 3.14: *Blockschaltbild der Zustandsraumdarstellung*

Abbildung 3.14 zeigt das Blockschaltbild eines Systems in Zustandsraumdarstellung.

Die Zustandsraumdarstellung lässt sich leicht auf Mehrgrößensysteme ausweiten, also auf Systeme, bei denen das Eingangs- und Ausgangssignal mehrdimensional sind:

$$\frac{d}{dt}\vec{x}(t) = \mathbf{A}\vec{x}(t) + \mathbf{B}\vec{u}(t) \tag{3.5}$$

$$\vec{y}(t) = \mathbf{C}\vec{x}(t) + \mathbf{D}\vec{u}(t)$$

$$\vec{x}(0) = \vec{x}_0$$

Dabei haben die Koeffizienten folgende Bezeichnungen und Dimensionen:

- $\vec{x}$, Bezeichnung: Zustandsvektor; Dimension: n

- $\vec{u}$, Bezeichnung: Eingangsvektor; Dimension: m

- $\vec{y}$, Bezeichnung: Ausgangsvektor; Dimension: r

- **A**, Bezeichnung: Systemmatrix; Dimension: $n \times n$

- **B**, Bezeichnung: Steuermatrix; Dimension: $n \times m$

- **C**, Bezeichnung: Beobachtungsmatrix; Dimension: $r \times n$

- **D**, Bezeichnung: Durchgangsmatrix; Dimension: $r \times m$

Abbildung 3.15 zeigt das Blockschaltbild für ein Mehrgrößensystem in Zustandsraumdarstellung. Auch nichtlineare Systeme lassen sich prinzipiell in dieser Form darstellen. Dabei ist

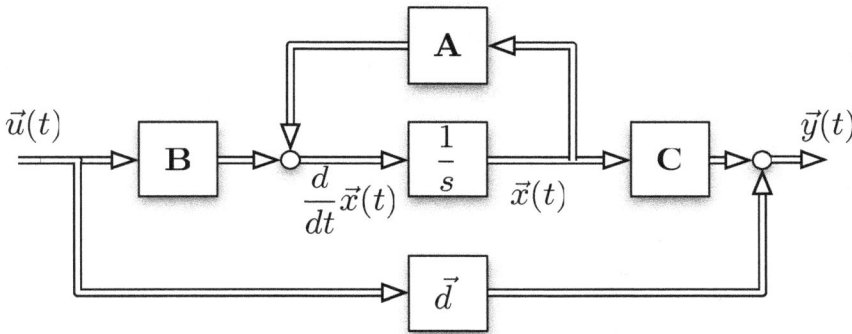

Abb. 3.15: *Blockschaltbild der Zustandsraumdarstellung für ein Mehrgrößensystem*

der Zustand nicht mehr eine Linearkombination, sondern eine allgemeine Funktion: $\frac{d}{dt}\vec{x} = f(\vec{x}(t), \vec{u}(t))$. Das System wird um den Ruhepunkt $(\vec{\hat{x}}(t), \vec{\hat{y}}(t))$ mit $f(\vec{\hat{x}}(t), \vec{\hat{y}}(t)) = \vec{0}$ linearisiert, so dass:

$$\mathbf{A} = \begin{pmatrix} \frac{\partial f_1(\vec{x},\vec{u})}{\partial x_1} & \cdots & \frac{\partial f_1(\vec{x},\vec{u})}{\partial x_n} \\ \vdots & \ddots & \vdots \\ \frac{\partial f_n(\vec{x},\vec{u})}{\partial x_1} & \cdots & \frac{\partial f_n(\vec{x},\vec{u})}{\partial x_n} \end{pmatrix}_{\vec{x}=\vec{\hat{x}}, \vec{u}=\vec{\hat{u}}}$$

und

$$\mathbf{B} = \begin{pmatrix} \frac{\partial f_1(\vec{x},\vec{u})}{\partial u_1} & \cdots & \frac{\partial f_1(\vec{x},\vec{u})}{\partial u_n} \\ \vdots & \ddots & \vdots \\ \frac{\partial f_n(\vec{x},\vec{u})}{\partial u_1} & \cdots & \frac{\partial f_n(\vec{x},\vec{u})}{\partial u_n} \end{pmatrix}_{\vec{x}=\vec{\hat{x}}, \vec{u}=\vec{\hat{u}}}$$

Ableitungsmatrizen wie **A** oder **B** werden nach dem Mathematiker Carl Gustav Jacob Jacobi auch *Jacobi-Matrizen* genannt.

3.4.5   Diskrete Systeme

In Abschnitt 3.4.4 wurde gezeigt, wie das Verhalten von Systemen mit Hilfe der Systemtheorie beschrieben werden kann. Diese Betrachtungen bezogen sich auf *zeitkontinuierliche*[12] Systeme, also Systeme, bei denen sich Signale zu jedem Zeitpunkt ändern können. Die meisten Systeme in der Informatik arbeiten aber getaktet. Dadurch werden Änderungen nur zu bestimmten Zeitpunkten wirksam. Auch wenn – wie es häufig gemacht wird – die durch die Taktung hervorgerufene Diskretisierung vernachlässigt wird, gibt es in Systemen der Informatik zeitdiskrete Vorgänge auf einer höheren Ebene und damit in der Regel mit einem gröberen Zeitraster. Viele sind Steuervorgänge, bei denen das Standardmuster „Daten lesen – Daten verarbeiten – Daten ausgeben" in einer Schleife ausgeführt wird. In jedem Rechner gibt es eine Vielzahl von Vorgängen, die die Form einer solchen (Endlos-)schleife haben.

Systemtheoretisch kann ein zeitdiskretes Übertragungsglied wie sein zeitkontinuierliches Gegenstück betrachtet werden, das zwischen eine Kombination von Abtastgliedern (die ein Signal nur zu bestimmten Zeitpunkten durchschalten) und Haltegliedern (die den letzten Wert eines Signals für eine bestimmte Zeit halten) geschaltet ist (siehe Abbildung 3.16). Im Allgemeinen

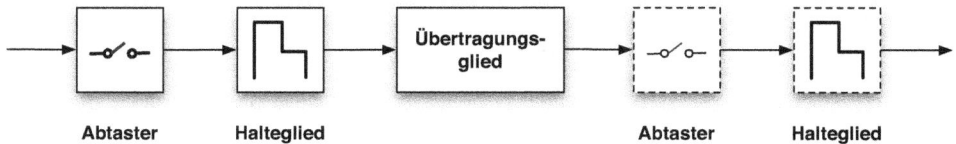

| Abtaster | Halteglied | | Abtaster | Halteglied |

Abb. 3.16: Diskretes Übertragungsglied

ist der zeitliche Abstand zwischen zwei Abtastungen konstant. Ein Signal ist dann nicht mehr eine Funktion, sondern eine Zahlenreihe:

$$f(kT) = \{f(0), f(T), f(2T), f(3T), \ldots\} \text{ mit } k \geq 0 \tag{3.6}$$

Jedoch kann bei solchen zeitdiskreten Systemen von der Zeit auch vollständig abstrahiert werden. Die Folge $f(kT)$ wird dann häufig auch verkürzend mit $f(k)$ oder f_k bezeichnet. Statt einer Differentialgleichung wird dann eine Differenzengleichung benutzt:

$$a_n y(k + n) + a_{n-1} y(k + n - 1) + \cdots + a_1 y(k + 1) + a_0 y(k) =$$
$$b_q u(k + q) + b_{q-1} u(k + q - 1) + \cdots + b_1 u(k + 1) + b_0 u(k) \tag{3.7}$$

Dabei stimmt die Anzahl der Koeffizienten in der Regel *nicht* mit der Anzahl der Koeffizienten in der korrespondierenden Differentialgleichung überein.

Durch Umformen ergibt sich aus der Differenzengleichung eine rekursive Gleichung für $y(k)$:

$$y(k) = \sum_{i=0}^{n} b_i u(k - i) - \sum_{i=1}^{n} a_i y(k - i)$$

---

[12]Neben zeitkontinuierlichen Systemen werden noch *wertekontinuierliche* Systeme unterschieden, bei denen Signale nur bestimmte Werte annehmen können. Mitunter werden diese Systeme nur *kontinuierliche* Systeme genannt, im Unterschied zu *wert*diskreten Systemen. In der Informatik kommen praktisch ausschließlich wertdiskrete Systeme vor.

Das Ausgangssignal wird durch die endliche Vergangenheit beschrieben. Das System ist kausal, d. h. in die Bestimmung von $y(k)$ gehen nur Werte von u und y ein, die zum selben Zeitpunkt oder früher auftreten. Dies entspricht der Forderung im zeitkontinuierlichen System, dass die Ableitungen des Eingangssignals nicht höher sein dürfen als die des Ausgangssignals.

Auch hier gilt der Linearitätsbegriff aus Abschnitt 3.4.4, d. h. ein System ist linear, wenn Folgendes gilt:

$$u = l_1 u_1 + l_2 u_2 \Rightarrow y(k) = l_1 y_1(k) + l_2 y_2(k)$$

In Analogie zur Gewichtsfunktion bei zeitkontinuierlichen Systemen kann eine *Gewichtsfolge* angegeben $g(k)$ werden. Diese stellt die Antwort auf einen *diskreten Impuls* am Eingang dar, also auf:

$$\delta_d(k) = \begin{cases} 1 & \Leftarrow k = 0 \\ 0 & \Leftarrow k \neq 0 \end{cases}$$

Für die ersten Werte von $g(k)$ gilt:

$$g(0) = b_0$$
$$g(1) = b_1 - a_1 b_0$$
$$g(2) = b_2 - a_1(b_1 - a_1 b_0) - a_2 b_0$$
$$\vdots$$

Jedes diskrete Eingangssignal u_k lässt sich als eine Folge diskreter Impulse beschreiben, die mit dem Wert u gewichtet sind:

$$u_k = \sum_{i=0}^{\infty} u(i) \delta_d(k - i)$$

Da die Antwort eines diskreten Systems auf $\delta_d(k)$ gerade die Gewichtsfolge ist, folgt wegen der Linearität:

$$u_k = \sum_{i=0}^{\infty} u(i) g(k - i)$$

Dieser Ausdruck wird *Faltungssumme* genannt und entspricht dem Faltungsintegral bei einem kontinuierlichen System. Statt der Laplace-Transformation wird bei diskreten Systemen die *z-Transformation* benutzt.

3.4.6   Linearität und Synchronisation

Bisher wurden lineare Systeme betrachtet. Jedoch sind praktisch alle Systeme der Informatik *nichtlinear*. Ursache dafür ist, dass in Systemen der Informatik regelmäßig *Synchronisation* benutzt wird. Schon jede UND-Verknüpfung in einem Programm kann als Synchronisationskonstrukt aufgefasst werden.

Es gibt jedoch einen Ansatz, der es erlaubt, synchronisierte Systeme als lineare Systeme zu behandeln. Dieser Ansatz beruht auf Diodid-Algebren, das sind Algebren, die zwei Operationen benutzen. Die bekannteste dieser Algebren ist die $(\max, +)$-Algebra (auch: *Max-Plus-Algebra*) [200, 11][13]:

Definition 27: $(\max, +)$-*Algebra*

Die $(\max, +)$-Algebra ist eine Algebra über die Menge der reellen Zahlen $\mathbb{R}$, in der die zwei Operationen *Addition* und *Multiplikation* (bezeichnet mit den Operatoren $\oplus$ und $\otimes$) für zwei beliebige $a, b \in \mathbb{R}$ wie folgt definiert sind:

- **Addition:** $a \oplus b \equiv \max(a, b)$

- **Multiplikation:** $a \otimes b \equiv a + b$

Das neutrale Element zu $\oplus$, d. h. das Nullelement sei mit ε und das neutrale Element zu $\otimes$ (Einselement) mit η bezeichnet.[14] Es gilt $\epsilon = -\infty$ und $\eta = 0$.

Es ist zu beachten, dass wie bei der bekannten Multiplikation der Multiplikationsoperator häufig weggelassen wird: $a \otimes b = ab$. Der $\otimes$-Operator hat eine höhere Priorität als der $\oplus$-Operator. Dadurch ist der Ausdruck $a \otimes b \oplus c$ äquivalent zum Ausdruck $(a \otimes b) \oplus c$.

Aufgrund von

$$\max(a, b) = -min((-a), (-b))$$
$$\text{und} \tag{3.8}$$
$$a + b = a - (-b))$$

kann diese Algebra auch leicht durch eine $(\min, -)$-Algebra ersetzt werden, d. h. beide Algebren sind isomorph. Folglich gelten alle Betrachtungen entsprechend für die $(\min, -)$-Algebra.

Für die $(\max, +)$-Algebra gelten ähnlich der Standard-Algebra eine Reihe von Regeln, wie ein Kommutativ- oder Distributivgesetz. Die eigentlich für Skalare definierten Operationen der $(\max, +))$-Algebra lassen sich auch auf Matrizen ausweiten. Es seien $\mathbf{A}$ und $\mathbf{B}$ zwei Matrizen, $\mathbf{A}, \mathbf{B} \in \mathbb{R}^{n \times m}$. Dann gilt:

$$[\mathbf{A} \oplus \mathbf{B}]_{ij} = a_{ij} \oplus b_{ij} \tag{3.9}$$

Für zwei Matrizen $\mathbf{A}$ und $\mathbf{B}$ mit $\mathbf{A} \in \mathbb{R}^{n \times q}$ und $\mathbf{B} \in \mathbb{R}^{q \times m}$ gilt:

$$[\mathbf{A} \otimes \mathbf{B}]_{ij} = \bigoplus_{k=1}^{q} (a_{ik} \otimes b_{kj}) \tag{3.10}$$

---

[13]Die $(\max, +)$-Algebra und ähnliche Algebren sind schon wesentlich früher untersucht worden, vgl. [79]. Ihre Anwendung in der Modellierung diskreter Systeme erfolgte jedoch erst später.

[14]Es ist zu beachten, dass diese Notation äußerst uneinheitlich gehandhabt wird, was Verwirrung stiften könnte: Während in [11] das neutrale Element von $\oplus$ (wie in diesem Buch) mit ε bezeichnet wird, wird in [37] das gleiche Element mit η bezeichnet (in diesem Buch die Bezeichnung des neutralen Elements von $\otimes$).

Wie bei Matrizen üblich, ist die Kommutativität bei der Multiplikation von Matrizen auch in der $(\max, +)$-Algebra nicht gegeben.

Wie eingangs erwähnt, gibt es neben der $(max, +)$-Algebra noch andere ähnliche Algebren, z. B. die $(max, -)$ oder die $(min, +)$-Algebra. Die dafür benötigten zusätzlichen Operationen werden hier wie folgt definiert:

- $a \oslash b = a - b$. Mitunter findet sich als Schreibweise für die Umkehroperation von $x \otimes y$ auch $\lceil \frac{x}{y} \rfloor$, siehe z. B. [130].

- $a \ominus b = \min(a, b)$. Es ist zu beachten, dass z. B. in der $(min, +)$-Algebra sich für Matrizen auch die Bedeutung von $\otimes$ ändert. Für zwei Matrizen $\mathbf{A} \in \mathbb{R}^{n \times q}$ und $\mathbf{B} \in \mathbb{R}^{q \times m}$ gilt:

$$[\mathbf{A} \otimes \mathbf{B}]_{ij} = \bigoplus_{k=1}^{q} (a_{ik} \otimes b_{kj}) \tag{3.11}$$

Außerdem hat $\ominus$ ein anderes neutrales Element als $\oplus$. Das neutrale Element von $\ominus$ sei ϵ. Es gilt $\epsilon = \infty$.

Beispiel 3.2: *Linearisierung*

Als Demonstration, wie mit Hilfe von Diodid-Systemen nichtlineare Systeme linearisiert werden können, diene das folgende Beispiel, das [44] entnommen ist. In Abbildung 3.17 ist ein zeitbehafteter Ereignisgraph dargestellt, eine spezielle Art von Petri-Netz. Die Zeiterweiterung erfolgt hier durch die Einführung von Verweildauern auf bestimmten Plätzen. Solche Plätze sind durch eine doppelte Umrandung gekennzeichnet. Die Verzögerung der Plätze wird in spitzen Klammern angegeben.

Es sei $z_i(k)$ die Zeit, gemessen in Schritten des Petri-Netzes, zu der Transition τ_i zum $(k+1)$-ten Mal feuern kann.[15] Wenn lediglich rationale Zeiten betrachtet werden müssen, so kann die Betrachtung ohne Beschränkung der Allgemeinheit auf Ganzzahlen beschränkt werden. Die Schaltvariable von τ_0 sei mit u und die von τ_4 mit y bezeichnet. Diese Art von Variablen, die eine Zeit angeben, an dem ein Ereignis stattfindet, werden in der Max-Plus-Algebra *Dater*[16] genannt. Alternativ gibt es einen Ansatz, bei denen Variablen zählen, wie oft ein gewisses Ereignis zu einer bestimmten Zeit stattgefunden hat. In diesem Ansatz werden die Variablen *Counter* (Zähler[17]) genannt.

---

[15] Es ist üblich, das erste Ereignis mit dem Index 0 zu versehen.

[16] Die übliche Übersetzung des englischen Wortes *Dater* mit „Zeitstempel" kann zu Verwirrungen führen. Da den Autoren kein entsprechender deutscher Fachausdruck bekannt ist, wird im Weiteren das englische Wort benutzt.

[17] Aus Symmetriegründen zum Ausdruck *Dater* (vergleiche Fußnote 16) wird auch hier im Weiteren der englische Ausdruck benutzt.

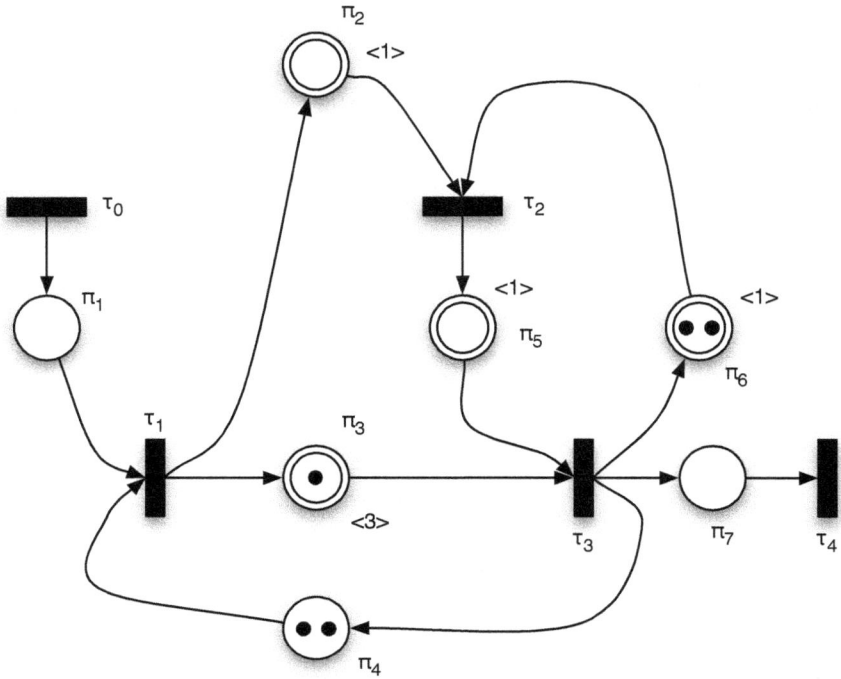

Abb. 3.17: *Zeitbehafteter Ereignisgraph aus [44]*

Folgende Gleichungen beschreiben das Netz:

$$z_1(k) = (d(\pi_4) \otimes z_3(k - m_0(\pi_4))) \oplus (d(\pi_1) \otimes u(k - m_0(\pi_1))) \tag{3.12a}$$

$$z_2(k) = (d(\pi_2) \otimes z_1(k - m_0(\pi_2))) \oplus (d(\pi_6) \otimes z_3(k - m_0(\pi_6))) \tag{3.12b}$$

$$z_3(k) = (d(\pi_3) \otimes z_1(k - m_0(\pi_3))) \oplus (d(\pi_5) \otimes z_2(k - m_0(\pi_5))) \tag{3.12c}$$

$$y(k) = d(\pi_7) \otimes z_3(k - m_0(\pi_7)) \tag{3.12d}$$

Wenn die entsprechenden Netzparameter in das Gleichungssystem (3.12) einsetzt werden, wobei $d(\pi) = 0$ mit η gesetzt wird, was bei der $\otimes$-Operation absorbiert wird, ergibt sich:

$$z_1(k) = z_3(k - 2) \oplus u(k) \tag{3.13a}$$

$$z_2(k) = 1 \otimes z_1(k) \oplus 1 \otimes z_3(k - 2) \tag{3.13b}$$

$$z_3(k) = 3 \otimes z_1(k - 1) \oplus 1 \otimes z_2(k) \tag{3.13c}$$

$$y(k) = z_3(k) \tag{3.13d}$$

Diese Gleichungssysteme lassen sich auch als Matrizengleichungen darstellen:

$$\vec{z}(k) = \bigoplus_{i=0}^{\substack{\max(m(\pi)), \\ \pi \in \Pi}} \left(\mathbf{A}_i \otimes \vec{z}(k-i) \oplus \vec{B}_i \otimes u(k-i) \right) \tag{3.14a}$$

$$y(k) = \bigoplus_{i=0}^{\substack{\max(m(\pi)), \\ \pi \in \Pi}} \vec{C}_i \otimes \vec{z}(k-i) \tag{3.14b}$$

mit

$$\mathbf{A}_0 = \begin{pmatrix} \varepsilon & \varepsilon & \varepsilon \\ 1 & \varepsilon & \varepsilon \\ \varepsilon & 1 & \varepsilon \end{pmatrix} \qquad \mathbf{A}_1 = \begin{pmatrix} \varepsilon & \varepsilon & \varepsilon \\ \varepsilon & \varepsilon & \varepsilon \\ 3 & \varepsilon & \varepsilon \end{pmatrix} \qquad \mathbf{A}_2 = \begin{pmatrix} \varepsilon & \varepsilon & \eta \\ \varepsilon & \varepsilon & 1 \\ \varepsilon & \varepsilon & \varepsilon \end{pmatrix} \tag{3.15a}$$

$$\vec{B}_0 = \begin{pmatrix} \varepsilon \\ \varepsilon \\ \eta \end{pmatrix} \qquad \vec{B}_1 = \begin{pmatrix} \varepsilon \\ \varepsilon \\ \varepsilon \end{pmatrix} \qquad \vec{B}_2 = \begin{pmatrix} \varepsilon \\ \varepsilon \\ \varepsilon \end{pmatrix} \tag{3.15b}$$

$$\vec{C}_0 = \begin{pmatrix} \eta & \varepsilon & \varepsilon \end{pmatrix} \qquad \vec{C}_1 = \begin{pmatrix} \varepsilon & \varepsilon & \varepsilon \end{pmatrix} \qquad \vec{C}_2 = \begin{pmatrix} \varepsilon & \varepsilon & \varepsilon \end{pmatrix} \tag{3.15c}$$

Ein Matrizensystem wie (3.14) ist offenbar der Matrizendarstellung von Differentialgleichungssystemen zur Beschreibungen von linearen Übertragungssystemen in der Regelungstechnik ähnlich, vgl. Gleichung 3.5 auf Seite 62. Tatsächlich geht die Analogie über die äußere Form hinaus: Es existiert eine *Systemtheorie Diskreter Ereignissysteme* (engl.: *system theory of discrete event systems*), die viele Analogien zur Systemtheorie für kontinuierliche System hat. Viele Methoden und Ansätze der klassischen Systemtheorie gibt es entsprechend auch in der Systemtheorie diskreter Ereignissysteme. Ein Überblick wird beispielsweise in [11] gegeben.

3.5   Zusammenfassung und Diskussion

Das vorliegende Kapitel verfolgte mehrere Ziele. Zunächst wurde in Abschnitt 3.1 Autonomie im Kontext von IT-Systemen definiert und von anderen Begriffen abgegrenzt. Hierbei wurden Autonomie und diverse Self-X-Eigenschaften als nicht-funktionale Systemeigenschaften identifiziert, die sich im Verhalten eines Systems manifestieren. Im folgenden Kapitel 4 wird dann dargelegt, dass sich diese Systemeigenschaften auf Basis einiger Architekturmuster leichter umsetzen lassen als auf Basis anderer. Daneben wurde eine Begriffshierarchie definiert, die ausgehend vom Begriff der Adaptierbarkeit weitere Begriffe einführt und zueinander in Beziehung setzt. Hierzu gehörten die Adaptivität und ihre Synonyme Selbstmanagement und Autonomie sowie Selbstorganisation, Selbstkonfiguration und Selbststabilisierung.

Im Anschluss daran wurde in Abschnitt 3.2 der Informationsgradient, vor allem bezüglich der Steuereingaben, sowie emergentes Verhalten als Indikatoren für autonomes Verhalten diskutiert. Hierbei wurde darauf hingewiesen, dass aus Sicht der Autoren Emergenz durch das Erscheinen neuer Eigenschaften als Folge einer Komposition gekennzeichnet ist. Dabei sollte, ob das Erscheinen einer Eigenschaft naheliegend oder überraschend ist, keine Rolle bei der Frage spielen, ob Emergenz vorliegt oder nicht. Des Weiteren wurde erläutert, dass Komplexität alleine kein Indiz für Autonomie ist, obwohl autonome Systeme häufig einen hohen Komplexitätsgrad aufweisen, der ihre Analyse erschwert. In Abschnitt 3.3 wurden dann die möglichen Auswirkungen von Autonomie auf die Verlässlichkeit eines IT-Systems kurz angerissen, die in der Regel sowohl positive als auch negative Aspekte beinhalten. Auf diese Aspekte wird in den späteren Kapitel 5 und 6 noch detaillierter eingegangen.

Schließlich wurde die Eignung von Modellierungsansätzen zur Modellierung von Autonomie in IT-Systemen in Abschnitt 3.4 untersucht. In diesem Zusammenhang wurde auch auf die Anforderungen an geeignete Modellierungsansätze eingegangen. Es wurde dargelegt, warum die gängigen Modellierungsansätze der Informatik nur eingeschränkt zur analytischen oder konstruktiven Behandlung von Autonomie geeignet sind. Insbesondere Modelle, die entsprechend der in Abschnitt 2.2 vorgestellten Taxonomie Verhaltensaspekte nur schwach oder überhaupt nicht ausdrücken können, erwiesen sich als nur bedingt geeignet. Daher wurden auch nichtklassische Modellierungsansätze für diesen Zweck in Erwägung gezogen. Als ein guter Kandidat zur analytischen Behandlung von Autonomie wurde die Systemtheorie erkannt. Die Techniken der Systemtheorie und hier speziell sowohl der klassischen als auch der der diskreten Ereignissysteme erlauben eine gute Beschreibung komplexen Verhaltens, wie es für die Modellierung von Autonomie notwendig ist, beispielsweise von Phänomenen wie Selbstorganisation oder Schwingverhalten. Solche Phänomene können als erwünschte bzw. nützliche, oder als unerwünschte und schädliche Effekte auftreten. Es ist natürlich immer schwierig, die Grenzen der Übertragbarkeit von Modellierungsansätzen zu erkennen. Um eine *ad hoc* Bestimmung von Autonomie auf Modellebene zu erzielen, genügen die in den Abschnitten 3.2 und 3.4.4 diskutierten Kriterien. Für eine scharfe, formale und vollständige Analyse (und insbesondere auch Begrifflichkeit) muss jedoch noch ein tieferes Verständnis des Autonomiephänomens im Anwendungsgebiet der IT-Systeme erreicht werden. Viele der hier beschriebenen Modellierungs- und Analyseverfahren werden sich noch weiterentwickeln. Insbesondere diskrete Ereignissysteme sind noch Gegenstand der aktuellen Forschung, so dass eine abschließende Beurteilung (noch) nicht gegeben werden kann. Es ist jedoch die Überzeugung der Autoren dieses Buches, dass die betrachteten Ansätze eine gute Grundlage für die Modellierung und das tiefere Verständnis von Autonomie bilden.

4 Architekturmuster und Architekturen

In diesem Kapitel wird untersucht, inwiefern auf Ebene der Architekturmuster Grundlagen für autonomes Verhalten gelegt werden können und welche Architekturmuster für die Realisierung autonomer Systeme besonders geeignet sind. Diese Untersuchung beginnt (Abschnitt 4.1) mit einer Diskussion verschiedener Betrachtungsebenen, die im Folgenden zur Klassifikation von Architekturen und Architekturmuster verwendet wird. Daran anschließend werden in Abschnitt 4.2 grundlegende Eigenschaften von Architekturmustern vorgestellt und jeweils unter dem Gesichtspunkt der Autonomie bewertet. Diese Betrachtungen werden in Abschnitt 4.3 auf ausgewählte Architekturmuster, die in der Praxis vielfach eingesetzt werden, angewendet und so hinsichtlich ihrer prinzipiellen Eignung für autonome Systeme evaluiert. In Abschnitt 4.4 werden anschließend (auf dieser Bewertung aufbauend) konkrete Architekturen und damit „Instantiierungen" der jeweiligen Architekturmuster behandelt. Abgeschlossen wird das Kapitel mit der Vorstellung von Architekturmustern speziell für autonome Systeme (Abschnitt 4.5) und einer Zusammenfassung (Abschnitt 4.6).

4.1 Betrachtungsebene

Ein großes Problem bei der Betrachtung von Architekturmustern und Architekturen sowie der Analyse von Eigenschaften ist, dass je nach Intention des Entwicklers und/oder des Betrachters verschiedene Abstraktionsebenen in den Mittelpunkt gestellt werden. In der Folge werden dann auf Basis dieser Fokussierung häufig Schlüsse hinsichtlich der Einordnung des entsprechenden Architekturmusters (oder der Architektur) in die eine oder andere Kategorie gezogen, die bei Betrachtung ausgehend von einer anderen Abstraktionsebene oder mit einer anderen Intention nicht zutreffend sind. Daher ist es ohne Angabe der entsprechenden Betrachtungsebene in der Regel gar nicht möglich, über bestimmte Eigenschaften zu reflektieren.

Unterschiedliche Betrachtungsebenen werden sowohl im IEEE Standard 1471-2000 [115] als auch in den *Viewpoints* des *Reference Model of Open Distributed Processing* (RM-ODP) [119, Abschnitt 4.1] behandelt. Hierbei wird je nach betrachtetem Aspekt einer Architekturbeschreibung folgende Einteilung vorgenommen:

- **Funktionale Architektur.** Unter einer *funktionalen* Architektur wird eine Architekturbeschreibung verstanden, die Systembestandteile entsprechend ihren funktionalen Aufgaben modelliert.

- **Technische Architektur.** Die *technische* Architektur beschreibt die technischen Eigenschaften der Systembestandteile (z. B. Konfiguration, benutzte Software).

- **Physische Architektur.** Die *physische* Architektur beschreibt das Zusammenspiel von Hard- und Software und damit insbesondere die Abbildung des Systems auf eine konkrete physische Umgebung (Rechner, Netzwerke usw.).

Für diese drei Ausprägungen existieren in der Informatik verschiedene Modellierungstechniken, mit deren Hilfe Beschreibungen entsprechend einer standardisierten Konvention angefertigt werden können. Auf eine Auswahl dieser Techniken wurde bereits in Abschnitt 3.4 eingegangen. Für den Zweck der Klassifikation von Architekturmustern sind sie jedoch nicht geeignet, da sie – ihrer Bestimmung entsprechend – den entsprechenden Betrachtungsebenen zugeordnet sind. Architekturmuster hingegen stehen in der Abstraktion orthogonal zu diesen Ebenen, so dass eine Betrachtung, die auf eine bestimmte Ebene festgelegt ist, in vielen Fällen nicht sinnvoll ist.

Neben der Bindung an eine bestimmte Ebene des Systems gibt es bei der Betrachtung auch noch einen zeitlichen Aspekt: Die Eigenschaften eines Systems hängen davon ab, zu welchem Zeitpunkt es betrachtet wird. An dieser Stelle kann zwischen dem Design des Systems, der Konstruktion, dem Deployment und letztlich der Laufzeit unterschieden werden. Eigenschaften können zu jedem dieser Zeitpunkte etabliert werden und sich auch verändern.

Im Folgenden werden diese Probleme an zwei Beispielen dargelegt. Der Fokus des ersten Beispiels liegt darauf, auf den verschiedenen Ebenen eines Systems die Aspekte verschiedener Architekturmuster zu identifizieren. Das zweite Beispiel hingegen soll den zeitlichen Aspekt demonstrieren und zusätzlich zeigen, dass es Architekturmuster gibt, die so speziell sind, dass sie auf eine einzelne Betrachtungsebene beschränkt sind:

- **Beispiel 1: Ebenen einer Client/Server-Anwendung.** Betrachtet wird eine typische Client/Server-Anwendung (vgl. Abschnitt 4.3.1) mit einem Webserver, auf dessen Dokumente mittels eines Webbrowsers zugegriffen wird.

  Auf dieser Ebene wird durch „Client/Server" bereits das Interaktionsmuster beschrieben: Der Client (Webbrowser) erzeugt eine Anfrage, die vom Server (Webserver) bearbeitet und sinnvoll beantwortet wird (mit einer Webseite). Der Client empfängt die Antwort und interpretiert sie auf geeignete Weise (Darstellung der Webseite). Die Programme von Client und Server unterscheiden sich dabei deutlich, wobei die Unterschiede durch das Architekturmuster induziert werden. Die Gemeinsamkeit beider Programme liegt hingegen darin, dass sie mittels eines Protokolls (HTTP) kommunizieren.

  Wird das Bild erweitert, so gibt es zwei Rechner (oder auch nur einen einzigen, auf dem beide Programme laufen), die jeweils ein Betriebssystem haben (nicht notwendigerweise beide das gleiche), das unter anderem in der Lage ist, Anwendungen auszuführen und mit der Umgebung über Kommunikationsprotokolle wie TCP/IP zu kommunizieren. Auch, wenn auf dieser Ebene ebenfalls eine Asymmetrie der Kommunikation zu beobachten ist, (Nachricht des einen Systems löst eine Reaktion des anderen aus), so ist alleine durch die Auswahl der Rechner und ihrer Betriebssysteme hinsichtlich der Symmetrie das ganze Spektrum zwischen zwei identischen Systemen und zwei zwei vollkommen verschiedenen Systemen möglich. Das Anfrage/Antwort-Verhalten aus dem auf oberster Ebene vorliegenden Architekturmuster ist hier zwar noch zu beobachten, es verschwindet jedoch in der möglichen Vielzahl anderer Interaktionen zwischen den beteiligten Systemen.

Dieses Verhalten setzt sich auf der Ebene der Hardware und des Austausches von Bitmustern zwischen verschiedenen Teilen der Systeme fort. An dieser Stelle kann sogar das Anfrage/Antwort-Muster verschwinden, wenn das benutzte Kommunikationssystem beispielsweise Publish/Subscribe-Interaktion benutzt oder ein tokenbasierter Ansatz verwendet wird.

- **Beispiel 2: System-on-a-Chip (SoC)/ Network-on-a-Chip (NoC).** Bei dem *System-on-a-Chip (SoC)*-Ansatz handelt es sich um ein Architekturmuster, das den Aufbau von integrierten Schaltkreisen beschreibt. SoC bezeichnet den Ansatz, alle Komponenten, die für den Betrieb eines Hardwaresystems relevant sind, auf einem Chip zu integrieren [260]. Im Gegensatz dazu steht der (üblichere) Ansatz, die einzelnen Bestandteile eines Computersystems auf mehrere Chips zu verteilen, die auf einer gemeinsamen Platine angeordnet und miteinander, z. B. über Leiterbahnen, verbunden sind.

Der *Network-on-a-Chip (NoC)*-Ansatz ist eine Spezialisierung des SoC-Architekturmusters, bei dem (asynchrone) Netzwerktechniken statt üblicher Bussysteme zur Verbindung der einzelnen Bestandteile des SoC verwendet werden. Oft wird auf diese Weise auch die Funktionalität mehrerer, über das Netzwerk verbundener Systeme auf einem einzigen Chip zusammengefasst. Ein extremes Beispiel dazu ist Intels Single-chip Cloud Computer (SCC) [110], der 48 Rechenkerne (lauffähig als ein Cluster aus 48 einzelnen Rechnern), vier Speichercontroller und ein Verbindungsnetzwerk auf einem Chip vereint.

Vor dem Hintergrund der möglichen Betrachtungsebenen eines Systems bezieht sich das beiden Ansätzen zugrunde liegende Architekturmuster auf einen äußerst schmalen Bereich, nämlich die Abbildung des Designs einer Schaltung auf die technische Realisierung. Auf allen anderen Ebenen ist der Hauptaspekt dieses Architekturmusters nicht nur unsichtbar, sondern weitgehend[1] ohne jeden Einfluss: Während beim Schaltungsdesign die Länge und Lage der Verbindungen zwischen zwei Punkten noch gewisse Auswirkungen hat (Laufzeiten, erreichbare Taktfrequenzen, mögliche Störeinstreuungen), so spielt es auf höheren Ebenen keinerlei Rolle, ob das System aus einem SoC oder einem diskreten Aufbau aus CPU, Speichercontroller, Speicher, Bus und IO-Geräten besteht. Ebenso präsentiert sich das Netzwerk eines NoC bereits dem Betriebssystem in der gleichen Weise, in der es ein „normales" Netzwerk tun würde. Auch ist aus Betriebssystemsicht kein Unterschied zwischen der chip-internen PCI-Anbindung eines Netzwerkcontrollers und der PCI-Anbindung eines solchen Controllers auf einem Mainboard zu sehen. Auf höheren Ebenen setzt sich dies fort – so ist es für die Architektur der höheren Ebenen des Systems aus dem ersten Beispiel unerheblich, ob es sich um zwei diskrete Rechner an einem gemeinsamen Netzwerk handelt oder um zwei SoCs an einem Netzwerk oder lediglich um ein einziges NoC, das das Gesamtsystem realisiert.

Der eingangs erwähnte zeitliche Aspekt der Betrachtungsweise ist ebenfalls deutlich zu sehen: Die Besonderheiten der SoC-Architektur sind bei der Konstruktion eines solchen Systems relevant, in den anderen Phasen des Lebenszyklus spielen sie (nahezu) keine Rolle und sind (größtenteils) unsichtbar.

Diese behandelten Beispiele zeigen, dass die Betrachtung der Eigenschaften eines Systems, einer Architektur oder eines Architekturmusters immer mit der Frage verbunden ist, welche

---

[1]Dies ist architekturell zu verstehen. Unter dem Aspekt des Stromverbrauchs oder der Packungsdichte etwa gibt es sehr wohl relevante Unterschiede.

Ebene zu welchem Zeitpunkt jeweils betrachtet bzw. beschrieben wird. Ebenso, wie ein Architekturmuster auf verschiedenen Ebenen verschiedene Ausprägungen haben kann, können Architekturmuster an bestimmte Ebenen gebunden sein und außerhalb dieser irrelevant sein.

4.2 Klassifikation von Architekturmustern

Aus den in Abschnitt 4.1 genannten Gründen ist es nicht sinnvoll, aus dem IEEE 1471 Standard, dem RM-ODP oder verschiedenen Verhaltensmodellen eine Klassifikation von Architekturmustern abzuleiten. Dieser Abschnitt diskutiert daher eine Reihe grundlegender Eigenschaften, die Architekturmuster (genauer gesagt, die Systeme, die nach den Regeln einer Architektur des entsprechenden Architekturmusters konstruiert werden) besitzen. In ihrer Gesamtheit spannen diese Eigenschaften einen Raum auf, in dem die Architekturmuster eingeordnet werden können und der es letztlich ermöglicht, Teilräume zu identifizieren, die für die Konstruktion autonomer Systeme besonders geeignet sind. Entsprechend wird zusammen mit jeder Eigenschaft auch der dazugehörige Wertebereich betrachtet und bewertet.

4.2.1 Homogenität

In Abschnitt 4.1 wurde die Eigenschaft Symmetrie im ersten dort erläuterten Beispiel exemplarisch betrachtet, um den Zusammenhang zwischen Systemeigenschaften und Betrachtungsebene darzulegen. Bei genauer Betrachtung zeigt sich, dass „Symmetrie" dabei eher auf Interaktionsmuster und weniger auf Systembestandteile zutrifft – ein Nachrichtenaustausch kann symmetrisch sein, während zwei identische Rechner eher homogen als symmetrisch sind. Demzufolge wird diese Eigenschaft im Folgenden als „Homogenität" betrachtet, während Symmetrie nur auf den passenden Betrachtungsebenen verwendet wird, wobei eine symmetrische Interaktion zugleich als homogen angesehen wird.

Die Eigenschaft *Homogenität* bezieht sich darauf, wie auf der betrachteten Ebene die durch eine Architektur des Architekturmusters definierten Teile in ihrem grundsätzlichen Aufbau zueinander stehen. Die Skala (Abbildung 4.1) bewegt sich entsprechend von einem komplett homogenen Aufbau (die durch die entsprechende Architektur definierten Teilsysteme sind sich sehr ähnlich oder sogar identisch) bis hin zu einer vollständigen Inhomogenität, also grundlegend verschiedenen Teilsystemen.

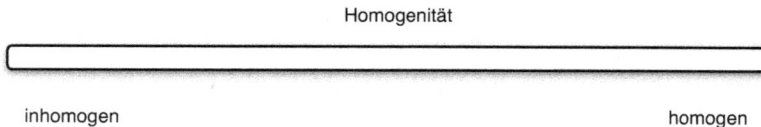

Homogenität

inhomogen   homogen

Abb. 4.1: Architekturmuster-Eigenschaft Homogenität

Je nach Betrachtungsebene und Detailliertheit der Betrachtung sind zwischen diesen Extremen beliebige Zwischenwerte möglich. Mit zunehmender Homogenität ist mit abnehmender Spezialisierung (und damit zunehmender grundsätzlicher Austauschbarkeit) der Komponenten zu rechnen. Durch Austauschbarkeit wird Autonomie begünstigt, da (z. B. im Fehlerfall) in diesem Fall eine Komponente eher die Aufgaben einer anderen übernehmen kann. Zu beachten ist, dass die Homogenität (wie jede andere der im Folgenden diskutierten Eigenschaften) auf die jeweils gewählte bzw. durch das Architekturmuster vorgegebene Betrachtungsebene beschränkt ist – für die Homogenität wurde das bereits anhand des ersten Beispiels in Abschnitt 4.1 diskutiert.

4.2.2 Synchronität

Ein Aspekt eines aus Teilen zusammengesetzten Systems ist, dass die einzelnen Teile miteinander interagieren. Die Art und Weise dieser Interaktion ist durch das die Architektur beschreibende Architekturmuster vorgegeben, sofern die Betrachtungsebene entsprechend gewählt wurde. Daher sind die Eigenschaften der Interaktion auch wesentliche Eigenschaften des Architekturmusters. Wichtig ist an dieser Stelle die *Synchronität* als ein Maß der Stärke der Kopplung der Teile zur Laufzeit.

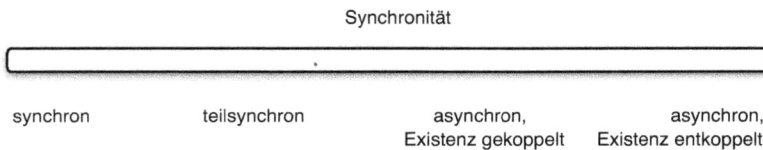

Synchronität

synchron   teilsynchron   asynchron,   asynchron,
                            Existenz gekoppelt   Existenz entkoppelt

Abb. 4.2: *Architekturmuster-Eigenschaft Synchronität*

Ein Extrem auf der Skala der Ausprägung der Synchronität (Abbildung 4.2) ist eine synchrone Kopplung der beteiligten Systembestandteile, die sich in einer entsprechend starken Kopplung der Programmflüsse zeigt. Das Gegenteil besteht in der Entkopplung der Programmflüsse mittels asynchroner Kommunikation. Beispielsweise setzt bei einem asynchronen entfernten Aufruf der Aufrufende nach dem Absetzen des Aufrufs seinen Programmfluss unmittelbar fort. Die Ergebnisse des Aufrufs können dann (z. B. in einem Callback) verarbeitet werden, der beim Eintreffen der Ergebnisse automatisch aufgerufen wird.

Je nach Grad der Asynchronität ist es bei einem asynchronen System im Gegensatz zum synchronen nicht erforderlich, dass die miteinander kommunizierenden Parteien zur gleichen Zeit verfügbar sind. Es ist auch möglich, ihre Lebenszyklen, beispielsweise durch Zwischenspeicherung der Nachrichten, (z. B. durch Queuing der Nachrichten) zeitlich zu entkoppeln. Durch die zeitliche Entkopplung von Komponenten kann beispielsweise der temporäre Ausfall einer Komponenten unter Umständen überbrückt werden. Außerdem gilt, dass je loser die Kopplung ist, desto schärfer die Teile voneinander abgegrenzt sind und desto höher folglich der Informationsgradient wird. Entsprechend der Argumentation in Abschnitt 3.2.1 wird hierdurch Autonomie gefördert. Zusammenfassend wird damit Autonomie zum rechten Ende der Skala aus Abbildung 4.2 hin, d. h. mit steigender Asynchronität, zunehmend unterstützt.

4.2.3 Bindung

Im Gegensatz zur Synchronität, bei der die Kommunikation und die damit verbundene Interaktion im Mittelpunkt stehen, bezieht sich die Eigenschaft der *Bindung* auf das Auffinden der

Interaktionspartner. Abbildung 4.3 zeigt die entsprechende Skala. Die jeweils angegebenen Begriffe beziehen sich dabei auf den Zeitpunkt, zu dem Interaktionspartner festgelegt bzw. gefunden werden. Die Skala reicht hier von einer Festlegung beim Design über die Konstruktion (also das statische Zusammenfügen von durch die Architektur definierten Teilen unter Anwendung von Regeln der Architektur zu einem System), das Deployment eines solchermaßen konstruierten Systems (also gewissermaßen die Komposition des Systems mit der Umgebung, in der es benutzt werden soll) bis hin zur Bindung zur Laufzeit. Bei letzterer kann wiederum zwischen einer statischen und einer dynamischen Bindung unterschieden werden, wobei eine statische Bindung auf vorhandenem Detailwissen zur Auffindung des Interaktionspartner beruht (Beispiel: Bindung an einen Dienst in einem IP-Netz bei gegebener Adresse und Portnummer) und eine dynamische Bindung das Auffinden des Interaktionspartners auf Basis beschreibender Informationen bedeutet (z. B. die Bindung an einen Dienst auf Basis einer semantischen Dienstbeschreibung).

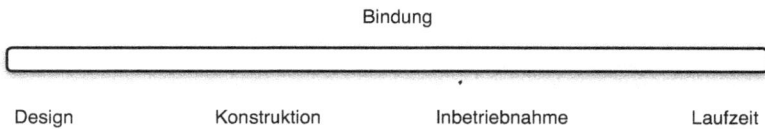

Abb. 4.3: Architekturmuster-Eigenschaft Bindung

Eine späte Bindung führt ähnlich wie Asynchronität zusätzliche Freiheiten für ein System ein: Die Menge der möglichen Interaktionspartner wächst, so dass einerseits Komponenten Interaktionspartner werden können, die zur Entwurfszeit noch gar nicht bekannt waren, andererseits auch im Falle der Bindung zur Laufzeit evtl. sogar verschiedene Interaktionspartner für die gleiche Art von Interaktion innerhalb einer Anwendungsinstanz genutzt werden können. Wie in den Betrachtungen im Abschnitt 3.1 insbesondere zur Selbstorganisation und Selbstkonfiguration dargelegt wurde, begünstigen solche zusätzlichen Freiheiten autonomes Verhalten.

Interessant ist in diesem Zusammenhang, dass ein durch Bindung zur Laufzeit ermöglichter Wechsel des Interaktionspartners neue Wechselwirkungen (z.B. indirekt zwischen verschiedenen Instanzen aus einer Klasse von Interaktionspartnern, die jeweils während einer Anwendungsinstanz genutzt werden) zur Folge hat, wodurch neues emergentes Verhalten auftreten kann. Damit ist eines der Autonomie-Merkmale (vgl. Abschnitt 3.2.2) erfüllt. Auch ein Informationsgradient an Steuerinformation tritt auf: Späte Bindung verlangt einen größeren Aufwand (Overhead) für das Bindungmanagement als frühe Bindung. Dieser Overhead äußert sich in einem Austausch von Steuerinformationen (Finden des Interaktionspartners, Aufbauen der Bindung, evtl. Überwachen der Bindung etc.) *innerhalb* des Systems. Damit liegt am rechten Ende der Skala aus Abbildung 4.3 eine größere Wahrscheinlichkeit für Autonomie vor.

4.2.4   Koordination

Die Interaktion zwischen den Teilen eines Systems erfolgt in der Regel mit dem Ziel, eine bestimmte Funktionalität zu realisieren. Zu diesem Zweck muss eine *Koordination* erfolgen, die über Steuer- und Datenflüsse im System entscheidet. Abbildung 4.4 zeigt eine Skala für die

Realisierung einer solchen Koordination. Unterschieden wird zwischen einer zentralen Koordination, bei der die Steuerung von einer einzelnen Komponente ausgeht und einer dezentralen Koordination, bei der die Steuerung des Systems auf alle Komponenten gleichermaßen verteilt ist. Beliebige Zwischenstufen sind möglich, beispielsweise, dass eine Teilmenge der Komponenten die Koordination übernimmt.

Zentrale als auch dezentrale Koordination haben je nach Zielstellung Vor- und Nachteile. So ist in vielen Fällen der Aufwand für eine zentrale Steuerung geringer, weil sämtliche Informationen nur an einer Stelle vorgehalten werden müssen. Umgekehrt induziert dieser Ansatz einen *Single Point of Failure* und gefährdet damit die Verlässlichkeit des Systems. Eine dezentrale Steuerung hat dieses Problem nicht, erfordert aber je nach Aufgabenstellung und Komplexität zusätzlichen Aufwand. In sehr großen Systemen (wie z. B. dem Internet) ist die dezentrale Koordination häufig die einzig gangbare Möglichkeit.

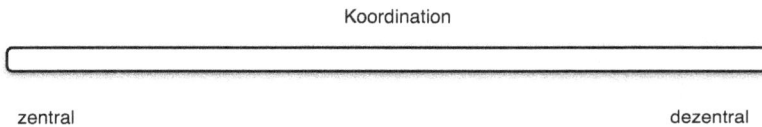

Koordination

zentral   dezentral

Abb. 4.4: *Architekturmuster-Eigenschaft Koordination*

Eines der Ziele autonomer Systeme liegt nach Abschnitt 3.1 in der Selbststabilisierung bzw. der Selbstheilung, die durch das Vorhandensein eines *Single Point of Failure* gefährdet wären. Somit sind dezentral koordinierte Steuerungen für autonome Systeme besser geeignet. Ein weiteres Argument dafür liegt im Informationsgradienten nach Abschnitt 3.2.1. Dieser ist umso stärker ausgeprägt, je dezentraler die Steuerung ist: Eine zentrale Steuerung impliziert den Fluss von Steuerungsinformationen von der Komponente, die die zentrale Steuerung realisiert, hin zu den von ihr gesteuerten Komponenten, während für eine dezentrale Steuerung ein deutlich umfangreicherer Informationsaustausch zwischen allen Komponenten erforderlich ist. Zusammenfassend erleichtert eine dezentrale Steuerung die Realisierung autonomen Verhaltens.

4.2.5   Interaktion

Die Teile eines Systems können auf unterschiedliche Art und Weise miteinander *interagieren*. Interaktionsmuster können beispielsweise danach klassifiziert werden, ob (1.) der Initiator einer Interaktion die Partner der Interaktion angibt oder diese offen lässt und ob (2.) der Initiator etwas von seinem Partner bzw. seinen Partnern erwartet oder etwas an diese(n) liefert [178]. Hierdurch ergeben sich die folgenden vier Interaktionsmuster (Abbildung 4.5):

1. **Request/Reply.** Der Initiator der Interaktion fordert die angegebene Komponente dazu auf, für ihn eine Funktionalität auszuführen und/oder ihm Informationen zu liefern.

2. **Anonymous Request/Reply.** Der Initiator der Interaktion fordert Funktionalität und/oder Informationen an, lässt aber offen, welche Komponente oder auch Komponenten angesprochen werden. Die Antwort(en) der angesprochenen Komponente(n) werden dann in geeigneter Form durch den Initiator verarbeitet.

Interaktion

request/reply   request/reply   callback   event-based
                       (anonymous)

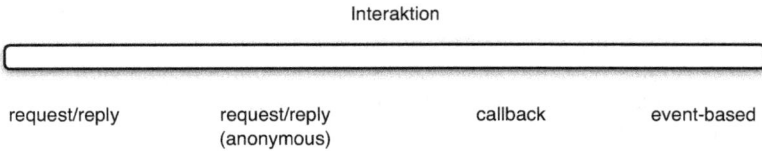

Abb. 4.5: *Architekturmuster-Eigenschaft Interaktion*

3. **Callback.** Der Initiator der Interaktion übermittelt der angegebenen Komponente Informationen. Die entsprechende Komponente hat sich vorher beim Initiator für die Informationsübermittlung registriert.[2]

4. **Ereignisbasiert.** Der Initiator der Interaktion veröffentlicht Informationen, lässt aber offen, welche Komponente oder auch Komponenten diese erhalten sollen. In der Regel sorgt ein Intermediär (z. B. ein Notifikationsdienst) für die Zustellung der Informationen an interessierte Komponenten.

Auf verschiedenen Betrachtungsebenen können unterschiedliche Interaktionsmuster eingesetzt werden. So kann etwa ein Interaktionsmuster benutzt werden, um auf der nächsthöheren Betrachtungsebene ein anderes Interaktionsmuster zu realisieren. Da eine Request/Reply-basierte Interaktion Abhängigkeiten zwischen den Komponenten bedingt, sind sie für autonome Systeme nur eingeschränkt geeignet. Von den beiden anderen Interaktionsmustern erlaubt die ereignisbasierte Interaktion eine dynamische Anpassung der in eine Interaktion involvierten Komponenten zur Laufzeit. Sie eignet sich daher für autonome Systeme besonders gut.

4.2.6   Dynamik

Die Eigenschaft *Dynamik* bezieht sich auf die Frage, wie die einzelnen Teile eines Systems in ihre Umgebung bzw. das System eingebunden sind. Die dabei relevante Skala (Abbildung 4.6) reicht von einem rein statischen, sich also nicht verändernden System, bis zu einem System, dessen Teile im Laufe der Existenz des Systems in immer neuen Konfigurationen miteinander und mit der Umgebung interagieren.

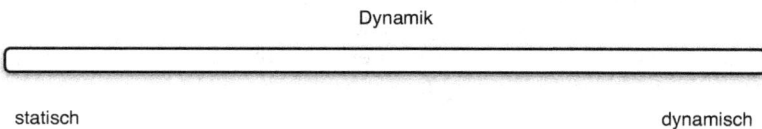

Dynamik

statisch   dynamisch

Abb. 4.6: *Architekturmuster-Eigenschaft Dynamik*

---

[2]Auf einer höheren Abstraktionsebene könnte auch die Komponente, die sich registriert als Initiator der nachfolgenden Interaktionen gesehen werden. Die Interaktion, die zum Austausch von Nutzinformationen führt, wird jedoch stets von der Komponenten initiiert, die die gewünschten Informationen bereitstellt.

Ein autonomes Verhalten, insbesondere Selbstkonfiguration, Selbstorganisation und Emergenz, wird von dynamischem Verhalten begünstigt, da es neue Freiheitsgrade in das System einführt. Beispielsweise kann durch den Wechsel der Konfiguration auf eine Veränderung in der Umwelt des Systems reagiert werden, um die Zielstellung des Systems weiterhin sicherzustellen.

4.3   Ausgewählte Architekturmuster

In diesem Abschnitt werden verschiedene, in der Praxis verwendete Architekturmuster vorgestellt und hinsichtlich der in Abschnitt 4.2 betrachteten grundlegende Eigenschaften von Architekturmustern bewertet. Die Bewertung orientiert sich daran, welches Verhalten für eine Architektur des betreffenden Architekturmusters typisch ist und ignoriert etwaige Spezialfälle. Konkrete Architekturen, die diese Architekturmuster verwenden, werden an dieser Stelle nicht betrachtet, sondern in Abschnitt 4.4 diskutiert. Darüber hinaus wird die Betrachtung auf Software-Architekturen bzw. deren Architekturmuster eingeschränkt und folglich auf die Diskussion von reinen Hardware-Architekturen verzichtet. Diese Entscheidung hat folgenden Grund: Auch wenn Autonomie mit einem reinen Hardwareansatz zu erreichen ist (Beispiele sind in Hardware realisierte Regelungen und die ASoC-Architektur [27]), so liegt der Fokus dieses Buches auf IT-Systemen, die aus Hard- und Software bestehen. Dabei sind einige Aspekte der darunterliegenden Hardware zwar zu berücksichtigen, von den meisten wird allerdings auf höheren Ebenen abstrahiert (beispielsweise abstrahiert bereits das Betriebssystem von vielen Details der darunterliegenden Hardware). Das zweite Beispiel aus Abschnitt 4.1 (SoC und NoC) zeigt dies sehr deutlich: SoC und NoC können als Architekturmuster auf Hardwareebene gesehen werden (insbesondere für die Überführung eines Schaltungsdesigns in eine Schaltung), jedoch sind sie für die höheren Ebenen eines Systems meist irrelevant. Für ein verteiltes System spielt es z. B. keine Rolle, ob die beteiligten Rechner aus einem oder mehreren Chips bestehen, solange die Funktionalität identisch ist.

Hinsichtlich der Auswahl der Architekturmuster und der Betrachtung der Eigenschaften wird deswegen im Folgenden davon ausgegangen, dass die entsprechenden Architekturen Systeme ermöglichen, die aus verschiedenen Software-„Teilen" bestehen, die miteinander interagieren. Die Beziehung zur darunterliegenden Hardware (insbesondere die Frage der Zuordnung zu einzelnen physischen Rechnern) wird nur diskutiert, wenn diese Betrachtungsweise für das entsprechende Architekturmuster relevant ist.

4.3.1   Client/Server-Architekturen

Das Architekturmusters *Client/Server* betrachtet Interaktionen zwischen Systemteilen. Der Aufbau der Teile selbst wird dabei nicht durch das Architekturmuster vorgegeben. Vor dem Aufkommen von Client/Server-Architekturen liefen Anwendungen üblicherweise komplett auf einem Großrechner. Auf die Anwendungen wurde dann mittels einfacher textbasierter Terminals zugegriffen, die über serielle Protokolle an den Großrechner angebunden waren und im Wesentlichen eine Umleitung der Eingabe sowie der Ausgabe der Anwendung realisierten. Durch dieses Vorgehen konnte die Anwendung dezentral genutzt werden, obwohl die Anwendungsfunktionalität selbst nur auf einem einzelnen Rechner lief.

Client/Server-Architekturen zeichnen sich dadurch aus, dass die Anwendungsfunktionalität in einen Client-Anteil und einen Server-Anteil aufgeteilt wird – somit liegt Inhomogenität vor. Im

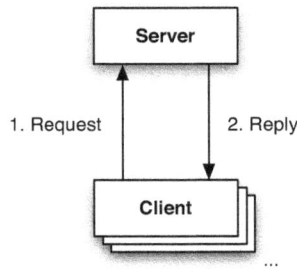

Abb. 4.7: *Zweischichtige Client/Server-Architektur*

einfachsten Fall ergibt sich eine zweischichtige Architektur (*two tier client/server architecture*), wie sie in Abbildung 4.7 dargestellt ist. Beide Teile können – müssen aber nicht – auf zwei verschiedenen Computersystemen laufen.

Die Kommunikation zwischen Client und Server erfolgt (meist) durch synchrone Aufrufe, beispielsweise mittels Remote Procedure Call (RPC) oder Remote Method Invocation (RMI). Der Client setzt hierbei einen Aufruf (*request*) ab, den der Server bearbeitet und mit einer geeigneten Rückantwort (*reply*) beantwortet. Es sind daher immer die Clients, die einen Anfrage/Antwort-Zyklus initiieren, während der Server passiv auf das Eintreffen einer neuen Anfrage wartet. Diese Vorgehensweise ermöglicht – mit den richtigen Tools (Middleware, RPC-Compiler etc.) – verteilte Anwendungen fast auf die gleiche Weise wie lokale Anwendungen zu implementieren, da verteilte Aufrufe in diesem Fall lokalen Aufrufen sehr nahe kommen. Auf welche Weise die Kommunikation zwischen dem Client und dem Server realisiert wird, ist durch das Architekturmuster nicht festgelegt, da es im Sinne von Abschnitt 4.1 einer anderen Betrachtungsebene zugeordnet ist. Die Bindung zwischen Client und Server erfolgt je nach konkreter Architektur während des Deployments (entsprechende Instantiierung der Teile) oder zur Laufzeit, wobei letzteres statisch (Client verfügen über statische Informationen, wie der dazugehörige Server zu finden ist) oder dynamisch (Clients verfügen über eine Möglichkeit, den Server selbst zu finden) möglich ist. Nach erfolgter Bindung sind die meisten Client/Server-Systeme statisch, es erfolgt also nur selten oder nie ein Wechsel des Interaktionspartners. Die Koordination eines Client/Server-Systems findet zentral auf Serverseite statt, wobei in den meisten Fällen der Ausfall des Servers dem Ausfall des Gesamtsystems gleichzusetzen ist.

Client/Server-Architekturen sind gewissermaßen auch der Ursprung der dienstorientierten Architekturen (Abschnitt 4.3.3), da in Client/Server-Systemen bereits Funktionalität über Schnittstellen angeboten wird und es einen Anbieter sowie Nutzer dieser Funktionalität gibt. In Unternehmen hat sich die Client/Server-Architektur in Form von Dateiservern, Druckservern etc. bereits in den 1980er Jahren etabliert.

Die gängige Aufteilung der Anwendungsfunktionalität nimmt eine Aufteilung in drei Teile an: die *Präsentationslogik*, die spezifische *Applikationslogik* sowie die *Datenverwaltung*. Daher ergeben sich bei einer Aufteilung in zwei Schichten unterschiedliche Architekturen, je nachdem wo die Schnittlinie zwischen dem Client- und dem Server-Anteil verläuft (Abbildung 4.8). Teil-

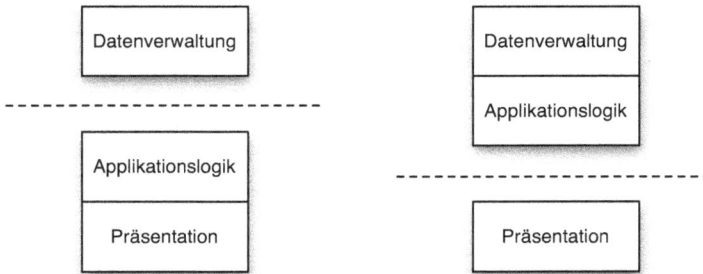

Abb. 4.8: *Zweischichtige Client/Server-Architekturen*

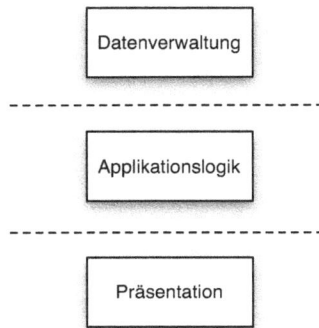

Abb. 4.9: *Dreischichtige Client/Server-Architektur*

weise wird von der Präsentationslogik noch ein *Präsentationsmanager* (*presentation manager*) abgespalten. Dies ermöglicht leichtgewichtigere Clients (*thin clients*), auf denen lediglich noch die Darstellung (durch den Präsentationsmanager) erfolgt. Entsprechend kann von der Datenbanklogik noch ein Datenmanager (*data manager*) abgespalten werden. Dies ermöglicht den Server durch schwergewichtige Clients (*fat clients*) zu entlasten. Durch die Verlagerung von Funktionalität in die Clients kann die Leistungsfähigkeit heutiger PC-Rechner genutzt werden.

Bei einer Aufteilung in drei Schichten (*three tier client/server architecture*) ist in der Regel eine Schicht für die Präsentation, eine Schicht für die Applikationslogik und eine Schicht für die Datenverwaltung zuständig. Die mittlere Schicht agiert dann als Server für die Präsentationsschicht und gleichzeitig als Client für die Datenverwaltungsschicht. Daher besteht die mittlere Schicht normalerweise auch nicht aus *einem*, sondern aus *mehreren* Rechnern. In der Industrie viel verwendete dreischichtige Client/Server-Architekturen ergeben sich beispielsweise bei Verwendung von SAP R/3 oder von Applikationsservern, die auf der Java Enterprise Edition (JEE) beruhen. Bei einer Aufteilung in mehr als drei Schichten wird von einer

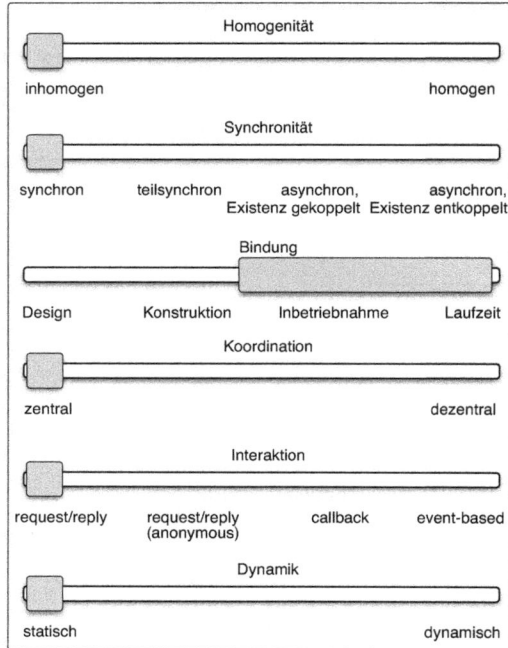

Abb. 4.10: *Eigenschaften des Architekturmusters Client/Server*

n-schichtigen Client/Server-Architektur (*n-tier client/server architecture*) gesprochen. Beim Übergang zu einer n-schichtigen Architektur werden den einzelnen Schichten häufig nicht mehr unterschiedliche Rechner zugeordnet, wie dies bei der 2- oder auch der 3-schichtigen Client/Server-Architektur noch üblich war. Stattdessen bieten Rechner *Serverdienste* an, die lokal oder über entfernten Zugriff von anderen Rechnern genutzt werden können. Die sich hierdurch ergebende Architektur kann bereits als eine Vorstufe einer dienstorientierte Architektur gesehen werden.

Zusammenfassung Client/Server Abbildung 4.10 stellt die Eigenschaften des Architekturmusters „Client/Server" entsprechend Abschnitt 4.2 zusammenfassend dar. Aus der Abbildung lässt sich ablesen, dass dieses Architekturmuster für die Entwicklung von Architekturen, die Autonomie unterstützen sollen, nicht gut geeignet ist, da das Verhalten zu großen Teilen statisch ist und eine zentrale Steuerung dem Ziel einer Selbststabilisierung entgegensteht.

4.3.2   Komponentenorientierte Architekturen

Das hier an dieser Stelle betrachtete Architekturmuster *Komponentenorientierung* stellt in den Mittelpunkt, dass Systeme aus Teilen, „Komponenten" genannt, zusammengesetzt werden. Entsprechend dieser Betrachtungsebene sind Aspekte der Interaktion, die beispielsweise beim Architekturmuster Client/Server den Fokus bilden, nicht weiter durch dieses Architekturmuster vorgegeben.

Die Semantik des Begriffs Komponente in der Informatik lässt sich anhand der Verwendung desselbigen in gängigen Industriestandards ablesen. Sowohl die Standards der ISO [119] als auch die des IEEE [115] oder der OMG [194] fassen eine Komponente als Bestandteil eines Systems auf. Analog zur Definition eines Systems können einzelne Komponenten zusammengenommen eine neue Komponente konstituieren bzw. eine Komponente kann aus Unterkomponenten bestehen. Die Aufteilung des Systems in Komponenten soll nach funktional sinnvollen Blöcken vorgenommen werden, so dass eine Komponente folgende Eigenschaften erfüllt bzw. folgende Dinge aufzeigt [248, 194]:

- **Schnittstelle.** Eine Komponente hat eine definierte *Schnittstelle*, die festlegt, wie andere Komponenten mit dieser Komponente interagieren können. Nur über die Schnittstelle dürfen Operationen dieser Komponente aufgerufen bzw. Daten mit dieser Komponente ausgetauscht werden.

- **Abhängigkeiten.** Eine Komponente hat definierte *Abhängigkeiten*, die Anforderung für ihren Betrieb festlegen. Zum Beispiel könnte eine in Java implementierte Komponente eine Mindestversion einer Java-Laufzeitumgebung für ihren Betrieb benötigen.

- **Komposition.** Wie der sprachliche Ursprung des Worts Komponente bereits andeutet, ist eine Komponente Bestandteil eines Systems. Letzteres wird durch die *Komposition* der Systemkomponenten geschaffen.

- **Abgeschlossenheit.** Eine Komponente realisiert eine *abgeschlossene Funktionalität*. Sie benötigt hierfür keine weiteren (externen) Komponenten.

Ein System folgt einer komponentenorientierten Architektur, wenn dessen Bestandteile Komponenten mit den oben genannten Eigenschaften sind. Damit ist zugleich ersichtlich, dass das Architekturmuster hinsichtlich der in Abschnitt 4.2 betrachteten Eigenschaften lediglich die Eigenschaft der Bindung dahingehend berücksichtigt, dass eine Einteilung des Systems in Komponenten – und damit eine Bindung zwischen ihnen – existiert, wobei diese Bindung nach der Konstruktion der Einzelteile erfolgt. Zu allen weiteren Eigenschaften gibt das Architekturmuster nichts konkretes vor.

Bei der Verwendung von Komponenten werden die folgenden Ziele angestrebt, mit denen sowohl die Entwicklung eines Systems als auch dessen Betrieb verbessert werden sollen:

- **Wiederverwendbarkeit.** Durch die klare Definition von Schnittstellen und Abhängigkeiten einer Komponente soll die Nutzung der Komponenten in unterschiedlichen Systemen erleichtert werden. Die Wiederverwendung von Komponenten wird angestrebt, um Ressourcen bei der Entwicklung von Systemen zu sparen.

- **Reduzierung der Komplexität.** Mit komplexen Anwendungsfällen werden die Systeme und damit das Entwicklungsvorhaben ebenfalls immer komplexer. Um trotz wachsender Komplexität die Systementwicklung weiterhin beherrschen zu können, wird nach dem Ansatz „teile und herrsche" (engl.: *divide and conquer*) das zu entwickelnde System in Komponenten aufgeteilt, die in getrennten Entwicklungsvorhaben realisiert werden können. Die Koordination der einzelnen Vorhaben erfolgt dann auf Basis der definierten Schnittstellen und Abhängigkeiten der Komponenten.

- **Austauschbarkeit.** Eine Komponente soll nicht nur wiederverwendet werden können, sondern auch durch eine neuere oder sogar andere Implementierung ausgetauscht werden können. Durch diese Eigenschaft soll beispielsweise die Wartung und Entwicklung eines Systems verbessert werden, da somit flexibler Änderungen an den Systembestandteilen durchgeführt werden können.

Die obigen Ziele werden bei der Systementwicklung *angestrebt* [225]. Ob diese Ziele dann auch erreicht werden, kann nicht allein dadurch garantiert werden, dass eine Architektur komponentenorientiert ist. Ebenso kritisch sind Aufbau und Organisation der Entwicklungsmethode, die Möglichkeiten und Begünstigungen aus dem Umfeld eines Entwicklungsvorhabens und das Abstraktionsvermögen und die Fertigkeiten der Entwickler [225].

Die Komponentenorientierung von Architekturen wurde nicht nur zur Charakterisierung von Systemen aufgegriffen, wie es zum Beispiel beim RM-ODP der Fall ist [118], sondern war auch selbst Gegenstand von Standardisierungsbemühungen. So hat beispielsweise die OMG mit dem CORBA-Standard [190] und dem dazugehörigen CORBA Component Model (CCM) [191] eine Referenzarchitektur geschaffen, die die Implementierung eines (verteilten) komponentenorientierten Systems beschreibt. Das CCM spezifiziert die Eigenschaften einer Komponente in technischer Hinsicht: Nach der aktuellen Fassung des CCM [195] besitzt eine Komponente eine allgemeine Schnittstelle, die Operationen spezifiziert. Darüber hinaus kann eine Komponente auch *Facets* implementieren, die eine thematische Gruppierung von Operationen zu einer Teilschnittstelle der Komponente erlauben. Mit Facets lassen sich weitere, optionale oder sinnvoll voneinander zu trennende Funktionsbereiche anbieten (vgl. Abbildung 4.11). Darüber hinaus definiert das CCM einen grundlegenden Funktionsumfang für eine Laufzeitumgebung, um die Abhängigkeiten zur Umgebung einer Komponente transparent zu gestalten.

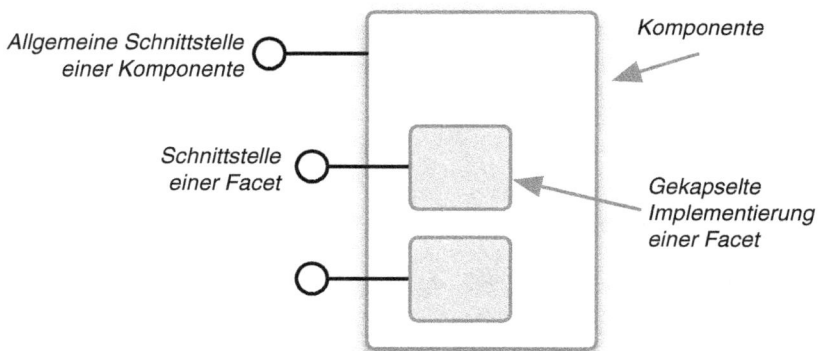

Abb. 4.11: *Komponentenmodell nach dem CCM [195]*

Die Idee der Komponentenorientierung wurde nachvollziehbar bereits 1969 von McIlroy vorgestellt [164]. Es vergingen viele Jahre, in denen dieses Muster diskutiert wurde, allerdings kam es lange nicht im kommerziellen Umfeld zum Einsatz. Erst mit Vorstellung von Software und Standards, die wichtige Fragen für den Betrieb von Komponenten beantworteten, fand dieses Architekturmuster eine breite Verwendung in industriellen Softwareprojekten. Das bereits genannte CCM ist als ein Beispiel zu nennen, allerdings hatte Microsoft bereits zuvor mit COM und DCOM [109] eine eigene Technologie etablieren können. Ende der 90er Jahre wurde in der Java-Welt als Bestandteil der Java 2 Enterprise Edition (J2EE, heute JEE) das Konzept der *Enterprise Beans* als Komponentensystem eingeführt [244]. Eine entsprechende Umsetzung von *Java Beans* für die Java 2 Standard Edition erfolgte drei Jahre später.

Gerade in Bezug auf die Verwendung von objektorientierten Programmiersprachen können leicht Missverständnisse über die Bedeutung von Komponenten und Objekten auftreten. Klar ist, dass eine Komponente nicht mit einem Objekt einer objektorientierten Programmiersprache gleichzusetzen ist. Vielmehr ist die Entsprechung des Begriffs der Komponente mit dem Begriff der Klasse bei den objektorientierten Programmiersprachen zu sehen, da eine Komponente zunächst keine konkret identifizierbare Entität zur Laufzeit eines Systems darstellt [248]. Analog zu einer Klasse werden auch Exemplare einer Komponente zur Laufzeit eingesetzt. Ebenso muss auch einer Gleichsetzung von Komponenten und Diensten widersprochen werden. Wie Szyperski bereits festgestellt hat, stehen Dienste in einem Benutzungskontext, während eine Komponente zunächst aus architektureller Sicht Bestandteil eines Systems ist [247].

Neben dem Softwarebereich ist auch der Gebrauch des Begriffs Komponente im Bereich der Hardware gängig. So ist ein Computersystem aus Hardwarekomponenten wie z. B. einer Grafikkarte, einer Festplatte usw. aufgebaut. Diese Hardwarekomponenten weisen die gleichen Charakteristika auf wie Softwarekomponenten. Eine Grafikkarte ist ein in sich geschlossenes System, welches eine standardisierte (definierte) Schnittstelle zum Rest des Systems besitzt (z. B. entsprechend einem Standard für Erweiterungskarten wie etwa PCI-Express) und klare Abhängigkeiten aufweist (beispielsweise hinsichtlich der Belastbarkeit der Stromversorgung). Eine Grafikkarte wird nicht einzeln genutzt; sie ist konstituierender Teil eines Gesamtsystems (des Computersystems). Grafikkarten sind zudem austauschbar, wodurch die Wartbarkeit und die Langlebigkeit des Gesamtsystems erhöht wird. Das Design einer Grafikkarte wird in vielen Exemplaren in vielen Computersystemen „wiederverwendet". Damit stellt eine Grafikkarte als Bestandteil eines Computersystems eine Komponente im klassischen Sinne dar. Es kann noch angemerkt werden, dass Computersysteme aufgrund ihrer Komplexität heute nicht mehr als eine Einheit entwickelt werden, sondern verschiedene Parteien die Komponenten eines Computers entwickeln. Dies trifft auch auf den Bereich der Grafikkarten zu, in dem sich Entwickler auf die Entwicklung dieser Komponenten spezialisiert haben.

Zusammenfassung Komponentenorientierung Die eingangs genannte Betrachtungsebene dieses Architekturmusters schlägt sich sehr deutlich in den Eigenschaften nieder (Abbildung 4.12): Da die Kommunikation zwischen den Komponenten nicht Gegenstand dieser Betrachtungsebene ist, sind viele der entsprechenden Aspekte nicht durch das Architekturmuster vorgegeben. Insbesondere impliziert dies, dass das Architekturmuster „Komponentenorientierung" für die Realisierung von Architekturen benutzt werden kann, deren Aufbau (auf einer anderen Betrachtungsebene) einem anderen Architekturmuster folgt. So ist es beispielsweise möglich, unter Benutzung der Architekturmuster „Komponentenorientierung" und „Client/Server" eine komponentenbasierte Client/Server-Architektur zu erstellen.

Wie Abbildung 4.12 zeigt, ist es mit dem Architekturmuster „Komponentenorientierung" möglich, Autonomie zu erreichen. Ebenso ist allerdings klar, dass Komponentenorientierung Au-

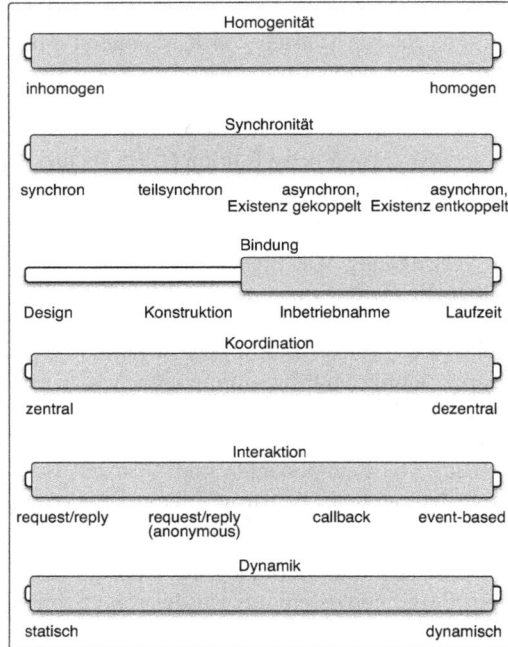

Abb. 4.12: *Eigenschaften des Architekturmusters Komponentenorientierung*

tonomie nur zulässt, aber nicht zwangsläufig fördert. Aussagekräftige Untersuchungen sind möglich, wenn für eine konkrete Architektur weitere Betrachtungsebenen herangezogen werden.

4.3.3 Dienstorientierte Architekturen

Beim dem im Folgenden betrachteten Architekturmuster *Dienstorientierte Architektur* (engl.: *Service-Oriented Architecture (SOA)*) werden ähnlich wie im Fall des Architekturmusters „Client/Server" auch die Interaktion der Systemteile in das Zentrum der Betrachtungen gestellt.

Eine SOA impliziert die Identifikation bestimmter Parteien als Dienstanbieter und/oder Dienstnutzer sowie eine nachrichtenorientierte Kommunikation zwischen diesen, wobei Softwareschnittstellen erst zur Laufzeit importiert werden („late binding"). Hauptbestandteile in einer SOA sind damit ein *Dienstanbieter* und ein *Dienstnutzer*. Die Verbindung zwischen beiden Parteien kann über einen *Dienstvermittler* hergestellt werden. Ein weiteres Merkmal der SOA ist der Einsatz einfach gehaltener und vor allen Dingen weit verbreiteter Protokolle und Beschreibungssprachen (z. B. den Internet-Protokollen und der XML-Beschreibungssprache). Dieses Merkmal hat wesentlich mit dazu beigetragen, dass der SOA so große Aufmerksamkeit geschenkt wird. Ein Schwerpunkt einer SOA liegt auf der Etablierung eines *Dienstverhältnisses* [188, Abschnitt 2]: Die explizite Integration eines Dienstvermittlers und die damit verbundenen Entwicklungen machen den stärkeren Fokus auf die Etablierung eines Dienstverhältnisses deutlich. Auf diese Weise passt sich die SOA an die Anforderungen einer wirtschaftlichen Nutzung an, die an Strukturierung von Aktivitäten und Prozessen interessiert ist.

Der Fokus auf das Dienstverhältnis und die Rollenverteilung in Dienstanbieter, Dienstnutzer und Dienstvermittler implizieren eine eher dezentrale Steuerung und eine gewisse Asymmetrie (also Inhomogenität) der Interaktionen, wobei das genaue Interaktionsverhalten ebenso wie die Synchronität durch das Architekturmuster nicht weiter vorgegeben sind.

Historisch gesehen hat sich die SOA aus der komponentenorientierten Architektur entwickelt, indem die Interaktionen zwischen den Komponenten entsprechend der Idee der Dienstorientierung definiert wurden. Die beiden Architekturmuster stehen somit nicht als Alternativen nebeneinander, sondern adressieren jeweils andere Betrachtungsebenen eines Systems. Entsprechend kann eine dienstbasierte Architektur durchaus voraussetzen, dass die entsprechenden Systeme aus Komponenten bestehen, ebenso können die Komponenten einer komponentenorientierten Architektur nach dem Dienst-Paradigma interagieren und somit auf der betreffenden Betrachtungsebene dem Architekturmuster der Dienstorientierung folgen.

Zusammenfassung Dienstorientierung Abbildung 4.13 fasst die Eigenschaften des Architekturmusters „Dienstorientierte Architektur" zusammen. Deutlich wird hierbei wiederum, dass das Architekturmuster manche Aspekte vollkommen unberücksichtigt lässt, da sie auf der gewählten Betrachtungsebene irrelevant sind und erst durch Hinzunahme weiterer Architekturmuster bei der Realisierung einer konkreten Architektur relevant werden. Für die Entwicklung einer Architektur für autonome Systeme ist das Architekturmuster prinzipiell geeignet. Insbesondere fördert es bei den meisten Eigenschaften, bei denen es Vorgaben macht, autonomes Verhalten (was aber, analog zu Abschnitt 4.3.2, nicht bedeutet, dass die Benutzung einer dienstorientierten Architektur zwangsläufig zu autonomen Systemen führt).

4.3.4 Peer-to-Peer-Architekturen

Das Architekturmuster *Peer-to-Peer (P2P)* stellt nicht nur die Interaktion der beteiligten Systemteile in den Mittelpunkt, sondern auch die von ihnen erbrachte Funktionalität und die dazugehörige Koordination, die von allen Beteiligten gemeinsam erbracht wird.

Das P2P-Architekturmuster erlangte in den 1990er Jahren Popularität durch den Musiktauschdienst Napster [223]. Das Funktionsprinzip von Napster sieht vor, dass Napster-Teilnehmer direkt untereinander Musikstücke tauschen können. Um ein gesuchtes Musikstück zu finden, wendet sich der suchende Teilnehmer zunächst an einen Napster-Server, der in seinem Index nachschlägt, welche Teilnehmer das gesuchte Musikstück anbieten, und diese an den anfragenden Teilnehmer zurückliefert. Der suchende Teilnehmer wählt dann einen der anbietenden Teilnehmer aus und lädt von diesem direkt das gewünschte Musikstück herunter. Der Index wird durch die Teilnehmer selbst aktualisiert, indem diese einem Napster-Server mitteilen, welche Musikstücke sie zum Tausch anbieten wollen. Somit wurde der vorher übliche Ansatz, Musikstücke auf einem zentralen Server zur Verfügung zu stellen, durch einen effizienteren ersetzt, bei dem die Bandbreite und die Last zur Übertragung von Musikstücken von einem zentralen Server auf das P2P-Netz verlagert wird. Somit ist es nicht mehr notwendig, einen zentralen Knotenpunkt zu betreiben, welcher die Last aller Dateiübertragungen bewältigen müsste. Dadurch wurde der Bedarf an leistungsfähiger Infrastruktur auf Seiten des Betreibers deutlich

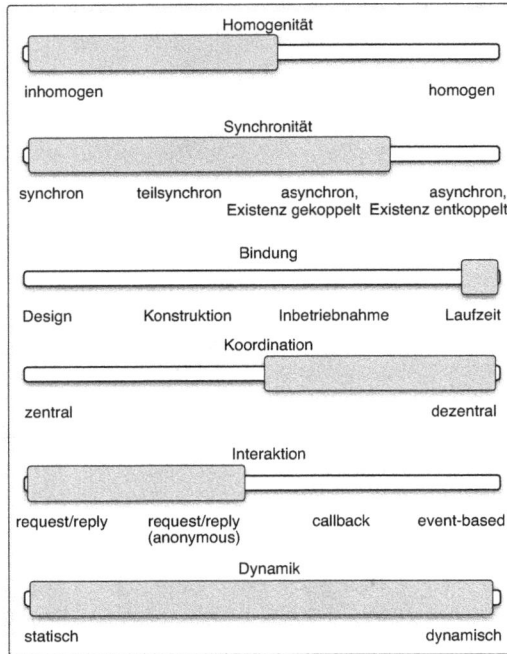

Abb. 4.13: *Eigenschaften des Architekturmusters Dienstorientierung*

reduziert. Allerdings ist Napster aus heutiger Sicht kein „echtes" P2P-System, da bei dem ursprünglichen Napster-Ansatz immer noch ein zentraler Server zum Einsatz kommt.

Strukturierte vs. unstrukturierte P2P-Systeme.

P2P-Systeme lassen sich in zwei Kategorien unterteilen: die strukturierten und die unstrukturierten P2P-Systeme. Die *strukturierten* P2P-Systeme, zu denen z. B. P-Grid [2], CAN [210], Pastry [220] und Chord [242] gehören, spannen eine Struktur über der Menge der Peers auf. Dies wird nun am Beispiel der verteilten Datenspeicherung betrachtet. Häufig wird bei diesen Systemen vorausgesetzt, dass jedes Datenelement einen Schlüssel besitzt (z. B. den Titel im Fall eines Musikstücks). Dieser Schlüssel wird dann mit Hilfe einer Hash-Funktion auf eine binäre (oder auch n-äre) Zahl mit einer festen Anzahl von Stellen abgebildet. Jeder Peer ist dann für einen Teilbereich dieses Zahlenraums verantwortlich und speichert daher diejenigen Datenelemente, die in seinen Bereich fallen. Darüber hinaus verwaltet jeder Peer eine im Vergleich zur Systemgröße vergleichsweise kleine Routingtabelle, mit deren Hilfe er eingehende Anfragen mittels des gehashten Schlüssels des gesuchten Datenelements in die Richtung des für dieses Datenelement zuständigen Peers weiterleitet. Hierfür muss weder die gesamte Struktur des Netzwerkes bekannt sein, noch ist ein zentraler Verzeichnisdienst notwendig. Diese Verfahren sind auch als *Distributed Hash Tables (DHTs)* bekannt. In der Regel können sie sehr effizient Datenelemente, deren Schlüssel bekannt sind, auffinden. Im Gegenzug sind aber komplexere Suchanfragen nur schwierig zu realisieren und derzeit noch ein Thema der aktuellen Forschung. Die *unstrukturierten* P2P-Systeme, zu denen z. B. Gnutella gehört, fluten Anfragen in das Netz, so dass unter Umständen eine hohe Bandbreite verbraucht wird. Es können aber beliebig komplexe Suchanfragen gestellt werden, da der Schlüssel eines gesuchten Datenelements nicht bekannt sein muss.

Charakteristika und Vorteile.

Nach Aberer [3] müssen P2P-Systeme im engeren Sinn folgende Eigenschaften aufweisen:

- **Gemeinsame, gleichberechtigte Erbringung der Funktionalität.** Die Knoten des P2P-Systems erbringen gemeinsam und gleichberechtigt die gewünschte Systemfunktionalität. Daher werden die Knoten eines P2P-Systems auch *Peers* (deutsch: Ebenbürtige) genannt. Diese Anforderung impliziert zugleich eine weitgehende Homogenität.

- **Keine zentrale Koordination oder Datenhaltung.** Die Koordination und die Datenhaltung wird auf alle Peers verteilt, ist also dezentral. Hierdurch wird vermieden, dass bei einem Ausfall eines zentralen Knotens das gesamte System ausfällt. Stattdessen kann ein Weiterbetrieb – wenn vielleicht auch nur mit Einschränkungen – sichergestellt werden.

- **Kein Teilnehmer hat eine globale Sicht.** Wird in einem verteilten Systemen vorausgesetzt, dass die Teilnehmer eine globale, konsistente Sicht auf den Systemzustand haben müssen, so führt dies zu einer eingeschränkten Skalierbarkeit. Daher nehmen P2P-Systeme an, dass jeder Peer nur eine eingeschränkte lokale Sicht hat.

- **Das globale Verhalten ergibt sich aus lokalen Interaktionen.** Da kein Peer eine globale Sicht hat, ergibt sich das Verhalten des P2P-Systems aus lokalen Interaktionen von Peers mit anderen Peers in ihrer Nachbarschaft. Die Nachbarschaftsbeziehung induziert eine *Overlay-Topologie*, die spezifisch für jede Art von P2P-Systemen ist.

- **Gleichberechtigte Nutzung aller Daten und Dienste.** Jeder Peer darf alle Daten und Dienste, die innerhalb des Systems verfügbar sind, gleichberechtigt nutzen. Auch diese Anforderung impliziert Symmetrie beziehungsweise Homogenität.

- **Die Teilnehmer sind autonom.** Peers können jederzeit das System verlassen und ihm wieder beitreten. Die ständige Änderung der Menge der aktiven Teilnehmer ist aus der Literatur unter dem Begriff *Churn* bekannt. Die Peers sollten auch selbständig mit entscheiden dürfen, wie sie sich an der Funktionalitätserbringung beteiligen (z. B. welche Musikdateien sie speichern). Hinsichtlich der Klassifikation nach Abschnitt 4.2 bedeutet das eine dynamische Bindung zur Laufzeit.

- **Die Teilnehmer sind unzuverlässig.** Peers können ausfallen und die Verbindungen zu ihnen können jederzeit – auch ohne vorhergehende Ankündigung – unterbrochen werden. Damit ergibt sich eine hohe Dynamik des Systems.

Die Grundidee von P2P-Systemen ist nicht neu. Wird z. B. das Routing auf IP-Ebene im Internet betrachtet, so lässt sich dieses als eine durch ein aus den Routern bestehendes P2P-System realisierte Funktion sehen. Mit der Realisierung der oben genannten Eigenschaften streben P2P-Systeme im Wesentlichen die folgenden Vorteile an:

- **Robustheit.** Aufgrund der zugrundeliegenden Annahmen müssen P2P-Systeme robust
  bezüglich Fehlern sein. Dies wird dadurch erreicht, dass kein einzelner Bestandteil bzw.
  Knoten kritisch zum Betrieb des gesamten Netzwerks ist. Einzelne Knoten oder ganze
  Bereiche des Netzwerkes könnten daher ausfallen und die Funktionalität bleibt trotzdem
  weitgehend erhalten.

- **Skalierbarkeit.** P2P-Systeme skalieren mit einer steigenden Anzahl von Teilnehmern
  häufig besser als zentralisierte Ansätze. Oft kann sogar eine Leistungssteigerung mit einer steigenden Anzahl der Teilnehmer realisiert werden: Beim BitTorrent Netzwerk funktioniert die Übertragung von Dateien umso besser, je mehr Teilnehmer Bestandteil dieses
  Netzwerkes sind und die Daten zur Verfügung stellen können [121].

- **Selbstorganisierendes Wachsen und Schrumpfen.** Viele P2P-Systeme sind dazu in der
  Lage, sich über mehrere Größenordnungen hinweg in der Anzahl der Knoten nach oben
  und unten zu entwickeln und dabei trotzdem effizient zu arbeiten.

Es lässt sich feststellen, dass die Verteilung der Koordination, der Daten und der Funktionalität
auf alle Knoten die Voraussetzung für die Sicherstellung der obigen Vorteile ist. Umsetzen
lassen sich diese Vorteile allerdings erst durch die auf dieser Verteilung basierende Entwicklung
dezentralisierter Algorithmen. Dieser Bereich ist immer noch Gegenstand aktueller Forschung.

Entsprechend der gewählten Betrachtungsebene bleibt die genaue Art der Interaktion zwischen
den Peers und damit auch die Frage der Synchronität der Realisierung einer entsprechenden
Architektur überlassen und wird durch das Architekturmuster nicht vorgegeben.

Zusammenfassung P2P Abbildung 4.14 stellt die Eigenschaften des Architekturmusters (bzw.
der Systeme, die nach den Regeln von Architekturen dieses Architekturmusters konstruiert werden können) im Überblick dar. Durch die verteilte Steuerung, die späte Kopplung, die homogenen Komponenten und die Freiheit hinsichtlich der Synchronität ist das Architekturmuster
Peer-to-Peer gut für die Entwicklung autonomer Systeme (bzw. deren Architekturen) geeignet.

4.3.5 Grid-Architekturen

Betrachtungsebene des Architekturmusters *Grid* ist die Bereitstellung und Verwaltung von Ressourcen in einer strukturierten Weise. Bei einem Grid können drei Klassen von Teilnehmern
unterschieden werden: Grid-Anbieter, Grid-Benutzer und Grid-Broker. Die *Grid-Anbieter* verwalten ihre jeweiligen Ressourcen innerhalb ihrer Organisation. Der Grid-Ansatz besteht nun
darin, Kapazitäten (z. B. brachliegende Rechenzeit) zu bündeln und eine virtuelle Ressource
zu bilden, bei der die konkrete Ressource auch von Benutzern außerhalb der Organisation der
jeweiligen Ressource benutzt werden kann. Dabei sind die Anbieter in der Regel heterogen und
die Bündelung wird nur innerhalb gleichartiger Ressourcen (z. B. Rechenkapazität) vollzogen,
so dass keine vollständige Inhomogenität vorhanden ist, sondern je nach konkreter Realisierung
eine Mischform bis hin zu einem weitgehend homogenen System. Die *Grid-Benutzer* reservie-
ren die gewünschte Ressource bei einem organisationsübergreifenden Grid-Broker, der für die
Auswahl der konkreten Ressource verantwortlich ist. Eine Eigenschaft des Grids ist hierbei,
dass die tatsächliche Konfiguration in Hinblick auf Teilnehmer und deren Vernetzung vor dem
Benutzer verborgen wird. Es ist nicht festgelegt, ob es einen oder mehrere Broker gibt und
ob mehrere Broker beispielsweise ein P2P-Netz bilden oder aber hierarchisch angeordnet sind.

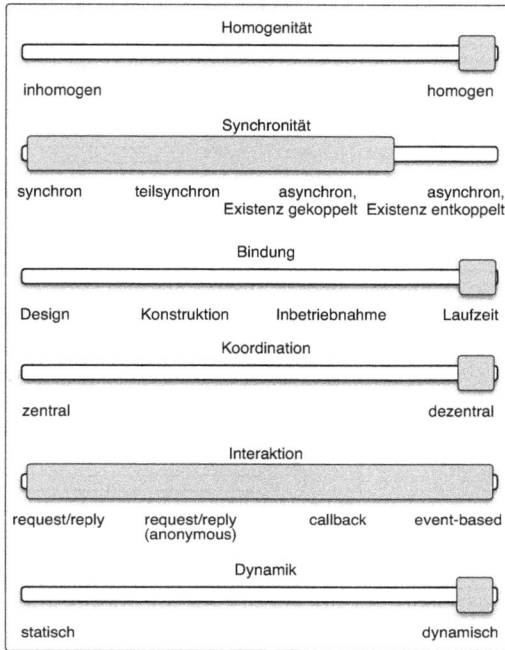

Abb. 4.14: *Eigenschaften des Architekturmusters P2P*

Somit ist auch ein entsprechendes Maß an Dynamik innerhalb eines Grids und hinsichtlich der Clients vorhanden.

Die Kommunikation der Teilnehmer untereinander und mit dem Broker ist durch das Architekturmuster ebenfalls nicht vorgegeben, so dass für die Synchronität entsprechende Freiheiten bestehen, solange die Verfügbarkeit des Interaktionspartners gegeben ist. Auch wenn die interne Konfiguration vor einem externen Benutzer verborgen bleibt, so erfolgt die Bindung innerhalb des Systems beim Deployment. Aus Sicht eines Brokers wird die Funktionalität auf mehrere Teilnehmer verteilt erbracht. Dieser Ansatz steigert erstmal nicht die Zuverlässigkeit, allerdings sind erstens bei einem Ausfall in der Regel nicht alle Ressourcen gleichzeitig betroffen und zweitens könnte der Broker die Reservierungen der betroffenen Ressourcen umbuchen. Für ein Grid ist außerdem die funktionale Erweiterung möglich, durch Redundanz in den Reservierungen (kritische Tasks können zum Beispiel mehr als einmal gebucht und ausgeführt werden) Ausfälle einzelner Teilnehmer transparent kompensieren zu können. Die vorhandene Redundanz und die verteilte Realisierung der Funktionalität implizieren eine weitgehend dezentrale Steuerung, die aber – wenn es beispielsweise nur einen Broker gibt – auch zentralisierte Elemente aufweisen kann.

Zusammenfassung Grid Abbildung 4.15 zeigt entsprechend der Klassifikation aus Abschnitt 4.2 die Eigenschaften des Architekturmusters Grid. Wiederum folgt aus der Wahl der

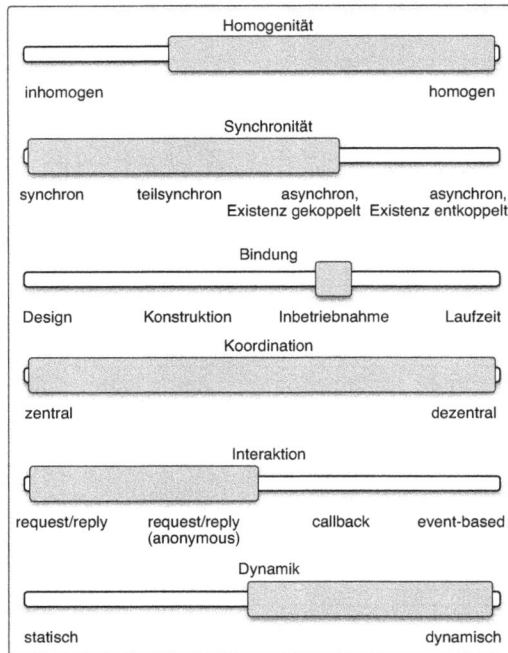

Abb. 4.15: *Eigenschaften des Architekturmusters Grid*

Betrachtungsebene eine gewisse Freiheit bei manchen der Eigenschaften, ebenso ist das Architekturmuster prinzipiell dazu geeignet, autonomes Verhalten zu fördern.

4.3.6   Nachrichtenorientierte Architekturen

Das Architekturmuster *Nachrichtenorientierte Architektur* stellt die Kommunikation zwischen den einzelnen Systemteilen mittels Nachrichten in den Mittelpunkt der Betrachtungen. Es wird im Normalfall mit anderen Architekturmustern kombiniert, um konkrete Architekturen zu realisieren. In einer nachrichtenorientierten Architektur interagieren die Systemteile durch das Senden und Empfangen von Nachrichten (engl.: *messages*). Eine nachrichtenorientierte Architektur impliziert keine Synchronität; in der Regel kommunizieren die Teile asynchron miteinander. Auf Basis des Nachrichtenaustausches können dann komplexere Interaktionen (wie z. B. Request/Reply) durch die Anwendung realisiert werden. Ein großer Vorteil ist jedoch, dass die Anwendung nicht auf Request/Reply-Interaktion beschränkt ist, sondern zwischen den Teilen flexible Interaktionen durchgeführt werden können [21].

Die Vermittlung der Nachrichten zwischen den Teilen kann ein Intermediär (in den meisten Fällen realisiert als eine Middleware) übernehmen. In diesem Fall wird auch die Anzahl der Kommunikationsbeziehungen reduziert, weil jeder Teil nun nicht mehr potentiell mit jedem anderen Teil kommunizieren muss, sondern nur noch mit dem Intermediär. Hierdurch wächst die maximale Anzahl der Kommunikationsbeziehungen nicht mehr quadratisch mit der Anzahl der Teile, sondern nur noch linear. Dies hat beispielsweise Vorteile, wenn die Teile unterschiedliche Datenformatierungen benutzen, zwischen denen eine Konvertierung notwendig ist. Eine nachrichtenorientierte Architektur kann durch eine *Hub-and-Spoke*-Anordnung oder eine *Bus*-Anordnung implementiert werden. Bei einer Hub-and-Spoke-Anordnung existiert ein zentraler Intermediär, bei dem die Nachrichten aller Beteiligten gesammelt und entsprechend verteilt werden. Eine Bus-Anordnung hat keinen zentralen Intermediär, vielmehr wird seine Funktionalität auf alle Knoten verteilt.

Eine nachrichtenorientierte Architektur kann die zeitliche Entkopplung (vgl. Abschnitt 4.2.2) der Teile durch *Queuing* ermöglichen. In diesem Fall werden die Nachrichten zunächst in einem ersten Schritt von der Middleware entgegengenommen und in einer Warteschlange (engl.: *queue*) zwischengespeichert. Die Speicherung kann hierbei auch persistent erfolgen, um die Zuverlässigkeit des Systems bei Ausfällen zu erhöhen. Erst in einem zweiten Schritt werden die Nachrichten dann von einem Empfänger aus der Queue abgeholt bzw. an einen Empfänger zugestellt. Das Ergebnis ist, dass Sender und Empfänger nicht gleichzeitig zur Verarbeitung der Nachrichten zur Verfügung stehen müssen. Ein weiterer Vorteil liegt darin, dass durch die Zwischenspeicherung von Nachrichten die Zustellung an die Verarbeitungskapazität des Empfängers angepasst wird, ohne dass eine Blockierung auf der Seite des Senders verursacht wird (vgl. asynchrone Kommunikation in Abschnitt 4.2.2).

In einer nachrichtenorientierten Architektur werden häufig zwei Spielarten des Nachrichtenaustausches unterschieden: *Point-to-Point-Kommunikation* sowie *Publish/Subscribe-Kommunikation*. Bei der Point-to-Point-Kommunikation wird eine Nachricht an einen einzelnen Empfänger zugestellt, während bei der Publish/Subscribe-Kommunikation eine veröffentlichte Nachricht an potentiell viele Konsumenten ausgeliefert wird. Hierfür subskribieren sich die Konsumenten für diejenigen Nachrichten, die sie zugestellt bekommen möchten, zum Beispiel mittels eines inhaltsbasierten Filters.

Die lose Kopplung, die mit Hilfe einer nachrichtenorientierten Architektur erreicht werden kann, hat aus der Perspektive des Softwarearchitekten immense Vorteile. Diese bestehen vor allem in der gesteigerten Flexibilität, die mit Hilfe der asynchronen, ereignisgesteuerten Kommunikation möglich wird. Diese Flexibilität wird jedoch mit einem Umdenken seitens der Entwickler erkauft, die nicht mehr in herkömmlichen, sequentiellen Abläufen denken können [107].

Implementierungen einer nachrichtenorientierten Architektur liegen als eigenständige Produkte vor, die unter dem Begriff Message-Oriented Middleware (MOM) bekannt sind. Funktionale Blöcke einer solchen Software umfassen die Verwaltung und den Betrieb von Queues (Warteschlangen), die Implementierung von unterschiedlichen Kommunikationsmustern und einen persistenter Nachrichtenspeicher. MOM-Produkte wurden bereits in den 1980er Jahren in Unternehmen eingesetzt, um etwa eine effiziente Client/Server-Kommunikation zu ermöglichen. Beispiele sind die Produkte MQ von IBM [113], dessen Ursprung bereits in den Großrechnersystemen der 1970er Jahre liegt, und Tuxedo von BEA, das in den ersten Versionen in den 1980er Jahren auf den Markt kam [13].

Zusammenfassung Nachrichtenorientierung Entsprechend der auf den Austausch von Informationen (Nachrichten in diesem Fall) ausgerichteten Betrachtungsebene des Architekturmusters Nachrichtenorientierte Architekturen betreffen die Vorgaben des Musters insbesondere die damit verbundenen Eigenschaften (Abbildung 4.16). Die Idee einer weitreichenden Ent-

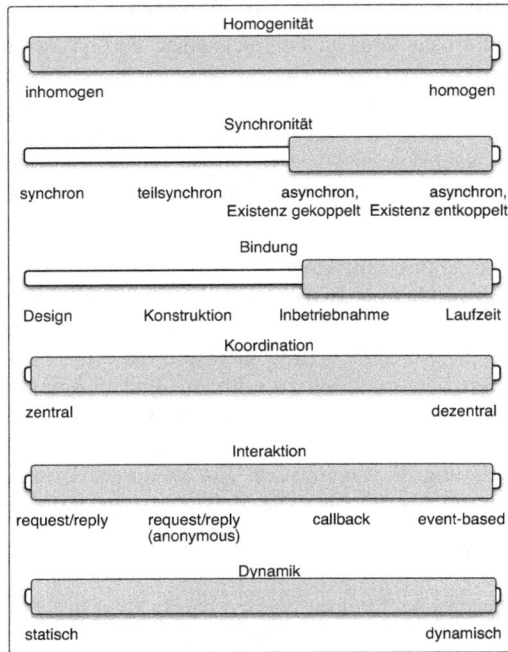

Abb. 4.16: *Eigenschaften des Architekturmusters nachrichtenorientierte Architekturen*

kopplung (bis hin zur Entkopplung der Lebenszyklen miteinander interagierender Systemteile) erlaubt flexible Interaktionen und fördert autonomes Verhalten von Systemen der entsprechenden Architekturen.

4.3.7 Publish/Subscribe-Architekturen

Das Architekturmuster *Publish/Subscribe* ist eine Verfeinerung des Architekturmusters Nachrichtenorientierung. Ein *Publish/Subscribe-System* besteht aus einer Menge von Klienten und einem Notifikationsdienst. Jeder *Klient* kann als Produzent (engl.: *publisher*) oder auch als Subskribent (engl.: *subscriber*) auftreten. Ein *Produzent* veröffentlicht Notifikationen, während ein *Subskribent* Notifikationen durch Abgabe einer oder mehrerer *Subskriptionen* abonniert bzw. wieder abbestellt. Ein Klient, der die Rolle des *Subskribenten* einnimmt, ist natürlich auch an der tatsächlichen Auslieferung der passenden Notifikationen interessiert, weshalb er allgemein auch als *Konsument* bezeichnet wird. Der *Notifikationsdienst* entkoppelt die Klienten voneinander und sorgt dafür, dass eine veröffentlichte Notifikation an alle Konsumenten mit einer passenden Subskription ausgeliefert wird. Die interne Realisierung des Notifikationsdienstes bleibt in der Regel den Klienten verborgen.

Der Notifikationsdienst kann zentralisiert oder durch eine Menge von *Brokern*, die durch ein Overlay-Netz (z. B. mittels TCP-Verbindungen) miteinander logisch verbunden sind, realisiert werden. Im letztgenannten Fall verwaltet meist jeder Broker eine exklusive Menge von *lokalen Klienten* und eine *Routingtabelle*, die bestimmt, an welche benachbarten Broker und lokale Klienten eine eingehende Notifikation weitergereicht wird. Eine Notifikation wird also schrittweise durch das Overlay-Netz vom Produzenten zu den subskribierten Konsumenten weitergeleitet und schließlich ausgeliefert. Die für die Funktion des Netzes notwendigen Nachrichten (ausschließlich der Notifikationen) werden als *Kontrollnachrichten* bezeichnet. Diese beinhalten Subskriptionen für den Aufbau der Routingtabellen und Nachrichten für die Erfüllung nichtfunktionaler Eigenschaften.

Die in einer Publish/Subscribe-Middleware implementierten Filter bestimmen maßgeblich die Möglichkeiten des Anwenders (in der Rolle als Subskribent), sein Interesse für bestimmte Nachrichten auszudrücken. Gleichzeitig beeinflusst die Wahl der Filterung auch die Komplexität und Effektivität der Routingalgorithmen. Im Allgemeinen werden vier verschiedene Arten der Filterung unterschieden:

- **Kanalbasierte Filterung (engl.: *channel-based filtering*).** Notifikationen werden in benannten Nachrichtenkanälen veröffentlicht. Ein Subskribent kann einen oder mehrere Kanäle abonnieren und erhält in der Folge alle dort publizierten Notifikationen. Eine differenziertere Auswahl findet nicht statt. Kanalbasierte Filterung wird z. B. im CORBA Event Service angeboten [192].

- **Themenbasierte Filterung (engl.: *subject-based filtering*).** Jede Notifikation wird unter einem Thema veröffentlicht. Ein Thema unterscheidet sich von einem Kanal dadurch, dass es Themen gibt, die einem anderen Thema logisch untergeordnet werden können, die also Teilthemen darstellen. Themen können folglich hierarchisch geordnet werden. Entsprechend können Filter derart formuliert werden, dass sie auf Notifikationen zu bestimmten Themen inklusive ihrer Unterthemen passen. Beispielsweise könnte eine aktuelle Nachricht zum Thema Fußball unter dem Thema `/Nachricht/Sport/Fußball` veröffentlicht werden. Entsprechend werden Fußballnachrichten auch an Subskribenten zugestellt, die das Thema `/Nachricht/Sport/*` abonniert haben. Der abonnierte Filter passt dann auf alle Sportnachrichten.

- **Typbasierte Filterung (engl.: *type-based filtering*).** Bei dieser Filterung werden Notifikationen als Objekte betrachtet. Die Auswahl erfolgt anhand der Typhierarchie ihrer zugehörigen Klassen [66]. Typbasierte Filterung ähnelt stark der themenbasierten, erweitert deren Ausdruckskraft jedoch um die Möglichkeit der Mehrfachvererbung (falls implementiert). Die typbasierte Filterung ermöglicht darüber hinaus eine weitgehende Integration in objektorientierte Programmiersprachen (z. B. Java oder C#).

- **Inhaltsbasierte Filterung (engl.: *content-based filtering*).** Inhaltsbasierte Filterung erlaubt die Selektion anhand des Inhalts von Notifikationen [179]. Die Filterung ist somit unabhängig von einer Klassifizierung durch den Produzenten der Nachricht. Die Ausdruckskraft wird nur durch die genutzten Filterprädikate und das Datenmodell der Notifikationen definiert. Vorgeschlagen werden u. a. Templates [50], Filter für Name/Wert Paare [177], XPath für XML [5] sowie der Einsatz von mobilem Programmcode [62].

Für autonome Systeme ist die inhaltsbasierte Filterung am geeignetsten, da sie die lose Kopplung der Klienten am besten fördert. Im Gegensatz dazu bestimmen bei der kanalbasierten sowie der themenbasierten Filterung die Produzenten indirekt mit, welche Konsumenten eine Notifikation bekommen, indem sie entscheiden, in welchem Kanal bzw. unter welchem Thema eine Notifikation veröffentlicht wird.

Publish/Subscribe-Kommunikation [179] eignet sich besonders für die *ereignisbasierte Verarbeitung* von Informationen, bei der die Informationen verarbeitet werden sollen, sobald sie auftreten bzw. sich geändert haben. Hier ist eine Benachrichtigung der Konsumenten durch den Produzenten sinnvoll, da eine regelmäßige Abfrage durch die Konsumenten (*Polling*) unnötigen Datenverkehr bedeuten würde. In diesem Zusammenhang wird häufig auch von *Push-basierter* (der Produzent initiiert) bzw. *Pull-basierter* (der Konsument initiiert) Kommunikation gesprochen. Auch eine Kombination beider Ansätze ist möglich [4].

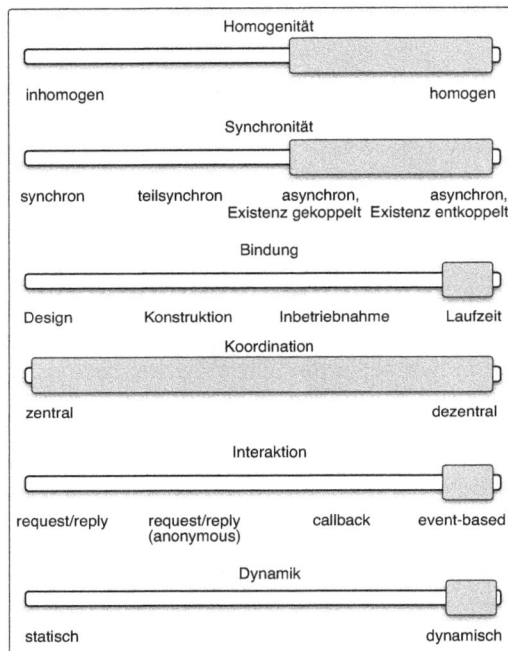

Abb. 4.17: *Eigenschaften des Architekturmusters Publish/Subscribe-Architekturen*

Zusammenfassung Publish/Subscribe Der Umstand, dass das Architekturmuster Publish/-Subscribe eine Verfeinerung des Architekturmusters Nachrichtenorientierte Architekturen ist, ist auch bei der Betrachtung der dazugehörigen Eigenschaften (Abbildung 4.17) zu sehen, die eine Einschränkung der in Abbildung 4.16 gezeigten Eigenschaften der nachrichtenorientierten Architektur repräsentieren. Diese Einschränkung zeigt sich insbesondere darin, dass Aspekte, die durch nachrichtenbasierte Architekturen im Allgemeinen nicht definiert sind, bei Publish/Subscribe-Architekturen genauer vorgegeben werden. Beispielsweise erfolgt die Bindung der miteinander kooperierenden Klienten ausschließlich zur Laufzeit durch die Abgabe von Subskriptionen und das Veröffentlichen von passenden Nachrichten (Bindung). Des Weiteren ändert sich die Menge der in eine Kooperation involvierten Klienten dynamisch (Dynamik), wobei sich prinzipiell jeder Klient an einer Kooperation beteiligen kann und sowohl als Produzent wie auch als Konsument agieren kann (Homogenität). Die Interaktion wiederum erfolgt bevorzugt ereignisbasiert. An den Eigenschaftswerten ist zusammenfassend ersichtlich, dass sich Publish/Subscribe sehr gut dafür eignet, autonomes Verhalten zu fördern.

4.4 Ausgewählte Architekturen

Aufbauend auf der Betrachtung verschiedener Architekturmuster und deren Eigenschaften in Abschnitt 4.3, werden in diesem Abschnitt, eine Abstraktionsebene tiefer, konkrete Architekturen und Technologien zu deren Umsetzung betrachtet. Diese Architekturen übernehmen die grundlegenden Eigenschaften der entsprechenden Architekturmuster, so dass der Fokus auf die technischen Details der jeweiligen Architekturen gelegt wird.

Die Auswahl der an dieser Stelle vorgestellten Architekturen ist bewusst auf solche eingeschränkt, die Gegenstand aktueller Forschung sind, in der Industrie eingesetzt werden und zudem von ihren Eigenschaften her Autonomie eher fördern. Auf die Vorstellung von zahllosen Varianten von Client/Server-Architekturen, Komponentensystemen und dergleichen mehr wird verzichtet, da dies nicht dem Zweck des Buches entspricht. Dementsprechend handelt es sich um eine Auswahl ohne jeden Anspruch auf Vollständigkeit.

4.4.1 Web Services

Web Services sind eine Implementierung einer SOA (vgl. Abschnitt 4.3.3). Sie wurden Ende der 90er Jahre vom World Wide Web Konsortium (W3C) vorgeschlagen, um mit Protokollen des Internets die Interoperabilität von Softwaresystemen zu erreichen [26]. Als zentralen Bestandteil greift der Web Services-Vorschlag das Zusammenspiel der drei Parteien Dienstanbieter, Dienstnutzer und Dienstvermittler auf. Diese Dreierkonstellation wurde bereits im ISO RM-ODP als Exporter, Importer und Broker vorgestellt und repräsentiert somit ein standardisiertes Architekturmuster für ein lose gekoppeltes System. Abbildung 4.18 visualisiert den Zusammenhang zwischen RM-ODP und Web Services.

Bezüglich der Web Services des W3Cs als der zur Zeit populärsten Instantiierung einer SOA sind aus architektureller Sicht Verwechselungen mit bereits länger existierenden webbasierten Anwendungen zu vermeiden. Diese werden teilweise auch Web Services genannt, sind aber *anwenderorientiert*: Ein Anwender ruft eine Webseite über einen Webbrowser auf und eine Benutzerschnittstelle wird daraufhin im Webbrowser dargestellt. Ein bekanntes Beispiel hierfür ist ein Suchmaschinendienst wie etwa Google. Im Gegensatz dazu sind die Web Services des W3Cs *anwendungsorientiert*: Ein Web Service bietet seine Funktionalität anderen Anwendungen an. Dies bedeutet jedoch keinen Ausschluss des Anwenders aus dem Modell. Es wird vielmehr ein Mechanismus geschaffen, mit dem Anwendungen genauso einfach interagieren können wie ein Webbrowser mit einem Webserver. Das Beispiel des Suchmaschinendienstes lässt sich mit einem Web Service entsprechend erweitern. Der nächste Schritt ist, dass bei der Entwicklung von komplexen Systemen dessen Systembestandteile – also dessen Komponenten – von externen Anbietern geliefert und integriert werden. Dadurch wird der Aufwand für Entwicklung, Integration und Betrieb reduziert.

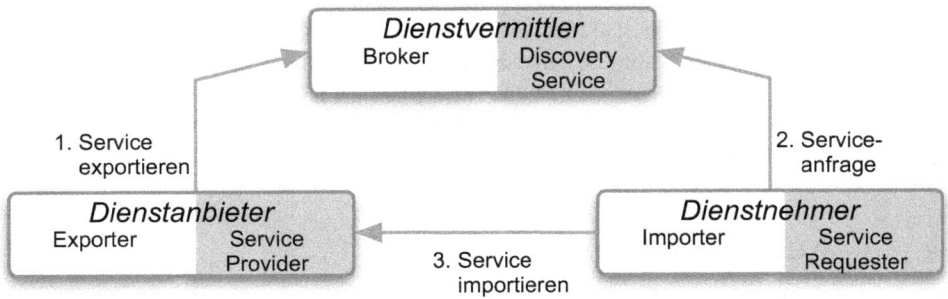

Abb. 4.18: *RM-ODP (weiß), Web Services (grau): die Hauptakteure*

Ein Web Service stellt in der Regel eine Beschreibung seiner Schnittstelle in einer durch Maschinen verarbeitbaren Form bereit. Auf diese Weise kann ein Web Service von anderen Web Services aufgefunden und automatisch integriert werden, wodurch eine autonome Etablierung von Dienstverhältnissen ermöglicht wird. Mit den aktuellen Technologien lässt sich ein Großteil dieses Szenarios bereits realisieren. Trotzdem ist noch immer der Eingriff eines Anwenders notwendig, da es zum Beispiel noch keinen Mechanismen für die automatisierte Abwicklung bei den organisatorischen Aspekten einer Geschäftsbeziehung gibt. Ursache hierfür ist unter anderem, dass es in den aktuellen Beschreibungen von Diensten keine Angaben über die kaufmännischen Rahmenbedingungen (Preise, Lieferzeiten, Gewährleistungsansprüche etc.) gibt.

Der Vorschlag des W3Cs beinhaltet zudem, Web Services mit diversen W3C-Standards zu implementieren, die allesamt die eXtensible Markup Language (XML) [28] als Notationsformat verwenden. Zum Nachrichtenaustausch zwischen den Akteuren wird häufig SOAP verwendet [175][3]. Hierbei werden die SOAP-Nachrichten meist mittels des Hyper Text Transfer Protocols (HTTP) [70] übertragen, das üblicherweise auf TCP/IP aufsetzt. Es ist aber auch möglich, andere Protokolle, wie etwa das Simple Mail Transfer Protocol (SMTP) [202] für die Übertragung von SOAP-Nachrichten zu nutzen. Zur Beschreibung eines Web Services dient die Web Service Definition Language (WSDL) [40], die unter anderem ermöglicht, die Schnittstelle eines Web Services zu definieren.

4.4.2   Semantic Web

Als Spezialisierung von Web Services werden in der aktuellen Forschung die *Semantic Web Services* behandelt. Diese leiten sich vom Semantic Web-Ansatz des W3Cs ab [170] und beschreiben Web Services mit semantischen Netzen, um auf diese Art die lose Kopplung (zur Laufzeit) zu unterstützen. Die semantischen Informationen beschreiben hierbei Funktion und Schnittstelle des Web Services, um mit Schlussfolgerungsverfahren aus dem Bereich der Künstlichen Intelligenz (KI) Aussagen (wie z. B. die Substituierbarkeit von Services) abzuleiten.

---

[3]SOAP war ursprünglich die Abkürzung für „Simple Object Access Protocol", diese Abkürzung wurde jedoch mit der Version 1.2 des Standards verworfen.

Heutige Ansätze aus dem Bereich der Semantic Web Services schlagen deskriptive Beschreibungssprachen vor, um die Art und die Parameter des Dienstes zu spezifizieren. Anhand von Subsumption Reasoning [162, 163, 245], dem Erkennen von Subsumierungsbeziehungen, lassen sich unterschiedliche Konzepte in Relation bringen. Auf einen Dienst abgebildet bedeutet dies die Feststellung, ob ein Parameter einer Anforderungsbeschreibung von den Parametern eines Dienstangebots in seinen Eigenschaften abgedeckt wird [124].

Weiterhin kann mit einer Kategorisierung von Diensten eine Diensthierarchie bereitgestellt werden, die es erlaubt, Dienste nach ihrer Funktionalität zu gliedern. Derartige Ansätze basieren auf existierenden Dienstkatalogen, wie sie z. B. für den elektronischen Handel von Non-Profit Organisationen bereitgestellt und gepflegt werden (z. B. das UNSPSC [259]). Beschreibungssprachen und Ansätze für diese Verfahren der Dienstnutzung gab es bereits im Umfeld von Common Request Broker Architecture (CORBA) zur Vermittlung von CORBA-Objekten [204].

Im Bereich der Web Services finden sich momentan drei gängige Ansätze, die auf eine autonome Bindung von Diensten abzielen. Alle drei Ansätze beziehen sich auf den Bereich der Schnittstellen. Es zeichnet sich aber bereits ab, dass auch Vor- und Nachbedingungen einer Operation mit betrachtet werden müssen, um ein umfassenderes autonomes Verhalten zu ermöglichen [131]. Die drei Ansätze sind OWL Services (OWL-S) [250], die aus amerikanischen Forschungsprogrammen über autonome Agenten entstanden sind [6], WSDL-S [205] (eine Erweiterung von WSDL) und die Web Service Modeling Ontology (WSMO) [67], die das Ziel verfolgt, möglichst umfassend semantische Beschreibungen zu standardisieren.

4.4.3   Grid Services

Grid Services basieren auf der Kombination der Web Services-Idee mit dem Ansatz eines Grids (vgl. Abschnitt 4.3.5). Hierfür bemüht sich das Open Grid Forum um die Publikation der Referenzarchitektur Open Grid Service Architecture (OGSA) [72]. Die Grundidee ist die Standardisierung von Grid Services auf Basis einer SOA, um die Grundfunktionen zur Etablierung eines Grid-Systems für die Teilnehmer auch nach außen zur Verfügung zu stellen. Dies umfasst die Definition und Spezifikation von Verwaltungsfunktionen und Formaten zum Datenaustausch. Ziel ist die Etablierung eines gemeinsamen Standards, um die Integration neuer Teilnehmer zu vereinfachen. Die Motivation ergibt sich aus den Anforderungen wissenschaftlicher Computeranwendungen: In wissenschaftlichen Disziplinen wird vermehrt auf (Mess-)Daten zugegriffen, die verteilt im Internet verfügbar sind. Darüber hinaus ist nicht nur der einfache Zugriff auf die Daten gefordert, sondern auch die z. T. aufwändige Aufbereitung durch eine Software (z. B. zur Wettervorhersage).

Die Idee von Grid Services besteht darin, die organisatorisch bedingte Verteiltheit von Daten und Diensten in einem System zu bündeln und neben den Ansätzen der SOA weitere Funktionen zu realisieren [45, Abschnitt 19.7]: Zum einen soll ein das Grid Service-Netzwerk betreffendes Dienstverzeichnis die im Grid zur Verfügung stehenden Dienste auflisten. Darüber hinaus sollen Dienste zur Verfügung stehen, die Metadaten (zum Beispiel die Kosten eines Dienstes) abrufbar machen. Neben diesen Erweiterungen, die zum Teil auch im Umfeld von Web Services entwickelt werden, ohne die Etablierung eines Grids zu verfolgen, soll als wesentlicher Bestandteil eines Grid Service-Systems Funktionalität zur Verfügung stehen, die Anfragen an die Dienste des Grids und die daraus resultierenden Aufträge koordiniert und nach definierten Gesichtspunkten optimiert.

In diesem Bereich hat sich aus verschiedenen Initiativen das Open Grid Forum (OGF) herausgebildet. Dieses Forum hat das Ziel, die unterschiedlichen Bemühungen im Bereich der Grid Services zu koordinieren und zu bündeln. Unter anderem hat dieses Forum verschiedene Vorschläge und Berichte veröffentlicht, die eine Hilfestellung geben sollen, Grid Services zu verstehen und entwickeln zu können. All diese Arbeiten basieren hierbei auf der Grid Services Infrastructure [254], die ebenfalls von Mitgliedern des OGF verfasst wurde.

4.5 Architekturmuster für autonome Systeme

Autonomie als Systemeigenschaft, die sich Verhalten eines System manifestiert, wurde bereits in Kapitel 3 erläutert. Der vorliegende Abschnitt diskutiert zwei Architekturmuster, die für die Realisierung autonomer Systeme eingesetzt werden können: Abschnitt 4.5.1 erläutert das Observer/Controller-Muster, während schwarmbasierte Architekturmuster in Abschnitt 4.5.2 besprochen werden. Diese Architekturmuster wurden ausgewählt, weil sie bezüglich der Eigenschaft Koordination (vgl. Abschnitt 4.2.4) jeweils Extreme darstellen: Ein Observer/Controller-System mit einem zentralen Controller verfügt über eine zentralisierte Koordination, während eine schwarmbasierte Architektur kein zentrales Element aufweist und dezentral gesteuert wird.

4.5.1 Observer/Controller-Architekturen

Das Observer/Controller-Muster ist eine Einheit aus Mess- und Stellort eines Systems und seinem Controller. Diese Einheit stellt auch im Gebiet der Regelungstechnik ein grundlegendes Muster dar. Abbildung 4.19 zeigt im rechten Teil die Struktur eines Regelkreises nach Unbehauen (vgl. Abschnitt 3), die unter anderem von Ganek und Corbi [78] aufgegriffen wurde. Dieses Muster ist als Modul zu sehen, welches optional mit einem System zu einer Einheit verbunden wird (vgl. linker und rechter Teil der Abbildung 4.19).

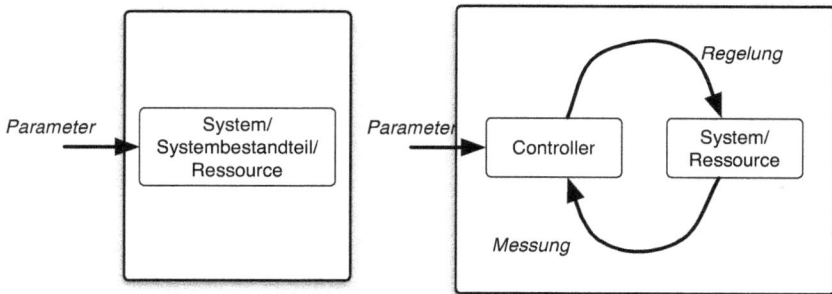

Abb. 4.19: *Regelkreis nach Unbehauen [258] bzw. Ganek und Corbi [78]*

Mühl et al. [181] verfeinern dieses grundlegende Muster um die Eingaben, die dem Controller zugeführt werden (Abbildung 4.20): Der Messort ist nicht nur am Ausgang des Systems angelegt, sondern wird auch durch die Funktionsparameter bestimmt. Dadurch wird der Controller durch zwei Eingangsquellen gespeist. Auch Mühl et al. sehen den Controller als ein zu einem existierenden System optionales Modul, welches zusammen mit dem System eine autonome

Einheit bildet. Diese Interpretation bestätigt die Argumentation aus Kapitel 3 dahingehend, dass der Systemteil, der das autonome Verhalten realisiert, nicht den funktionalen Kern eines Systems abdeckt.

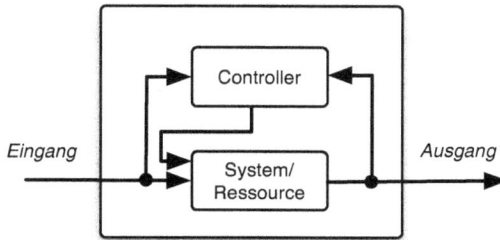

Abb. 4.20: *Regelkreis nach Mühl et al. [181]*

Die bereits erwähnte ACI von IBM beinhaltet neben einem weitreichenden Konzept auch einen Vorschlag für einen konkreten Aufbau eines Elements, welches die autonome Steuerung einer Ressource vornimmt [114]. Das abstrakte Muster Regelkreis wird aufgegriffen und der Controller in einzelne funktionale Bestandteile (Komponenten) unterteilt: Zunächst werden Sensor und Erfassung funktional voneinander getrennt. Diese Trennung wird insbesondere dann deutlich, wenn ein spezielles Bauteil eine Sensorfunktion übernehmen kann, wie zum Beispiel ein Temperatursensor einer Festplatte, während die den Sensor auslesende Software die Erfassung der Daten übernimmt. In einem reinen Softwaresystem könnten Erfassung und Sensor in einer Softwareeinheit abgebildet werden und somit wäre keine Trennung ersichtlich.

In einem weiteren Schritt werden die Daten von einer nachgeschalteten Komponente analysiert. Wird beispielsweise in Betracht gezogen, dass durch einen Sensor sehr viele Daten in kurzer Zeit entstehen können, so würde eine Analysekomponente die Filterung der Daten vornehmen. Die relevanten Daten werden dann an eine Planungskomponente weitergeleitet. Diese ermittelt als nächsten Schritt einen Ausführungsplan für Regelaktivitäten unter Einbeziehung genereller Planungsvorgaben durch den Benutzer des Systems. Schließlich wird der Ausführungsplan an die Ausführungskomponente übergeben, die dann die entsprechenden Aufrufe umsetzt. Abbildung 4.21 zeigt den schematischen Aufbau eines in Komponenten unterteilten Autonomic Managers. In der Abbildung wurde versucht, die Formgebung der Originalabbildungen aus den Dokumenten von IBM beizubehalten. Diese Anordnung stellt einen so genannten *Monitor-Analyze-Plan-Execute (MAPE)-Zyklus* dar, der im Prinzip eine Verfeinerung eines Regelkreises bzw. des Observer/Controller-Musters repräsentiert. Der Vorschlag sieht vor, pro Ressource, die verwaltet wird, einen Autonomic Manager einzusetzen.

Hawthrone und Perry [94] greifen ebenfalls das Observer/Controller-Muster auf und diskutieren darüber hinaus die Kombination mehrerer Observer- und Controller-Elemente. Die Autoren nennen einen Controller einen Konfigurator und einen Observer einen Monitor. Zwei grundlegende Strukturen sind in den Abbildungen 4.22 und 4.23 dargestellt.

Anhand dieser Abbildungen erläutern Hawthorne und Perry mehrere Organisationsformen der Konfiguratoren verschiedener Ressourcen. Eine Möglichkeit ist die sequentielle Anordnung der individuellen Konfiguratoren, wie sie in Abbildung 4.22 skizziert ist. Dabei sind mehrere Kon-

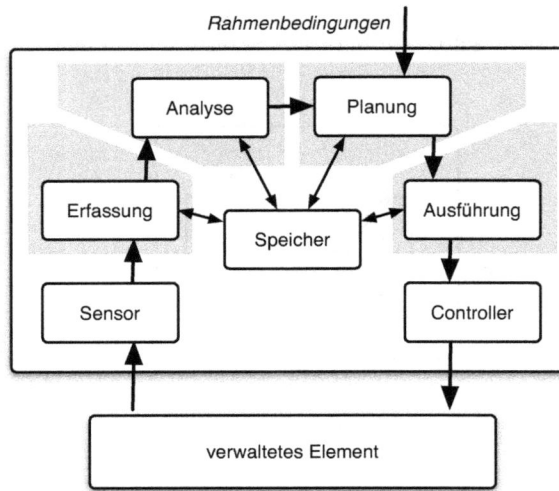

Abb. 4.21: *Autonomic Manager, vorgeschlagen von IBM [114]*

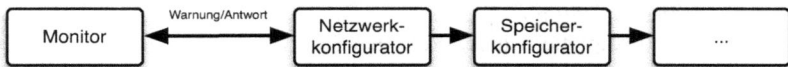

Abb. 4.22: *Controller in Reihe, nach Hawthorne und Perry [94]*

figuratoren in einer linearen oder einer anderen, traversierbaren Struktur (z. B. Baum) angeord-net. Die Konfigurationsanweisungen werden so lange von einem Konfigurator zum nächsten durchgereicht, bis ein Konfigurator die Anweisung erfolgreich bearbeiten kann. In ihrer Ar-beit schlagen die beiden Autoren zudem eine Kombination dieser Architektur mit einem P2P-System vor: Die Anweisungen eines Konfigurators werden dezentral innerhalb eines Verbunds aus Konfiguratoren verteilt, um so relevante Anweisungen allen zugänglich zu machen.

Magaña et al. [156] diskutieren eine spezialisierte Architektur für die autonome Verwaltung von Ressourcen in einem Grid-System. Diese Architektur greift ebenfalls das Observer/Controller-Muster auf. Observer und Controller sind in einem Management System (MS) zusammen-gefasst. Ein Management System besteht aus einem Policy Decision Point (PDP) und einem Policy Enforcement Point (PEP). Ein Policy Enforcement Point setzt die Anweisungen eines Policy Decision Points um und fungiert gleichzeitig als Messeinheit für die Rückkopplung. Ein Policy Decision Point entscheidet aufgrund der Werte des Policy Enforcement Point und eines Datenrepositorys, das Verhaltensmuster und Rahmenbedingungen enthält, und versen-det Anweisungen an den Policy Enforcement Point. Für das Management eines Grid-Systems schlagen die Autoren eine Hierarchie vor. Durch diese Hierarchie wird ein Element Manage-ment System (EMS) von einem Management System auf der Ebene des gesamten Grid-Systems

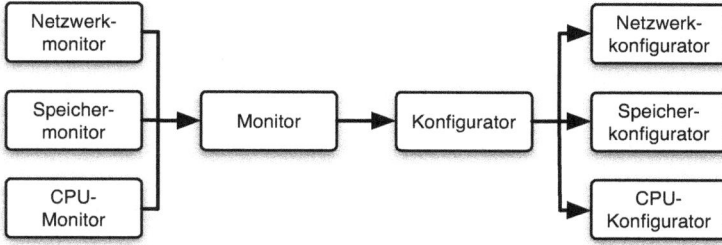

Abb. 4.23: *Architektur, vorgeschlagen von Hawthorne und Perry [94]*

unterschieden, das Network Management System (NMS) genannt wird. Dadurch können an einer zentralen Stelle Regeln oder Anforderungen an das Grid-System in Rahmenbedingungen für die autonomen Management Systeme übersetzt werden. Dies ist relevant, wenn für einen bestimmten Client eines Grid-Systems bestimmte Qualitätsanforderungen individuell berücksichtigt werden müssen. Der hierarchische Aufbau ist in Abbildung 4.24 visualisiert.

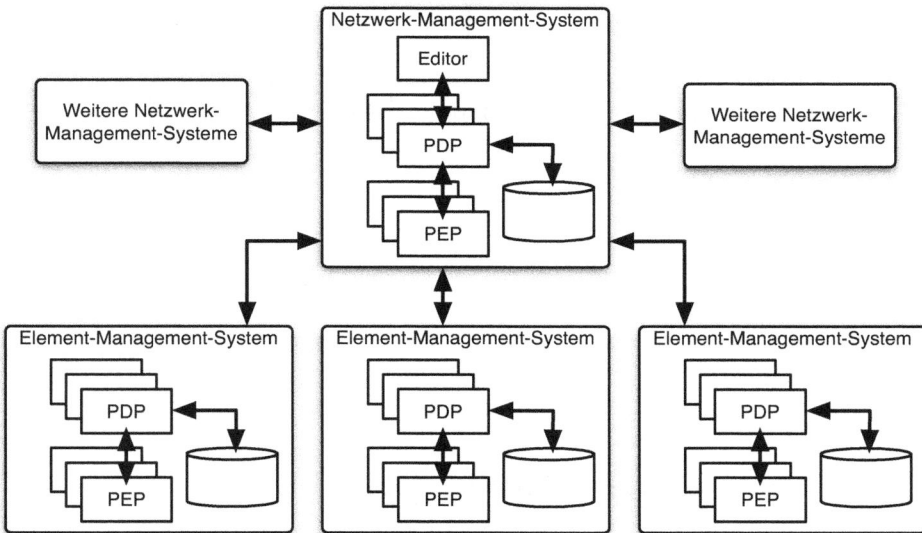

Abb. 4.24: *Architektur nach Magaña et al. [156]*

Dai et al. [51] gehen in ihrer Arbeit insbesondere auf die Informationsverarbeitung in einem autonomen System ein. Ihr Ansatz beschränkt sich nicht nur auf die Umsetzung eines Observer/Controller-Musters, sondern sie schlagen vor, die Ansätze der MDA (vgl. Anhang B.3) in ein autonomes System zu integrieren. Die grundlegende Idee besteht darin, die Controller mit

Software- und Verhaltensmodellen zu kombinieren, um so eine erweiterte Grundlage für Entscheidungen zu bereiten. Die Extraktion relevanter Informationen aus den Modellen soll mit Transformationen erfolgen, wie sie bereits in einer MDA verwendet werden. In gleicher Weise sollen Daten von Sensoren mittels Transformationen zu Modellen aggregiert werden, um so die Rückkopplung herzustellen. Abbildung 4.25 zeigt die vorgeschlagene Architektur: Neben einer üblichen Konstellation aus Observer (hier Monitor genannt) und Controller besteht die Architektur noch aus zwei Modell-Repositories. Ein Repository verwaltet Modelle über das generelle Systemverhalten und dessen Struktur. Ein weiteres beinhaltet Modelle, die unter anderem Systemzustände und Maßnahmen abdecken. Letzteres wird durch einen so genannten Effektor ausgewertet, der gegebenenfalls relevante Informationen an den Controller weiterleitet. Ebenso werden relevante Informationen über das verwaltete Element durch Transformationen in einem Modell-Repository abgelegt, damit diese dann durch den Controller wieder aufgegriffen werden können. Die Diagnose-Einheit empfängt Informationen des Controllers, um diese im Repository für Systemzustände und Maßnahmen abzulegen. Auf diese Weise werden Modell-Repositories genutzt, um relevante Informationen eines autonomen Regelsystems abzuspeichern.

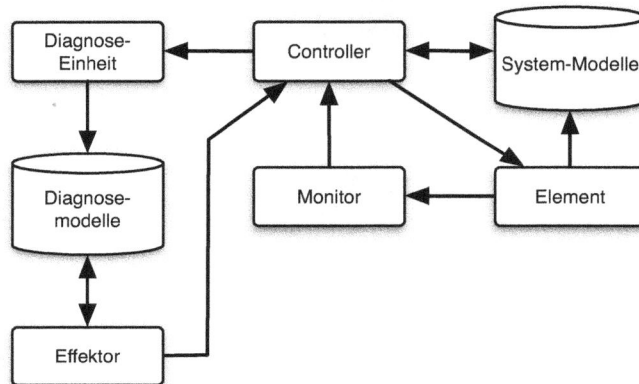

Abb. 4.25: *Architektur nach Dai et al. [51]*

4.5.2   Schwarmbasierte Architekturen

Neben dem Observer/Controller-Muster gibt es ein weiteres aktuelles Paradigma zur Realisierung autonomer Systeme: Die *bio-inspired* bzw. *nature-inspired* Ansätze. In diesem Fall orientieren sich Computersysteme an in der Natur vorkommenden Strategien oder Verfahren, um ein algorithmisches Problem zu lösen [153]. Die Implementierung von genetischen Algorithmen zur Lösung kombinatorischer Probleme ist hierfür ein prominentes Beispiel. Im Bereich der verteilten Systeme wird durch das Imitieren von Schwärmen bzw. Herden versucht, ein autonomes verteiltes System zu realisieren. Es handelt sich hierbei um eine Form der Selbstorganisation, weil die einzelnen Teilnehmer des Schwarms ihre Beziehungen zueinander autonom gestalten. In der Informatik wird mit dieser Strategie das Ziel verfolgt, komplexe Aufgaben

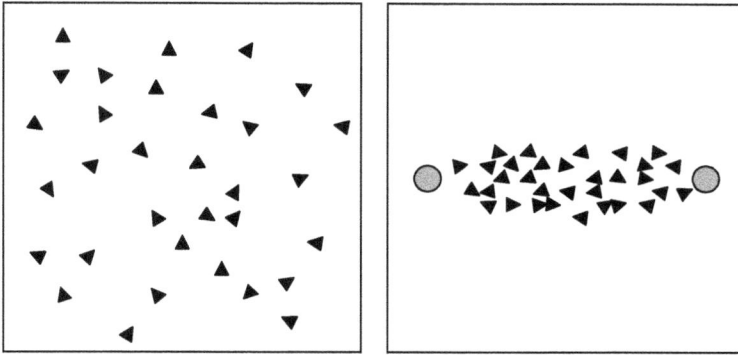

Abb. 4.26: *Ameisen-Routing*

durch die Implementierung eines Verbundes aus einzelnen recht simplen Einheiten zu lösen.

Ein in der Literatur häufig besprochenes Beispiel aus der Natur ist das eines Ameisenstaates [24]. Die Intelligenz und Fähigkeiten einer einzelnen Ameise sind in Hinblick auf die Futtersuche oder den Bau der Behausung recht beschränkt. Durch einfache Verhaltensregeln für jede Ameise entsteht jedoch in der Gesamtheit des Ameisenstaates ein Verbund, der in der Lage ist, komplexe Aufgaben, wie die Futtersuche oder den Bau des Ameisenhügels, effizient zu bewerkstelligen. In so einem Fall spricht die Literatur auch von *Schwarmintelligenz* (engl.: *swarm intelligence*) [24]. Als ein Beispiel sei eine Variante von Schwarmverhalten betrachtet, die als ein Standardbeispiel von (positiver) Selbstorganisation (und damit Autonomie) in der Informatik gilt: das *Ameisen-Routing* [35, 91]. Dabei werden Routen in Netzwerken nach ähnlichen Methoden konstruiert, wie sie in Ameisenkolonien beim Entstehen von Ameisenstraßen eine Rolle spielen.[4] Weitere Inspirationsquellen aus der Natur sind zum Beispiel die Kräftewirkung aus dem Bereich der Physik, die für Verfahren zur Lastverteilung aufgegriffen werden [97], oder die Arbeitsweise des Immunsystems, die zu neuen Verfahren im Bereich der Computersicherheit beiträgt [71].

Der Schwarm selbst kann als strukturelles Muster aufgefasst werden. Ein Schwarm ist ein Verbund gleichberechtigter Teilnehmer, die einer gemeinsamen Menge von Verhaltensregeln folgt. Zwar weist dieser Verbund zunächst eine Ähnlichkeit zu einem P2P-System auf, allerdings unterscheidet sich ein Schwarm von einem P2P-System darin, dass bei einem Schwarm die individuellen Teilnehmer (meist) nicht auf Dienste oder Funktionen anderer Teilnehmer angewiesen sind. Die Interaktion in einem Schwarm erfolgt vielmehr durch Beobachtung des Verhaltens anderer Teilnehmer. Ein Controller wird daher nicht nur durch externe Parameter, sondern auch durch Sensoren gespeist. Die Individuen eines Schwarms müssen nicht notwendigerweise miteinander gekoppelt sein. Populäre Anwendungen in der Informatik betrachten Beispiele aus der Biologie, die soziale Schwärme genannt werden [24]. Ein Beispiel hierfür ist der Ameisenstaat,

---

[4]Ameisen verbreiten flüchtige Pheromone, die wiederum andere Ameisen anziehen. Wenn Ameisen erfolgreich einen kürzeren Weg gefunden haben, ist die Pheromonspur etwas stärker, so dass sich die Wahrscheinlichkeit erhöht, dass andere Ameisen diesen Weg ebenfalls gehen. Es bildet sich eine positive Rückkopplung, die zu stabilen, optimalen Strukturen (eben Ameisenstraßen) führt.

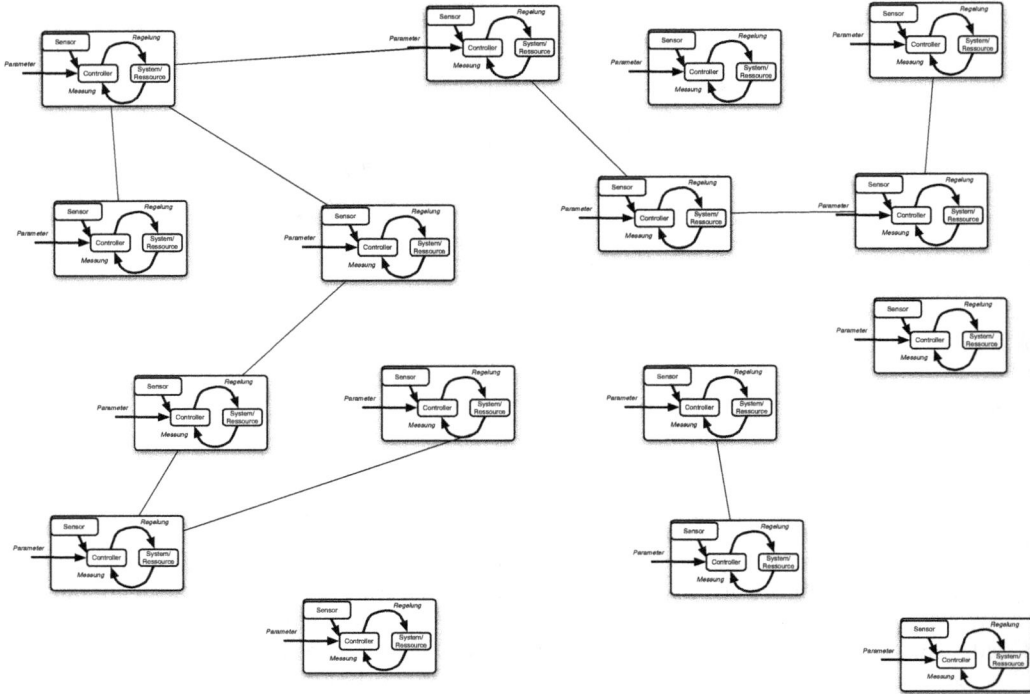

Abb. 4.27: *Schematische Darstellung einer Schwarm-Architektur*

in dem eine Kommunikation zwischen den Teilnehmern über die Manipulation der Umwelt stattfindet (*stigmergy*). Ein dediziertes Paar aus Controller und Observer in Verbindung mit einem System ist nicht vorhanden, vielmehr sind Observer und Controller bei jedem Teilnehmer des Schwarms ausgeprägt, wie es in Abbildung 4.27 angedeutet ist. Überlegungen zur Architektur lassen sich daher nur auf die Beschaffenheit eines einzelnen Teilnehmers beziehen.

4.6   Zusammenfassung und Diskussion

Ein zentrales Anliegen von Abschnitt 4.1 war, die verschiedenen Betrachtungsebenen der in Abschnitt 4.3 vorgestellten Architekturmuster hervorzuheben. In diesem Zusammenhang wurde bereits erwähnt, dass in der Realität eine konkrete Architektur oftmals auf unterschiedlichen Ebenen verschiedenen Architekturmustern folgt. Das Ziel dieser Zusammenfassung ist, diese Betrachtungen anhand der vorgestellten Architekturmuster und Architekturen unter dem Gesichtspunkt der Autonomie fortzusetzen und darzustellen, wie im zeitlichen Verlauf der Entwicklung der Architekturen der Aspekt der Autonomie an Bedeutung gewonnen hat.

Von den in Abschnitt 4.3 vorgestellten Architekturmustern besitzt die Komponentenorientierung (vgl. Abschnitt 4.3.2) die allgemeinste Betrachtungsebene, Sie stellt die Tatsache der Zerlegung eines Systems in Teile in den Mittelpunkt. Diese Teile werden lediglich hinsichtlich ihrer Abgrenzung (Schnittstellen) eingeschränkt, alle übrigen Aspekte der Wechselwirkung zwischen den Komponenten werden nicht weiter betrachtet. Damit ist die Komponentenorientierung (auf dieser Ebene) Grundlage nahezu jeder modernen IT-Architektur und somit auch aller übrigen betrachteten Architekturmuster.

Dementsprechend liegt die Betrachtung der Wechselwirkungen zwischen den Komponenten im Fokus der Betrachtungen der weiteren Architekturmuster. Eine Client/Server-Architektur (vgl. Abschnitt 4.3.1) gibt vor, wie ein System in Komponenten aufzuteilen ist und wie diese miteinander agieren. Gleiches gilt für die dienstorientierte Architektur (vgl. Abschnitt 4.3.3), die mit der Einführung eines Vermittlers (Brokers) die Architektur verfeinert und die Entkopplung interagierender Parteien fördert. Gegenüber der Idee der Komponentenorientierung wird also zunehmend die Funktion einzelner Teile festgelegt und die Interaktionen zwischen ihnen betrachtet. Im oberen Teil von Abbildung 4.28 sind diese Elemente am Beispiel der SOA zusammengefasst.

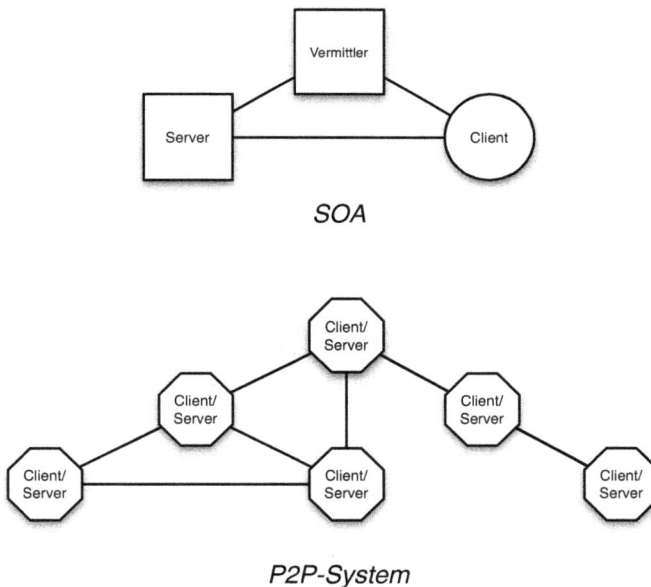

Abb. 4.28: Schematische Darstellung der Architekturmuster im Vergleich: SOA und P2P

Im Zusammenhang mit Komponentenorientierung wurde daher bereits oft diskutiert, welche Aspekte der SOA eigentlich neu sind oder ob es sich nur um eine neue Bezeichnung für bereits bekannte Ansätze handelt [238]. Eine Ansicht diesbezüglich ist, dass SOA in der Tat keine revolutionär neue Technologie ist. Vielmehr handelt es sich um eine Anpassung existierender Technologien verteilter Systeme an die Bedürfnisse von IT-Anwendungen in Unternehmen [111, 238, 188]. Wesentliche Punkte sind einfach gehaltene, weit verbreitete Protokolle und Beschreibungssprachen sowie die Betonung des Dienstverhältnisses [188, Abschnitt 2].

Im unteren Teil von Abbildung 4.28 ist das Muster eines P2P-Systems schematisch dargestellt. Die Komponenten eines P2P-Systems sind zunächst die individuellen Peers. Im Vergleich zum oberen Teil soll diese Abbildung verdeutlichen, dass im Gegensatz zum Client/Server-Muster oder der SOA die teilnehmenden Parteien die Rolle eines Clients und eines Servers gleichzeitig einnehmen. Ein Vermittler, wie er in einer SOA zu finden ist, ist nicht dargestellt, da diese Funktion in einem reinen P2P-System auch von den individuellen Teilnehmern übernommen wird. Client und Server sind nicht zu unterscheiden, Teilnehmer, die aufgrund ihrer Auslegung nur eine bestimmte Rolle einnehmen können, entsprechen nicht einer stringenten Umsetzung eines P2P-Systems. Auch an dieser Stelle ist wiederum zu sehen, dass die Komponentenorientierung als Grundlage vorhanden ist und die individuellen Interaktionen zwischen den Peers Aspekte beispielsweise des Architekturmusters Client/Server aufgreifen – beides auf den jeweiligen Ebenen der Betrachtung.

Im Gegensatz zu einem P2P-Netzwerk stellt der Verbund eines Grid-Systems seine Funktion bzw. Ressourcen einer dedizierten Client-Partei zur Verfügung. In Abbildung 4.29 sind diese beiden Ansätze schematisch gegenübergestellt. Das Grid-System im unteren Teil der Abbildung besteht aus einem Client und einem Verbund von Teilnehmern, die gemeinsam eine Server-Rolle repräsentieren, womit sich auch hier Aspekte des Architekturmusters Client/Server auf der entsprechenden Betrachtungsebene wiederfinden. Der Verbund weist keine einheitliche Vernetzung der Teilnehmer untereinander auf: Ein Teilnehmer kann eine Vernetzung zu vielen oder wenigen Nachbarn haben. Wie im entsprechenden Abschnitt 4.3.5 erläutert, basiert die Vernetzung in einem Grid auf etablierten Standards, wie zum Beispiel den Internetprotokollen.

Darüber hinaus kann das Grid-Architekturmuster mit dem P2P-Muster kombiniert werden – es entsteht ein P2P-Grid [2]. Bei einem P2P-Grid werden die Verwaltung der Ressourcen und die Erbringung der Funktionalität unter gleichberechtigten Teilnehmern ausgehandelt. Im Gegensatz zu einer zentralen Verwaltung im Netz erfordert dieser Ansatz einen Mehraufwand. Ein Vorteil ist allerdings, dass durch die Verteilung von Verwaltungsaufgaben eine Redundanz hergestellt wird, die die Zuverlässigkeit erhöhen kann. Des Weiteren wird angestrebt, mit dezentralen Verwaltungsverfahren besser mit der Dynamik ausfallender und neu hinzukommender Teilnehmer umgehen zu können.

Der obere Teil von Abbildung 4.30 schematisiert eine nachrichtenorientierte Architektur, die in einer Client/Server-Umgebung die Verbindung zwischen Client und Server bzw. Dienstanbieter und Dienstnutzer realisiert. Sie kann jedoch auch mit einer SOA kombiniert werden, wie im unteren Teil dieser Abbildung angedeutet ist. Auch in diesem Fall dient sie der Verbindung zwischen Client und Server bzw. Dienstanbieter und Dienstnutzer, um eine Entkopplung zwischen den Teilnehmern zu erreichen. Dadurch lässt sich für die Dienste in einer SOA eine Reihe von Vorteilen realisieren. Zum einen kann auf diese Weise eine einfache Zugriffssteuerung realisiert werden. Zum anderen können Dienstanfragen, die eine Last beim Dienstanbieter erzeugen, effizient auf verschiedene äquivalente Dienste verteilt werden. Die nachrichtenorientierte Middleware ist in dieser Konfiguration weder als Client noch als Server zu sehen, vielmehr ist sie eine Software, die zur Kommunikation zwischen beiden dient. Unter Umständen kann die nachrichtenorientierte Middleware die Rolle des Vermittlers übernehmen bzw. einen eigenen Vermittlungsdienst anbieten. Alternativ dazu könnte der Vermittlungsdienst selbst über die nachrichtenorientierte Middleware mit den anderen Teilnehmern einer SOA kommunizieren.

Diese Beispiele verdeutlichen, dass die jeweiligen Architekturmuster an ihre Betrachtungsebene gebunden sind und in einer konkreten Architektur je nach Betrachtungsebene verschiedene

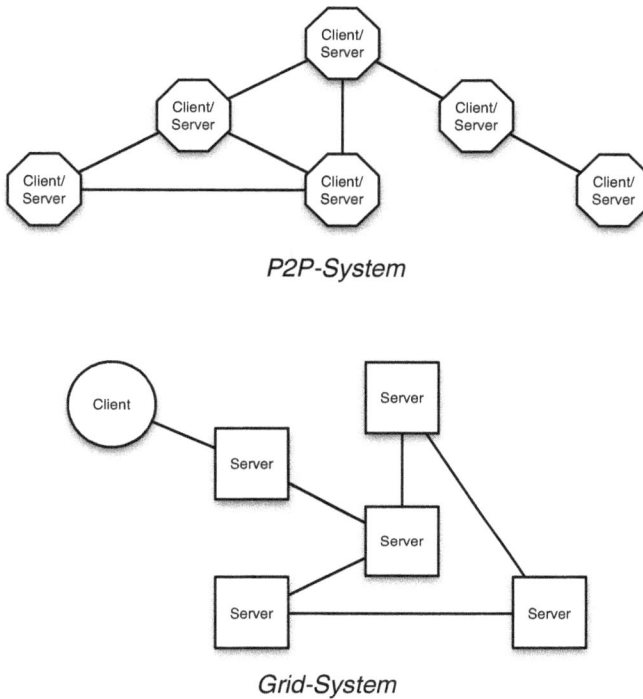

Abb. 4.29: Schematische Darstellung einiger Architekturmuster im Vergleich: P2P und Grid

Architekturmuster zur Anwendung kommen können.

Diese Beobachtung ist nicht auf die in Abschnitt 4.3 vorgestellten Architekturmuster beschränkt, sondern sie gilt in gleicher Weise auch für die in Abschnitt 4.5 diskutierten Architekturmuster für autonome Systeme. So finden sich sowohl in der Observer/Controller-Architektur (vgl. Abschnitt 4.5.1) als auch in schwarmbasierten Architekturen (vgl. Abschnitt 4.5.2) je nach gewählter Betrachtungsebene entsprechende Elemente wieder – insbesondere basieren all diese Ansätze auf der Grundidee der Komponentenorientierung. Als ein weiteres Beispiel sei die Arbeit von Hawthorne und Perry [94] aufgeführt, die für die Bildung eines Verbunds von Controllern bzw. Observern eine zu einem Grid ähnliche Struktur vorschlägt.

Entsprechend der in Abschnitt 3.2 diskutierten Autonomieindizien Emergenz und Informationsgradient wurden in Abschnitt 4.2 Eigenschaften von Architekturmustern betrachtet und jeweils hinsichtlich der Förderung von Autonomie bewertet. Diese Betrachtungen wurden in Abschnitt 4.3 bei der Besprechung der jeweiligen Architekturmuster fortgesetzt, so dass an dieser Stelle zusammenfassend eine zeitliche Entwicklung der Förderung von Autonomie in IT-Systemen dargestellt werden kann. Abbildung 4.31 zeigt eine stark vereinfachte Illustration dieser Entwicklung. Sie dient dem Zweck, die verschiedenen Architekturmuster sowohl zeitlich als auch hinsichtlich ihrer Unterstützung von Autonomie einzuordnen. Dabei wurde

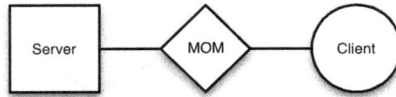

Nachrichtenorientierung in Verbindung mit Client/Server

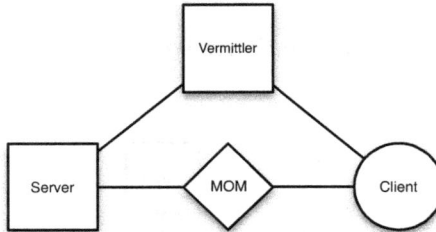

Nachrichtenorientierung in Verbindung mit einer SOA

Abb. 4.30: *Nachrichtenorientierung in Verbindung mit Client/Server bzw. SOA*

bewusst davon abgesehen, die Achsen genauer zu spezifizieren. Infolge der sehr unterschiedlichen Betrachtungsebenen (vgl. Abschnitt 4.1) sind in der Illustration nicht alle in diesem
Kapitel diskutierten Architekturmuster enthalten.

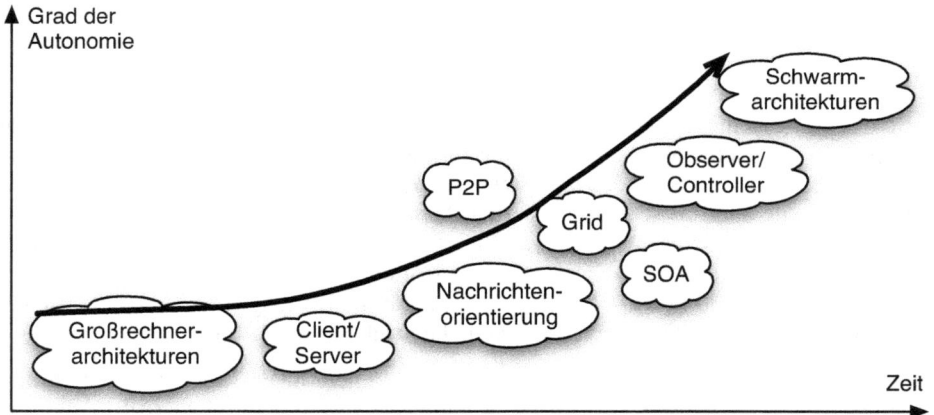

Abb. 4.31: *Entwicklung der Autonomie über die Zeit am Beispiel ausgewählter Architekturmuster*

5   Autonomieinduzierte Schwachstellen

Neben den offensichtlichen Vorteilen bergen autonome Systeme auch spezifische Risiken, die durch die Architektureigenschaften des jeweiligen Systems verursacht werden können. Zudem besteht die Gefahr, dass der infolge der autonomen Auslegung des Systems vorhandene Informationsgradient (vgl. Abschnitt 3.2) zu fehlender Beobachtbarkeit und Steuerbarkeit führen kann. In diesem Kapitel sollen daher diejenigen potentiellen Schwachstellen autonomer Systeme herausgearbeitet und untersucht werden, die erst durch ihre Autonomie entstehen bzw. zumindest durch diese möglicherweise wesentlich verstärkt werden können. Zwar kann ein autonomes System auch alle Schwachstellen aufweisen, die ein System ohne die Eigenschaft „Autonomie" haben kann, für diese potentiellen Schwachstellen wird der Leser jedoch auf die existierende Literatur verwiesen.

Die durch Autonomie verursachten Schwachstellen werden in diesem Buch in zwei Kategorien eingeteilt: Die erste Kategorie umfasst Schwachstellen, die gewissermaßen eine Nebenwirkung der erwünschten Autonomie sind – darunter fallen beispielsweise Schwachstellen, die durch die entsprechende Auslegung der Architektur impliziert werden. Die zweite Kategorie autonomieinduzierter Schwachstellen betrachtet Probleme, deren Ursache darin liegt, dass Autonomie auftritt, ohne dass dies (im auftretenden Ausmaß) in der Systemintention lag.

Abschnitt 5.1 führt den Begriff Schwachstelle und dazu verwandte Begriffe aus der IT-Sicherheit ein. Anschließend werden in Abschnitt 5.2 Schwachstellen betrachtet, die auf erwünschter Autonomie basieren. Fortgesetzt wird das Kapitel mit der Diskussion von Schwachstellen infolge unerwünschter Autonomie in Abschnitt 5.3, ehe in Abschnitt 5.4 ausgewählte Analyseansätze vorgestellt werden. Abgeschlossen wird dieses Kapitel mit einer umfangreichen Checkliste für autonome Systeme (Abschnitt 5.5) und einer Zusammenfassung (Abschnitt 5.6).

5.1   Begriffsbildung

In diesem Abschnitt wird das grundlegende Konzept der Schwachstelle im Kontext der IT-Sicherheit eingeführt und verwandte Begriffe und Ansätze als Basis für die weiteren Abschnitte dieses Kapitels erläutert. Kern der Betrachtungen ist dabei der Begriff Schwachstelle, der jedoch in seinem Kontext betrachtet werden muss. Dieser Kontext sind Sicherheitsstrategien für IT-Systeme, mit deren Hilfe bestimmte Schutzziele erreicht werden sollen. Schutzziele können dabei nach [64] sein:

Definition 28:   *Schutzziele*

- **Authentizität.** Unter Authentizität eines Objektes wird die Echtheit und Glaubwürdigkeit des Objektes verstanden, die anhand einer eindeutigen Identität und charakteristischen Eigenschaften überprüfbar ist.

- **Datenintegrität.** Die Datenintegrität eines Systems ist gewährleistet, wenn es nicht möglich ist, die zu schützenden Daten unautorisiert und unbemerkt zu manipulieren.

- **Informationsvertraulichkeit.** Die Informationsvertraulichkeit ist gewährleistet, wenn das System keine unautorisierte Informationsgewinnung ermöglicht.

- **Verfügbarkeit.** Die Verfügbarkeit eines Systems ist gewährleistet, wenn authentifizierte und autorisierte Nutzer in der Wahrnehmung ihrer Berechtigung nicht unautorisiert beeinträchtigt werden können. Zu beachten ist, dass diese Begriffsbestimmung nach [64] neben dem Aspekt der *Security* auch Aspekte der Verlässlichkeit umfasst, da eine Beeinträchtigung der Wahrnehmung der Berechtigung neben Angriffen auch durch technische Fehlfunktionen erfolgen kann (vgl. Abschnitt 2.3).

- **Verbindlichkeit.** Verbindlichkeit bedeutet in diesem Kontext, dass durchgeführte Aktionen dem entsprechenden Subjekt (z. B. dem Nutzer, der sie ausgeführt hat) so zugeordnet werden, dass sie nicht abgestritten werden können.

- **Anonymisierung und Pseudonymisierung.** Unter Anonymisierung wird das Verändern personenbezogener Daten solchermaßen verstanden, dass es nicht mehr möglich ist (oder nur mit unverhältnismäßig hohem Aufwand), Einzeldaten den dazugehörigen Personen zuzuordnen. Pseudonymisierung hat das gleiche Ziel, allerdings in der abgeschwächten Form, dass die Zuordnung ohne Kenntnis der Zuordnungsvorschrift nicht möglich ist.

In [64] werden diese Schutzziele allgemein betrachtet, also nicht mit Fokus auf autonome Systeme. Es ist an obigen Beschreibungen jedoch leicht zu sehen, dass diese Ziele für ein autonomes System in gleicher Weise gelten wie für jedes andere System. Wird zudem berücksichtigt, dass ein autonomes System weitgehend ohne Nutzereingriffe seine Funktion erfüllen soll, so unterstreicht dies die Bedeutung dieser Schutzziele zusätzlich.

Schutzziele finden unter anderem Anwendung im Rahmen einer Sicherheitsstrategie [64]:

Definition 29:   *Sicherheitsstrategie*

Die Sicherheitsstrategie (engl.: *security policy*) eines Systems oder einer organisatorischen Einheit legt die Menge von technischen und organisatorischen Regeln, Verhaltensrichtlinien, Verantwortlichkeiten und Rollen sowie Maßnahmen fest, um die angestrebten Schutzziele zu erreichen.

Von besonderer Bedeutung für die Umsetzung einer Sicherheitsstrategie ist die Analyse von Schwachstellen, da diese die Wahrscheinlichkeit erhöhen, dass die Schutzziele nicht erreicht werden. Angelehnt an [64] wird eine Schwachstelle wie folgt definiert:

Definition 30: *Schwachstelle*

> Einer Schwachstelle (engl.: *weakness*) ist eine Schwäche eines Systems oder ein Punkt, an dem das System verwundet werden kann.

Diese Definition führt somit zur Definition der Verwundbarkeit [64]:

Definition 31: *Verwundbarkeit*

> Eine Verwundbarkeit (engl.: *vulnerability*) ist eine Schwachstelle, über die die Sicherheitsdienste des Systems umgangen, getäuscht oder unautorisiert modifiziert werden können.

Die Literatur zur Sicherheit in der Informationstechnologie (neben [64] unter anderem [33, 34]) kennt mit Risiko, Bedrohung und Angriff weitere zentrale Begriffe, die mit Schwachstellen in Zusammenhang stehen: Das Vorhandensein von Schwachstellen erhöht das Risiko einer Bedrohung in Form eines Angriffs. Im Folgenden werden diese Begriffe angelehnt an [64] definiert:

Definition 32: *Bedrohung*

> Eine Bedrohung (engl.: *threat*) eines Systems zielt darauf ab, vorhandene Schwachstellen oder Verwundbarkeiten auszunutzen, um einen Verlust der Datenintegrität, der Informationsvertraulichkeit oder der Verfügbarkeit zu erreichen, oder um die Authentizität von Subjekten zu gefährden.

Eine Bedrohung hat in Abhängigkeit vom System und möglichen Schäden eine unterschiedliche Bedeutung, die als Risiko bewertet wird:

Definition 33: *Risiko*

> Unter dem Risiko (engl.: *risk*) einer Bedrohung wird das Produkt aus der Wahrscheinlichkeit (oder relativen Häufigkeit) des Eintritts eines Schadensereignisses und der Höhe des potentiellen Schadens, der dadurch hervorgerufen wird, verstanden.

Die tatsächliche Handlung gegen die Schutzziele eines Systems beispielsweise durch Ausnutzen von Schwachstellen ist ein Angriff, der in [64] wie folgt definiert wird:

Definition 34: *Angriff*

Ein Angriff (engl.: *attack*) ist ein nicht autorisierter Zugriff beziehungsweise ein nicht autorisierter Zugriffsversuch auf das System. Es wird zwischen passiven und aktiven Angriffen unterschieden, wobei ein passiver Angriff die unautorisierte Informationsgewinnung betrifft und auf den Verlust der Vertraulichkeit abzielt. Ein aktiver Angriff hingegen betrifft die unautorisierte Modifikation von Daten und richtet sich damit gegen die Datenintegrität oder die Verfügbarkeit eines Systems.

Auf weiterführende Betrachtungen zu verschiedenen Typen von Angriffen sowie deren Abwehr wird an dieser Stelle verzichtet und beispielsweise auf [64] verwiesen, da es sich dabei um keine zentralen Aspekte dieses Buches handelt. Zudem sind diese Ansätze in erster Linie für die Analyse der Sicherheit eines konkreten Systems relevant, während die Betrachtungen dieses Buches auf der Ebene von Architekturen und Architekturmustern angesiedelt sind. Damit sind Betrachtungen, die für einzelne Systeme sinnvoll sind, nicht im allgemeinen Fall hilfreich. Beispielsweise sind Abwehrtechniken, die die Implementierung betreffen, erst bei der konkreten Instantiierung eines Systems anwendbar und können auf Ebene der Architektur, die von konkreten Programmiersprachen und deren Problemen abstrahiert, keine Anwendung finden oder lediglich in Form von allgemein gehaltenen Regeln in die Architektur einfließen. Dieses Problem – die Diskrepanz zwischen Problemen und Lösungen, die konkrete Systeme betreffen und der Metaebene eines Architekturmusters – wird in den folgenden Abschnitten bei der Diskussion der jeweiligen Schwachstellen adressiert. Folglich verzichtet das Buch darauf, generische Schwachstellen (also solche, die auf Ebene des Architekturmusters betrachtet werden können) und spezifische Schwachstellen (architektur- oder systemspezifisch) zu unterscheiden, da der Fokus auf dem Konzept der Autonomie liegt.

In autonomen Systemen können (z. B. durch Selbstorganisation) fortlaufend Eigenschaften erscheinen, verschwinden, verstärkt oder auch abgeschwächt werden. Die dadurch auftretenden Effekte können dabei sowohl beabsichtigt (erwünschte Autonomie) als auch unbeabsichtigt sein (unerwünschte Autonomie). Ziel ist es, erwünschte Autonomie zu fördern und unerwünschte Autonomie soweit wie möglich zu vermeiden. Dementsprechend werden die autonomieinduzierten Schwachstellen in den folgenden beiden Abschnitten nach ihrem Bezug zur Systemintention eingeteilt in Schwachstellen, die eine Folge erwünschter beziehungsweise beabsichtigter Autonomie sind (Abschnitt 5.2) und solche, die durch unbeabsichtigte Autonomie verursacht werden (Abschnitt 5.3).

5.2   Schwachstellen durch erwünschte Autonomie

In diesem Abschnitt werden Schwachstellen untersucht, die durch die beabsichtigte Autonomie eines Systems induziert werden. Solche Schwachstellen resultieren entweder aus der autonomiefördernden Auslegung der dem System zugrunde liegenden Architektur oder aus dem Einsatz autonomer Techniken. Dementsprechend werden zu Beginn in Abschnitt 5.2.1 Schwachstellen betrachtet, die aus den Architektureigenschaften entsprechend Abschnitt 4.2 folgen. Daran anschließend werden in den Abschnitten 5.2.2 (Ineffektive Selbstoptimierung), 5.2.3 (Mangelnde Selbstkenntnis), 5.2.4 (Mangelnde Fehlertoleranz) und 5.2.5 (Verklemmungen) exemplarisch Schwachstellen diskutiert, die aus ausgewählten Ansätzen zur Förderung der Autonomie resultieren.

5.2.1 Schwachstellen aufgrund von Architektureigenschaften

In Abschnitt 4.2 wurden Eigenschaften zur Klassifikation von Architekturmustern vorgestellt und unter dem Aspekt der Autonomie untersucht. Dabei wurde jeweils identifiziert, wie sich Systeme einer entsprechenden Architektur, die dem betrachteten Architekturmuster folgen, verhalten müssen, um autonomes Verhalten zu zeigen. Entsprechend der einführenden Betrachtungen aus Abschnitt 5.1 werden hier diese Eigenschaften hinsichtlich möglicher Schwachstellen diskutiert. Der Fokus liegt dabei auf den Werten für die Eigenschaften, die in Abschnitt 4.2 als Autonomie fördernd identifiziert wurden. Andere Eigenschaftswerte und die Schwachstellen, die in einer entsprechenden, nicht auf Autonomie ausgelegten Architektur daraus folgen, wurden bereits in Abschnitt 4.2 diskutiert.

Die folgenden Betrachtungen gehen auf die Schwachstellen ein, nicht jedoch auf Gegenmaßnahmen und Schutzmechanismen. Diese werden in Kapitel 6 vorgestellt. Zur besseren Illustration werden die Schwachstellen jeweils an einfach gehaltenen Beispielen demonstriert, wobei der Schwerpunkt der Beispiele in der Schwachstelle und nicht im Bezug zur Autonomie liegt.

5.2.1.1 Homogenität

Wie in Abschnitt 4.2.1 dargelegt, wird Autonomie durch zunehmende Homogenität gefördert. Deswegen werden hier Schwachstellen homogener Systeme betrachtet werden; die offensichtlichen Schwachstellen inhomogener Systeme, wie beispielsweise das Vorhandensein eines *single point of failure*, werden folglich nicht diskutiert.

Zunehmende Homogenität der einzelnen Bestandteile eines Systems lässt diese prinzipiell immer ähnlicher werden. Das bedeutet insbesondere, dass (auf der jeweiligen Betrachtungsebene) identische Lösungen zum Einsatz kommen – beispielsweise die Verwendung gleicher Prozessoren auf der Ebene der Hardware, die Benutzung des gleichen Betriebssystems und der gleichen Middleware auf Softwareebene bis hin zu entsprechend gleicher oder sehr ähnlicher Anwendungssoftware. Aus Autonomiesicht begünstigt das die Übernahme von Funktionen und somit die Erhöhung der Zuverlässigkeit. Zugleich stellt es jedoch auch eine Schwachstelle dar, da jedes Problem eines Bestandteils des Systems zugleich auch alle anderen Teile dieses Systems betrifft (*common mode failure*). So ist bei Verwendung des gleichen Betriebssystems ein eventueller Pufferüberlauf bei allen Komponenten möglich, eine durch einen Designfehler der Hardware verursachte Schwachstelle ist überall vorhanden und Angriffsmuster, die bei einer Komponente zum Erfolg führen, tun dies mit hoher Wahrscheinlichkeit auch bei gleichartigen anderen Komponenten. Somit stellt dieser Aspekt der Homogenität eine Schwachstelle dar, die bei entsprechend inhomogenen Systemen (insbesondere mit unterschiedlicher Hardware und unterschiedlichen Betriebssystemen) nicht vorhanden ist.

Diese Schwachstelle homogener Systeme zeigt sich beispielsweise in regelmäßiger Wiederholung in den Auswirkungen der Angriffswellen verschiedener Viren und Würmer, die jeweils eine große Anzahl von Rechnern schädigen. Dieser „Erfolg" ist nicht zuletzt darauf gegründet, dass die betroffenen Systeme in ihrem Aufbau sehr ähnlich (und damit homogen) sind: Es handelt sich um x86-kompatible PC mit Windows-Betriebssystem von Microsoft, dessen letzte Sicherheitsaktualisierungen im günstigsten Fall auf den jeweils letzten „Patchday" von Microsoft datieren und die somit im Moment des Angriffs alle in gleicher Weise verwundbar sind. Eine inhomogene Infrastruktur (also Rechner mit Prozessoren verschiedener Architekturen mit unterschiedlichen Betriebssystemen) wäre gegen einen solchen Angriff deutlich besser geschützt beziehungsweise würde den Aufwand des Angreifers stark erhöhen.

5.2.1.2 Synchronität

Die Betrachtungen aus Abschnitt 4.2.2 haben gezeigt, dass die Umsetzung autonomen Verhaltens durch Asynchronität erleichtert wird. Daher werden – entsprechend den einleitenden Betrachtungen – im vorliegenden Abschnitt Schwachstellen asynchroner Systeme diskutiert.

Ein asynchrones System weist eine starke Entkopplung des Programmflusses der miteinander interagierenden Komponenten auf, die – am rechten Ende der Skala aus Abbildung 4.2 – sogar bis hin zu einer Entkopplung der Lebenszyklen führen kann. Damit kann im Gegensatz zu einem synchronen System bei Problemen eines Interaktionspartners keine Blockade eines Programms auftreten, allerdings geht damit auch die Rückmeldung über den Zustand des Interaktionspartners verloren. Dieses Problem verstärkt sich mit zunehmender Entkopplung: Sind sogar die Lebenszyklen entkoppelt, gibt es keinerlei Sicherheit mehr, ob das mit der Interaktion angestrebte Ziel überhaupt erreicht wird.

Ein Beispiel für asynchrone Kopplung mit entkoppelten Lebenszyklen ist Mail im Internet unter Benutzung des Protokolls SMTP (*simple mail transfer protocol*) [202, 132]. Ein Mailclient übergibt eine zu sendende Mail an einen SMTP-Server, der diese dann entsprechend der Empfängeradresse an den zuständigen *mail exchanger* (ebenfalls ein SMTP-Server) übergibt, der sie in einem weiteren Schritt an die Mailbox des Empfängers zustellt. Um die Nachricht zu erhalten, kann der Empänger auf seine Mailbox mittels verschiedener Verfahren zugreifen, am gebräuchlichsten sind POP3 [82, 184, 186] und IMAP4 [47]. Der dargestellte Weg kann – je nach Konfiguration der beteiligten Mailsysteme – diverse Zwischenschritte enthalten. Ein SMTP-Server hält dabei die Nachricht so lange vor, bis er sie entweder an den jeweils nächsten Server weitergeben kann oder ein Timeout (üblicherweise in der Größenordnung mehrerer Tage) abgelaufen ist.

Kann eine Nachricht nicht zugestellt werden, wird eine Fehlernachricht auf die gleiche Weise zurückgeschickt. Dies findet in aktuell üblichen Konfigurationen jedoch oftmals nicht statt, um im Fall von Werbemails, die an tausende zufällig generierte Mailadressen geschickt werden, eine Lastbeschränkung zu erhalten und den Besitzer der meist gefälschten Absenderadresse nicht zu behelligen. Auf diese Weise sind Sender und Empfänger bezüglich ihrer Verfügbarkeit nahezu vollständig entkoppelt. Die Schwachstelle besteht jedoch darin, dass nicht garantiert werden kann, dass eine Mail ihren Empfänger überhaupt erreicht und dass aus der Tatsache, dass der erste SMTP-Server der Verarbeitungskette die Nachricht akzeptiert hat, keine weiteren Schlussfolgerungen gezogen werden können. Ein synchrones Kommunikationssystem hätte dieses Problem nicht, da das sendende Programm seine Tätigkeit erst fortsetzt, wenn die Interaktion mit der Gegenseite abgeschlossen ist, d. h. die Nachricht übermittelt wurde.

Das zugrunde liegende Muster ist in der Software Entwicklung als *Zuständigkeitskette* (engl.: *Chain of Responsibility*) bekannt. Es beschreibt die entkoppelte Weiterleitung einer Aufgabe bzw. einer Anfrage, ohne dass die weitergebende Einheit tatsächlich weiß, dass der Empfänger der Aufgabe diese selbst löst, bzw. die Aufgabe jemals gelöst wird. Das Muster wurde mitsamt seinen Vor- und Nachteilen in [77] vorgestellt.

5.2.1.3 Bindung

In Abschnitt 4.2.3 wurde festgestellt, dass Autonomie durch eine möglichst späte Bindung gefördert wird. Daher werden an dieser Stelle Schwachstellen betrachtet, die speziell durch den Umstand einer späten Bindung (insbesondere zur Laufzeit) verursacht werden.

Späte Bindung führt dazu, dass Interaktionspartner sich zur Laufzeit auf Basis mehr oder weniger umfangreicher Informationen (beispielsweise Namen, aber auch semantische Informationen zu Eigenschaften des gesuchten Interaktionspartners) suchen und finden, wobei diese Informationen umso unspezifischer werden, desto loser die Kopplung der Partner ist. Dieser Umstand impliziert zugleich eine Schwachstelle, denn je weniger über einen Interaktionspartner bekannt ist, desto leichter kann ein Angreifer Informationen verfälschen und beispielsweise vorgeben, dieser Interaktionspartner zu sein. Je nach konkreter Realisierung genügt dazu die Manipulation eines Verzeichnisdienstes oder im Fall einer dienstbasierten Architektur das Anbieten eines entsprechenden eigenen Dienstes mit Schadfunktionalität.

Im Internet wird der *domain name service* (DNS) [176] benutzt, um zu einem Hostnamen die dazugehörige IP-Adresse zu erhalten. Auf diese Weise wird Internetanwendungen eine späte Bindung zur Laufzeit ermöglicht, wobei Techniken wie DNS-Rotation zusätzliche Dynamik bewirken. Gelingt es einem Angreifer, die DNS-Informationen beispielsweise durch *DNS-Spoofing* [64] zu verfälschen, findet eine Bindung mit einem anderen als dem beabsichtigten Interaktionspartner statt. Mit einer Bindung zur Konstruktionszeit (Adresse des Interaktionspartners wird „hart" in das Programm geschrieben) oder zur Deploymentzeit (Adresse des Kommunikationspartners wird in einer Konfigurationsdatei hinterlegt) wären bestimmte Formen des *DNS-Spoofing* nicht derartig wirksam.

5.2.1.4 Koordination

In Abschnitt 4.2.4 wurden die Vor- und Nachteile zentraler und dezentraler Steuerungen diskutiert und dargelegt, warum Autonomie durch Dezentralität gefördert wird. Deswegen werden hier Schwachstellen betrachtet, die Folge einer solchen Dezentralität sind – Schwachstellen zentraler Steuerungen sind naheliegend (z. B. *single point of failure*) und werden aus den genannten Gründen nicht betrachtet.

Eine dezentrale Steuerung fällt globale Entscheidungen unter Benutzung verteilter Algorithmen, beispielsweise durch Mehrheitsfindung oder andere Verfahren der Entscheidungsfindung. Im Gegensatz zur Funktion einer zentralen Steuerung gibt es zu diesem Zweck einen Austausch der benötigten Daten zwischen den einzelnen Komponenten, der potentiell abgehört oder verfälscht werden kann. Je nach Verfahren der Entscheidungsfindung kann die Manipulation einzelner Teilentscheidungen an dieser Stelle globale Auswirkungen auf das System haben.

Die folgenden Beispiele illustrieren diese Schwachstelle:

- Eine Möglichkeit der Entscheidungsfindung bei ungleichen Eingangsdaten ist das Bilden von Mittelwerten – ein Beispiel dafür ist der Berkeley-Algorithmus zur Uhrensynchronisation [93]. Wenn im Normalfall davon ausgegangen wird, dass die einzelnen Daten lediglich innerhalb geringer Grenzen (vorgegeben beispielsweise durch äußere Umstände

oder die Physik) variieren, dann funktioniert eine solche Entscheidungsfindung problem-
los. Da es sich um einen verteilten Algorithmus handelt, erfolgt die Mittelwertbildung
verteilt, d. h. es werden also paarweise Werte ausgetauscht und auf dieser Basis Berechnungen durchgeführt, ohne dass alle beteiligten Knoten alle beteiligten Daten zur
Verfügung haben. Ein Angriff, der einen einzelnen stark von den übrigen Daten abwei-
chenden Wert verwendet, kann an dieser Stelle gravierende Auswirkungen haben. Ebenso
wird der Algorithmus gestört, wenn ein Knoten sich den anderen Knoten gegenüber nicht
konsistent verhält.

- Verteilte Routingprotokolle wie RIPv1 [95] und RIPv2 [158] basieren auf Distanzvek-
  toralgorithmen: Jeder beteiligte Router gibt Informationen über die Nachbarschaft und
  insbesondere die Bewertung von Routen an seine Nachbarrouter weiter, damit für ein
  gegebenes Ziel der kürzeste Weg berechnet werden kann. Es handelt sich daher um eine
  verteilte Bildung des Minimums, die ebenso wie die verteilte Berechnung des Mittel-
  werts im vorigen Beispiel anfällig gegenüber Manipulationen ist. Zum Beispiel könnten
  auf diese Weise Routen so manipuliert werden, dass Pakete einen anderen als den beabsichtigten Empfänger erreichen.

Die in diesen Beispielen gezeigten Probleme würden bei einer zentralen Steuerung leichter zu
beheben sein, da die gesamte Entscheidungsfindung innerhalb der zentralen, steuernden Komponente stattfindet.

5.2.1.5   Interaktion

Abschnitt 4.2.5 betrachtete mögliche Interaktionsmuster zwischen den Teilen eines Systems
und identifizierte die ereignisbasierte Interaktion als besonders geeignet für autonome Systeme.
Daher werden im Folgenden die Schwachstellen ereignisbasierter Systeme betrachtet.

Da eine ereignisbasierte Kommunikation in der Regel asynchron erfolgt, gelten die Betrachtungen aus Abschnitt 5.2.1.2 an dieser Stelle ebenfalls. Zusätzlich liegt es in der Natur einer ereig-
nisbasierten Kommunikation, dass es keine direkte Beziehung zwischen Sender und Empfänger
einer Nachricht gibt. In den meisten Fällen ist es für den Empfänger eines Ereignisses irrelevant, wer dessen Sender ist, und umgekehrt spielt es für den Sender meist keine Rolle, welche Empfänger das Ereignis erhalten. Unter diesen Umständen sind mehrere Angriffsszenarien
denkbar: Ein Angreifer könnte Ereignisse erzeugen und damit die Funktion des Systems stören.
Ebenso könnte er dafür sorgen, dass Ereignisse ihre Empfänger nicht erreichen (was diese infolge der Entkopplung nicht feststellen) oder als *man in the middle* in Aktion treten, Ereignisse
also abfangen und verfälscht weiterleiten. Es ist klar, dass jeder dieser Angriffe mehrere der in
Abschnitt 5.1 genannten Schutzziele verletzen kann.

Ein weiteres Problem ereignisbasierter Architekturen ist Überlast infolge von Ereignisschau-
ern, die durch die weitgehende Entkopplung zwischen Ereignisproduzent und Ereigniskon-
sument nur schwer zu beherrschen sind. Am Beispiel eines Überwachungssystems soll diese
Schwachstelle illustriert werden. Das betrachtete System besteht aus einer Komponente für das
Monitoring und einer Reihe von Sensoren. Ein ereignisbasierter Ansatz kann in diesem Fall
derart realisiert werden, dass die Sensoren im Fall relevanter Beobachtungen entsprechende
Ereignisse generieren und an die Monitoringkomponente senden, die sie anschließend wei-
terverarbeitet. Im Fall einer Katastrophe, deren Auswirkungen von vielen Sensoren beobachtet
werden, können die dadurch quasi gleichzeitig erzeugten Ereignisse zu einer Überlastung durch

den bei der Monitoringkomponente eintreffenden Ereignisschauer führen. In der Folge würde
die Verarbeitung einzelner Ereignisse deutlich verzögert oder Ereignisse bei unzureichender
Pufferkapazität sogar ganz verloren gehen. Beides ist in einem Überwachungssystem ein Fehlverhalten. Ein auf Basis von Request/Reply realisierter Ansatz könnte hingegen die Sensoren
zyklisch abfragen, womit Überlastungen vermieden werden würden.

5.2.1.6 Dynamik

Autonomie wird durch zunehmende Dynamik eines Systems gefördert (vgl. Abschnitt 4.2.6).
Daher wird im Folgenden untersucht, inwiefern Dynamik Schwachstellen bewirkt, die es ohne
sie nicht geben würde. Das Vorhandensein von Dynamik macht ein System flexibel gegenüber
sowohl Änderungen der Umgebung als auch des Systems selbst – ein hochdynamisches System
(z. B. ein P2P-System) hat eine ständig wechselnde Zusammensetzung. Damit eröffnet sich zugleich eine Schwachstelle: Je dynamischer ein System ist, desto einfacher können „Schadkom-
ponenten" als Systembestandteil eingebracht werden, die mit steigender Anzahl zunehmenden
Schaden anrichten können.

Diese Schwachstelle ist eng verwandt mit den aus loser Kopplung resultierenden Problemen
(vgl. Abschnitt 5.2.1.3). Prinzipiell kann damit das Beispiel aus diesem Abschnitt auch hier angeführt werden, typischer ist jedoch ein Szenario wie das folgende: In einem P2P-System (vgl.
Abschnitt 4.3.4) gibt es eine hohe Dynamik hinsichtlich der Zugehörigkeit zum System und
hinsichtlich der Interaktionspartner. Damit kann ein Angreifer eigene Peers in das System einbringen, um damit die beabsichtigte Funktion des Systems zu stören. Dieser Ansatz wurde beispielsweise im Auftrag von Rechteinhabern genutzt, um gegen die unrechtmäßige Verbreitung
ihrer urheberrechtlich geschützten Werke mittels Filesharing vorzugehen. Dabei wurden Peers
in das Netz eingebracht, die Dateien dermaßen anboten, dass sie bei entsprechenden Suchen
gefunden wurden, aber statt des durch den anderen Peer gesuchten urheberrechtlich geschützten Inhalts andere Informationen enthielten (beispielsweise Hinweise auf die Unrechtmäßigkeit
des beabsichtigten Downloads). Ein solcher Angriff[1] hätte in einem System mit keiner oder nur
geringer Dynamik meist keine Aussicht auf Erfolg.

5.2.2   Ineffektive Selbstoptimierung

Viele autonome Systeme optimieren sich fortlaufend, um sich im (bzw. zumindest möglichst nahe am zum jeweiligen Zeitpunkt) optimalen Betriebspunkt zu halten. Diese zur Laufzeit durchgeführte Optimierung bringt jedoch einige Risiken mit sich, nachfolgend betrachtet werden.

In großen oder komplexen Systemen wird die Entscheidung, in einen anderen Betriebszustand
zu wechseln, häufig auf unvollständigen Informationen basieren oder es werden die Auswirkungen der Optimierung nicht vollständig vorhersehbar sein. Hierdurch kann es passieren, dass
fortlaufend vom jeweils aktuellen Betriebszustand aus gesehen ein anderer Betriebszustand als
besser erscheint, es sich aber nach dem Wechsel herausstellt, dass sich der Wechsel nicht wirklich gelohnt hat. Da die Optimierung des Systems auch Ressourcen verbraucht, ist es möglich,
dass das System damit schlechter gestellt ist, als wenn es die Optimierungen vermieden hätte.
Der schlimmste Fall tritt ein, wenn das System praktisch seine gesamten Ressourcen für die Optimierung seines Betriebszustands verwendet und nur noch verschwindend geringe Ressourcen

---

[1]Dieses Beispiel ist an dieser Stelle wertneutral zu sehen: Das Einbringen gefälschter Dateien ist aus Systemsicht –
ungeachtet der Rechtssituation – ein Angriff auf die Systemintention.

für seine eigentliche Funktionalität zur Verfügung stehen. Dies sollte natürlich wenn möglich vermieden werden. Ein ähnlicher Effekt ist aus dem Bereich der Betriebssysteme unter dem Begriff *Thrashing* bekannt [54].

Eng verbunden mit den Kosten, die die fortlaufende Optimierung infolge ihres Aufwands verursacht, ist die Entscheidung, mit welcher Rate Optimierungen durchgeführt werden. Geschieht dies zu oft, besteht neben der oben erwähnten Gefahr, dass der Anteil der Ressourcen, die für die Optimierung verwendet werden, zu groß wird, auch das Risiko, dass das System auf jede kleine Änderung des Betriebszustandes mit einer Rekonfiguration reagiert. Dies ist insbesondere dann kontraproduktiv, wenn die benutzten Eingangsdaten hochfrequente Anteile haben oder gar Rauschen unterliegen. In diesem Fall folgt die Optimierung bei jeder kleinen Änderung, ohne dass dies global gesehen einen Vorteil bringt.

Auch der umgekehrte Fall, zu seltene Optimierungen, birgt Gefahren. Zum einen kann das System zu lange in einem ineffektiven Systemzustand verharren und damit Ressourcen verschwenden. Zum anderen besteht das Risiko, dass durch eine zu niedrige Optimierungsfrequenz dringend nötige Anpassungen zu spät durchgeführt werden.

Eine weitere Gefahr der Selbstoptimierung liegt darin, dass eine Optimierung lediglich zu einem lokalen Optimum führt und dort verharrt, während es günstigere lokale Optima bzw. ein globales Optimum gibt. Diese Gefahr ist vor allem dann gegeben, wenn Optimierungen, die globale Auswirkungen haben, auf Basis lokal verfügbaren Wissens erfolgen müssen, so dass die zur Bewertung eines Zustandes verfügbaren Informationen nicht ausreichend sind.

Als Ziel sollte daher verfolgt werden, lohnende Optimierungen zu finden und andere Optimierungen zu vermeiden. In vielen Fällen wird es aber aufgrund der Komplexität heutiger Systeme unvermeidbar sein, eine gewisse Verschwendung von Ressourcen durch die Optimierung zu akzeptieren, um eine Reagibilität des Systems für wirklich lohnende Optimierungen zu erhalten.

5.2.3   Mangelnde Selbstkenntnis

Ein System ist laut den Definitionen 21 und 22 autonom (oder auch selbstmanagend), wenn es für eine Menge von Eingabefunktionen und eine Zielstellung in der Lage ist, für diese Eingabefunktionen seine Zielstellung zu erfüllen, ohne von außen gesteuert zu werden. Um diese Art von Selbstmanagement zu realisieren, ist in Abhängigkeit der Zielstellung eine gewisse Menge Informationen im System erforderlich, die das System und seinen Aufbau selbst betreffen – im Folgenden informal als *Selbstkenntnis* (engl.: *self awareness*) bezeichnet.

Unzureichende Informationen dieser Art, also mangelnde Selbstkenntnis, ist eine mögliche Schwachstelle autonomer Systeme, die sich letztlich in Form verschiedener Probleme manifestieren kann – einige dieser Probleme sind in den Unterabschnitten dieses und des nächsten Abschnittes dargestellt[2]. Im Folgenden werden mögliche Auswirkungen mangelnder Selbstkenntnis an Beispielen aufgezeigt:

- Optimierungen, insbesondere Selbstoptimierung, benötigen Wissen über das zu optimierende System. Mangelnde Selbstkenntnis bedeutet an dieser Stelle, dass im System nicht

---

[2]Dieser Zusammenhang ist lediglich in der beschriebenen Wirkungsrichtung zu sehen: Mangelnde Selbstkenntnis kann eine Ursache der beschriebenen Probleme sein, die Probleme sind aber nicht zwangsläufig eine Folge mangelnder Selbstkenntnis.

genug Systemwissen vorhanden ist, um effizient optimieren zu können. Mögliche Auswirkungen dieses Problems wurden in Abschnitt 5.2.2 vorgestellt.

- Mechanismen zur Erhöhung der Fehlertoleranz basieren auf einem Fehlermodell, das
  wiederum aus dem Wissen über das System abgeleitet wird. Mangelnde Selbstkenntnis manifestiert sich an dieser Stelle in Form eines unzureichenden Fehlermodells, das
  beispielsweise relevante, in der Praxis vorkommende Probleme nicht beinhaltet, so dass
  keinerlei Strategien für den Umgang mit diesen Problemen vorhanden sind.

- Verklemmungen, wie sie als Schwachstelle in Abschnitt 5.2.5 beschrieben werden, können
  ebenfalls eine Folge mangelnder Selbstkenntnis sein, wenn Subsysteme in Konkurrenz
  treten, die dies basierend auf dem vorhandenen Systemwissen gar nicht tun könnten.

- Eine weitere Manifestation mangelnder Selbstkenntnis sind unberücksichtigte Abhängigkeiten, wie sie in Abschnitt 5.3.1.2 im Detail betrachtet werden. Treten sie zur Laufzeit
  auf, so ist dies ein Indiz für unzureichendes Systemwissen.

- Selbstkenntnis betrifft nicht nur statisches Wissen über das System, sondern auch Informationen über den aktuellen Systemzustand. Ist es für das System nicht möglich, ausreichende Informationen über seinen eigenen aktuellen Zustand zu erhalten, so kann dies zu
  Fehlentscheidungen führen. Im Gegensatz zu der in Abschnitt 5.3.2.2 erläuterten mangelnden Beobachtbarkeit betrifft dies nicht die Möglichkeit der Gewinnung von Informationen von außen, sondern die Gewinnung von Informationen über das System durch das
  System selbst.

Neben mangelnder Selbstkenntnis kann es auch das Problem geben, dass im System zu viele Informationen über das System selbst vorhanden sind. Neben Ineffizienz durch gesteigerte
Komplexität kann dies ähnlich den Darstellungen aus Abschnitt 5.2.2 dazu führen, dass jede
unwesentliche Beobachtung zu unnötigen Reaktionen führt.

5.2.4   Mangelnde Fehlertoleranz

Ein autonomes System sollte natürlich so viele Fehler(arten) wie möglich maskieren, um ein
Systemversagen zu verhindern. Hierfür sind aus der Forschung im Gebiet Fehlertoleranz und
Hochverfügbarkeit bereits diverse Ansätze, wie z. B. *triple modular redundancy (TMR)* [249],
bekannt. Es ist jedoch auch bekannt, dass es unmöglich ist, alle möglicherweise auftretenden
Fehler zu maskieren. Zum Beispiel können immer nur die Fehler toleriert werden, für die mittels ausreichender Redundanz vorgesorgt wurde. Beim Beispiel TMR bedeutet dies, dass ein
Systemversagen bei byzantinischen Fehlern nur garantiert verhindert werden kann, solange
maximal eine Instanz der dreifach ausgelegten Komponente fehlerhaft arbeitet. Arbeiten zwei
oder sogar alle drei Instanzen fehlerhaft, so versagt das System in der Regel. Das Versagen
kann hierbei dauerhaft sein und zwar selbst dann, wenn die Komponenten nach einiger Zeit
wieder korrekt arbeiten, wie es bei *transienten* Fehlern der Fall ist. Transiente Fehler können
beispielsweise durch kosmische Strahlung verursacht werden und werden aufgrund der weiter
fortschreitenden Miniaturisierung in der Zukunft eine noch größere Bedeutung bekommen. In
der Telekommunikation treten transiente Fehler häufig durch mobile Endgeräte und den damit
volatilen Kanalbedingungen auf. In diese Klasse von Fehlern fällt aber auch das Duplizieren,
Unterdrücken und Verfälschen von Nachrichten, das beliebige Korrumpieren von Daten sowie

Prozessabstürze mit anschließendem Neustart. Das eventuelle dauerhafte Versagen bei transienten Fehlern, die nicht maskiert werden können, ist eine bei autonomen Systemen höchst unerwünschte Eigenschaft, die möglichst vermieden werden sollte. An diesem Punkt setzt die Selbststabilisierung [60] an, die eine Erholung des Systems von transienten Fehlern garantiert (vgl. Abschnitt 6.2.3).

5.2.5   Verklemmungen

Bei einer Verklemmung warten Prozesse zyklisch auf andere Prozesse und können daher nicht weiterarbeiten. Verklemmungen entstehen in einem System aufgrund konkurrierender Ressourcenanforderungen. Für das Auftreten einer Verklemmung (engl.: *deadlock*) gibt es folgende vier Bedingungen [249]:

1. Die Prozesse fordern Ressourcen an, behalten aber zugleich den Zugriff auf andere (engl.: *hold and wait*).

2. Eine Ressource kann einem Prozess nicht entzogen werden, sondern wird ausschließlich vom Prozess selbst freigegeben (engl.: *no preemption*).

3. Der Zugriff auf Ressourcen ist exklusiv (engl.: *mutual exclusion*).

4. Es gibt eine zyklische Warteabhängigkeit mit zwei oder mehr beteiligten Prozessen (engl.: *circular wait*).

Bei Vorliegen der ersten drei Bedingungen, ist die vierte hinreichend für das Eintreten einer Verklemmung. Verklemmungen können dazu führen, dass das System dauerhaft versagt, da es die gewünschten Aktionen nicht ausführen kann. Daher ist es für autonome System essentiell, dass Auftreten von Verklemmungen zu vermeiden oder wenigstens beim Auftreten einer Verklemmung dafür zu sorgen, dass diese geeignet aufgelöst werden (vgl. Abschnitt 6.2.5).

5.3   Schwachstellen durch unerwünschte Autonomie

In Abschnitt 3.2 wurden das Auftreten emergenten Verhaltens und das Vorhandensein eines Informationsgradienten als Indizien für Autonomie identifiziert. Diese Beobachtung gilt unabhängig davon, ob das autonome Verhalten beabsichtigt ist – somit kann das unerwünschte Vorhandensein dieser Indizien als Hinweis auf unerwünschte Autonomie gesehen werden. Dementsprechend werden die folgenden Betrachtungen zu Schwachstellen infolge unerwünschter Autonomie in Abschnitt 5.3.1 mit einer Betrachtung der Folgen des Auftretens unerwünschter Emergenz begonnen, ehe in Abschnitt 5.3.2 Schwachstellen diskutiert werden, die aus einem unerwünschten Informationsgradienten resultieren.

5.3.1   Unerwünschte Emergenz

Emergentes Verhalten, wie es in Abschnitt 3.2.2 diskutiert wurde, ist ein Verhalten des Systems, das nicht unmittelbar auf Komponenten- oder Subsystemebene zurückgeführt werden kann und somit insbesondere erst nach dem Zusammenfügen einzelner Teile, der Kompositi-on, sichtbar wird. Diese Art von Emergenz ist in den meisten Fällen eine Motivation für das Zusammensetzen eines Systems aus einzelnen Bestandteilen (eben, um neue Qualitäten zu er-halten), es kann jedoch auch unbeabsichtigt auftreten und damit zu Problemen führen, wenn das emergente Verhalten zu unerwünschten Effekten führt. In diesem Abschnitt werden zwei Bei-spiele für solches Verhalten diskutiert: Zuerst werden Probleme unzureichender Regelungen erörtert, die insbesondere aus dem emergenten Verhaltens des Schwingens beziehungsweise Aufschwingens resultieren, während anschließend unberücksichtigte Abhängigkeiten und das dadurch verursachte emergente Verhalten betrachtet werden.

5.3.1.1 Unerwünschte Dynamik

Ein Beispiel für negative Emergenz ist das Oszillieren sowie das unerwünschte Aufschwin-gen einer Regelung, aber auch das Überschwingen sowie die zu langsame Annäherung an den gewünschten Betriebspunkt. Des Weiteren ist es möglich, dass eine unzureichende Regelung nicht in der Lage ist, das System in den gewünschten Betriebspunkt zu bringen, obwohl dies bei einer geeigneten Regelung möglich wäre, und daher in der Folge eine Regelabweichung dauerhaft bestehen bleibt. Die beschriebenen Effekte können nur störend sein und die Güte der Regelung beeinflussen, sie können aber auch zu einer Instabilität des Systems und schließlich zum Systemversagen führen. Letzteres gilt insbesondere für das Aufschwingen. In der Rege-lungstechnik [258] wird die Stabilität eines Systems in der Regel durch die Beschränktheit sei-ner Ausgabe bei beschränkter Eingabe definiert, kurz *BIBO (Bounded Input Bounded Output)-Stabilität*. Die angesprochenen Effekte können prinzipiell in allen autonomen Systemen auftre-ten, die einen geschlossenen Regelkreis (z. B. als Teil des Observer/Controller-Musters) nutzen.

Gefördert wird das Auftreten ungewollter Effekte beispielsweise durch eine nicht ausreichend robuste Regelung, die externen Störungen ausgesetzt wird, die bei ihrem Design nicht oder zumindest nicht in der dann auftretenden Stärke betrachtet wurden. Warum werden aber nicht einfach nur „gute" Regelungen eingesetzt, die das System schnell und ohne Überschwingen in den gewünschten Betriebszustand bringen und auch in diesem ohne Oszillation halten? Ein Hauptgrund hierfür liegt darin begründet, dass die Stabilität einer Regelung und ihr zeitliches Ansprechen in der Regel gegensätzliche Zielgrößen sind. Darüber hinaus ist die Regelung von Systemen mit nicht-linearen Abhängigkeiten, wie sie in der Informatik die Regel sind, hoch-komplex und noch Gegenstand aktueller Forschung.

Ein Beispiel für das Aufschwingen ist eine schlecht auf das zu regelnde System abgestimmte Regelung, die zum Beispiel aus einem P-Regler mit zu hoch gewählter Verstärkung oder einem I-Regler in Verbindung mit einem System mit Totzeit resultieren kann. Ein konkretes Beispiel für eine unerwünschte Oszillation ist ein sehr einfaches Automatikgetriebe, das die Gänge in Abhängigkeit von der gewünschten Beschleunigung, die durch die Stellung des Gaspedals si-gnalisiert wird, sowie der aktuellen Motordrehzahl wechselt. Sind die Schaltpunkte des Ge-triebes ungünstig abgestimmt, kann es passieren, dass fortlaufend zwischen zwei benachbarten Gängen gewechselt wird. Dieser Effekt kann beispielsweise dann auftreten, wenn eine vorher gerade Strecke in eine leichte Steigung übergeht. Hierdurch sinkt die Motordrehzahl und die Automatik schaltet zurück. Durch die höhere Leistung im niedrigeren Gang bei gleicher Stel-lung des Gaspedals steigt die Geschwindigkeit des Wagen wieder an und die Automatik schaltet wieder in den höheren Gang. Durch die entstehende Zugunterbrechung sinkt die Geschwindig-keit jedoch wieder ab und das Spiel beginnt von Neuem. Die auftretende Oszillation kann den Fahrkomfort stark beeinträchtigen und sollte daher vermieden werden.

Ein analoges Problem kann bei der *P*-State-Regelung moderner Prozessoren auftreten. Hierbei wird die Taktfrequenz und die Spannung des Prozessors bei geringer Last abgesenkt, um Strom zu sparen. Dies ist insbesondere bei mobilen Systemen essentiell, um die Batterielebensdauer zu verlängern. Sei beispielsweise ein Prozessor in der Lage, zwischen 1000 MHz und 2000 MHz Taktfrequenz zu wechseln, wobei ein Wechsel zur höheren Taktfrequenz bei einer Last von mehr als 30% und ein Wechsel in umgekehrter Richtung bei einer Last von weniger als 15% erfolgt. Bei dieser unzureichenden Regelung ist das Problem, dass beide Schwellwerte der gleichen absoluten Rechenleistung entsprechen. Schwankt die verlangte Rechenleistung also leicht um diesen Wert, so wird die Regelung ständig zwischen den beiden *P*-States hin und her wechseln, obwohl sich die Lastsituation nur marginal ändert.

5.3.1.2 Unerwünschte Wechselwirkungen

Ein komplexes autonomes System kann tausende von Regelkreisen besitzen (vgl. ACI-Vision von IBM [114]). Es ist wahrscheinlich, dass hierbei verschiedene Aspekte eines einzelnen Subsystems von unterschiedlichen Regelkreisen geregelt werden. Im Sinne der Modularität und der Trennung der Verantwortlichkeiten ist es sinnvoll, dass jeder Hersteller einer Hardware- oder Software-Komponente für die Implementierung der hierfür notwendigen Regelkreise verantwortlich ist. Aufgrund der verwobenen Struktur des Gesamtsystems werden sich diese Regelkreise jedoch gegenseitig beeinflussen. Änderungen, welche an einem Subsystem durchgeführt werden, ziehen automatisch Änderungen an anderen Subsystemen nach sich, da deren Regelkreise Veränderungen in ihren Sensordaten feststellen und reagieren.

In Folge der verwobenen Struktur komplexer Systeme können nicht ausreichend berücksichtigte Abhängigkeiten, die auch unter dem Begriff *hidden interfaces* bekannt sind, zwischen Regelkreisen große Probleme in autonomen Systemen verursachen. Das folgende Beispiel aus [57], welches die Antwortzeit einer Datenbank optimiert, soll dies verdeutlichen: Die Steuerlogik erhöht bei Leistungsengpässen die Größe des Datenbankpuffers und verringert diese wieder, sobald dies möglich ist. Im erweiterten Beispiel aus [99] wird eine weitere, parallele Steuerungslogik hinzugefügt (Abbildung 5.1), die im Betriebssystem angesiedelt ist. Diese kann über eine Standardschnittstelle beliebige Anwendungen auffordern, ihren Datenpuffer zu verringern, falls sie eine allgemeine Speicherverknappung feststellt. Dieses Szenario kann dazu führen, dass das System aus Antwortzeit-Regelkreis, Speicher-Regelkreis und Datenbank durch die indirekte Wechselwirkung zwischen beiden Regelkreisen in Schwingung gerät. Dies geschieht dann, wenn beide Komponenten abwechselnd die Größe des Datenbankpuffers erhöhen und wieder verringern. Es ist sogar möglich, dass auf Grund des zusätzlichen Aufwands beim Ein- und Auslagern des Pufferinhaltes die Antwortzeit der Datenbank entgegen dem Optimierungsziel des Antwortzeit-Regelkreises schlechter wird. Der Regelkreis könnte hieraus ableiten, dass eine weitere Erhöhung des Puffervolumens notwendig ist. Die Folge wäre, dass sich das System aufschaukelt und schließlich durch diesen indirekten Rückkopplungseffekt „umkippt". Würde die Größe des Datenbankpuffers statisch festgelegt, so wäre zwar eine Optimierung der Antwortzeit der Datenbank durch Anpassung der Puffergröße nicht mehr möglich, aber das beschriebene potentielle Systemversagen durch Aufschaukeln könnte auch nicht auftreten. Somit ist die beschriebene Schwachstelle eine direkte Folge der eingeführten autonomen Regelung.

Ein weiteres Beispiel stammt aus dem Bereich der Elektronik: Seit 2006 wird durch die RoHS-Direktive (Restriction of Hazardous Substances) der Einsatz einer Reihe als gefährlich eingestufter Stoffe in Elektro- und Elektronikgeräten untersagt. Hersteller sind damit gezwungen, existierende Geräte auf andere Materialien umzustellen. Oft wird diese Umstellung mit

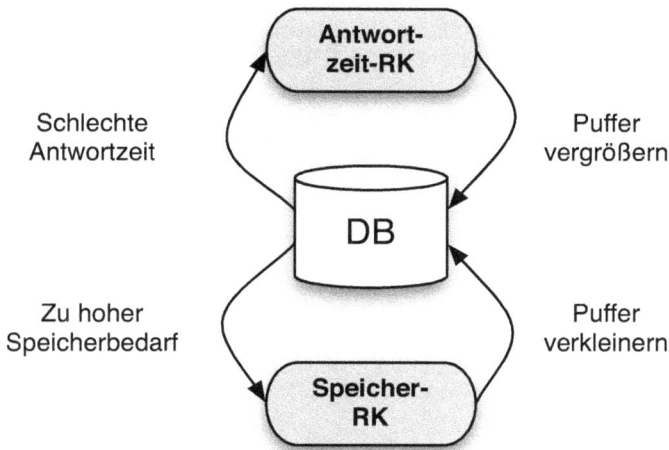

Abb. 5.1: *Indirekte Wechselwirkung zwischen zwei Regelkreisen*

einer Aktualisierung auf eine neuere Version beispielsweise eines Schaltungslayouts verbunden, um auf diese Weise Kosten zu sparen. Die neuen Versionen entsprechen hinsichtlich ihres Verhaltens der bestehenden funktionalen Spezifikation, allerdings muss dies nicht für ihre nicht-funktionalen Eigenschaften zutreffen: Das Zeitverhalten, der Stromverbrauch oder die Wärmeentwicklung können sich verändern. Wurde nun ein System unter Berücksichtigung der nicht-funktionalen Eigenschaften der alten Version entworfen und verifiziert, können durch den Austausch von Bauelementen (beispielsweise im Fall eines Defekts) gegen die neue, RoHS-kompatible Version unerwünschte Wechselwirkungen auftreten.

Dieses einfache Beispiel zeigt, dass die Wechselwirkungen zwischen Regelkreisen zu emergentem Verhalten führen können, das nicht nur kein Teil der Systemintention ist, sondern darüber hinaus der Zielstellung des Systems direkt schaden kann.

5.3.2   Unerwünschter Informationsgradient

Wie in Abschnitt 3.2.1 dargelegt wurde, ist ein Kennzeichen für die Autonomie eines Systems ein negativer Informationsgradient. Dieser besagt insbesondere für Steuerinformationen, dass im System mehr Informationen verarbeitet werden, als über seine Grenzen transportiert werden und damit an den Schnittstellen des Systems abgreifbar sind. Ein Problem dabei ist jedoch, dass der Informationsfluss über die Schnittstellen des Systems soweit beschränkt werden kann, dass es nicht mehr möglich ist, es in erwünschter Weise zu beeinflussen oder zu beobachten. Ziel dieses Abschnittes ist es, diese Art von Schwachstellen zu diskutieren, wobei mit der Betrachtung von mangelnder Steuerbarkeit begonnen wird, ehe daran anschließend auf das Problem der mangelnden Beobachtbarkeit eingegangen wird.

5.3.2.1 Mangelnde Steuerbarkeit

Eine mögliche Folge einer Einschränkung des Informationsflusses über die Schnittstellen eines Systems ist, dass es eventuell nicht mehr möglich ist, so auf das System von außen einzuwirken, dass ungewolltes Verhalten vermieden oder zumindest abgestellt wird. In solch einem Szenario kann von einer mangelnden *Steuerbarkeit* des Systems gesprochen werden. In der Regelungstechnik ist die Steuerbarkeit eine essentielle Eigenschaft eines Systems, welche z. B. eine wichtige Rolle bei der Stabilisierung instabiler Systeme oder bei der Realisierung optimaler Regelungen spielt. Die Steuerbarkeit eines Systems wird informal folgendermaßen definiert:

Definition 35:   *Steuerbarkeit (engl.:* controllability*)*

Ein System ist *steuerbar* (engl.: *controllable*), wenn das Verhalten des Systems durch Steuereingaben in allen Situationen von außen geeignet beeinflusst werden kann.

Variationen der Definition der Steuerbarkeit existieren, die jeweils den Fokus auf unterschiedliche Aspekte legen. So besagt beispielsweise die *Zustandssteuerbarkeit* (engl.: *state controllability*), dass das System durch Eingaben von außen in jeden beliebigen Zustand gebracht werden kann, unabhängig davon, in welchem Zustand es sich zu Beginn der Einflussnahme befand. Hierbei ist der Zustand als die Menge der Systemvariablen definiert, die das System zu jedem beliebigen Zeitpunkt komplett beschreiben. Die *Ausgabesteuerbarkeit (engl.:* output controllability*)* besagt hingegen, dass die Ausgabe des Systems geeignet durch dessen Eingaben beeinflusst werden kann.

Ein dazu passendes Beispiel ist der Unfall eines Airbus A320 im Jahre 1993 während der Durchführung des Fluges LH2904. Der Airbus A320 war einer der ersten Verkehrsflugzeugtypen, bei dem Steuerimpulse des Piloten elektronisch verarbeitet werden, die sogenannte *Fly-by-Wire* Technik. Hierbei übernimmt ein digitales Kontrollsystem die eigentliche Steuerung des Flugzeugs auf Basis der Eingaben und dem Auslesen von Sensoren. Gleichzeitig verfolgt Airbus die Konstruktionsstrategie, Fehleingaben abzufangen bzw. Eingaben nur innerhalb eines bestimmten Korridors, der sogenannte *Flight Envelope*, zuzulassen, um einen sicheren Zustand des Flugzeuges zu garantieren.

Beim Flug LH2904 herrschten beim Landeanflug schlechte Wetterbedingungen. Die Landebahn war nass und Seitenwinde haben den Landeanflug des zuvor gelandeten Flugzeugs erschwert. Beim Aufsetzen des Flugzeugs liess sich die Schubumkehr nicht aktivieren. Zum Unfallzeitpunkt war beim A320 die Aktivierung der Schubumkehr an folgende Bedingungen gekoppelt:

1. Auf jedem der beiden Hauptfahrwerksbeine musste ein Gewicht von mindestens zwölf Tonnen lasten.

2. Die Räder der Hauptfahrwerke mussten sich mindestens so schnell drehen, dass dies einer Rollgeschwindigkeit von 133 km/h entspricht.

3. Der Triebwerksschub musste auf 'idle' oder 'reverse' eingestellt sein.

Beim Aufsetzen der Maschine trafen die ersten beiden Bedingungen nicht zu. Durch Seitenwind und durch Aquaplaning gab der Computer die Schubumkehr erst nach 800 weiteren Metern frei. Die Maschine konnte damit nicht auf dem verbleibenden Teil der Landebahn zum Stehen gebracht werden. Der Vorfall hatte zwei Tote und 51 Verletzte zur Folge.

Dem Untersuchungsbericht [264] zufolge wurde die Steuerung nach dem Unfall modifiziert: Die Bedingung zur Mindestdrehgeschwindigkeit der Räder wurde aufgehoben und das Lastlimit wurde von zwölf auf zwei Tonnen reduziert. Die Steuerbarkeit wurde als Konsequenz aus dem Unfall erhöht. Weiterhin kann hierbei noch die Gewöhnung an die mangelnde Steuerbarkeit relevant sein: Beide Piloten hatten jeweils ca. 1.500 Stunden Flugerfahrungen auf dem Airbus A320, aber jeweils über 10.000 Stunden Flugerfahrung auf den Mustern Boeing 707 und Boeing 727. Dies sind wesentlich ältere Modelle ohne Fly-By-Wire Steuerung und Flight Envelope.

5.3.2.2 Mangelnde Beobachtbarkeit

Neben dem im vorigen Abschnitt betrachteten Problem der mangelnden Steuerbarkeit kann es auch passieren, dass es von außen nicht möglich ist, durch Beobachtung des Systems genügend Informationen zu gewinnen, um geeignet auf das System einwirken zu können. In diesem Fall kann von einer mangelnden Beobachtbarkeit des Systems gesprochen werden. In der Regelungstechnik wird die Beobachtbarkeit eines Systems informal folgendermaßen definiert:

Definition 36: *Beobachtbarkeit*

Ein System ist *beobachtbar*, wenn der Zustand des Systems alleine durch genügend langes, aber endliches Beobachten der Ein- und Ausgaben des Systems ermittelt werden kann.

Durch eine mangelnde Beobachtbarkeit werden die Entscheidungen des Systems auch intransparent für den Nutzer des Systems. Dies stellt insbesondere dann ein Problem dar, wenn ein menschlicher Nutzer das System beobachtet und von dessen Entscheidungen direkt betroffen ist. In diesem Fall sind auch zu schnelle oder auch zu komplexe Entscheidungen ein Problem bei ausreichender Beobachtbarkeit, da sie den Nutzer schnell überfordern können. Andererseits sind sie aber oft notwendig, um die gewünschte Güte der Systemfunktionalität sicherzustellen.

Ein Beispiel für das Problem der mangelnden Beobachtbarkeit sind Rechner mit modernen Desktop-Betriebssystemen. Solche Systeme sind im Normalfall so konfiguriert, dass der Nutzer sich um einen großen Teil der internen Abläufe nicht kümmern muss. Eine Nebenwirkung dieser Auslegung ist jedoch, dass es zu Situationen kommen kann, in denen der Nutzer nicht weiß, warum bestimmte Aktionen ausgeführt werden beziehungsweise wie diese mit seinen Eingaben zusammenhängen. Dieses Beispiel zeigt zudem, dass die Wahl der Betrachtungsebene für diese Art von Schwachstellen ebenfalls relevant ist: Aus Sicht des Benutzers sind Ein- und Ausgaben alles, was über die grafische Benutzeroberfläche erfolgt, während aus Sicht eines Systemtechnikers auch der Code des Systems und sämtliche Updates zu den Eingaben gehören können. Mit ausreichendem Aufwand kann letzterer das System damit vollständig beobachten, während dies dem Endanwender unmöglich ist.

Problematisch kann es auch werden, wenn das autonome System falsche Rückschlüsse aus *seiner* Beobachtung zieht. Folgendes Beispiel soll dies verdeutlichen: Um bei einem schweren Autounfall die Airbags zu öffnen, existiert ein Beschleunigungssensor, der einen Aufprall anhand einer entsprechend hohen negativen Beschleunigung erkennt und diese Information an die Steuerung der Airbags übermittelt. Diese Steuerung öffnet im Falle eines Unfalls die Schlösser des Autos, damit die Insassen auch dann aus dem Auto befreit werden können, wenn sie vorher aus Sicherheitsgründen die Schlösser verriegelt haben. Eine Schwachstelle dieses Systems ist die Anordnung des Beschleunigungssensors, der in einigen (frühen) Umsetzungen so angebracht war, dass Diebe diese autonome Steuerung der Airbags ausnutzen konnten, indem sie mit einem Hammerschlag auf den von außen erreichbaren Sensor das Auto öffnen und so einfach einen Diebstahl begehen konnten. Auch in diesem Beispiel ist die Schwachstelle durch das autonome Verhalten des Systems ausgelöst worden, wobei die Kenntnis über das Verhalten gezielt ausgenutzt wurde. In neueren Systemen wird dieses Problem damit umgangen, dass der Beschleunigungssensor an zentraler Stelle des Chassis so untergebracht ist, dass er von außen nicht erreichbar ist und dennoch im Fall eines Unfalls ausreichenden negativen Beschleunigungen ausgesetzt ist (wobei die „Bremswirkung" der Knautschzone berücksichtigt werden muss).

5.4   Ausgewählte formale Analyseansätze

Ziel der Modellierung eines Systems kann es unter anderem sein, bestimmte Eigenschaften des modellierten Systems vorherzusagen (vgl. Abschnitt 2.2.3). Für eine Schwachstellendiskussion bedeutet dies, dass die Modellebene genutzt wird, um das System auf die Existenz bestimmter Schwachstellen zu untersuchen.

Die bisherigen Betrachtungen der Abschnitte 5.2 und 5.3 zeigen zwar die aufgrund der Modellbetrachtungen aus Abschnitt 3.4 und 4.2 *potentiellen* Schwachstellen von Systemen, jedoch erlauben sie keine konkrete Analyse, ob eine bestimmte unerwünschte Eigenschaft vorliegt. Dies liegt am Fehlen formaler Ansätzen, die geeignet sind, entsprechende Analysen vorzunehmen. Für einige der diskutieren Eigenschaften existieren jedoch in bestimmten Modellierungsverfahren geeignete Analyseansätze.

Im Folgenden werden einige ausgewählte Analyseansätze vorgestellt, mit denen spezifische Schwachstellen autonomer Systeme aufgedeckt werden können. Diese entstammen z. T. dem Bereich der Systemtheorie bzw. der Kybernetik und finden ihre praktischen Anwendungen u. a. in der Regelungstechnik.

Abschnitt 5.4.1 untersucht die Stabilität von Regelungen. Im Anschluss daran widmen sich die Abschnitte 5.4.2 und 5.4.3 der Analyse der Beobachtbarkeit und der Steuerbarkeit von Systemen. In Abschnitt 5.4.4 wird schließlich die Lebendigkeit von Systemen untersucht.

5.4.1   Stabilitätsanalyse

Der vorliegende Abschnitt diskutiert die Stabilitätsanalyse mit Hilfe von Methoden der klassischen Regelungstechnik. Es gibt in der Regelungstheorie mehrere Ansätze, um die Stabilität von Regelungen bzw. Systemen zu untersuchen. Nachfolgend wird die Anwendung der Wurzelortskurven-Methode beschrieben. Die Schritte zum Nachweis der Stabilität bzw. der Instabilität sind die folgenden:

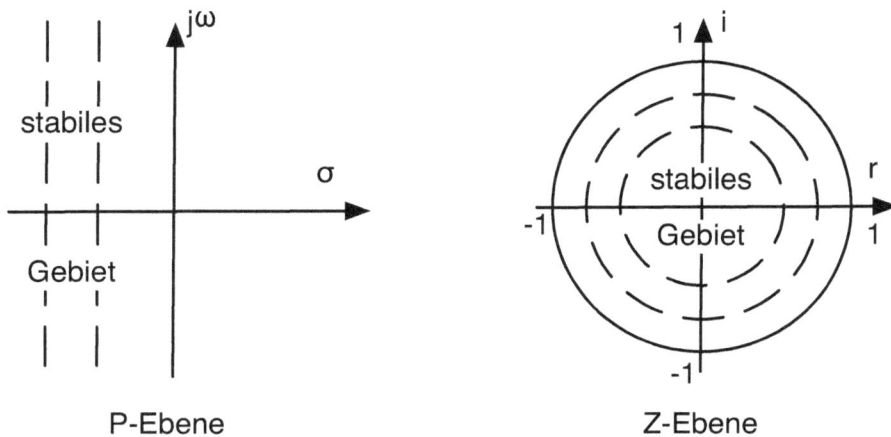

Abb. 5.2: *Stabilitätsbedingung in der P- bzw. der Z-Ebene*

1. **Bestimmung der Übertragungsfunktionen der einzelnen Elemente.** Die Übertragungsfunktionen der einzelnen Teile des Regelkreises werden ermittelt. Diese entstehen durch die Transformation des Ein-/Ausgabe-Verhaltens eines System(teil)s in den komplexen Spektralbereich (Frequenzbereich). Für Regelungen, die auf einer kontinuierlichen Zeit basieren, wird die Laplace-Transformation verwendet, wohingegen bei diskreter Zeit die Z-Transformation eingesetzt wird. Die Darstellung der Spektralbereiche in der komplexen Zahlenebene wird auch Z- bzw. P-Ebene genannt.

2. **Bestimmung der Gesamtübertragungsfunktion.** Die einzelnen Übertragungsfunktionen werden zur Übertragungsfunktion des gesamten Regelkreises zusammengezogen. Die Art der Zusammenfassung ergibt sich hierbei aus der Verschaltung der einzelnen Elemente. So gibt es beispielsweise für die Parallel- und für die Reihenschaltung sowie für die Rückkopplung entsprechende Verknüpfungen jeweils für die Laplace- und die Z-Transformation.

3. **Betrachtung der Lage bzw. des Verlaufs der Polstellen der Gesamtübertragungsfunktion.** Die Singularitäten (Polstellen) der Übertragungsfunktion werden betrachtet. Die Wurzelortskurve ist hierbei die Funktion, die den Verlauf der Polstellen der Übertragungsfunktion des Regelkreises in der komplexen Zahlenebene beschreibt. Im zeitkontinuierlichen Fall müssen die Polstellen alle einen negativen Realteil besitzen, während bei diskreter Zeit die Polstellen im Einheitskreis um den Ursprung der komplexen Z-Ebene liegen müssen (Abbildung 5.2). Gelingt der Nachweis mit diesen einfachen Kriterien nicht, so können noch alternative Kriterien eingesetzt werden, die beispielsweise Bedingungen an den Betrags- und den Phasenverlauf der Wurzelortskurve stellen.

Theel und Gärtner [251, 252] bedienen sich der dargestellten Methodik, um die *Selbststabilisierung* verteilter Algorithmen, die sich als Regelkreis modellieren lassen, nachzuweisen. Hier wird als erster Schritt das zu untersuchende System als Regelkreis modelliert; die weiteren

Schritte sind analog durchzuführen. Der Ansatz von Theel und Gärtner ist vielversprechend. Er eignet sich dafür, die Selbststabilisierung verteilter Algorithmen zu untersuchen, die sich als Regelkreise modellieren lassen. Des Weiteren erlaubt der Ansatz, konstruktiv vorzugehen. Er ermöglicht es, zu erkennen, wie ein nicht stabilisierender Algorithmus verändert werden muss, um stabilisierend zu werden. Allerdings setzt der vorgeschlagene Ansatz voraus, dass sich das Ein-/Ausgabe-Verhalten des betrachteten Systems durch lineare Differentialgleichungen beschreiben lässt. Dies ist jedoch eine relativ starke Einschränkung. Eine Verallgemeinerung des Ansatzes auf nicht-lineare Systeme (vgl. Abschnitt 3.4.6) wäre daher vielversprechend.

5.4.2   Beobachtbarkeitsanalyse

In Abschnitt 5.3.2.2 wurde mangelnde Beobachtbarkeit als mögliche Schwachstelle autonomer Systeme beschrieben. Es existieren formale Ansätze, mit denen die Beobachtbarkeit eines Systems analysiert werden kann. Bevor die Beobachtbarkeit von Rechnersystemen – also diskreten Automaten – diskutiert wird, seien zunächst noch einmal kontinuierliche zeitinvariante lineare Systeme betrachtet, für die der Begriff und entsprechende Analysemethoden schon länger existieren.

5.4.2.1   Beobachtbarkeitsanalyse in der Regelungstheorie

Um die Betrachtungen nicht unnötig ausufern zu lassen, beschränken sie sich auf kontinuierliche zeitinvariante lineare Systeme. Es gibt verschiedene Kriterien zur Bestimmung der Beobachtbarkeit. Am einfachsten ist das Kriterium von KALMAN [127], bei dem die sogenannte *Beobachtbarkeitsmatrix* (engl.: *observability matrix*) Auskunft über die Beobachtbarkeit gibt.

Das Kalman-Kriterium gilt gleichermaßen für Ein- und Mehrgrößensysteme. Es wird hier als Kriterium für Mehrgrößensysteme beschrieben. Bei Eingrößensystemen ändern sich lediglich die Dimensionen der Größen in der Systembeschreibung.

Gegeben sei ein Mehrgrößensystem in der Zustandsraumbeschreibung (vgl. Abschnitt 3.4.4.2). Dann wird das System durch ein Gleichungssystem der folgenden Form beschrieben (vgl. Gleichung (3.5) auf Seite 62 und Abbildung 3.15 auf Seite 63):

$$\frac{d}{dt}\vec{x}(t) = \mathbf{A}\vec{x}(t) + \mathbf{B}\vec{u}(t)$$
$$\vec{y}(t) = \mathbf{C}\vec{x}(t) + \mathbf{D}\vec{u}(t)$$
$$\vec{x}(0) = \vec{x}_0$$

Die Beobachtbarkeitsmatrix dieses Systems ist wie folgt definiert:

$$\mathbf{O} = \begin{pmatrix} \mathbf{C} \\ \mathbf{CA} \\ \mathbf{CA}^2 \\ \vdots \\ \mathbf{CA}^{n-1} \end{pmatrix} \tag{5.1}$$

Dann gilt:

Theorem 1:   *Beobachtbarkeitskriterium nach* KALMAN

Wenn der Rang[3] der Beobachtbarkeitsmatrix gleich n ist, also

$$\text{rank}(\mathbf{O}) = n$$

dann ist das System beobachtbar.

Um eine Abgestuftheit der Beobachtbarkeit beschreiben zu können, wird bei zeitinvarianten linearen Systemen auch der *Beobachtbarkeitsindex* (engl.: *observability index*) ν genutzt. Er ist definiert als

$$\nu \in \mathbb{N}, \text{rank}(\mathbf{O}_\nu) = \text{rank}(\mathbf{O}_{\nu+1}),$$

$$\forall \mu < \nu, \text{rank}(\mathbf{O}_\mu) \neq \text{rank}(\mathbf{O}_{\mu+1}), \mathbf{O_i} = \begin{pmatrix} \mathbf{C} \\ \mathbf{CA} \\ \mathbf{CA}^2 \\ \vdots \\ \mathbf{CA}^{i-1} \end{pmatrix}.$$

Mit anderen Worten: ν ist die kleinste Zahl, bei der der Rang einer konstruierten Teilbeobachtbarkeitsmatrix gleich bleibt.

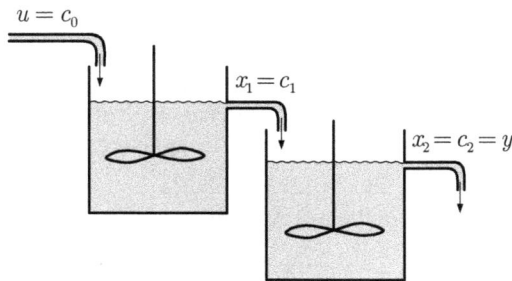

Abb. 5.3: Beispiel aus [154]

Beispiel 5.1:   *Beobachtbarkeit*

Folgendes Beispiel wurde [154] entnommen und demonstriert die Beobachtbarkeit.

Gegeben sei das in Abbildung 5.3 dargestellte System zweier gekoppelter Rührkessel, in deren Flüssigkeit ein Stoff A gelöst werden soll. Über einen Überlauf kann eine (zu hoch konzentrierte) Flüssigkeit vom ersten in den zweiten Kessel laufen.

Der Zustand des Systems besteht aus den Konzentrationen c_1 und c_2 der Flüssigkeiten in den jeweiligen Kesseln.

Das Zustandsraummodell lautet:

$$\frac{d}{dt}\vec{x} = \begin{pmatrix} -\frac{F}{V_1} & 0 \\ \frac{F}{V_2} & \frac{F}{V_2} \end{pmatrix} \cdot \vec{x} \begin{pmatrix} \frac{F}{V_1} \\ 0 \end{pmatrix} \cdot c_0 \qquad \text{mit } \vec{x} = \begin{pmatrix} x_1 \\ x_2 \end{pmatrix} = \begin{pmatrix} c_1 \\ c_2 \end{pmatrix}$$

Dabei ist c_0 die Konzentration am Zufluss, F der konstante Fluss durch beide Kessel und V_1 bzw. V_2 die Volumina der Kessel.

Die Beobachtbarkeitsmatrix ist:

$$\mathbf{O} = \begin{pmatrix} 0 & 1 \\ \frac{F}{V_2} & \frac{F}{V_2} \end{pmatrix}$$

Offensichtlich ist der Rang von $\mathbf{O}$ zwei, solange ein Fluss existiert ($F \neq 0$). Das System ist unter dieser Bedingung beobachtbar, d. h. aus der Konzentration am Ausgang kann auf die jeweilige Konzentration in beiden Kesseln geschlossen werden.

Neben dem Kalman-Kriterium gibt es in der Regelungstheorie noch andere Kriterien für die Analyse der Beobachtbarkeit, z. B. die Kriterien von GILBERT und HAUTUS. Ein Überblick wird beispielsweise in [154] gegeben.

5.4.2.2 Beobachtbarkeitsanalyse diskreter Ereignissysteme

In den späten 80er Jahren des vorherigen Jahrhunderts wurde von RAMADGE und WONHAM eine Regelungstheorie für diskrete Ereignissysteme entwickelt [206, 207] und entsprechend das Konzept der Beobachtbarkeit (und auch der Steuerbarkeit, vgl. Abschnitt 5.4.3.2) übertragen. Es geht hier um die Beobachtbarkeit von diskreten Ereignissen, die in einem Automaten (siehe Anhang A.1.1) stattfinden.

Gegeben sei ein (möglicherweise endlicher) Automat

$$G = (\Sigma, \Gamma, Q, q_0, Q_{akz}, \delta, \omega),$$

wie er in Anhang A.1.1.1 definiert ist. Dabei sind Σ und Γ die Ein- und Ausgabealphabete, Q die Zustandsmenge und $\delta : Q \times \Sigma \to Q$ die (partielle) Zustandsübergangsfunktion. Die Eingaben aus der Menge der Eingabezeichen Σ sind dabei nicht unbedingt als Nutzereingaben zu verstehen, sondern als beliebige Ereignisse, die den Zustand Q des Automaten ändern. Ein System startet im Ausgangszustand q_0 und verarbeitet akzeptierte (vgl. Anhang A.1.1.1) Ereignisfolgen entsprechend σ. Diese Ereignisfolgen werden als Wörter einer (formalen) Sprache $\mathcal{L}(G)$ des Systems aufgefasst (vgl. z. B. [108]). *G erzeugt* damit die Sprache $\mathcal{L}(G)$. Anders ausgedrückt: alle Ereignisfolgen $\{e_1 e_2 e_3 \ldots\} \in \mathcal{L}(G)$ werden von G akzeptiert. Wenn G die Folge $E = \{e_1 e_2 e_3 \ldots e_n e_{n+1} \ldots\}$ akzeptiert, tut es das natürlich auch mit der Folge $E' = \{e_1 e_2 e_3 \ldots e_n\}$. Die Folge E' wird dann *Präfix* von E genannt. Wenn $L = \mathcal{L}(G)$ die von G erzeugte Sprache ist, so wird die Menge aller Präfixe von L mit $\overline{L}$ bezeichnet.

Ereignisse in einem Automaten können *unbeobachtbar* (oder *nicht beobachtbar*) sein. Der Grund dafür kann z. B. in einer mangelnden Sensorik liegen. In der Regel beschreibt ω die direkte Beobachtbarkeit von Ereignissen. Beispielsweise ist ein Ereignis $s \in \Sigma$ in einem Moore-Automaten (siehe Anhang A.1.1.1) mit $\sigma(q_1, s) = q_2$ nicht beobachtbar, wenn $\omega(q_1) = \omega(q_2)$ gilt. Allerdings kann aus weiteren Beobachtungen auf das Auftreten eines unbeobachtbaren Ereignisses geschlossen werden, jedoch nicht immer. Entsprechend gilt in Übereinstimmung mit Definition 36, dass ein ereignisdiskretes System *beobachtbar* ist, wenn aus seinen beobachtbaren Ereignissen auf seinen Zustand geschlossen werden kann.

Beispiel 5.2: *Unbeobachtbarer Automat aus [37]*

Gegeben sei der Automat in Abbildung 5.4.

Die unbeobachtbaren Ereignisse seien $\Gamma_{UO}=\{u,v,w\}$. Dieser Automat ist nicht beobachtbar: Jeder Beobachter kann zu keinem Zeitpunkt bestimmen, in welchen Zustand sich der Automat befindet oder befand. Das maximal mögliche ist die Bestimmung von Zustandsmengen, siehe Abbildung 5.4b.

Beobachtbare Ereignisse bilden wiederum eine Sprache. Deshalb hat sich der Begriff einer *beobachtbaren Sprache* herausgebildet.

Theorem 2: *Beobachtbarkeitstheorem diskreter Ereignissysteme*

Es sei $K \subseteq L = \mathcal{L}(G)$. K ist *beobachtbar*, wenn gilt:

$$\forall s \in \overline{K}, \forall e \in \Sigma, (s\,e \notin \overline{K}) \wedge (s\,e \in L) \Rightarrow \Gamma^{-1}(\Gamma(s))e \cap \overline{K} = \emptyset$$

Es existieren Algorithmen mit einer Grenzkomplexität von $\mathcal{O}(k^2, l)$ die die Beobachtbarkeit entsprechend Theorem 2 bestimmen [37]. Dabei ist k die Anzahl der Zustände, die die Sprache $\overline{K}$ erzeugt, und $l = |Q|$.

5.4.3 Steuerbarkeitsanalyse

Die Steuerbarkeit ist eng verwandt mit der Beobachtbarkeit. Es werden wiederum zunächst lineare kontinuierliche und zeitinvariante Systeme der Regelungstheorie betrachtet, bevor die Steuerbarkeitsanalyse von diskreten Ereignissystemen diskutiert wird.

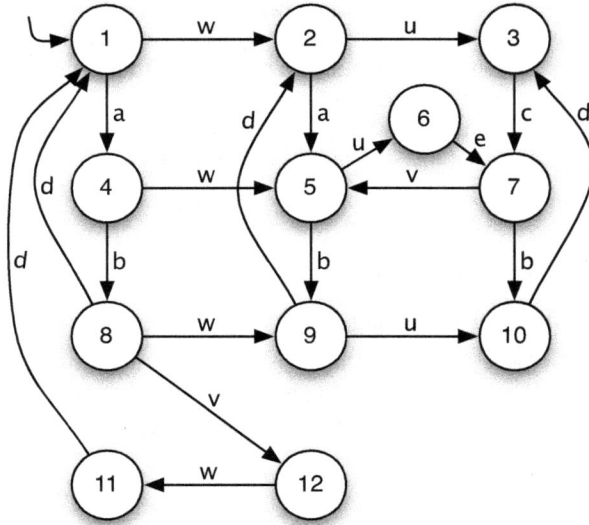

(a) Automat

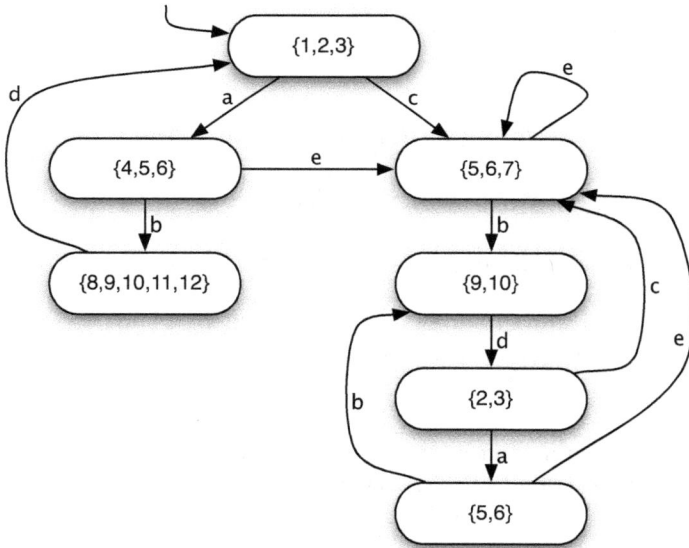

(b) Mögliche Beobachtung

Abb. 5.4: *Beispiel für (Un)beobachtbarkeit: Automat aus [37]*

5.4.3.1 Steuerbarkeitsanalyse kontinuierlicher Systeme

In Definition 35 auf Seite 126 in Abschnitt 5.3.2.1 wird der allgemeine Steuerbarkeitsbegriff beschrieben. Es existieren außerdem noch spezialisierte Steuerbarkeitsdefinitionen. Beispielsweise wird *vollständige* und *einfache* Steuerbarkeit unterschieden: Im ersten Fall muss die Steuerbarkeit von jedem beliebigen Ausgangszustand gelten, im zweiten lediglich für den Nullzustand und von dort aus erreichbare Zustände. Im hier wiederum betrachteten Fall des zeitinvarianten linearen Systems fällt jedoch beides stets zusammen.

Auch zur Bestimmung der Steuerbarkeit wurde von KALMAN ein Kriterium entwickelt. Analog zur Beobachtbarkeitsmatrix wird dabei die Steuerbarkeitsmatrix $\mathbf{S}$ definiert:

$$\mathbf{S} = (\mathbf{B}|\mathbf{AB}|\mathbf{A}^2\mathbf{B}|\ldots|\mathbf{A}^{n-1}\mathbf{B}) \tag{5.2}$$

Dabei sind $\mathbf{A}$ und $\mathbf{B}$ wieder die Koeffizenten-Matrizen aus dem Gleichungssystem 3.5 von Seite 62. Die Steuerbarkeitsmatrix $\mathbf{S}$ hat die Dimension $m \times (n+1)r$, wobei wieder m die Dimension des Eingangsvektors und r die Dimension des Ausgangsvektors des Mehrgrößensystems ist.

Theorem 3: *Steuerbarkeitskriterium von* KALMAN

Ein System ist genau dann vollständig steuerbar, wenn gilt:

$$\text{rank}(\mathbf{S}) = m$$

Die Dualität zur Beobachtbarkeit ist offensichtlich (vgl. Theorem 1).

Beispiel 5.3: *Steuerbarkeit*

Betrachtet wird wiederum das System aus Beispiel 5.1. Die Steuerbarkeitsmatrix lautet:

$$\mathbf{S} = \begin{pmatrix} \frac{F}{V_1} & -\frac{F^2}{V_1^2} \\ 0 & \frac{F^2}{V_1 \cdot V_2} \end{pmatrix}$$

Für alle $F \neq 0$ ist $\mathbf{S}$ regulär, besitzt also einen Rang von zwei. Somit ist das System vollständig steuerbar.

5.4.3.2 Steuerbarkeitsanalyse diskreter Ereignissystem

Auch in diskreten Ereignissystemen ist die Steuerbarkeit eng mit der Beobachtbarkeit verknüpft. Es wird das gleiche Automatenmodell wie in Abschnitt 5.4.2.2 zugrunde gelegt. Steuerbarkeit bezieht sich wie Beobachtbarkeit auf Ereignisse. Informal wird ein Ereignis als *steuerbar* (engl.: *controllable*) bezeichnet, wenn es durch äußere Einflüsse (einer Steuerung) *verhindert* werden kann. Entsprechend kann ein *nicht steuerbares* Ereignis nicht verhindert werden. Anders ausgedrückt: Steuerbare Ereignisse sind (vom System in seinen aktuellen Zustand akzeptable) Eingangssignale, aus denen von außen bestimmte Signale *ausgewählt* werden können. Beispielsweise sind Fehlerereignisse nicht steuerbar. Es stellt sich die Frage, ob sich das Verhalten des Systems trotz des Auftretens von nicht steuerbaren Ereignissen in einer gewünschten Weise beschränken lässt. Das Verhalten eines Systems wird durch die Menge der (akzeptierten) Ereignisse beschrieben, bildet also eine Sprache. Das *Steuerbarkeitstheorem* diskreter Ereignissysteme sagt folglich aus, auf welche Untersprachen der durch das System generierten Sprache das System durch Steuereingriffe eingeschränkt werden kann.

Theorem 4: *Steuerbarkeitstheorem diskreter Ereignissysteme*

Gegeben sei G ein Automat mit $\Sigma = \Sigma_C \cup \Sigma_{NC}$ und $\Sigma_C \cap \Sigma_{NC} = \emptyset$. Dabei sei Σ_C die Menge der steuerbaren Ereignisse und Σ_{NC} die Menge der nicht steuerbaren Ereignisse.

Eine Sprache $K \subseteq \mathcal{L}(G)$ ist genau dann *steuerbar*, wenn gilt:

$$\overline{K}\Sigma_{NC} \cap \mathcal{L}(G) \subseteq \overline{K}.$$

Ob für das System tatsächlich eine entsprechende Steuerung realisierbar ist, hängt jedoch davon ab, ob K bezüglich Σ_C auch beobachtbar ist.

5.4.4   Lebendigkeitsanalyse

Im Gegensatz zur Steuerbarkeit und Beobachtbarkeit ist Lebendigkeit eine Eigenschaft, die originär aus der Informatik stammt. Es gibt zwar einige Ansätze, den Begriff in die klassische Systemtheorie zu integrieren, etwa indem überstarke Dämpfung als Mangel an Lebendigkeit aufgefasst wird, jedoch spielen diese für die Betrachtungen dieses Buches keine Rolle.

Die vermutlich kompakteste formale Beschreibung von Lebendigkeit ist mit Hilfe von Temporallogiken (vgl. Anhang A.1.3) möglich:

$$(\square\Diamond P) \wedge \neg(\square P)$$

beschreibt, dass eine Bedingung P *immer wieder* eintritt.[4] In vielen formalen Modellierungsansätzen wird explizit angegeben, worauf sich die Eigenschaft P bezieht. Beispielsweise ist ein (möglicherweise endlicher) Automat (vgl. Anhang A.1.1.1) in einem *Deadlock* und damit nicht lebendig, wenn er sich in einem Zustand $s \notin Q_{akz}$ befindet – also in einem nichtmarkierten

---

[4]Auf Seite 195 wird nur die erste Hälfte der Formel benutzt, da die zweite Bedingung sich aus den anderen dort diskutierten Bedingungen automatisch ergibt.

Zustand – in dem kein Ereignis verarbeitet werden kann. Dagegen bezieht sich die Lebendigkeit von Petri-Netzen auf die Schaltfähigkeit der Transitionen.

Es gibt verschiedene Grade von *Lebendigkeit von Transitionen* eines Petri-Netzes.[5] Eine Transition τ ist in einer Markierung $\vec{m}$

tot (oder L0-lebendig), wenn es keinen Folgezustand von $\vec{m}$ gibt, in dem τ schalten kann;

L1-lebendig, wenn es eine Sequenz von $\vec{m}$ aus gibt, in dem τ mindestens einmal schaltet;

L2-lebendig, wenn τ mindestens k-mal Schalten kann für ein gegebenes k;

L3-lebendig, wenn eine unendliche Feuersequenz existiert, in der τ unendlich oft schaltet;

L4-lebendig (oder lebendig), wenn τ für jeden von $\vec{m}$ erreichbare Markierung L1-lebendig (nicht tot) ist.

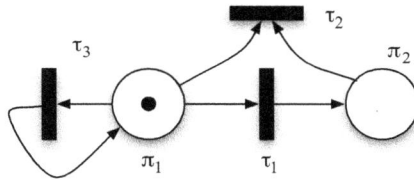

Abb. 5.5: *Lebendigkeit von Transitionen im Petri-Netz*

Beispiel 5.4: *Lebendigkeit*

Der Unterschied zwischen den einzelnen Lebendigkeitsstufen ist in Abbildung 5.5 zu erkennen.

Die Transition τ_1 ist L1-lebendig, Transition τ_2 ist tot. Transition τ_3 ist L3-lebendig, aber nicht L4-lebendig, da sie tot ist, nachdem τ_1 feuert.

In der Regel ist die Lebendigkeit eines gesamten Petri-Netzes von Interesse. Ein Netz ist lebendig, wenn alle seine Transitionen (L4-)lebendig sind. Es ist tot, wenn alle seine Transitionen tot sind. Dazwischen gibt es noch das Attribut der *Verklemmungsfreiheit*, mitunter auch *schwache Lebendigkeit* genannt: Ein Petri-Netz ist verklemmungsfrei, wenn es in keiner Folgemarkierung tot ist. Als einen Test auf Lebendigkeit gibt [240] den im Listing 5.1 dargestellten Algorithmus an, der den Erreichbarkeitsgraphen $(R_N(\vec{m}_0), B_N)$ des Netzes N nutzt. Dabei ist $R_N(\vec{m}_0)$ die Menge der von der Initialmarkierung $\vec{m}_0$ aus erreichbaren Zustände und B_N die mit den entsprechenden Transitionen beschrifteten Bögen. Für spezielle Netze gibt es Lebendigkeitstests,

---

[5]Mitunter sind in der Literatur unterschiedliche Definitionen zu finden.

die nicht auf den Erreichbarkeitsgraphen zurückgreifen. Beispielsweise kann ein Petri-Netz frei von *strukturellen Deadlocks* bzw. *Siphons* sein. Ein struktureller Deadlock oder Siphon ist jede Menge von Plätzen, bei der alle Transitionen, die Marken in diese Platzmenge bringen, auch Marken aus dieser Menge benötigen.[6] Jedes Netz ohne strukturellen Deadlock, das in der Initialmarkierung feuern kann, ist nicht tot.

Listing 5.1: *Lebendigkeitstest*

```
var
  k,k'    : Knoten;
  τ,τ'    : Transitionen ;
  live    : Transitionsmenge ;
  K       : Knotenmenge;
  ready : boolean;

begin
  K    := R_N(m⃗_0);
  B    := B_N;
  live := T;

  for k∈K do
    nt(k) := {k', k'∈K ∧ [k,τ,k']∈B };
    bo(k,τ) := {k' if [k,τ,k']∈B else ∅ }
  end;
  repeat
    ready:=true;
    for k∈K do
      for τ ∈ T do
        if bo(k,τ)≠ ∅ then
          k' := bo(k,τ);
          if nt(k')⊄ nt(k') then
            nt(k) := nt(k) ∪ nt(k');
            ready := false ;
            for τ' ∈[nt(k')−nt(k)] do
              bo(k,t') := bo(k',τ')
            end;
          end;
        end;
      end;
    end;
  until ready;
  for k∈K do
    live := live ∩ nt(k);
  end;
  if live = T then
    return LEBENDIG;
  else
    return NICHT LEBENDIG;
  end;
end.
```

---

[6]Ein Siphon ist eine Struktureigenschaft des Netzes. Aus der Existenz eines Siphons folgt *nicht* notwendig eine Verklemmung oder gar der Tod des Netzes.

5.5 Checkliste zur Schwachstellenerkennung

In diesem Kapitel wurde eine Vielzahl von Einzelaspekten diskutiert, die entweder bei unerwünschter Autonomie negativ auf das System wirken können oder die sich bei Systemen mit gewünschter Autonomie als Schwachstellen darstellen. Um diese Einzelaspekte besser praktisch zugänglich zu machen, gibt dieser Abschnitt eine „Checkliste" an, anhand derer typische Schwachstellen autonomer Systeme überprüft werden können.

Die Checkliste ist folgendermaßen aufgebaut: Tabelle 5.1 listet die in diesem Kapitel vorgestellten Schwachstellen in übersichtlicher Form noch einmal auf und gibt dabei jeweils Referenzen auf den entsprechenden Text oder die entsprechenden Texte dazu. Daran anschließend werden in Tabelle 5.2 den einzelnen Schwachstellen Prüffragen sowie mögliche Methodiken zur Erkennung zugeordnet.

Die jeweiligen Prüffragen sind bewusst knapp gehalten und kommen ohne ergänzende Erklärungen aus – stattdessen wird jeweils auf die entsprechenden Abschnitte des Buches verwiesen, die die Hintergründe der jeweiligen Frage erläutern.

Die Checkliste selbst ist auf das Erkennen von Schwachstellen ausgerichtet, sie soll kein Empfehlungskatalog für das *Erstellen* autonomer Systeme oder den *Betrieb* eines solchen sein. Diesen Zwecken dient der entsprechende Abschnitt 6.5 in Kapitel 6.

Tabelle 5.1: *Aufstellung der Schwachstellen*

NR.	SCHWACHSTELLE	SIEHE AUCH...
1	*common mode failure*	Abschnitt 5.2.1.1
2	Mangelnde Rückmeldungen vom Interaktionspartner	Abschnitt 5.2.1.2
3	Manipulierbarkeit von Bindungen	Abschnitt 5.2.1.3
4	Manipulierbare Entscheidungsfindung	Abschnitt 5.2.1.4
5	Ereignisschauer	Abschnitt 5.2.1.5
6	*man in the middle*	Abschnitt 5.2.1.5
7	Unerwünschte Komponenten im System	Abschnitt 5.2.1.6
8	Ineffektive Optimierungen	Abschnitt 5.2.2
9	Lokale statt globaler Optimierungen	Abschnitt 5.2.2
10	Unzureichendes Wissen im System über das System	Abschnitt 5.2.3
11	Unzureichende Laufzeitinformationen im System über das System	Abschnitt 5.2.3
12	Fehlendes Fehlermodell	Abschnitt 2.3.1
13	Mangelnde Fehlertoleranz	Abschnitt 5.2.4
14	Verklemmungen	Abschnitt 5.2.5

Fortsetzung auf der nächsten Seite.

Fortsetzung von Tabelle 5.1

NR.	SCHWACHSTELLE	SIEHE AUCH...
15	Unerwünschte Emergenz	Abschnitt 5.3.1.1
16	Unerwünschter Dynamik	Abschnitt 5.3.1.1
17	Unerwünschter Wechselwirkungen	Abschnitt 5.3.1.2
18	Unerwünschter Informationsgradient	Abschnitt 5.3.2
19	Mangelnde Steuerbarkeit	Abschnitt 5.3.2.1
20	Mangelnde Beobachtbarkeit	Abschnitt 5.3.2.2

Tabelle 5.2: *Prüffragen zur Schwachstellenerkennung*

NR.	SST.	PRÜFFRAGE	METHODIK
1	17	Gibt es zwischen den Komponenten eines Systems nichtspezifizierte Schnittstellen, beispielsweise durch gemeinsame globale Variablen?	Erfassung aller durch die Komponente benutzten Eingangs- und Ausgangsgrößen und Vergleich mit Schnittstelle
2	17	Gibt es versteckte Schnittstellen mit der Umgebung?	Erfassung aller Wechselwirkungen zwischen System und Umgebung und Vergleich mit Schnittstellen
3	16, 17	Welche Regelkreise gibt es im System und wie überlagern sie sich?	Datenflussanalyse zur Erkennung von Rückkopplungen
4	1	Ist bei einer homogenen Systemstruktur dafür gesorgt, dass die Auswirkungen von *common mode failures* beschränkt werden?	Untersuchung möglicher *common mode failures* und ihrer Auswirkungen unter Einbeziehung des Fehlermodells
5	2	Ist bei der Verwendung von loser Kopplung sichergestellt, dass Nachrichtenverluste bemerkt oder zumindest von der Anwendung toleriert werden?	Analyse der Nachrichtenprotokolle
6	3	Wird bei der Verwendung von Bindung zur Laufzeit sichergestellt oder zumindest überprüft, dass mit einem erwünschten beziehungsweise zulässigen Partner interagiert wird?	Testweises Einbringen einer manipulierten Komponente

Fortsetzung auf der nächsten Seite.

Fortsetzung von Tabelle 5.2

NR.	SST.	PRÜFFRAGE	METHODIK
7	4	Ist eine dezentrale Steuerung auf eine Art und Weise realisiert, dass sie gegen Manipulationen von Teilergebnissen gesichert ist?	Analyse der Entscheidungsfindungsprotokolle und Untersuchung des benutzten Fehlermodells
8	4	Ist sichergestellt, dass Nachrichten zur Abstimmung einer dezentralen Steuerung nicht manipuliert werden können oder Manipulationen entdeckt werden können?	Testweises Einbringen manipulierter Nachrichten
9	5	Ist die Anzahl der Ereignisse, die zeitnah eintreffen können, beschränkt?	Analyse des *worst-case*-Verhaltens aller Nachrichtenquellen unter Berücksichtigung gegenseitiger Einflüsse
10	6	Ist bei ereignisbasierten Interaktionen sichergestellt, dass Nachrichten zwischen Quelle und Senke nicht verändert werden können oder solche Änderungen zumindest erkannt werden können?	Testweises Manipulieren einer Nachricht
11	7	Ist dafür gesorgt, dass nur erwünschte Teilnehmer in ein dynamisches System aufgenommen werden beziehungsweise dass Teilnehmer, die gegen die Systemintention verstoßen, erkannt werden?	Testweises Einbringen eines manipulierten Teilnehmers
12	8	Ist der im System betriebene Laufzeitaufwand für Optimierungen bekannt und steht er in einem sinnvollen Verhältnis zu seiner Wirkung?	Monitoring und Leistungsüberwachung
13	8, 9	Erreichen im System vorhandene Optimierungen tatsächlich ihr Ziel?	Monitoring und Leistungsüberwachung
14	9	Erreichen Optimierungen im System globale Optima oder pendeln sie zwischen lokalen Optima?	Monitoring und Leistungsüberwachung
15	12	Gibt es ein Fehlermodell für das System?	Analyse der Dokumentation und der Spezifikation des Systems

Fortsetzung auf der nächsten Seite.

Fortsetzung von Tabelle 5.2

NR.	SST.	PRÜFFRAGE	METHODIK
16	10	Hat das System ausreichend Informationen über sich selbst, um die gegebene Zielstellung erreichen zu können?	Analyse der zur Verfügung stehenden Informationen
17	11	Hat das System Zugang zu allen Zustandsinformationen, die es benötigt, um die gegebene Zielstellung erreichen zu können?	Monitoring der Reaktion auf gezielte testweise Zustandsänderungen
18	13	Ist sichergestellt, dass transiente Fehler nicht zum dauerhaften Systemversagen führen, sondern lediglich zu einer zeitlich begrenzten Auswirkung mit anschließender Selbststabilisierung?	Stabilitätsanalyse des Systems (Abschnitt 5.4.1)
19	14	Gibt es im System Maßnahmen zur Vermeidung oder Behandlung von Verklemmungen?	Lebendigkeitsanalyse des Systems (Abschnitt 5.4.4)
20	14	Ist der gegenseitige Ausschluss unter allen Umständen sichergestellt?	Analyse des Systems und der Dokumentation sowie Durchführung daraus abgeleitete Tests
21	15	Ist bekannt, welche „Nebenwirkungen" Kompositionsvorgänge haben und welche Eigenschaften (insbesondere unerwünschte Eigenschaften) sie in das System bringen?	Analyse von Kompositionsvorgängen insbesondere hinsichtlich nicht-funktionaler Auswirkungen
22	18	Wie weit reicht die Abkapselung an den System- bzw. Komponentengrenzen?	Analyse der Schnittstellen
23	18	Ist klar definiert, welche Informationen die System- bzw. Komponentengrenzen passieren können und welche nicht?	Sichtung der Spezifikation des Systems und Vergleich mit Schnittstellen und Implementation
24	19	Ist es möglich, systeminterne Vorgänge, die zu unerwünschten Verhalten führen können, von außen soweit zu steuern, dass das unerwünschte Verhalten unterbleibt?	Steuerbarkeitsanalyse (Abschnitt 5.4.3)

Fortsetzung auf der nächsten Seite.

Fortsetzung von Tabelle 5.2

NR.	SST.	PRÜFFRAGE	METHODIK
25	20	Können durch Beobachtung (Abfrage der Schnittstellen sowie Beobachtung des Verhaltens) des Systems ausreichend Informationen gewonnen werden, um auf den Systemzustand zu schließen?	Beobachtbarkeitsanalyse (Abschnitt 5.4.2)

5.6   Zusammenfassung und Diskussion

Durch Autonomie – egal, ob sie beabsichtigt oder unbeabsichtigt in ein System eingebracht wurde – können zusätzliche Schwachstellen auftreten. Dabei fällt es schwer, diese Schwachstellen *direkt* der Autonomie zuzuordnen. Vielmehr werden Schwachstellen, die auch anderweitig auftreten können, begünstigt, d. h. die Wahrscheinlichkeit ihres Auftretens steigt. Dies sind aber in der Regel mittelbare Effekte, die ihren Grund in den Eigenschaften der Architekturmuster haben, die in Systemen mit Autonomie anzutreffen sind. Eigenschaften wie Asynchronität, späte Bindungen oder dezentrale Koordination, die zwar autonomie-typisch, aber nicht autonomie-implizierend sind, bringen eine Anfälligkeit für die diskutierten Schwachstellen mit sich.

Diese Eigenschaften erschweren bei gewünschter Autonomie auch die Gegenmaßnahmen: typische Teile-und-herrsche-Ansätze zur Erhöhung der Beherrschbarkeit von Schwachstellen, die meist mit Hierarchisierung, Reduzierung von Schnittstellen, Einschränkung des Verhaltens und/oder des Zustandsraums verbunden sind, schränken die Freiheitsgrade eines Systems ein und vernichten damit gewünschte Autonomie oder behindern sie mindestens. Falls jedoch Fälle von unerwünschter Autonomie auftreten, können diese klassischen Ansätze natürlich hilfreich sein. In diesen Fällen liegt das Problem eher bei der *Erkennung*: Fehlerhaftes autonomes Verhalten tendiert dazu, sich als *Heisen-Bug*[7] darzustellen, also als ein Fehler, der bei näherer Untersuchung verschwindet.

Auch bei erwünschter Autonomie ist die Schwachstellenerkennung schwierig. Sie vereinfacht sich, wenn autonomes Verhalten formalisiert werden kann, wie es in den Beispielen aus Abschnitt 5.4 diskutiert wurde. Jedoch zeigt es sich in der Praxis oft, dass selbst bei existierender *Möglichkeit* der Modellierbarkeit eines Systems (die eine Grundlage der formalen Behandlung bildet) diese häufig nicht genutzt wird. Dies liegt meist daran, dass sich die Systementwickler entweder nicht des Risikos bewusst sind, oder dass sie den Aufwand als zu hoch im Verhältnis zum Risiko einschätzen oder dass sie sich einfach nicht in der Lage sehen, entsprechende Methoden anzuwenden. Aber insbesondere beim Auftreten emergenten Verhaltens, das typisch für Systeme mit Autonomie ist, gibt es auch vielfach noch keine stringenten Methoden der Modellierung oder gar der Analyse. Hier sind Systementwickler auf naturgemäß weniger zuverlässige Ad-hoc-Ansätze angewiesen.

---

[7]Der Begriff „Heisen-Bug" ist eine Wortspielerei, die eine Beziehung zwischen dem englischen Jargonwort *Bug* für Programmierfehler und dem Physiker WERNER HEISENBERG herstellt. Von HEISENBERG stammt die berühmte Unschärferelation, die die beschränkte Beobachtbarkeit physikalischer Vorgänge auf Quantenebene beschreibt. In Analogie ist die Beobachtbarkeit von Heisen-Bugs bei üblichen Fehlersuchverfahren (Debugging) eingeschränkt, vgl. auch [211].

Eine noch allgemeinere Quelle für autonomie-induzierte Schwachstellen wurde bisher noch gar nicht angesprochen: Die Komplexität. Natürlich ist eine steigende Komplexität ein allgemeines Phänomen der modernen Systementwicklung. Jedoch gilt, wie bereits im Abschnitt 3.2.3 diskutiert wurde, dass Autonomie in der Praxis stets die Systemkomplexität und damit die Gefahr von Schwachstellen erhöht. Alle anderen in diesem Kapitel diskutierten Schwachstellen gewinnen dadurch zusätzliches Gefährdungspotential: Nicht nur, dass ihr Auftreten durch die system-eigene Autonomie wahrscheinlicher wird, sie sind auch noch durch die autonomie-induzierte Komplexität schwerer zu identifizieren und zu beheben. Dies tritt insbesondere bei Systemen mit beabsichtigter Autonomie auf. Dadurch verschärft sich das bereits diskutierte Problem der Erkennung autonomie-induzierter Schwachstellen noch zusätzlich.

6 Maßnahmen zur Schwachstellenbekämpfung

Im vorangehenden Kapitel wurde diskutiert, welche (zusätzlichen) Gefährdungen – und damit Beeinträchtigungen der Verlässlichkeit – Autonomie in einem IT-System bewirken kann, egal ob die Autonomie beabsichtigt eingebracht wurde oder ob es sich um unbeabsichtigte Autonomie handelt. Autonomie wird, wie in Abschnitt 1.1 erläutert, häufig mit dem Ziel eingesetzt, die Verlässlichkeit des Systems zu *erhöhen*. Bei IT-Systemen geht es also darum, *korrektes* autonomes Verhalten zu erzielen, also Autonomie in den Grenzsetzungen der Systemintentionen (vgl. Diskussion zum Systembegriff im Abschnitt 2.1.1 und zu Korrektheit im Abschnitt 2.3.1). Daher müssen bei Maßnahmen, die der Verbesserung der Verlässlichkeit autonomer Systeme dienen, wiederum stets zwei Aspekte berücksichtigt werden: die Sicherstellung korrekten autonomen Verhaltens und die Unterdrückung inkorrekten autonomen Verhaltens. Zum letzteren gehört insbesondere unerwünschte Autonomie.

Beide Aspekte werden in diesem Kapitel diskutiert. Dabei ist zu beachten, dass beide Aspekte bei der Behandlung *eines einzigen* Systems eine Rolle spielen können: Es kann gleichzeitig darum gehen, sowohl gewünschte Autonomie zu fördern und ihre Korrektheit zu gewährleisten, als auch unerwünschte Autonomie zu vermeiden. Die Diskussionen in diesem Kapitel beruhen auf den allgemeinen Betrachtungen zur Autonomie in Kapitel 3, den Erkenntnissen über die Eignung (oder Anfälligkeit) spezifischer Architekturmuster für Autonomie (Kapitel 4) sowie den Betrachtungen zu autonomieinduzierten Schwachstellen (Kapitel 5).

Das vorliegende Kapitel ist folgendermaßen gegliedert: Die Betrachtungen der Maßnahmen zur Schwachstellenbekämpfung beginnen mit einer Einleitung in Abschnitt 6.1. In dieser wird begründet, warum die Maßnahmen in diesem Buch in der im Folgenden kurz vorgestellten Reihenfolge präsentiert werden, statt dem üblicheren Ansatz entlang des Lebenszyklus eines Systems zu folgen. In Form eines Maßnahmenvektors wird auf diese Frage weiter eingegangen und diskutiert, zu welchem Zeitpunkt welche Art von Maßnahmen sinnvoll ist. Die weitere Struktur des Kapitels orientiert sich (dies wird in Abschnitt 6.1 näher begründet) an der Gliederung des Kapitels 5, indem die Unterteilung in erwünschte und unerwünschte Autonomie aufgegriffen wird. Entsprechend werden in Abschnitt 6.2 Maßnahmen diskutiert, die dazu dienen, die erwünschte Autonomie eines Systems sicherzustellen, also insbesondere den in Abschnitt 5.2 vorgestellten Schwachstellen zu begegnen. Daran anschließend werden in Abschnitt 6.3 Ansätze vorgestellt, um das unerwünschte Auftreten von Autonomie entsprechend den in Abschnitt 5.3 betrachteten Schwachstellen zu vermeiden. Beide Abschnitte gehen dabei auf die in Abschnitt 5.4 vorgestellten formalen Analyseansätze ein. Diese Betrachtungen werden in Abschnitt 6.4 fortgesetzt, indem basierend auf den bisherigen Erkenntnissen Konsequenzen für die Modellierung autonomer Systeme diskutiert werden. Die Erkenntnisse dieser Abschnitte sowie der übrigen Kapitel des Buches münden in einen Empfehlungskatalog für das

Design, die Entwicklung und den Betrieb autonomer Systeme (Abschnitt 6.5). Abgeschlossen wird das Kapitel 6 mit einer Zusammenfassung in Abschnitt 6.6.

6.1   Einleitung

Bei der Darstellung von Maßnahmen zur Bekämpfung von Schwachstellen autonomer Systeme bieten sich zwei verschiedene Vorgehensweisen an. Zum einen ist es möglich, die Maßnahmen entlang des Lebenszyklus eines Systems zu gliedern und zu unterscheiden, welche Maßnahmen bei der Entwicklung sinnvoll sind, welche bei der Integration des Systems und welche letztlich beim Betrieb relevant sind. Eine solche Vorgehensweise begleitet den Entwicklungsweg des Systems und scheint damit unter praktischen Gesichtspunkten geeignet. Sie hat allerdings auch den Nachteil, dass der spezielle Fokus auf Autonomie und die damit verbundenen Probleme und Anforderungen ebenso verloren gehen wie die zentrale Rolle der speziellen, mit Autonomie verbundenen Schwachstellen. Das zweite mögliche Vorgehen greift genau diesen Gedanken auf, indem die Autonomie und die mit ihr verbundenen Schwachstellen in den Mittelpunkt der Betrachtungen gestellt werden. Der direkte Bezug zum Lebenszyklus des Systems geht damit zwar zum Teil verloren, vorteilhaft ist jedoch, dass auf die speziellen Probleme autonomer Systeme gezielt eingegangen werden kann. Damit kann es nicht dazu kommen, dass das gleiche autonomiebezogene Problem mehrfach in verschiedenen Teilen des Lebenszyklus betrachtet werden muss. Ein weiterer Vorteil dieser Vorgehensweise liegt darin, dass Autonomie eine Eigenschaft ist, die sich erst im Betrieb manifestiert, so dass die meisten Maßnahmen entweder direkt dort greifen oder so angelegt sind, dass sie Auswirkungen auf den Betrieb haben.

In diesem Buch wird, wie bereits eingangs dargelegt, das zweite Vorgehen gewählt. Um dennoch nicht den Bezug zum Lebenszyklus zu verlieren und entsprechende Betrachtungen zu ermöglichen, wird im Folgenden kurz auf den Lebenszyklus eines Systems eingegangen, um darauf aufbauend bei der autonomieorientierten Darstellung der einzelnen Maßnahmen jeweils die Verbindung herstellen zu können. Die Betrachtungen beziehen sich dabei – wie alle weiteren in diesem Kapitel – lediglich auf die speziellen Anforderungen autonomer Systeme. Auf übliche und etablierte Techniken für den Entwurf, die Entwicklung und den Betrieb informationstechnischer Systeme wird nicht speziell eingegangen, dafür sei auf die entsprechende Standardliteratur verwiesen.

Der Lebenszyklus eines realen Systems wird grob in die folgenden Abschnitte unterteilt, die jeweils Gegenstand entsprechender Maßnahmen zur Bekämpfung von Schwachstellen sein können (vgl. auch Anhang B):

- **Entwicklung.** Maßnahmen bezüglich der Entwicklung zielen auf die einzelnen Phasen des Entwicklungsprozesses ab, wobei das gewählte Entwicklungsprozessmodell (vgl. Anhang B.1) ebenso von Bedeutung ist wie die Modellierung des Systems und die Auswahl eines Architekturmusters.

  Auf die Aspekte des Entwicklungsprozesses und der Modellierung wird speziell in Abschnitt 6.4 eingegangen, während die Wahl des Architekturmusters und die damit verbundenen Konsequenzen (die nicht nur für die Entwicklungsphase gelten, sondern entsprechend der einleitenden Diskussion auch und insbesondere für spätere Phasen relevant sind) in Abschnitt 6.2.1 betrachtet werden.

- **Integration.** Mit Integration eines Systems ist die Installation und Konfiguration mit dem Ziel der Inbetriebnahme gemeint. Die Integration ist bei wirtschaftlichen Anwendungen in Unternehmen ein bedeutsamer Schritt im Lebenszyklus eines Systems, da praktisch jedes System für seine Anwendung einer individuellen Konfiguration bedarf. Bei der Integration muss neben der Konfiguration berücksichtigt werden, an welcher Stelle ein System integriert wird: Auf welchem Computersystem wird eine Software eingespielt, in welchem Netzwerkabschnitt wird ein Computersystem installiert, für welche Systeme muss eine Kommunikationsschnittstelle konfiguriert werden sowie weitere Aspekte dieser Art. Da die Konfiguration eines Systems sämtliche Teile betrifft und oft auch über die exakte Verschaltung der Komponenten entscheidet, ist diese Sicht orthogonal zur Eigenschaft der Autonomie, so dass entsprechende Betrachtungen an keiner speziellen Stelle zu finden sind, sondern jede der in den Abschnitten 6.2, 6.3 und 6.4 vorgestellten Maßnahmen betrifft.

  Insbesondere auf die in Abschnitt 5.2.3 vorgestellte Problematik der Selbstkenntnis hat die Integrationsphase einen erheblichen Einfluss, da zum Zeitpunkt der Integration ein Großteil des Wissens über das System erst erzeugt wird und folglich angemessen im System repräsentiert werden muss.

- **Betrieb.** Der Betrieb des Systems ist die Phase, in der das System seiner Zielstellung entsprechend genutzt wird beziehungsweise genutzt werden soll. Im Fall eines autonomen Systems ist es zugleich auch die Phase, in der sich die Eigenschaft der Autonomie manifestiert und zum Tragen kommt. Entsprechend ist, wie eingangs bereits begründet, der größte Teil der autonomiebezogenen Maßnahmen genau in dieser Phase angesiedelt und dient dabei der Sicherstellung des autonomen Betriebs und der Vermeidung von daraus resultierenden Problemen (Abschnitt 6.2) als auch der Vermeidung von zu weit reichender Autonomie (Abschnitt 6.3), die die beabsichtigte Autonomie und damit die zu erbringende Funktion gefährden könnte.

  Entsprechend der Natur eines autonomen Systems werden an dieser Stelle nur Maßnahmen betrachtet, die von einem autonomen Betrieb, also ohne das Mitwirken von Menschen, ausgehen. Alle weiteren Maßnahmen, die aktive und manuelle Eingriffe erfordern, sind nicht Gegenstand der Betrachtungen, da sie in gleicher Weise für beliebige Systeme gelten, so dass wiederum auf die entsprechende Literatur verwiesen wird.

  Die Wirksamkeit solcher Maßnahmen kann mit Hilfe von Monitoring untersucht werden, indem Ereignisse aufgezeichnet werden, um diese beispielsweise im Nachhinein verfolgen zu können. Im Fehlerfall soll anhand dieser Aufzeichnungen das Zustandekommen der Fehlfunktion nachvollzogen werden können. Zusätzlich unterstützen aktive Monitoring-Maßnahmen, wie periodische Funktionstests, den Betrieb eines Systems und können auch als Grundlage autonomer Entscheidungen verwendet werden.

  Durch Modellierung autonomer Eigenschaften können Monitoring-Systeme parametrisiert werden, um so den Monitoring-Prozess zu automatisieren. Auf diese Weise kann ein Monitoring-System die aufgezeichneten Daten auswerten, um eine klare Rückverfolgung zum Ursprung des Schadensfalls zu ermöglichen.

Die weiteren Betrachtungen in diesem Kapitel werden, wie oben motiviert, der Gliederung entlang der Eigenschaft der Autonomie folgen. Auf die einzelnen Phasen des Lebenszyklus wird dabei, sofern sinnvoll, bei der Vorstellung der entsprechenden Maßnahmen eingegangen.

6.2   Sicherstellen erwünschter Autonomie

In diesem Abschnitt werden ausgewählte Maßnahmen zur Sicherstellung erwünschter Autonomie beschrieben, wobei mit der Wahl des Architekturmusters in Abschnitt 6.2.1 als einer
Maßnahme zur Designzeit begonnen wird und im Anschluss daran in Abschnitt 6.2.2 auf Maßnahmen zur Bekämpfung von Schwachstellen eingegangen wird, die eine Folge einer autonomiefördernden Auslegung des Architekturmusters sind. Abschnitt 6.2.3 beschreibt die Konzepte der Selbststabilisierung und der Superstabilisierung. In Abschnitt 6.2.4 wird die Fehlereindämmung als eine weitere Maßnahme vorgestellt. Abgeschlossen werden die Betrachtungen in Abschnitt 6.2.5 mit Maßnahmen zur Sicherstellung der Lebendigkeit.

Die Auswahl der hier betrachteten Maßnahmen orientiert sich dabei sowohl an der Zielstellung, erwünschte Autonomie sicherzustellen, als auch an den Betrachtungen zu Schwachstellen autonomer Systeme in Kapitel 5, insbesondere aber an den in Abschnitt 5.2 vorgestellten
autonomieinduzierten Schwachstellen.

6.2.1   Auswahl geeigneter Architekturmuster

Die Entscheidung über das verwendete Architekturmuster und die darauf basierende Architektur fällt in der Regel in der Entwicklungsphase eines Systems, selten (und in eingeschränktem
Maße, da durch die zu diesem Zeitpunkt bereits vorhandenen Einzelkomponenten die Möglichkeiten zur Interaktion nicht mehr beliebig sind) auch in der Integrationsphase. Dessen ungeachtet sind es jedoch die Auswirkungen auf den späteren Betrieb des Systems, die wesentlich dazu
beitragen, welches Architekturmuster für einen gegebenen Zweck am besten geeignet ist.

Entsprechend den Betrachtungen von Abschnitt 4.2 ist es für ein autonomes System günstig,
wenn die in der Klassifikation benutzen Eigenschaften jeweils Werte annehmen, die autonomiefördernd oder zumindest nicht autonomiehemmend sind. In den Grafiken des Abschnittes 4.2 bedeutete dies jeweils Werte am rechten Ende der jeweiligen Skala. Eine solche Auswahl
führt dazu, dass die Schwachstellen, die mit der jeweils nicht autonomiefördernden Auslegung
verbunden sind, vermieden oder abgeschwächt werden. Umgekehrt resultiert eine solche Entscheidung aber auch im Auftreten der in Abschnitt 5.2.1 diskutierten Schwachstellen. Somit ist
der Einsatz autonomiefördernder Techniken auf der einen Seite selbst eine Maßnahme gegen
allgemeine Schwachstellen, bringt jedoch (autonomie-induzierte) Schwachstellen mit sich.

In vielen Fällen ist es, abhängig von der Zielstellung, nicht nötig, dass wirklich jede der in
Abschnitt 4.2 betrachteten Eigenschaften einen autonomiefördernden Wert hat. Ebenso ist es
möglich, Eigenschaften zu haben, die neutral sind (in der Grafik also durch einen entsprechend
breiten Bereich gekennzeichnet sind) oder sogar grundsätzlich Autonomie nicht fördern, was
aber in manchen Fällen akzeptabel ist. Somit ist die Entscheidung für eine gewünschte Auslegung der entsprechenden Eigenschaften stets ein Kompromiss zwischen den jeweiligen Vor-
und Nachteilen sowie dem gewünschten Grad an Autonomie.

Am Ende einer solchen Auswahl steht ein Diagramm ähnlich den Diagrammen, die in Abschnitt 4.3 bei der Diskussion der einzelnen Architekturmuster benutzt wurden. Dieses Diagramm kann entweder direkt benutzt werden, um ein möglichst gut passendes Architekturmuster auszuwählen, oder es wird als Grundlage für die Entwicklung eines neuen, hybriden
Architekturmusters verwendet.

Beachtet werden muss bei einem solchen Vorgehen, dass die Eigenschaften der Architektur-muster entsprechend den Ausführungen aus Abschnitt 4.1 von der gewählten Betrachtungsebe-ne abhängen – für die „Konstruktion" einer gewünschten Eigenschaftskonfiguration gilt das in gleichem Maße. Das Ergebnis ist, dass es für ein System unterschiedliche Architekturmuster auf unterschiedlichen Ebenen geben kann.

Für jede dieser Betrachtungsebenen kann ein Diagramm analog Abschnitt 4.3 aufgestellt wer-den, womit sich zwei Klassen von Schwachstellen ergeben: solche, die durch die Verwendung von Autonomie behoben werden können, und solche, die entsprechend Abschnitt 5.2.1 durch die autonomiefördernde Auslegung bedingt sind. Die Schwachstellen ersterer Art werden hier nicht weiter betrachtet, da eine bewusst nicht autonomiefördernde Auslegung an dieser Stelle in einem autonomen System nur sinnvoll ist, wenn die fragliche Schwachstelle für das be-trachtete System entweder nicht existiert, irrelevant ist oder bewusst in Kauf genommen wird. Schwachstellen der zweiten Art wurden in Abschnitt 5.2.1 beschrieben und werden im folgen-den Abschnitt 6.2.2 hinsichtlich dazugehöriger Maßnahmen diskutiert.

6.2.2 Bekämpfung architekturinduzierter Schwachstellen

Die Betrachtungen dieses Abschnittes stellen den dritten Teil der Diskussion von Architektur-eigenschaften dar. Sie basieren auf der Vorstellung der Eigenschaften und ihrer Diskussion hin-sichtlich einer autonomiefördernden Auslegung in Abschnitt 4.2 und der in Abschnitt 5.2.1 vor-genommenen Betrachtung von Schwachstellen, die eine solche autonomiefördernde Auslegung mit sich bringen. An dieser Stelle sollen die Schwachstellen aus Abschnitt 5.2.1 aufgegriffen werden und entsprechende Gegenmaßnahmen vorgestellt werden. Hierbei wird insbesondere auch auf die Beispiele eingegangen und die Maßnahmen an diesen demonstriert.

Bei jeder autonomiefördernden Eigenschaft und den dazugehörigen Schwachstellen gibt es die triviale Maßnahme, die autonomiefördernde Auslegung der Eigenschaft abzuschwächen und damit die Schwachstelle zu bekämpfen. Auch wenn dieser Ansatz unter dem Gesichtspunkt der Autonomie widersinnig erscheinen mag (eine Eigenschaft wird so ausgelegt, dass sie Au-tonomie fördert, das bringt eine Schwachstelle mit sich, die dann wiederum durch eine gegen-teilige Auslegung der Eigenschaft bekämpft wird), so liegt die Idee darin, die entsprechende Abschwächung nur auf einzelnen Betrachtungsebenen und auch nur teilweise vorzunehmen, so dass die Autonomie des Gesamtsystems nur wenig oder nicht betroffen ist.

6.2.2.1 Homogenität

Als eine der wichtigsten Schwachstellen homogener Systeme wurden in Abschnitt 5.2.1.1 *com-mon mode failures* genannt. Das Problem eines solchen Fehlers ist es insbesondere, dass Red-undanz im Raum (also die Ausführung auf einem zweiten System) keine Lösung ist, da das zweite System infolge der Homogenität den gleichen Fehler machen wird. Auch eine Wieder-holung der durchgeführten Rechnung (Redundanz in der Zeit) hilft im Normalfall nicht, da hier wiederum eine identische Ausführungsumgebung vorliegt. Sinnvoller ist der Einsatz von Techniken, die entweder die Korrektheit von Berechnungen direkt prüfen (etwa Durchführung einer inversen Berechnung, um die Gültigkeit eines Ergebnisses zu überprüfen) oder Redun-danz in der Zeit in Verbindung mit algorithmischer Inhomogenität, also unter Benutzung eines anderen Rechenverfahrens. Ein Problem beider Ansätze ist jedoch, dass grundlegende Fehler in der verwendeten Hardware (ein Beispiel dazu ist der berühmte Pentium-Bug [270]) damit nur entdeckt werden können, wenn sichergestellt ist, dass der Fehler die entsprechende zweite

Rechnung nicht so beeinflussen kann, dass sie wiederum als korrekt erkannt wird (im Fall des Pentium-Bugs ist das sichergestellt – der Fehler betraf die Division, eine entsprechende Gegenrechnung würde per Multiplikation stattfinden). Bei Vorhandensein eines Fehlermodells ist dies unter Umständen möglich. Insgesamt ist die Maßnahme gegen diese Art von Schwachstellen damit eine Erhöhung der Verlässlichkeit des entsprechenden Systems bzw. Systemkomponente.

Dieser Ansatz ist auch bei dem in Abschnitt 5.2.1.1 gegebenen konkreten Beispiel vielversprechend: Kern des dort dargestellten Problems sind Qualitätsmängel in der Software, die durch die entsprechenden Angriffe ausgenutzt werden. Da die Homogenität als gegeben angenommen wird und damit Lösungen wie die Benutzung verschiedener Betriebssysteme auf unterschiedlichen Prozessorarchitekturen nicht in Frage kommen, liegt die Lösung in der Vermeidung der zu einem *common mode failure* führenden Schwachstelle durch entsprechende Qualitätssicherung der Software.

Eine weitere Maßnahme ist das bewusste Aufgeben eines Teiles der autonomiefördernden Eigenschaft der Homogenität zumindest auf einigen Ebenen. Je nach Zielstellung muss ein solches Vorgehen die Autonomie des Gesamtsystems nicht gefährden, da es unter Umständen ausreichen kann, wenn die Homogenität hinsichtlich der Schnittstellen und der Funktionalität der beteiligten Subsysteme gegeben ist (und damit auf der entsprechenden Betrachtungsebene), während der technische Aufbau der Subsysteme inhomogen ist. Ein Beispiel dazu ist die Verwendung eines auf Java aufsetzenden verteilten Systems auf Knoten, die jeweils unterschiedliche Betriebssysteme und unterschiedliche Prozessorarchitekturen verwenden.

6.2.2.2 Synchronität

In Abschnitt 5.2.1.2 wurde als eine Schwachstelle asynchroner (und damit autonomiefördernder) Systeme identifiziert, dass die Entkopplung der Lebenszyklen dazu führt, dass es keine Sicherheit gibt, dass Ziele, die mit einer Interaktion angestrebt wurden, erreicht werden.

Eine übliche Maßnahme ist an dieser Stelle wiederum das teilweise Aufgeben der Asynchronität, indem entsprechende Rückmeldungen zusammen mit gewissen zeitlichen Beschränkungen eingeführt werden. Dieser Ansatz läuft jedoch direkt der in Abschnitt 4.2.2 beschriebenen Motivation, autonome Systeme möglichst asynchron auszulegen, entgegen. Er ist damit nur anwendbar, wenn die Auswirkungen auf das autonome Verhalten des Gesamtsystems toleriert werden können. Deswegen werden im Folgenden zwei Maßnahmen vorgestellt, die die Asynchronität nicht aufgeben und für eine Reihe von Szenarien anwendbar sind.

Die erste Maßnahme basiert auf der Idee, dass mit einer Interaktion in vielen Fällen eine Aktion beim Interaktionspartner ausgelöst werden soll, deren Auswirkungen feststellbar sind. Wenn beispielsweise ein Knoten eines verteilten Systems feststellt, dass die Umgebungstemperatur zu hoch ist und darum asynchron eine Nachricht an den Knoten schickt, der die Klimaanlage steuert, dann führt die erfolgreiche Übertragung letztlich dazu, dass die Umgebungstemperatur sinkt. Gegenüber einer Bestätigung einer Nachricht führt ein solches Vorgehen sogar zu einer Ende-zu-Ende-Kontrolle, da nicht nur die Übertragung der Nachricht, sondern auch die Ausführung der gewünschten Aktion inklusive der Funktion des Aktuators überwacht werden können. Bei Betrachtung des in Abschnitt 5.2.1.2 gegebenen Beispiels (SMTP) würde dieser Ansatz darauf hinauslaufen, dass die erfolgreiche (asynchrone) Übertragung einer Mail anhand der Reaktion des Empfängers festgestellt wird – sei es eine Antwortmail, eine Aktion oder die Feststellung der Aktion, um die gebeten wurde.

Die zweite mögliche Maßnahme delegiert die Überwachung an eine eigene Komponente, die über das nötige systeminterne Wissen (Selbstkenntnis) bezüglich möglicher Fehlerfälle verfügt und durch Beobachtung des Nachrichtenverkehrs entsprechende Schlüsse zieht und im Fall von Problemen aktiv wird.

6.2.2.3 Bindung

Hinsichtlich der Architektureigenschaft Bindung wurde in Abschnitt 4.2.3 eine späte Bindung als autonomiefördernd identifiziert. Schwachstelle einer späten Bindung ist, wie bereits in Abschnitt 5.2.1.3 dargelegt, dass Angreifer die Rolle des Interaktionspartners übernehmen können und auf diese Weise unautorisiert Teil des Systems werden können.

Eine naheliegende Maßnahme ist die Benutzung von Verfahren zur Authentifikation [64]. Das Problem dabei ist, dass die Benutzung beispielsweise gemeinsamen Wissens (Passwort, vereinbarte Schlüssel usw.) insofern gegen die Idee einer späten Bindung verstößt, als dass dieses gemeinsame Wissen in die potentiell zulässigen Interaktionspartner eingebracht werden muss.

Eine Alternative zum beschriebenen Vorgehen ist, eine Infrastruktur für die Authentifikation aufzubauen oder (falls vorhanden) zu benutzen. Auch dieser Ansatz birgt aufgrund der Tatsache, dass für die Benutzung einer solchen Infrastruktur ebenfalls Wissen für den Zugang benötigt wird (entweder eine Adresse oder eine Möglichkeit, einen aufgefundenen Authentifikationsdienst hinsichtlich seiner Integrität zu evaluieren), eine gewisse Schwächung der Idee einer späten Bindung. Im Gegensatz zum ersten Ansatz erfordert er aber kein gegenseitiges Wissen der Komponenten, so dass innerhalb des Systems nach wie vor eine späte Bindung möglich ist.

6.2.2.4 Koordination

In Abschnitt 5.2.1.4 wurde die verteilte Entscheidungsfindung als eine Schwachstelle dezentral koordinierter und damit nach Abschnitt 4.2.4 autonomiefördernder Systeme identifiziert. Im Gegensatz zu den Betrachtungen in den drei vorherigen Abschnitten ist es an dieser Stelle nur beschränkt sinnvoll, die Dezentralität zugunsten von zentralen Elementen aufzugeben, da ein zentrales Element eine mindestens ebenso große Schwachstelle im Fall eines Ausfalls oder einer Übernahme durch einen Angreifer darstellt. Ansatzpunkt der Maßnahmen zur Bekämpfung der Schwachstelle ist damit der verwendete Algorithmus für die verteilte Entscheidungsfindung.

Kern der in Abschnitt Abschnitt 5.2.1.4 dargestellten Schwachstelle ist, dass es möglich ist, das Ergebnis einer verteilten Abstimmung durch Manipulation eines oder weniger Teilnehmer ausreichend zu verfälschen, um ein anderes als das korrekte Ergebnis zu erhalten. Je nach dem Grad möglicher Manipulationen sind damit verschiedene Gegenmaßnahmen möglich, wobei im Folgenden davon ausgegangen wird, dass ein manipulierter Teilnehmer einer dezentralen Steuerung beliebig bösartig sein kann, also insbesondere gegenüber verschiedenen anderen Teilnehmern verschiedenes Verhalten zeigen kann – ein klassischer Fall eines byzantinischen Fehlers (siehe Abschnitt 2.3.1) bei Betrachtung aus Sicht der Fehlertoleranz. Damit bietet sich das byzantinische Agreement [140] als Algorithmus für die Lösung eines solchen Problems an. Damit ist es möglich, dass sich bis zu einem Drittel der Teilnehmer an einer dezentralen Entscheidungsfindung beliebig verhalten können und es dennoch sichergestellt ist, dass alle übrigen Teilnehmer zu einer konsistenten Entscheidung kommen.

Je nach Art der Entscheidungsfindung gibt es weitere Maßnahmen, diese Schwachstelle zu bekämpfen. So kann eine Mittelwertbildung (erstes Beispiel aus Abschnitt 5.2.1.4) beispielsweise unter Auslassung der Extremwerte durchgeführt werden.

6.2.2.5 Interaktion

In Abschnitt 5.2.1.5 wurden zwei Schwachstellen ereignisbasierter Kommunikation (die wiederum in Abschnitt 4.2.5 als autonomiefördernd identifiziert wurde) vorgestellt, nämlich die Empfindlichkeit hinsichtlich der Manipulation von Ereignissen und die Möglichkeit, dass Ereignisschauer auftreten können.

Eine Manipulation von Ereignissen kann verschiedene Ausprägungen haben, wobei jeweils verschiedene Maßnahmen sinnvoll sind. Gegen die Auswirkungen des Löschens von Ereignissen, die damit ihre Empfänger nicht mehr erreichen, sind die in Abschnitt 6.2.2.2 beschriebenen Maßnahmen sinnvoll, während das Erkennen von Ereignissen, die ein Angreifer erzeugt hat, mit dem in Abschnitt 6.2.2.3 beschriebenen Ansatz der Authentifikation möglich ist. Signaturen [64] sind hingegen eine Maßnahme gegen einen *man in the middle*, also Verfälschung eines zulässigen Ereignisses.

Das Auftreten eines Ereignisschauers ist eine Folge der nicht vorhandenen Koordination verschiedener Ereignisquellen, die damit eine oder mehrere Ereignissenken überlasten, falls infolge äußerer Umstände alle Quellen gleichzeitig Ereignisse produzieren.

Eine Maßnahme zur Eindämmung solcher Ereignisschauer ist eine gegenseitige Beobachtung der erzeugten Ereignisse, so dass eine Komponente ein Ereignis nur erzeugt, wenn innerhalb eines gewissen Zeitfensters nicht bereits ein gleiches oder ähnliches Ereignis im System beobachtet wurde. Wenn beispielsweise in einem System infolge einer Katastrophe der Kontakt zu einer Reihe von Komponenten abreißt, so werden dies mehrere Komponenten feststellen und entsprechende Alarmmeldungen generieren. In diesem Fall kann eine Komponente, die durch Beobachtung des Ereignisverkehrs feststellt, dass dieses Ereignis bereits gemeldet wurde, ihrerseits auf das Erzeugen eines Ereignisses verzichten.

Eine weitere Maßnahme kann in Systemen mit einer Infrastruktur für die Ereignisverteilung greifen, etwa im Fall des Architekturmusters Publish/Subscribe. In diesem Fall können Ereignisschauer auf Ebene der Infrastruktur erkannt und durch Zusammenfassung von Nachrichten eingedämmt werden, so dass die Ereignissenke nicht überlastet wird.

6.2.2.6 Dynamik

Die in Abschnitt 5.2.1.6 identifizierte Schwachstelle dynamischer und damit autonomiefördernder Systeme besteht darin, dass die dynamische Natur eines solchen Systems es anfällig gegen das Einbringen unerwünschter Komponenten macht. Diese Schwachstelle ist damit – wie bereits in Abschnitt 5.2.1.6 festgestellt – eng mit der Problematik der späten Bindung verbunden. Insbesondere kann die in Abschnitt 6.2.2.3 diskutierte Maßnahme der Authentifikation auch an dieser Stelle benutzt werden, um zu verhindern, dass Angreifer die Dynamik des Systems in der beschriebenen Weise ausnutzen. Entsprechend der Natur der Dynamik (insbesondere sollen auch Komponenten zugelassen werden, die zum Designzeitpunkt der übrigen Komponenten vielleicht nicht bekannt waren) ist es dabei sinnvoll, eine Infrastruktur zur Authentifikation statt gemeinsamen Wissens zu benutzen, da auf diese Weise keine Einschränkung der erwünschten Dynamik stattfindet.

6.2.3   Selbststabilisierung und Superstabilisierung

Jedes System ist zur Laufzeit Störungen ausgesetzt. Von autonomen Systemen wird in der Regel erwartet, dass zumindest bei einer bestimmten Menge von Störungen die gewünschte Funkti-

on selbständig (d. h. ohne äußere Eingriffe) gewährleistet werden kann. Ist eine Maskierung
der Störungen nicht möglich, so soll sich das System zumindest für möglichst viele Störungen
selbst „stabilisieren", d. h. nach einer gewissen Zeit wieder die gewünschte Funktion erbringen. Ein entsprechendes Verhalten wird auch als *Selbststabilisierung* bezeichnet. Die Realisierung von Selbststabilisierung ist somit als eine Maßnahme zur Sicherstellung gewünschter
Autonomie zu betrachten. Selbststabilisierung ist ein Konzept der Fehlertoleranz in verteilten
Systemen. Ein System wird als *selbststabilisierend* bezeichnet, wenn garantiert ist, dass es sich
eigenständig von beliebigen transienten Fehlern in beschränkter Zeit erholt und wieder einen
legalen Betriebszustand erreicht [58] (vgl. Abschnitt 3.1).

Das Konzept der Selbststabilisierung lässt sich auf E. W. Dijkstra (1930–2002) zurückführen,
der den ersten selbststabilisierenden verteilten Algorithmus veröffentlichte. Dijkstra betrachtet
ein Token-Ring-Netzwerk, das aus kreisförmig angeordneten Rechnern besteht, von denen stets
genau einer das Netztoken besitzen soll. Ein Token ist hierbei eine Marke, die einen Knoten
auszeichnet, ihn beispielsweise so zur Ausführung kritischer Operationen (unter gegenseitigem
Ausschluss) berechtigt und die anschließend an einen benachbarten Rechenknoten auf dem
Ring weitergegeben wird. Da die Knoten nur jeweils mit ihren beiden Ringnachbarn kommunizieren können, ist es aufgrund der fehlenden globalen Sicht schwierig für sie zu entscheiden,
ob sich das Gesamtsystem in einem korrekten Zustand befindet oder ob ein Fehler aufgetreten
ist, indem beispielsweise das Token verloren gegangen ist oder ein zweites Token auf dem Ring
kursiert. Selbststabilisierung bezeichnet hier die Fähigkeit des Systems, ohne äußere Einwirkung sicherzustellen, dass sich in endlich vielen Schritten nach Auftreten des Fehlers wieder
genau ein Token auf dem Ring befindet.

Auffallend an Dijkstras Algorithmus ist, dass er nicht versucht, Fehler aufwändig zu detektie-
ren. Stattdessen führt er kontinuierlich das System in jedem Schritt näher an einen korrekten Zustand heran bzw. in diesen hinein. Diese Charakteristik bildet auch die Basis der in
Abschnitt 3.1 gegebenen formalen Definition. Nach Definition 24 ist ein System genau dann
selbststabilisierend, wenn es ausgehend von einem beliebigen Zustand in beschränkter Zeit
einen korrekten Zustand erreicht (Konvergenz) und ausgehend von einem korrekten Zustand
in der Menge der korrekten Zustände verweilt (Abschluss), sofern kein Fehler auftritt. Abbildung 6.1a verdeutlicht diese Definition. Dargestellt ist der Zustandsraum eines Systems mit
seinen Zustandsübergängen. Korrekte Zustände sind schwarz ausgefüllt, inkorrekte Zustände
hingegen weiß gezeichnet. Wie sich leicht erkennen lässt, führen die Zustandsübergänge das
System von jedem beliebigen (inkorrekten weißen) Zustand in höchstens sieben Schritten wieder in einen korrekten schwarzen Zustand zurück (Konvergenz). Da ferner keine Übergänge
von einem schwarzen zu einem weißen Zustand existieren, bleibt das System auch weiterhin in
der Menge der korrekten Zustände (Abschluss). Einzig durch Auftreten eines Fehlers, der beispielsweise als Speicherfehler den Systemzustand beliebig korrumpieren kann, ist es möglich,
in einen inkorrekten Zustand zu gelangen. Sofern der Fehler nicht permanent vorliegt, greift jedoch schließlich die konvergierende Eigenschaft der Selbststabilisierung, die das System wieder
in einen korrekten Zustand leitet.

Selbststabilisierende Systeme und Algorithmen besitzen noch weitere interessante Eigenschaften. Zum einen benötigen sie keine Initialisierung, da aufgrund der Selbststabilisierung garantiert ist, dass sie in jedem beliebigen Zustand starten können und nach endlicher Zeit korrekt
arbeiten. Die maximale Zeit, die das System benötigt, um einen korrekten Zustand zu erreichen,
wird *Stabilisierungszeit* genannt. Zum anderen lassen sich selbststabilisierende Algorithmen

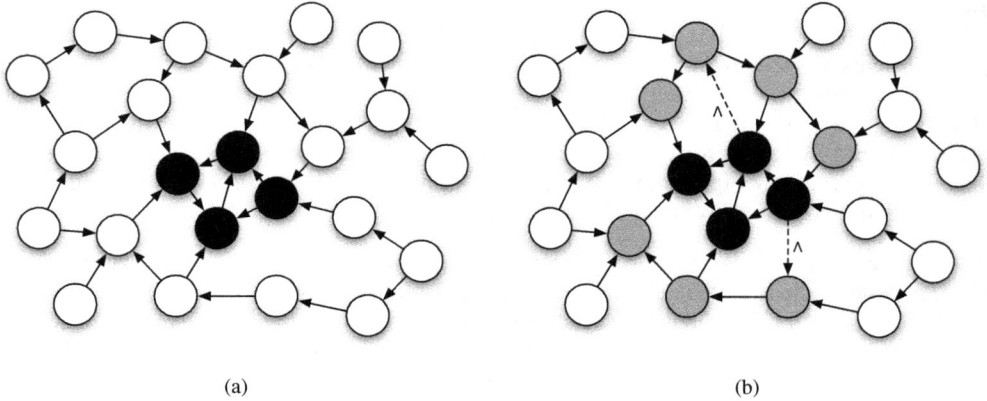

(a)   (b)

Abb. 6.1: *Zustandsräume: (a) selbststabilisierendes System; (b) superstabilisierendes System*

einfach komponieren, in dem Sinne, dass „übereinandergestapelt" ein Algorithmus auf dem Ergebnis des anderen aufbaut. Beispielsweise bietet [81] eine Übersicht über selbststabilisierende Algorithmen zur Konstruktion von Spannbäumen in beliebigen Netzen, die wiederum die Grundlage für selbststabilisierende Publish/Subscribe Algorithmen [180, 123] bilden können, die eine azyklische Topologie erfordern. Die Technik des Übereinanderschichtens verschiedener selbststabilisierender Algorithmen wird *Fair Composition* genannt. Sofern keine zyklischen Abhängigkeiten zwischen den Schichten bestehen, berechnet sich die Stabilisierungszeit des zusammengesetzten Algorithmenstapels aus der Summe der Stabilisierungszeiten seiner Schichten. Bestehen jedoch zyklische Abhängigkeiten, so müssen weiterreichende Maßnahmen ergriffen werden [148].

In dynamischen Umgebungen müssen sich Systeme rekonfigurieren, um sich beispielsweise Topologieänderungen anzupassen. Leider behandeln selbststabilisierende Protokolle im Allgemeinen Topologieänderungen analog zu Fehlern. Insbesondere in Algorithmenstapeln wird die Rekonfiguration einer tieferen Schicht (beispielsweise des Spannbaums) von der oder den höheren Schichten (beispielsweise dem Publish/Subscribe Algorithmus) als Fehler aufgenommen. Für das Verhalten des Systems können dann so lange keine Garantien mehr gegeben werden, bis das Gesamtsystem wieder einen legalen Zustand erreicht hat. Wünschenswert wäre hingegen, auch im Falle einer Rekonfiguration verbindliche Aussagen über das Systemverhalten treffen zu können, um bestimmte Sicherheitseigenschaften garantieren zu können. *Superstabilisierung* erweitert daher das Konzept der Selbststabilisierung um ein sogenanntes *Passagenprädikat*, das auch während einer Rekonfiguration aufgrund einer Topologieänderung erfüllt bleibt. Passagenprädikate sind üblicherweise schwächer als Korrektheitsprädikate, jedoch stark genug, um zusätzlichen Nutzen zu bieten. Beispielsweise befindet sich Dijkstras Token-Ring-Algorithmus in einem korrekten Zustand, wenn genau ein Token auf dem Ring kursiert, das den Zugriff auf eine exklusive Ressource gestattet. Zur Wahrung des gegenseitigen Ausschlusses auch im Falle einer Topologieänderung (wie dem Aufnehmen neuer Knoten in den Ring) sollte das Passagenprädikat die Existenz von höchstens einem Token erlauben. Während einer Rekonfiguration darf also das Token temporär verloren gehen, so dass zwischenzeitlich kein Knoten auf die Ressource zugreifen kann, jedoch darf nie ein zweites Token erzeugt werden, so dass mehrere Knoten die Ressource gleichzeitig benutzen. Mit Hilfe des Passagenprädikates lässt sich eine formale Definition der Superstabilisierung geben:

Definition 37:   *Superstabilisierung*

Ein System ist genau dann *superstabilisierend*, wenn es (i) selbststabilisierend ist und (ii) das Passagenprädikat für jede Zustandstrajektorie hält, die in einem korrekten Zustand beginnt, eine einzelne Zustandsänderung beinhaltet und wieder in einem korrekten Zustand endet.

Abbildung 6.1b visualisiert die obige Definition und stellt sie einem selbststabilisierenden System (Abbildung 6.1a) gegenüber. Beide Systeme besitzen die gleichen schwarz gefärbten, korrekten Zustände. Inkorrekte Zustände sind weiß oder grau, wobei jedoch nur das superstabilisierende System über graue Zustände verfügt, in denen noch das Passagenprädikat gilt. Ferner besitzt das superstabilisierende System auch Zustandsübergänge, die von einem korrekten, schwarzen Zustand zu einem inkorrekten, grauen Zustand führen, sofern eine Änderung Λ auftritt (beispielsweise in einer tieferen Schicht eines Algorithmenstapels). Es muss jedoch sichergestellt sein, dass der Weg der Rekonfiguration anschließend nur über graue Zustände führt und schließlich wieder in einem korrekten, schwarzen Zustand endet. Die maximale Zeit, die das System zur Ausführung einer derartigen Rekonfiguration nach einer Änderung benötigt, wird *Superstabilisierungszeit* genannt.

6.2.4 Fehlereindämmung

Fehlereindämmung (engl.: *fault containment*) ist eine Maßnahme aus dem Gebiet der Fehlertoleranz, die dazu dient, die Auswirkungen von Fehlern lokal zu begrenzen, indem beispielsweise dafür gesorgt wird, dass das Versagen eines Teilsystems nicht zum Versagen des gesamten Systems führt. Es handelt sich damit um ein Verfahren der maskierenden Fehlertoleranz, während im Gegensatz dazu bei Verfahren der nicht-maskierenden Fehlertoleranz dafür gesorgt werden soll, dass der Schweregrad des Fehlers mit dem der resultierenden Störung korrespondiert (siehe auch Abschnitt 2.3).

Im Folgenden soll die Maßnahme der Fehlereindämmung zuerst allgemein vorgestellt werden, ehe sie im Kontext autonomer Systeme konkretisiert wird. Abgeschlossen werden die Betrachtungen mit der Untersuchung des Zusammenwirkens von Fehlereindämmung und der in Abschnitt 6.2.3 vorgestellten Selbststabilisierung.

Fehlereindämmung im Allgemeinen, wie sie beispielsweise in [187] betrachtet wird, hat das Ziel, die Auswirkungen von Fehlern auf den Teil des Systems zu begrenzen, in dem sie aufgetreten sind. Die Grenzen der Fehlereindämmung sind dabei meist hierarchisch festgelegt und sollen die Fehler auf möglichst kleine Einheiten (Module) begrenzen, die ausgetauscht oder repariert werden können. Weitere Grenzen werden um Subsysteme gezogen, die solche Module enthalten. Die Grenzen der Fehlereindämmung können auf zwei verschiedenen Wegen etabliert werden: Entweder überprüft jedes Modul die eigenen Ausgaben oder es prüft alle eingehenden Informationen. Der üblichere Weg ist dabei der zweite, dass jedes Modul also allen eingehenden Daten an allen Schnittstellen misstraut und durch den Einsatz von entsprechenden Algorithmen oder im Fall redundanter Eingabedaten durch Abstimmung eine Überprüfung beziehungsweise Korrektur vornimmt. Vorteil eines solchen Vorgehens ist, dass die Überprüfung der eigenen Eingangsdaten innerhalb des Moduls stattfindet und für beliebige Interaktionspartner funktioniert. Der umgekehrte Weg, also die Überprüfung der eigenen Ausgaben in dem Sinne, dass jedes Modul für die von ihm produzierten Daten verantwortlich ist, bietet diesen Vorteil nicht, sondern verlagert die Überprüfung auf das datenerzeugende Modul und damit dorthin, wo möglicherweise ein Fehler bei der Erzeugung der Daten auftreten kann. Um dieses Problem der „Selbstüberprüfung" zu umgehen, benötigt ein entsprechendes Modul eine eigene Fehlereindämmungsgrenze an der Schnittstelle zwischen dem Modul und der Verbindung zum Rest des Systems. An dieser Stelle existiert ein möglichst unabhängiges Element zur Überprüfung der Ausgabe. Im einfachsten Fall kann dies ein Voter, ein Vergleicher oder ein Code-Checker sein. Ein Beispiel für diese Art der Fehlereindämmung ist in der Architektur *Time Triggered Architecture* [134, 135] zu finden. Dort wird die Fehlereindämmung im Zeitbereich mit Hilfe eines *bus guardian* realisiert, der dafür sorgt, dass Nachrichten nur zu den durch das Protokoll zulässigen Zeitpunkten gesendet werden können. Der *bus guardian* ist dabei eine eine simple Schaltung, die das Ausgangssignal der Komponente und ein Rechtecksignal, das genau das zulässige Sendefenster umfasst, miteinander logisch UND-verknüpft, so dass jeder Fehler im Zeitbereich (also eine Sendung zu einem unzulässigen Zeitpunkt) von der betroffenen Komponente nicht an den Rest des Systems weitergegeben werden kann, so dass der *bus guardian* zur Fehlereindämmungsgrenze hinsichtlich Fehlern im Zeitbereich wird. Fehler im Wertebereich werden durch diese Konstruktion nicht eingedämmt.

Im Kontext autonomer Systeme kann die Maßnahme der Fehlereindämmung auf verschiedene Weise und mit verschiedenen Zielen zum Einsatz gebracht werden – im Folgenden werden einige Beispiele aufgezählt. Grundsätzlich ist die Maßnahme der Fehlereindämmung in jedem aus wenigstens zwei Komponenten bestehenden System dazu geeignet, die Verfügbarkeit zu erhöhen. Darauf wird hier jedoch nicht weiter eingegangen, da dies keine speziell für autonome Systeme relevante Eigenschaft ist – an dieser Stelle sei auf die entsprechende Literatur wie beispielsweise [187] verwiesen.

Manche der in Abschnitt 5.2.1 betrachteten Schwachstellen infolge der autonomiefördernden Auslegung einer Architektur basieren darauf, dass einzelne Systembestandteile fehlerhafte Daten von anderen erhalten – ein typischer Anwendungsfall für Fehlereindämmung. Entsprechend sind die in den Abschnitten 6.2.2.3 und 6.2.2.5 betrachteten Verfahren für eine Authentifikation von Interaktionspartnern Methoden der Fehlereindämmung, da sie die Integrität eingehender Daten geeignet (in diesem Fall per Authentifikation) prüfen, ehe sie von der Komponente akzeptiert und weiter verarbeitet werden.

Ein weiterer Vorteil der Benutzung von Techniken der Fehlereindämmung in einem autonomen System ist die Tatsache, dass die Unterteilung des Systems in Fehlereindämmungsregionen sehr gut als Grundlage für eine Rekonfiguration im Fall permanenter Fehler benutzt werden kann, da ausgehend von einem einzelnen permanenten Fehler klar ist, wie weit sich seine Auswirkungen erstrecken können und welche Bereiche des Systems von der Benutzung ausgeschlossen werden müssen. Im Zusammenwirken mit den zur Fehlereindämmung ohnehin vorhandenen Überprüfungsmechanismen kann auch eine Fehlerlokalisation einfach realisiert werden, sofern die Interaktionswege der einzelnen Fehlereindämmungsbereiche bekannt sind (dies wiederum erfordert ein entsprechendes Maß an Selbstkenntnis).

Für selbststabilisierende Systeme, wie sie in Abschnitt 6.2.3 betrachtet wurden, ist Fehlereindämmung essentiell, da die Selbststabilisierung ein beliebiges Verhalten des Systems während der Stabilisierung, unabhängig von der Schwere des aufgetretenen Fehlers, erlaubt. Selbststabilisierung legt damit als nicht-maskierender Fehlertoleranzmechanismus zunächst mehr Wert auf die Lebendigkeit (vgl. Abschnitt 6.2.5) als auf die Betriebssicherheit eines Systems. Die zusätzliche Benutzung von Fehlereindämmung kann damit für die erforderliche Betriebssicherheit während der Stabilisierungsphase sorgen, indem die Auswirkungen des in dieser Phase auftretenden beliebigen Verhaltens lokal gehalten werden. Es gibt eine Reihe von Arbeiten, die sich mit der Kombination von Fehlereindämmung und Selbststabilisierung beschäftigen [84, 85, 92].

Problem einer solchen Kombination sind die teilweise widersprechenden Anforderungen beider Maßnahmen: Eine Selbststabilisierung funktioniert systemweit am besten, wenn sie relevante Informationen aus allen Teilen des Systems bekommt, was der Idee einer Eindämmung der Auswirkungen eines Fehlers widerspricht. Damit verfügt eine Selbststabilisierung in einem fehlereindämmenden System nur noch über lokale Informationen, was zu einer langsameren oder qualitativ schlechteren Stabilisierung führen kann. Dessen ungeachtet ist eine solche Kombination gerade in sehr großen Systemen sehr wichtig, denn mit der Systemgröße und Systemkomplexität steigt bei als konstant angenommener Fehlerrate die Wahrscheinlichkeit, dass irgendwo im System ein Fehler auftritt. Das Resultat ist, dass ein selbststabilisierendes System immer öfter in der kritischen Phase der Selbststabilisierung ist, was zu immer größeren Anteilen systemweiten beliebigen Verhaltens und damit zu Problemen führen kann. Fehlereindämmung beschränkt die Wirkung des Fehlers und damit auch den Einflussbereich der Selbststabilisierung örtlich, so dass global beliebiges Verhalten entweder ganz vermieden oder zumindest eingeschränkt wird.

Neben der örtlichen Beschränkung der Auswirkungen einer Selbststabilisierung ist auch die zeitliche Komponente wichtig. In [84] wird ein Protokoll zur Selbststabilisierung hinsichtlich eines einzelnen Fehlers als fehlereindämmend bezüglich eines Prädikats L bezeichnet, wenn von jedem Fehlerzustand (mit höchstens einem Fehler) ausgehend nach höchstens $O(1)$ Zeiteinheiten, also in konstanter Zeit, das Prädikat L wieder erfüllt ist. Zur Realisierung eines solchen fehlereindämmenden Protokolls zur Selbststabilisierung wird in [84] eine Transformation vorgeschlagen, mit deren Hilfe jeder nicht-reaktive Selbststabilisierungsalgorithmus in einen äquivalenten fehlereindämmenden Selbststabilisierungsalgorithmus überführt werden kann. Für Details sei auf [84, 85, 92] verwiesen.

6.2.5   Sicherstellung der Lebendigkeit

In diesem Abschnitt werden Maßnahmen vorgestellt, um mit dem in Abschnitt 5.2.5 beschriebenen Problem der Verklemmungen umzugehen. Das Ziel ist hierbei, die für autonome Systeme essentielle Eigenschaft der Lebendigkeit in einer Weise sicherzustellen, dass die gewünschte Funktionalität des Systems gewährleistet ist.

Ausgangspunkt ist die Durchführung einer Lebendigkeitsanalyse (Abschnitt 5.4.4) auf Basis eines geeigneten Modells des Systems. Wichtig ist dabei, dass die Modellierung alle relevanten Ebenen des Systems umfasst. Anderenfalls droht die Gefahr, dass Teile, in denen es Verklemmungen geben kann, abstrahiert werden oder dass zwar die lokale Lebendigkeit gezeigt wird, nicht aber die globale. Erstgenanntes Problem kann auftreten, wenn beispielsweise die Interaktionen der einzelnen Systembestandteile modelliert werden und dabei sehr viele Details abstrahiert werden. Wird nun in solch einem Modell die Lebendigkeit auf Systemebene gezeigt, so ist damit nicht sichergestellt, dass die einzelnen Komponenten auf niedrigerer Ebene lebendig sind, da zu diesem Zweck zu sehr von ihren Details abstrahiert wurde. Umgekehrt birgt eine detaillierte Betrachtung das Risiko, dass zwar gezeigt wird, dass das System lebendig ist und „irgendetwas tut", es aber auf höherer Ebene aber trotzdem verklemmt.

Wie in Abschnitt 5.2.5 dargelegt, treten Verklemmungen unter den dort angeführten Nebenbedingungen auf, wenn Prozesse exklusiv auf Ressourcen zugreifen und es dabei zu zyklischen Warteabhängigkeiten kommt. Maßnahmen, um das Auftreten solcher Verklemmungen zu vermeiden, setzen darum bei der Art und Weise der Zugriffssteuerung auf solche Ressourcen an.

Eines der bekanntesten Verfahren in diesem Kontext ist das *two phase locking* (Zweiphasensperre) [88]. Grundidee dabei ist, dass ein Prozess in einer *Aufbau-Phase* alle von ihm benötigten Sperren anfordert und sie in einer *Abbau-Phase* wieder freigibt. Nebenbedingung ist, dass beide Phasen sich nicht überlappen, dass also nach der ersten Freigabe einer Ressource keine Ressourcen mehr angefordert werden können. Auf diese einfache Weise wird eine Serialisierung der Zugriffe erreicht, jedoch keine Verklemmungsfreiheit, da es Situationen geben kann, in denen ein Prozess nach dem Sperren einer Ressource bereits mit dem Zugriff auf diese begonnen hat, eine später benötigte Ressource aber nicht sperren kann und damit warten muss, was in verteilten Umgebungen zu Verklemmungen führen kann. Dieses Problem wird mit Hilfe des *konservativen Zweiphasensperrens* [89] gelöst. Die zugrundeliegende Idee dieses Ansatzes ist, dass alle Sperren zu Beginn vor jedem Zugriff auf die Ressourcen gesetzt werden und es somit vor Beginn jeglicher Berechnungen sichergestellt ist, dass alle Ressourcen auch wirklich verfügbar sind. Damit ist Verklemmungsfreiheit sichergestellt.

Ein weiteres Verfahren, das ohne Sperren auskommt, benutzt Zeitstempel [212]. Hier wird mit Hilfe von Lamports Algorithmus [139] für eine logische Uhrensynchronisation gesorgt, so dass sichergestellt ist, dass Zeitstempel eindeutig sind. Jede Transaktion (bestehend aus Lese- und Schreibzugriffen auf Ressourcen) hat einen solchen Zeitstempel, der beim Start der Transaktion gesetzt wird. Weiterhin hat jede Ressource Zeitstempel für das Lesen und das Schreiben, die entsprechend bei den Zugriffen auf den jeweiligen Zeitstempel der Transaktion gesetzt werden. Greift nun eine Transaktion auf eine Ressource zu und entdeckt dabei einen Zeitstempel, der größer (also jünger) ist als ihr eigener, so hat eine andere Transaktion darauf zugegriffen, so dass die eigene Bearbeitung abgebrochen wird und ein erneuter Versuch mit einem neuen Zeitstempel unternommen werden kann. Im Gegensatz zu den Zweiphasensperren, bei denen der Prozess oder die Transaktion, der/die zu einem späteren Zeitpunkt zugreifen will, warten muss, bricht hier die Transaktion, die zuerst zugegriffen hat, im Fall eines konkurrierenden Zugriffes ab. Gemeinsam ist beiden Ansätzen, dass Verklemmungen vermieden werden.

Der konkurrierende Zugriff auf Ressourcen birgt neben der Gefahr von Verklemmungen, die zum Stillstand des Systems oder von Teilen des Systems führen, jedoch auch weitere Probleme. So stellt die in Abschnitt 5.4.4 gegebene Lebendigkeitsdefinition zwar sicher, dass das System lebendig ist, also dass etwas immer wieder geschieht, es wird jedoch nicht spezifiziert, *wann* das der Fall ist. Ebenso ist bei den hier vorgestellten Ansätzen zur Vermeidung von Verklemmungen zwar die Lebendigkeit sichergestellt, aber nicht, wie lange auf den Zugriff auf eine Ressource gewartet werden muss. Im Kontext autonomer Systeme ist dies in vielen Fällen, in denen es um Interaktionen mit der realen, physischen Welt geht, problematisch, da zeitliche

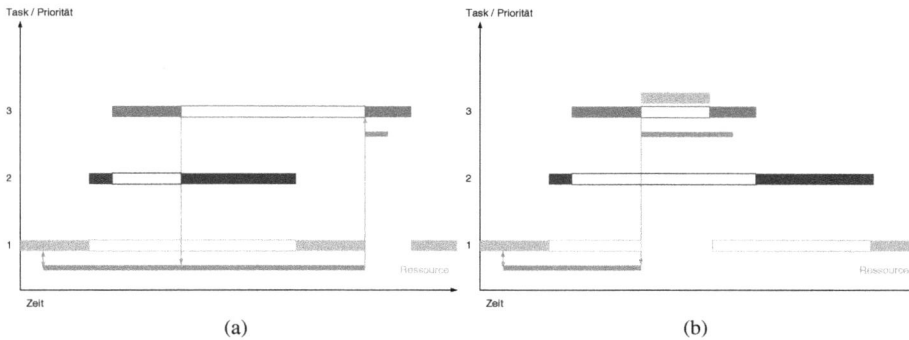

Abb. 6.2: *Prioritäteninvertierung: (a) Problem; (b) Lösung durch Prioritätenvererbung*

Anforderungen eingehalten werden müssen. In diesen Fällen ist es sinnvoll, die Lebendigkeit enger zu fassen und auch die Zeit mit einzubeziehen. Als Beispiel für ein in diesem Zusammenhang auftretendes Problem wird die Prioritäteninvertierung [87, 230] betrachtet, die ungeachtet eines korrekten, verklemmungsfreien gegenseitigen Ausschlusses auftreten kann. Dieses in Abbildung 6.2a dargestellte Problem tritt auf, wenn in einer prioritätsgesteuerten Umgebung ein Prozess mit niedriger Priorität eine Ressource sperrt und vor der Freigabe der Ressource durch andere, höher priorisierte Prozesse verdrängt wird. Fordert nun ein höher priorisierter Prozess diese Ressource an, so muss er warten, bis die Rechenanforderungen aller Prozesse, die höhere Prioritäten haben als der blockierende Prozess, bearbeitet sind, so dass die Sperre freigegeben werden kann. Damit behindern niederpriorisierte Prozesse hochpriorisierte, was der Idee der Priorisierung entgegenläuft und zu zeitlichen Fehlern führen kann. Mit *priority inheritance* [230] und *priority ceiling* [87] existieren zwei Lösungen für dieses Problem. Das erstgenannte Verfahren basiert auf der Idee, dass der niederpriorisierte blockierende Prozess für die Zeit der Blockade die Priorität des blockierten Prozesses erbt – Abbildung 6.2b zeigt dies am Beispiel von drei Prozesse. Damit ist eine schnelle Freigabe sichergestellt, allerdings kann es bei verschachtelten Ressourcenzugriffen zu langen Wartezeiten kommen, ebenso sind Verklemmungen möglich. Insbesondere ist der schlechtestmögliche Fall für die Anzahl der Blockaden sehr pessimistisch. Durch die Vergabe von Prioritäten an Ressourcen adressiert *priority ceiling* dieses Problem, wobei die Grundidee ist, dass jede Ressource einen *ceiling value* bekommt, der der höchsten Priorität eines zugreifenden Prozesses entspricht. Ein Prozess hat eine dynamische Priorität, die das Maximum seiner durch das verwendete Schedulingverfahren gegebenen Priorität und der *ceiling values* aller benutzten Ressourcen ist. Eine Ressource kann von einem Prozess dabei nur gesperrt werden, wenn die dynamische Priorität des Prozesses höher als die *ceiling values* aller gerade von anderen Prozessen gesperrten Ressourcen ist.

6.3 Vermeidung unerwünschter Autonomie

Im folgenden Abschnitt werden Strategien zur Vermeidung unerwünschter Autonomie beschrieben. In Abschnitt 6.3.1 wird zunächst beschrieben, wie die gewünschte Dynamik eines autonomen Systems sichergestellt werden kann. Im Anschluss erläutert Abschnitt 6.3.2, wie unerwünschte Wechselwirkungen vermieden oder zumindest ihre Effekte begrenzt werden können. Abschließend wird in den Abschnitten 6.3.4 und 6.3.3 diskutiert, wie eine ausreichende Steuerbarkeit und Beobachtbarkeit eines Systems sichergestellt werden kann.

6.3.1   Vermeidung unerwünschter Dynamik

Eine Herausforderung bei der Realisierung von selbstoptimierenden autonomen Systemen stellt die Vermeidung von Oszillation sowie dem Aufschwingen bei *gleichzeitiger* Sicherstellung der gewünschten Reagibilität dar (vgl. Abschnitt 5.3.1.1). Während das Aufschwingen des Systems so gut wie immer unerwünscht ist, kann Oszillation durchaus auch erwünscht sein (z. B. im Schwingkreis) oder das optimale Verhalten des Systems darstellen. Im Folgenden werden allerdings nur unerwünschte Oszillationen betrachtet. Auf triviale Weise lassen sich Oszillation und Überschwingen durch ein starkes Herunterfahren der Reagibilität des Systems reduzieren. Die Herausforderung besteht daher in der gleichzeitigen Sicherstellung der Reagibilität.

Eine Möglichkeit zur Bekämpfung von Oszillation ist die Verwendung einer Hysterese. Bei einem System mit *Hysterese* ist der Verlauf der Ausgangsgröße nicht nur vom aktuellen Eingangssignal, sondern auch von dessen Vergangenheit abhängig: das System ist pfadabhängig. Ein einfacher Regler mit Hysterese ist der *Zweipunktregler*, der immer die Ausgangsgröße zwischen zwei Werte umschaltet und eine Hysterese aufweist, um Oszillation um den Umschaltpunkt herum zu vermeiden. Bezogen auf das Beispiel einer oszillierenden Automatikschaltung aus Abschnitt 5.3.1.1 bedeutet dies, dass z. B. bei Überschreiten von 70 km/h vom dritten in den vierten Gang geschaltet wird, aber erst beim Unterschreiten von 50 km/h wieder vom vierten in den dritten. Dieser Sachverhalt ist in Abbildung 6.3 dargestellt. Durch dieses Vorgehen kann eine Oszillation vermieden werden. Ein ähnlich gelagertes Beispiel aus der Praxis ist das Ausfahren und Einfahren des Heckspoilers bei einem Sportwagen bei 80 km/h bzw. 10 km/h. Falls das Auto aktuell schneller als 10 km/h, aber langsamer als 80 km/h fährt, lässt sich daher nicht alleinig aus der aktuellen Geschwindigkeit auf den Zustand des Spoilers schließen. Stattdessen ist entscheidend, ob das Auto zuletzt langsamer als 10 km/h oder aber schneller als 80 km/h gefahren ist. In analoger Weise lässt sich eine Regelung mit Hysterese für das in Abschnitt 5.3.1.1 vorgestellte Beispiel der P-State-Regelung moderner Prozessoren realisieren: Statt der im Beispiel benutzten Lastgrenzen von 30 % und 15 % für das Umschalten zwischen der hohen und niedrigen Taktfrequenz werden überlappende Umschaltpunkte, z. B. 40 % für das Schalten auf die hohe und von 10 % für das Schalten auf die niedrige Frequenz, gewählt.

Erfolgt eine unerwünschte Oszillation innerhalb einer Menge von Zuständen, so kann dies daran liegen, dass der jeweils nächste Zustand als attraktiver als der aktuelle Zustand erscheint, dies jedoch bei einer genauen Kenntnis der aktuellen Situation sowie des Systems nicht mehr der Fall ist. Hier erscheint es als Gegenmaßnahme sinnvoll, die Informationsbasis zu verbessern und das Wissen über das Funktionieren des Systems zu präzisieren – dies bedeutet insbesondere eine Erhöhung der Selbstkenntnis des Systems. In vielen Fällen lässt sich auf diese Weise der unnötige Zustandswechsel vermeiden. Es muss jedoch dabei berücksichtigt werden, dass auch das Erfassen der aktuellen Situation einen Aufwand verursacht, der in der Regel von der Genauigkeit der Erfassung abhängig ist und dass präzisere Modelle meist auch aufwändiger sind. Eine unerwünschte Nebenwirkung des auf diese Weise erhöhten Aufwands ist eine oft gegebene Erhöhung der Fehleranfälligkeit und möglicherweise auch des Aufwands zur Fehlerkorrektur und -behandlung.

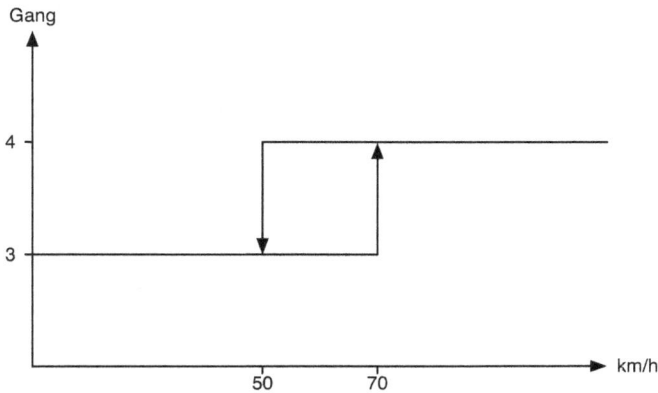

Abb. 6.3: *Einsatz einer Hysterese bei einer stark vereinfachten automatisierten Gangschaltung*

Der nächste wichtige Punkt besteht darin, dass in der Regel Wissen über die jüngere Vergangenheit dazu genutzt wird, um den besten Systemzustand für die nahe Zukunft zu ermitteln. Es handelt sich also um ein *On Line*-Problem. Die Schwierigkeit besteht darin, dass die Zukunft sich auch ganz anders als vorhergesehen darstellen kann und sich der gewählte Systemzustand dann als suboptimal herausstellt. Dies kann vor allen Dingen in sehr dynamischen Umgebungen vorkommen. Helfen kann hier Wissen über die Applikation, wie es beispielsweise im Rahmen einer MDA-basierten Entwicklung (vgl. Abschnitt 6.4.2) gesammelt werden kann. Mit Hilfe des spezifischen Wissens über die Anwendung lassen sich dann teilweise bessere Projektionen der Zukunft erzeugen.

Eine weitere Möglichkeit der Reduzierung von Oszillation besteht darin, diese zu erkennen und die verursachenden Zustandswechsel dann zu unterbinden. Während jedoch im Nachhinein oft offensichtlich ist, dass ein Wechsel unnötig war, so ist der Rückschluss auf zukünftige Wechsel nur bei sehr ähnlichen Situationen zuverlässig. Daher muss darauf geachtet werden, dass gewinnbringende Wechsel nicht infolge dieser Vorgehensweise unterlassen werden. Wichtig ist auch, bei der Extrapolation des Nutzens Rauschen und zu hochfrequente Anteile des vorausgesagten Nutzens zu vermeiden. Dies kann beispielsweise durch die Verwendung von gleitenden Durchschnitten, exponentieller Fensterung oder einem Tiefpass erreicht werden. Diese müssen jedoch geeignet auf die Dynamik des Systems abgestimmt werden.

Der Zeitpunkt eines Wechsels sollte sowohl von den Kosten für den Wechsel als auch vom erwarteten Nutzen abhängig gemacht werden. Dies ist auch deswegen sinnvoll, weil die Kosten häufig einmalig sofort anfallen, während der Nutzen erst nach dem Wechsel beginnt und mit der Zeit steigt. Ein Beispiel aus dem alltäglichen Leben ist die Umrüstung eines Autos von Benzin auf Erdgasbetrieb. Dieser ist mit einmaligen Umrüstungskosten verbunden, während die Einsparung mit der Zeit über die gefahrenen Kilometer erfolgt. Sinkt die Kilometerfahrleistung nach dem Wechsel unvorhergesehen oder werden die Steuern auf Erdgas erhöht, so amortisiert sich die Umrüstung evtl. nie. Die Sicherheit, mit der ein Wechsel vorteilhaft bleibt, sollte daher bei der Entscheidung ebenfalls berücksichtigt werden. Zusammenfassend lässt sich sagen, dass ein Wechsel desto eher vollzogen werden sollte, desto geringer seine Kosten sind, desto höher der zu erwartende Nutzen bei gleichen Randbedingungen und desto sicherer die Randbedingungen sind.

Um ein Aufschwingen eines Systems zu unterbinden, kann dessen Stabilität zum Beispiel mit dem in Abschnitt 5.4.1 vorgestellten Verfahren untersucht werden. Bei einem Regler besteht dann z. B. die Möglichkeit, die Verstärkung so zu verringern, dass das System aus Regler und Regelstrecke stabil wird. Ist die Regelstrecke selbst instabil, so kann auch der Regler speziell daraufhin entworfen werden, dass die Strecke stabilisiert wird. Das Standardbeispiel für eine instabile Strecke in der Literatur ist das invertierte Pendel, das z. B. dem Balancieren eines Stabes auf einer Fingerspitze entspricht. Durch eine Bewegung der Hand soll ein Umfallen des Stabes verhindert und der Schwankungswinkel des Stabes minimiert werden. Der Stab ist instabil, weil jede Abweichung aus der Senkrechten sich selbst verstärkt. Daher muss die Hand geeignete entgegengesetzte Bewegungen ausführen. Diese dürfen nicht zu schwach sein, um den Stab am Umfallen zu hindern, sie dürfen aber auch nicht zu lange zu stark einwirken, um ein Aufschwingen zu verhindern. Für weitere Details des Reglerentwurfs wird auf die entsprechende Standardliteratur verwiesen [154, 258].

6.3.2   Vermeidung unerwünschter Auswirkungen von Wechselwirkungen

Je komplexer ein System wird, desto mehr potentielle Wechselwirkungen zwischen den einzelnen Bestandteilen kann es geben. Beabsichtigte und bekannte Wechselwirkungen tragen dazu bei, die Systemintention zu erfüllen (beispielsweise sind die Wechselwirkungen zwischen einem Sensor, einem Regler und einem Aktuator essentiell für eine Reglung), während unbeabsichtigte Wechselwirkungen zu den in Abschnitt 5.3.1.2 diskutierten Schwachstellen führen können. Solche unbeabsichtigten Wechselwirkungen werden häufig leider nicht vorab erkannt und treten dann erst während des Betriebs des Systems auf, was Erkennung und Behandlung erschwert. Besonders problematisch wird es, wenn diese Wechselwirkungen die logische Struktur des Systems durchbrechen und zwischen Komponenten auftreten, die eigentlich keinen Zusammenhang haben. Dies kann beispielsweise der Fall sein, wenn zwei voneinander unabhängige Komponenten an einer gemeinsamen, zu knapp ausgelegten Stromversorgung angeschlossen sind und es unter bestimmten Betriebsbedingungen, bei denen beide Komponenten einen hohen Energiebedarf haben, dann zu Instabilitäten oder Ausfällen kommt. Ein Beispiel aus dem Alltag sind Haushaltsgeräte in (älteren) Mietwohnungen: Oft werden Waschmaschine und Geschirrspüler in einer Küche an einer gemeinsamen Zuleitung betrieben, deren Absicherung nicht für den gemeinsamen Betrieb ausgelegt ist. Auch wenn Geschirrspülen und Wäschewaschen eigentlich unabhängige Tätigkeiten sind, kommt es auf diese Weise zu Wechselwirkungen.

Die Maßnahmen zur Vermeidung unerwünschter Auswirkungen von Wechselwirkungen werden in diesem Abschnitt in zwei Teilen präsentiert. Zuerst wird auf die Beispiele aus Abschnitt 5.3.1.2 eingegangen und konkrete Maßnahmen für diese Art von Problemen betrachtet und jeweils verallgemeinert. Auf Basis dieser Verallgemeinerungen werden im Anschluss allgemeine Maßnahmen zur Erkennung unbekannter Wechselwirkungen und der Vermeidung der dazugehörigen Auswirkungen diskutiert.

Die Beispiele aus Abschnitt 5.3.1.2 zeigen, dass Wechselwirkungen zwischen Regelkreisen geeignet berücksichtigt werden müssen, um unerwünschtes Verhalten zu vermeiden. Einerseits kann versucht werden, solche Wechselwirkungen bereits beim Entwurf der Regelkreise zu berücksichtigen. Hierzu ist allerdings ein umfangreiches Vorwissen über das zu realisierende System und dessen Konfiguration notwendig. Eventuell muss auch die Kapselung der einzelnen Regelkreise aufgebrochen werden. In diesem Fall können diese dann nicht mehr unabhängig voneinander entwickelt werden. Andererseits können die Abhängigkeiten auch bei der Integration des Systems und bei dessen Betrieb berücksichtigt werden. In jedem Fall können die Wechselwirkungen in einem System mit potentiell tausenden von Regelkreisen nicht von Menschen überblickt werden. Daher ist eine geeignete Werkzeugunterstützung notwendig, um die Handhabbarkeit sicherzustellen.

Die beiden Regelkreise aus dem ersten Beispiel des Abschnitts 5.3.1.2 (Wechselwirkungen zwischen den Regelkreisen einer Datenbank und des Betriebssystems) verfolgen gegensätzliche Ziele. Im allgemeinem Fall muss also entschieden werden, welcher Regelkreis sich bei Konflikten durchsetzt oder es muss ein geeigneter Kompromiss gefunden werden. Im Beispiel könnte sich der Regelkreis des Betriebssystems gegen den der Datenbank durchsetzen oder es könnte ein Kompromiss zwischen dem Speicherverbrauch und der Antwortzeit gefunden werden. Wie dies im allgemeinen Fall erreicht werden kann, ist noch Gegenstand der aktuellen Forschung. So ist z. B. auch noch die Frage offen, ob die Regelkreise sich gegenseitig explizit kennen müssen oder ob eine indirekte gegenseitige Anpassung möglich ist. Die gesuchte Lösung muss skalierbar in der Anzahl der Regelkreise sein und auch bei Abhängigkeiten über mehrere Indirektionen funktionieren.

Die Schwachstelle des zweiten Beispiels aus Abschnitt 5.3.1.2 resultiert aus dem Problem, dass die alternativ einsetzbaren Komponenten zwar der gleichen *funktionalen* Schnittstelle genügen, aber nicht das gleiche *nicht-funktionale* Verhalten aufweisen. Eine einfache Lösung besteht darin, dass der Hersteller solcher Systeme eine ausreichende Anzahl der alten Komponenten auf Lager legt oder aus Gebrauchtquellen beschafft, um im Fehlerfall über hinreichend viele Ersatzteile zu verfügen. Diese Lösung entspricht allerdings nicht dem Gedanken der RoHS-Direktive und ist zudem nur anwendbar, wenn der zu erwartende Ersatzteilbedarf überschaubar ist. Ein Beispiel für diese Art der Lösung ist der Umstand, dass die NASA im Rahmen der Ersatzteilbeschaffung für ein Diagnosesystem der Feststoffbooster des Space Shuttle gezwungen war, gebrauchte 8086-Prozessoren über Internetauktionsplattformen zu beschaffen, da die betreffenden Chips der passenden Baureihe nicht mehr gefertigt wurden [30]. Eine zweite Lösung, die jedoch nur bei größeren Stückzahlen wirtschaftlich erscheint, ist die vollständige Aufnahme der nicht-funktionalen Anforderungen in die Spezifikation, so dass mit Hilfe dieser Spezifikation entsprechende Ersatzteile gefertigt werden können.

Nach dieser verallgemeinernden Diskussion der in Abschnitt 5.3.1.2 vorgestellten konkreten Schwachstellen werden im Folgenden allgemeine Maßnahmen zur Bekämpfung der Schwachstelle der unerwünschten Auswirkungen von (möglicherweise unbekannten) Abhängigkeiten betrachtet. Prinzipiell gibt es dabei wiederum zwei Ansätze: Einerseits werden für ein vorhandenes System alle Abhängigkeiten erfasst und deren Auswirkungen analysiert, andererseits kann bereits das Design des Systems so angelegt werden, dass relevante Abhängigkeiten in jedem Fall einschließlich ihrer relevanten Auswirkungen bekannt sind.

Der erstgenannte Ansatz erfordert als ersten Schritt das Erfassen aller Abhängigkeiten im System. Während dies bei funktionalen Abhängigkeiten anhand der Schnittstellenbeschreibungen verhältnismäßig einfach zu realisieren ist, erfordert die Erfassung relevanter nicht-funktionaler

Abhängigkeiten einen sehr großen Aufwand, da Informationen über das Design, die Integration und den Betrieb des Systems unter einer Reihe von Gesichtspunkten erforderlich sind. Das zu Beginn des Abschnitts gegebene Beispiel illustriert dieses Problem, denn zur Erfassung der dort beschriebenen Abhängigkeit ist nicht nur die genaue Kenntnis des nicht-funktionalen Verhaltens der einzelnen Komponenten (in diesem Fall hinsichtlich der Abhängigkeit des Stromverbrauchs von der jeweiligen Funktion) nötig, sondern auch aktuelle Informationen über die entsprechenden nicht-funktionalen Zusammenhänge (in diesem Fall also das Wissen, welche Komponenten eine Stromversorgung teilen und welche Eigenschaften diese hat) und funktionale Zusammenhänge (im Fall des Beispiels bezüglich der Abhängigkeit bestimmter Aktionen). Da potentiell jede Komponente nicht-funktional von jeder anderen abhängen kann, ist die Komplexität an dieser Stelle sehr hoch, zumal es schwer ist, allgemein zu entscheiden, welche nicht-funktionalen Eigenschaften betrachtet werden müssen und wann der Prozess abgeschlossen ist. Eine Automatisierung dieses Schrittes ist kaum möglich, da unter anderem unklar ist, welche Informationen überhaupt erfasst werden müssen, um Abhängigkeiten zu erkennen. Im Beispiel ist es erforderlich, den Energiebedarf in Abhängigkeit von der Funktion der Komponenten zu erfassen, was nur möglich ist, wenn das System vorab entsprechend ausgestattet ist (was impliziert, dass es beim Design entsprechende Gedanken bereits gab und eine entsprechende Abhängigkeit zumindest von der Möglichkeit her berücksichtigt wurde – für wirklich unbekannte Abhängigkeiten wird dies jedoch kaum zutreffen).

In einem zweiten Schritt kann versucht werden, unerwünschte Auswirkungen von Abhängigkeiten soweit wie möglich zu vermeiden bzw. geeignete Kompromisse bei konfligierenden Anforderungen zu finden. Soll dies automatisch geschehen, ist hierfür wiederum ein hoher Grad an Selbstkenntnis des Systems erforderlich. Dabei muss diese Selbstkenntnis sowohl statische Informationen (im Beispiel also die Konfiguration der Stromversorgung) als auch dynamische Daten (im Beispiel der aktuelle Energieverbrauch der Komponenten) umfassen.

Vielversprechender ist darum der zweite Ansatz, nämlich unbekannte Abhängigkeiten bereits beim Design zu vermeiden. Problem ist auch hier wiederum, dass die Auswirkungen solcher Abhängigkeiten erst später, nämlich im Betrieb des Systems, auftreten und dass zudem Integration und Betrieb, die beide *nach* der Designphase stattfinden, ebenfalls einen Einfluss haben. Somit muss beim Design dafür gesorgt werden, dass entsprechende Regeln oder Mechanismen für die späteren Phasen vorgegeben werden. Ein mögliches Vorgehen ist die modellgetriebene Architektur (MDA), auf die in Abschnitt 6.4.2 eingegangen wird. Im Folgenden wird ein weiterer Ansatz betrachtet, nämlich die Verwendung einer komponierbaren Architektur [215] .

Eine Architektur (vgl. Definition 7 aus Kapitel 2) ist sicher komponierbar bezüglich einer Eigenschaft p, wenn alle nach den Regeln dieser Architektur erzeugten Systeme die Eigenschaft p aufweisen. Da das Zusammenfügen eines Systems aus Komponenten üblicherweise Teil der Integration des Systems ist, schränkt eine solche Designentscheidung bereits das Vorgehen bei der Integration derart ein, dass die unerwünschte Systemeigenschaften verhindert wird. Konsequent angewandt, sorgt dieser Ansatz dafür, dass die Systemeigenschaften aus denen der beteiligten Komponenten abgeleitet werden können und das Problem unbekannter Abhängigkeiten auf diese Weise bereits auf Ebene der Architektur behandelt wird. Dies bringt den Vorteil mit sich, dass es genügt, dies einmal pro Architektur zu tun und nicht einmal pro System.

Diese Vorgehensweise weist jedoch mehrere Probleme auf, die ihre Anwendbarkeit einschränken und einen zum Teil erheblichen Aufwand bedeuten:

- Es ist erforderlich, die Architektur entsprechend zu konstruieren und nachzuweisen, dass sie die gewünschte Komponierbarkeitseigenschaft tatsächlich hat. Ein Beispiel für die Entwicklung einer hinsichtlich des zeitlichen Verhaltens komponierbaren Architektur für eingebettete Echtzeitsysteme und die dazugehörige Verifikation mit Hilfe zeitbehafteter Petri-Netze (vgl. Anhang A.1.4.2) gibt [215].

- Eine komponierbare Architektur im beschriebenen Sinn bringt erhebliche Einschränkungen für die Interaktionen der Komponenten mit sich. Es muss im Einzelfall entschieden werden, ob der Gewinn an Vorhersagbarkeit im Verhalten diese Einschränkungen rechtfertigt. Dies wird z. B. häufig für harte Echtzeitsysteme der Fall sein.

- Es ist Gegenstand aktueller Forschungen, ob und auf welche Weise eine sichere Komponierbarkeit hinsichtlich mehrerer, unter Umständen voneinander abhängiger Eigenschaften realisiert werden kann. Ein Problem ist dabei insbesondere, dass die Methoden, mit denen einzelne Eigenschaften behandelt werden, einander in ihren Zielen widersprechen können und damit auf Ebene der Architektur Kompromisse nötig sind, die zu zusätzlichen Einschränkungen der entsprechenden Systeme führen.

Ungeachtet dieser Probleme bietet der Ansatz der komponierbaren Architektur eine Reihe von Vorteilen für die Bekämpfung von Schwachstellen, wie sie in Abschnitt 5.3.1.2 beschrieben wurden. Darüber hinaus bietet es sich an, ihn mit dem Konzept der Architekturmuster zu verbinden und Elemente der Komponierbarkeit auf die Meta-Ebene (also die Ebene der Architekturmuster) anzuheben, um gezielt autonomiefördernde Eigenschaften bei gleichzeitiger Vorhersagbarkeit der Wechselwirkungen zwischen den Komponenten zu erhalten.

6.3.3   Sicherstellung ausreichender Beobachtbarkeit

Im vorliegenden Abschnitt wird auf Gegenmaßnahmen für die in Abschnitt 5.3.2.2 erläuterten Schwachstellen eingegangen, die aus einer nicht ausreichenden Beobachtbarkeit resultieren. Die offensichtliche Gegenmaßnahme bei nicht ausreichender Beobachtbarkeit ist das Schaffen geeigneter Beobachtungsmöglichkeiten nach Erkennen einer solchen Schwachstelle unter Verwendung von Analysemethoden, wie sie in Abschnitt 5.4.2 vorgestellt wurden. Eine ausreichende Beobachtbarkeit stellt auch eine Art Vorbedingung für die Steuerung eines Systems dar. Ohne diese kann selbst ein steuerbares System nicht gesteuert werden. Im Folgenden werden – analog zur Vorgehensweise in Abschnitt 6.3.2 – wiederum zuerst Maßnahmen für die Beispiele aus Abschnitt 5.3.2.2 diskutiert und jeweils verallgemeinert.

In Abschnitt 5.3.2.2 wurde als erstes Beispiel für eine nicht ausreichende Beobachtbarkeit ein Desktop-Betriebssystem besprochen, das viele interne Abläufe vor dem Nutzer verbirgt, so dass dieser nur deren Auswirkungen, nicht aber deren Ursache und Details sieht. Ein interessierter Nutzer kann sich dann zum Beispiel fragen, warum die Festplatte in den letzten Stunden so intensiv genutzt wurde. Die Ursache hierfür kann eine automatische Defragmentierung sein, die sich über längere Zeit hinzieht und im Grunde auch keine Eingriffe seitens des Nutzers erfordert, durch die starke Benutzung der Festplatte aber dafür sorgt, dass sie bemerkt werden kann. Eine Lösung für diese Art von Problemen ist, länger andauernde Aktionen dem Benutzer explizit über eine Oberfläche sichtbar zu machen. Im Falle der Defragmentierung ist es sinnvoll, dass bei Bedarf eine Oberfläche geöffnet werden kann, die die Defragmentierung visualisiert, damit der Nutzer sieht, dass diese fortschreitet und was genau geschieht. Sehr wichtig für diese Form der Beobachtbarkeit ist es, den Grad der Detailliertheit sinnvoll konfigurierbar zu machen, da der Grad des erwünschten Detailwissens individuell sehr verschieden sein kann. Darüber hinaus ist eine Unterscheidung der Wichtigkeit der Informationen, die dem Nutzer präsentiert werden, sinnvoll, um zu vermeiden, dass wichtige Rückfragen in einem Wust von Detailinformationen untergehen und letztlich vom Nutzer nicht mit der notwendigen Sorgfalt behandelt werden.

Diese Art einer vom Nutzer einstellbaren Detailliertheit der Beobachtbarkeit ist gerade bei sehr komplexen autonomen Systemen von hoher Wichtigkeit für die Akzeptanz. Viele Menschen misstrauen Systemen, die „irgendetwas" tun, das in keiner Weise beobachtet oder nachvollzogen werden kann. Auch wenn ein wirkliches Nachvollziehen infolge der Komplexität in den wenigsten Fällen möglich ist, so ist alleine die Möglichkeit, es theoretisch tun zu können, hilfreich, da dies das Vertrauen in das System erhöhen kann.

An zwei Beispielen soll dies verdeutlicht werden: Windows 2000 und Windows XP erforderten für viele Vorgänge Administratorrechte, was bei bequemen Nutzern dazu führte, dass sie stets als Administrator gearbeitet haben, was eine Reihe von Angriffspunkten öffnet. Diesem Problem hat Microsoft sich bei Windows Vista dadurch gestellt, dass das System viele Vorgänge auch anderen Nutzern gestattete, wobei die nötigen Rückfragen in recht hoher Detailliertheit und folglich Häufigkeit erfolgten. Ergebnis war, dass viele Nutzer überfordert waren und entweder einfach zugestimmt haben oder den Mechanismus komplett deaktiviert haben. Das zweite Beispiel stammt aus dem Bereich der Steuersoftware in Industrieanlagen. Solche Anlagen generieren in ernsthaften Fehlerfällen große Mengen einzelner Alarmmeldungen, die ohne jede Vorbearbeitung die Operatoren überfordern würden. Für ein solches System ist es darum essentiell, die Nachrichten entweder korreliert aufzubereiten oder einfache Hierarchien aufzustellen, die das Erfassen und Bewerten auf Basis nutzerdefinierter Filter erleichtern.

Das zweite Beispiel aus Abschnitt 5.3.2.2 beschäftigte sich mit fehlerhaften Rückschlüssen, die ein autonomes System aus der Beobachtung seiner Umwelt zieht. Hier muss versucht werden, sich alle Situationen zu überlegen, die zu einem fehlerhaften Rückschluss führen könnten und diese dann durch geeignete Maßnahmen zu vermeiden. Im Beispiel umfasst das die Analyse, unter welchen Umständen der Sensor eine relevante Verzögerung messen kann – dies kann durch eine starke Verzögerung bei einem Aufprall des ganzen Fahrzeuges geschehen (der beabsichtigte Fall), es kann bei einer starken Verzögerung des Bauteils, an dem der Sensor befestigt ist, geschehen (im Fall einer Stoßstange muss das nicht zwangsläufig einen schweren Unfall bedeuten) und es kann geschehen, wenn eine starke Beschleunigung auf den Sensor selbst (und nur auf diesen) wirkt. Letzterer Fall ist kein Unfall, sondern kann sowohl durch Manipulation (die beschriebene Schwachstelle) als auch durch beispielsweise Steinschlag ausgelöst werden. Fazit ist eine Positionierung des Sensors, die das Auslösen auf die erwünschten Fälle beschränkt. Im Beispiel wurde der Sensor an eine von außen unzugängliche Stelle nahe der Spritzwand des Fahrzeuges versetzt, wo Schäden nur bei schweren Unfällen auftreten, der Sensor aber direkt mit den tragenden Elementen der Fahrgastzelle verbunden ist, so dass er eine starke Verzögerung (also einen Unfall) derselben in jedem Fall feststellen kann. Ist eine Lösung, die sämtliche Fehlbeobachtungen ausschließt, nicht möglich, so bietet sich Redundanz als Maßnahme an. Im konkreten Fall würde dies die Verwendung weiterer Sensoren implizieren, deren Messwerte nach einem geeigneten Verfahren (z. B. Mehrheitsentscheidung) ausgewertet werden.

In Abschnitt 5.4.2 wurden Analysemethoden vorgestellt, mit deren Hilfe überprüft werden kann, ob ein System beobachtbar ist. In Fällen, wo mangelnde Beobachtbarkeit kritisch ist, werden die Systeme durch Erweiterungen ergänzt. Diese Erweiterungen werden *Beobachter* genannt.[1] Nicht immer können Ereignisse, die von außen unbeobachtbar sind, durch einen solchen (internen) Beobachter direkt beobachtet werden, etwa beim Auftreten von Fehler- oder Störereignissen. In diesem Fall ist der Beobachter so zu konstruieren, dass nach Auftreten eines beobachtbaren Ereignisses der Zustand eindeutig ist. Das Gesamtsystem (zusammengesetzt aus Ursprungssystem und Beobachter) ist dann wieder beobachtbar, erfüllt also das Kriterium aus Abschnitt 5.4.2.2.

6.3.4 Sicherstellung ausreichender Steuerbarkeit

In Abschnitt 5.3.2.1 wurden Schwachstellen erläutert, die aus einer nicht ausreichenden Steuerbarkeit des betrachteten Systems resultieren. Beachtet werden muss dabei, dass in einem System aus vielen Komponenten die Steuerbarkeit nicht nur dahingehend relevant ist, dass ein Mensch etwas steuern kann, sondern sich auch (bei entsprechend gewählter Betrachtungsebene) darauf bezieht, dass ein Teil des Systems von einem anderen Teil des Systems gesteuert werden kann, ersterer also entsprechende Möglichkeiten der Steuerung bieten muss. Im Folgenden wird nun auf mögliche Gegenmaßnahmen eingegangen, die eine ausreichende Steuerbarkeit sicherstellen können.

Bei dem Konzept der *analytischen Redundanz* [231, 232] wird das System in zwei Einheiten unterteilt, die beide prinzipiell die Systemfunktionalität erfüllen können, jedoch unterschiedliche nicht-funktionale Eigenschaften aufweisen: Eine Einheit weist eine hohe, garantierte Betriebssicherheit auf, während die zweite Einheit eine verbesserte Leistung mit geringeren Sicherheitsgarantien liefert. Im normalen Betrieb ist die Leistungseinheit aktiv. Sobald sich diese jedoch dazu anschickt, das System aus dem Bereich zu führen, den die Sicherheitseinheit steuern kann, wird die Leistungseinheit deaktiviert und die Sicherheitseinheit aktiviert. Hat diese das System dann wieder ausreichend stabilisiert, kann wieder auf die Leistungseinheit umgeschaltet werden. Durch dieses Vorgehen können neue, verbesserte Einheiten eingesetzt werden, ohne auf die verifizierten Eigenschaften der alten Einheit verzichten zu müssen. Eine besondere Herausforderung bei der Umsetzung einer solchen Lösung ist die Umschaltung zwischen beiden Einheiten, die ohne Fehler und ohne Unterbrechung der gelieferten Funktion geschehen muss. Hinsichtlich der Steuerbarkeit wird mit diesem Ansatz dafür gesorgt, dass das System zwar den Steuerbereich der Leistungseinheit verlassen kann, in keinem Fall jedoch den der Sicherheitseinheit.

Dieses Konzept wurde in ähnlicher Form beispielsweise bei der Entwicklung des Flugzeugs Boeing 777 [273, 274] angewandt. Hier wird zwischen der neuen Steuerung der 777 und einer Steuerung in der Art der verifizierten Steuerung der Boeing 747 umgeschaltet, wobei letztere in der Lage ist, die 777 stabil, aber nicht unbedingt optimal zu steuern. Damit kann die neuentwickelte, hinsichtlich Randbedingungen wie Treibstoffverbrauchsminimierung oder Komfortmaximierung optimierte Steuerung ungeachtet der Tatsache verwendet werden, dass nicht bewiesen ist, dass sie das Flugzeug in jeder Situation steuern kann.

Ein weiteres Beispiel der Anwendung dieses Konzepts ist in nahezu jedem modernen Fahrzeug zu finden: Eine ABS-Bremse ist in der Lage, bei einer Vollbremsung das Blockieren einzelner Räder zu verhindern und das Fahrzeug damit steuerbar zu halten. Um diese Funktionalität zu realisieren, wird die Drehzahl der einzelnen Räder überwacht und beim Stillstand eines Rades

---

[1]Das Konzept von Beobachtern gibt es sowohl in der kontinuierlichen Systemtheorie als auch in der Automatentheorie.

der Bremsdruck reduziert, bis wieder eine Drehung festzustellen ist, woraufhin der Druck wieder erhöht wird. Das Ziel ist dabei, möglichst genau auf den für eine optimale Verzögerung angemessenen Schlupf zu kommen. Durch die Möglichkeit, Bremsdruck abzubauen, hat ein solches System prinzipiell die Möglichkeit, im Fehlerfall eine Bremsung zu verhindern. Die Lösung besteht darin, das ABS so zu konstruieren, dass genau diese Eingriffsmöglichkeit im Fehlerfall nicht mehr gegeben ist. Damit versagt dann zwar das ABS, die Bremse als solche funktioniert aber nach wie vor (wenn auch mit dem Risiko des Blockierens).

Das Konzept der analytischen Redundanz kann auch mit dem in Abschnitt 5.3.2.1 diskutiertem Beispiel in Zusammenhang gebracht werden, bei dem bei einer Landung eines Flugzeugs die Schubumkehr unter besonderen Wetterbedingungen nicht aktiviert werden konnte. Die Schubumkehr konnte nur durch die elektronische Steuerung eingeleitet werden, welche aufgrund der in Abschnitt 5.3.2.1 genannten Vorbedingungen (Gewicht auf Fahrwerk, usw.) die Steuereingabe nicht umsetzte. Eine einfache, beispielsweise manuelle Steuerung für die Schubumkehr existierte nicht. Zumindest dieser Unfall hat gezeigt, dass eine Alternative unter Umgehung der elektronischen Steuerung das Unglück möglicherweise verhindert hätte, indem nach Ermessen der Piloten die notwendige Schubumkehr manuell ausgelöst worden wäre.

Für autonome Systeme im Allgemeinen ergibt sich daraus die Forderung, dass – trotz der erwünschten Autonomie – noch eine manuelle Eingriffsmöglichkeit vorhanden sein sollte, mit der der Mensch das System in Bezug auf sicherheitskritische Entscheidungen beeinflussen kann und es z. B. in einen sicheren Zustand überführen kann. Im einfachsten Fall kann das ein Not-Ausschalter sein, bei den meisten Systemen ist jedoch ein aufwändigeres Verfahren nötig, da ein einfaches Abschalten in vielen Fällen zu keinem sicheren Zustand führt. So ist beispielsweise bei einem autonomen Straßenfahrzeug die Abschaltung der Steuerung keine Lösung, es muss vielmehr eine gesteuerte Notbremsung eingeleitet werden und Maßnahmen ergriffen werden, dass das stehende Fahrzeug nicht durch anderen Verkehr gefährdet wird. Eine andere Situation ergibt sich im Schienenverkehr, wo ein solcher Nothalt gefahrlos möglich und auch sinnvoll ist, da die entsprechenden Sicherungssysteme vorhanden sind, die ein Auffahren des nachfolgenden Zuges verhindern. Im Fehlerfall kann der Zug also automatisch anhalten und gegebenenfalls die Türen öffnen, damit die Fahrgäste aussteigen können.

Mit Hilfe der in Abschnitt 5.4.3 vorgestellten Methoden kann untersucht werden, ob ein System steuerbar ist. Ähnlich wie bei der Beobachtbarkeit (vgl. Abschnitt 6.3.3) wird ein nicht hinreichend beobachtbares System erweitert. Die Erweiterung wird *Supervisor* genannt. Durch die Hinzufügung des Supervisors wird die Sprache (vgl. Abschnitte 5.4.3.2) des Gesamtsystems (Ursprungssystem + Supervisor) gegenüber der Sprache des Ursprungssystem so geändert, dass unerwünschte beobachtbare Ereignisse gesperrt werden. Das bedeutet, dass sie vom Gesamtsystem nicht akzeptiert werden, also zu keinem (unerwünschten) Zustandsübergang führen. Eine Überblick über den Entwurf von Supervisoren gibt z. B. [37].

6.4   Konsequenzen für die Modellierung

Dieser Abschnitt beschreibt die Konsequenzen, die sich für die Modellierung autonomer Systeme aus den Schwachstellenbeschreibungen in Kapitel 5 und den bisherigen Ausführungen des aktuellen Kapitels ergeben. Zunächst erläutert Abschnitt 6.4.1 die Auswahl geeigneter Modellierungstechniken.

Die Abschnitte 6.4.2 und 6.4.3 beschreiben im Anschluss daran, wie sich mit Hilfe der MDA sowie Reflexion und Adaption Wissen über die Eigenschaften des Systems im Entwicklungsprozess erfassen und zur Laufzeit ausnutzen lässt. Hierdurch lässt sich eine durchgehende Kette der Wissenserfassung und -nutzung von der Entwicklung über die Integration bis hin zum Betrieb realisieren. Abgeschlossen wird die Betrachtung der Konsequenzen für die Modellierung mit der Anwendung der Idee der Komponierbarkeit auf die Modellierung und Verifikation von Systemen in Abschnitt 6.4.4.

6.4.1 Auswahl geeigneter Modellierungstechniken

In Abschnitt 3.4 wurde die Modellierung von Autonomie und die Eignung der behandelten Modelle für eben diese Modellierung beschrieben. Allgemeine Modellierungsansätze sind im Anhang A zu finden.

Im Kontext des vorliegenden Kapitels ist entscheidend, dass die verwendeten Modelle mindestens den Grad an Formalität aufweisen, der nötig ist, um geeignete Analysetechniken (z. B. die in Abschnitt 5.4 vorgestellten) zur Schwachstellenentdeckung anwenden zu können. Hierfür kann auch eine Transformationen eines Modells (z. B. eines UML-Diagramms) in ein anderes Modell (z. B. ein Petri-Netz)[2] notwendig sein. In vielen Fällen ist es erforderlich, dass die Modellierungstechnik die Modellierung erforderlicher nicht-funktionaler Eigenschaften unterstützt. Des Weiteren sollten die verwendeten Modelle es ermöglichen, möglichst viel Wissen über das System explizit zu machen, dies betrifft neben den funktionalen Aspekten insbesondere auch die nicht-funktionalen. Die Modelle sollten im Rahmen einer MDA (siehe Abschnitt 6.4.2) auch dazu geeignet sein, zumindest eine rudimentäre Implementierung des Systems automatisch generieren zu können, um Fehler bei der manuellen Generierung zu vermeiden. Wichtig ist auch, dass sich spätere Änderungen in der Implementierung weitgehend automatisch in den ursprünglichen Modellen widerspiegeln. Zuletzt sollten die Modelle in eine Form umgewandelt werden können, in der sie als Basis für eine reflektive und adaptive Middleware (siehe Abschnitt 6.4.3) dienen können.

6.4.2 Model-Driven Architecture (MDA)

Wie bereits mehrfach in diesem Buch betont wurde, nimmt die *Model-Driven Architecture* (MDA) eine besondere Rolle bei der Nutzung von Modellen im Bereich autonomer Systeme ein. Sie ermöglicht es, die durch die Bildung verschiedenster Modelle gesammelten Informationen über ein autonomes System zusammenzuführen. Aus diesen Modellen kann dann im Idealfall die Implementierung des autonomen Systems für die jeweilige(n) Zielplattform(en) vollständig generiert werden. Zumindest sollte aber eine rudimentäre Implementierung generiert werden können. Dieser Aspekt der MDA ist beispielsweise in der Automobilindustrie bereits im Einsatz, so wird die Software für Steuergeräte mit Hilfe von Simulink und Real-Time Workshop [161, 160] weitgehend automatisch aus Modellen der entsprechenden Steuerung generiert, so dass der Experte für das jeweilige Steuerungsproblem nicht gezwungen ist, sich mit den Eigenheiten der Programmierung des darunterliegenden Systems zu beschäftigen. Es gibt zahlreiche Bestrebungen (z. B. im Rahmen von AUTOSAR [96]), diese Vorgehensweise

---

[2]Das UML-Aktivitätsdiagramm wurde bewusst mit einer Semantik ähnlich zu Petri-Netzen versehen, was derartige Transformation erleichtert.

nicht nur auf einzelne Komponenten zu beschränken, sondern die gesamte IT-Infrastruktur eines Transportsystems diesem Designansatz zu unterwerfen.

Da die MDA nicht auf spezielle Modelle eingeschränkt ist, erscheint es als besonders vielversprechend, Modelle für die Modellierung zu nutzen, die auf einem möglichst hohen Abstraktionsgrad angesiedelt und speziell auf die Anwendungsdomäne abgestimmt sind. Im betrachteten Fall autonomer Systeme kann dies bedeuten, dass die autonomen Eigenschaften des Systems modelliert werden, ohne die konkrete Umsetzung dieser Eigenschaften zu kennen. Am sinnvollsten ist es dann, aus dem implementierungsunabhängigen Modell mittels einer Modelltransformation die konkrete Realisierung zu generieren. Durch eine weitgehende Kapselung des für die Entwicklung einer autonomen Anwendung notwendigen Expertenwissens kann es so auch Nichtexperten ermöglicht werden, autonome Anwendungen zu entwickeln. Diese Möglichkeit wird in Zukunft im Rahmen des Ubiquitous Computing immer wichtiger werden.

In Verbindung mit den in Abschnitt 6.3.2 betrachteten Komponierbarkeitstechniken kann ein MDA-basierter Ansatz genutzt werden, um die Integration eines Systems stark zu vereinfachen und dabei auftretende Schwachstellen wie Fehlkonfigurationen oder fehlerhaftes Verschalten von Komponenten zu verhindern. Die Idee dabei ist, dass eine komponierbare Architektur die Regeln für das Zusammenfügen von Bauteilen so vorgibt, dass eine Integration zur Laufzeit möglich wird und das entstehende System selbst in der Lage ist, Zusammenfügungen zu verhindern oder wenigstens anzuzeigen, die die modellierten Eigenschaften gefährden können. Ein Beispiel aus dem Gebiet der harten Echtzeitsysteme für eingebettete Geräte bietet wiederum [215]. Auf weitere Vorteile eines modellbasierten Ansatzes in Kombination mit Techniken der Komponierbarkeit wird in Abschnitt 6.4.4 eingegangen.

6.4.3   Reflexion und Adaption

Neben der Entwicklung autonomer Systeme bietet ein MDA-basierter Entwicklungsprozess auch Vorteile für den Betrieb des jeweiligen Systems: Durch die Modellierung des Systems werden umfangreiche Informationen über das System gesammelt, die auch während des Betriebs des Systems gewinnbringend genutzt werden können. Ein ähnliches Vorgehen ist in der Softwareentwicklung unter dem Begriff *Reflexion* bekannt. Reflexion [68] ermöglicht einem Softwaresystem, während der Laufzeit Informationen über seinen Aufbau auszuwerten (*structural reflection*) bzw. zu beeinflussen. So kann z. B. in Java eine Klasse auf die realisierten Methoden untersucht werden. Lisp ermöglicht es sogar, die Implementierung während der Laufzeit zu ändern (*behavioral reflection*). Die Reflexion selbst erfolgt in jedem Fall zur Laufzeit des Systems. In einem verteilten System dient meist eine *Middleware* als Laufzeitumgebung und verbindendes Element zwischen den Komponenten. Daher liegt der Fokus der folgenden Betrachtungen auf Middleware, auch wenn das Konzept der Reflexion beispielsweise ebenfalls in Betriebssystemen angewandt werden kann. Die Realisierung von Reflexion in einer Middleware ist dabei orthogonal zu einer möglicherweise vorhandenen Reflexion in der verwendeten Programmiersprache.

Traditionell bezeichnet Middleware eine Schicht zwischen Betriebssystem und verteilter Anwendung. Middleware wird eingesetzt, um die Entwicklung verteilter Anwendungen zu vereinfachen. Hierfür abstrahiert die Middleware von Netzwerktechnologien, Hardware, Betriebssystemen sowie Programmiersprachen und ermöglicht so die Anwendungsentwicklung für heterogene verteilte Systeme, ohne dass der Entwickler mit diesen Aspekten explizit umgehen muss. Das Ziel ist, den Programmierer weitgehend von der Komplexität, die durch die Verteilung sowie die Heterogenität verursacht wird, zu entlasten. Eine Middleware stellt außerdem auf Basis von primitiven Kommunikationsmechanismen, wie dem Nachrichtenaustausch, geeignete höherwertige Interaktionsprimitive (z. B. einen entfernten Methodenaufruf oder Publish/Subscribe-Kommunikation) bereit und erbringt für die Anwendungen weitere wichtige Infrastrukturdienste, beispielsweise in den Bereichen Transaktionen, Sicherheit, Persistenz, Suchen, Replikation und Migration. Zusammenfassend kann gesagt werden, dass die Entwicklung verteilter Anwendungen durch den Einsatz moderner Middleware (z. B. JEE, .NET oder auch CORBA) stark vereinfacht wird. Allerdings ist klassische Middleware eher auf statische Anwendungen ausgerichtet und bietet häufig nicht eine adäquate Unterstützung für dynamische Umgebungen, wie sie für autonome Systeme charakteristisch sind. An diesem Punkt setzt reflektive Middleware an.

Reflektive Middleware [133] gibt das Ziel der vollständigen Abstraktion von den unterliegenden Schichten auf und schafft an sinnvollen Stellen ein Bewusstsein (engl.: *awareness*) für diese Schichten. Sie stellt durch *Reifikation* die Konfiguration und den Zustand der Middleware sowie ausgewählter Entitäten der unterliegenden Schichten in geeigneter Form zur Verfügung, so dass die Anwendung diesen erfassen und auch beeinflussen kann. Damit können die in Abschnitt 5.2.3 betrachteten Schwachstellen behandelt werden. Außerdem kann die Anwendung, die auf der Middleware aufbaut, selbst ihr Vorgehen anpassen, soweit ihr das aufgrund der Informationen, die ihr die Middleware zur Verfügung stellt, sinnvoll erscheint. Die an die Middleware gerichteten erwünschten Änderungen werden durch Manipulation der aus der Reifikation hervorgegangenen Datenstrukturen vorgenommen, wobei die Middleware für die Umsetzung auf den realen Entitäten sorgt. Dieser zur Reifikation gegensätzliche Prozess wird auch *Absorption* genannt. Reflektive Middleware erlaubt also die Inspektion und Veränderung der Middleware mittels einer kausal mit den realen Entitäten verbundenen Selbstrepräsentation (engl.: *causally connected self-representation*).

Als Beispiel wird ein Publish/Subscribe-System betrachtet. Dieses könnte die Struktur des ihm zugrundeliegenden Overlay-Netzes durch eine geeignete Datenstruktur (z. B. einen Graphen) nicht nur erfassbar machen, sondern auch mittels dafür vorgesehener Methoden eine Änderung der Vernetzung des Overlay-Netzes ermöglichen. Mögliche Änderungen könnte z. B. der Austausch einer Overlay-Kante durch eine andere sowie das Hinzufügen oder das Entfernen eines Brokers darstellen. Auch der verwendete Routing-Algorithmus könnte über eine Schnittstelle geändert werden. Des Weiteren ist es möglich, die Kennzahlen der im System auftretenden Nachrichtenflüsse zugänglich zu machen, um eine Entscheidungsbasis für die Änderungen zu bieten. Die Publish/Subscribe-Middleware muss dann notwendigerweise Mechanismen beinhalten, um den aktuellen Zustand mittels Monitoring zu erfassen sowie die gewünschten Änderungen unter Berücksichtigung geforderter Korrektheitsbedingungen durchzuführen.

Neben dieser von der Anwendungsseite aus gesteuerten Anpassung der Middleware ist es auch möglich, dass sich die Middleware selbständig rekonfiguriert. Eine solche *adaptive Middleware* passt sich damit ändernden Randbedingungen an. Sie kann auf reflektiver Middleware aufsetzen oder auch ohne durchgehende explizite Reflexionsmechanismen auskommen. Im ersten Fall ergibt sich ein modularer Aufbau. Der eingesetzte Adaptierungsmechanismus kann dann einfacher durch einen anderen ersetzt werden, und auch die Anwendung kann mittels der Reflexionsmechanismen gezielt Einfluss auf die Adaption nehmen. Daher sollte dieser Weg bevorzugt werden. Eine adaptive Middleware erfasst mittels Monitoring den aktuellen Zustand des

Systems und nimmt auf dieser Basis Optimierungen vor. Die Optimierungen können sich beispielsweise aus einem Regelungsalgorithmus ergeben und in Form eines Observer/Controller-
Musters (siehe Abschnitt 4.5.1) realisiert sein. Die Koordination sollte hierbei aus den in Abschnitt 4.2.4 genannten Gründen, falls möglich, dezentralisiert werden. Bezüglich der Gefahr
von Schwachstellen gilt des Weiteren das in den Unterkapiteln 5.2.2 und 5.2.3 Gesagte. Zudem muss eine effektive Optimierung sichergestellt werden. Vorbedingung hierfür ist in der
Regel eine ausreichende Selbstkenntnis. Soll die adaptive Middleware modular, aufbauend auf
einer reflektiven Middleware, realisiert werden, so ist außerdem auf eine ausreichende Beobachtbarkeit (Abschnitte 5.3.2.2 und 6.3.3) sowie auf eine ausreichende Steuerbarkeit (Abschnitte 5.3.2.1 und 6.3.4) zu achten. Hierfür muss die reflektive Middleware geeignet ausgelegt, d. h.,
auf die auf ihr aufbauende adaptive Middleware abgestimmt werden.

Als Beispiel für eine adaptive Middleware soll ein verteiltes Objektsystem, wie z. B. CORBA,
dienen. Die Middleware könnte etwa ein Objekt von einem Rechner zu einem anderen migrie-
ren, wenn dadurch die Mehrzahl der Zugriffe effizienter erfolgen kann. Sie könnte auch das
Objekt in Abhängigkeit von dem Quotienten aus Lese- und Schreibzugriffen replizieren und
dann durch Konsistenzprotokolle für einen Abgleich der Änderungen sorgen. Dies alles könnte
transparent für die Anwendung erfolgen. Ein ähnliches Vorgehen ist auch für dienstorientierte
Architekturen möglich, indem Dienste dynamisch migriert und repliziert werden.

6.4.4 Komponierbarkeit und vereinfachte Verifikation

Je nach Anwendungsdomäne macht die Verifikation eines Systems einen erheblichen Anteil
des Gesamtaufwands aus. Dies gilt insbesondere bei Systemen, von deren Zuverlässigkeit das
Leben von Menschen abhängt – dies trifft auf viele Steuerungen in Verkehrsmitteln und in der
Automatisierung zu. Autonome Techniken, wie sie im Fokus dieses Buches stehen, sind jedoch auch in diesen Bereichen von steigender Wichtigkeit, wie die zunehmende vollständige
Automatisierung wie beispielsweise von U-Bahnsystemen oder die Forschungsarbeiten zum
autonom fahrenden Auto zeigen. Ein zusätzliches Problem ist, dass die Verifikation oft auf
Basis von Systemen erfolgt und damit bei erheblichen Änderungen oder bei Verwendung anderer Konfigurationen erneut erfolgen muss. Die führt entweder zu einem erhöhten Aufwand
oder aber zu einer sehr konservativen Umsetzung von Neuerungen, was im Kontext autonomer
Systeme nicht immer zielführend ist.

Im Folgenden soll darum eine Möglichkeit aufgezeigt werden, wie mit Hilfe der bereits in Abschnitt 6.3.2 angesprochenen Idee einer komponierbaren Architektur eine formale Verifikation
von der Ebene eines Systems auf die Meta-Ebene, also die Ebene der Systemarchitektur, geho-
ben werden kann. Die Betrachtungen folgen dabei im Wesentlichen [215, 216].

Wie bereits in Definition 7 in Kapitel 2 dargelegt, definiert eine Architektur die Elemente und
Regeln, mit deren Hilfe Systeme erzeugt werden können, wobei der entsprechende Vorgang des
Zusammenfügens als Komposition bezeichnet wird und durch den linken Pfeil in Abbildung 6.4
visualisiert wird. In einer Architektur, die entsprechend den Ausführungen in Abschnitt 6.3.2
sicher komponierbar hinsichtlich einer Eigenschaft p ist, impliziert diese Eigenschaft der Architektur, dass alle nach ihren Regeln erzeugbaren Systeme die Eigenschaft p haben müssen.

Problematisch ist dabei, wie bereits in Abschnitt 6.3.2 festgestellt, diesen Zusammenhang formal nachzuweisen, denn ohne einen solchen Nachweis ist die Eigenschaft komponierbarer Architekturen, per Konstruktion sicherzustellen, dass die entsprechenden Systeme die gewünschte

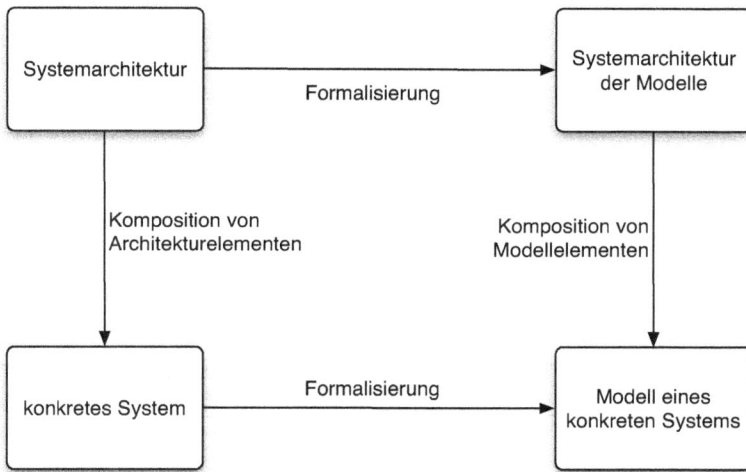

Abb. 6.4: *Systemarchitektur und Modellierung*

Eigenschaft haben, nicht in sicherheitskritischen Systemen verwendbar.

Der erste Schritt der üblichen Vorgehensweise eines solchen Nachweises wird durch den unteren Pfeil in Abbildung 6.4 gezeigt: Ein konkretes System wird in ein Modell überführt, wobei die verwendete Modellierungstechnik von vielen Kriterien abhängt, wie sie unter anderem in Anhang A und in Abschnitt 6.4.1 diskutiert wurden. Mit Hilfe des Modells und einer formalen Beweistechnik wird dann die gewünschte Eigenschaft bewiesen. Dieser Beweis gilt dann jedoch nur für das spezielle konkrete System, das modelliert worden ist, jede Änderung der Konfiguration oder einer Komponente erfordert einen erneuten Beweis.

An dieser Stelle setzt die Idee einer komponierbaren Modellierung an: Ebenso, wie ein konkretes System aus den durch die Systemarchitektur definierten Teilen per Komposition unter Berücksichtigung der Regeln der Systemarchitektur komponiert wird, wird das Modell eines solchen Systems der Struktur der Teilsysteme entsprechend entwickelt. Konsequent umgesetzt, entsteht auf diese Weise eine Menge von Teilmodellen einschließlich Regeln, wie sie zu einem Gesamtmodell zusammengefügt werden können. Letztlich entsteht so eine weitere Architektur, nämlich die Architektur der Modelle der betreffenden Systemarchitektur. Sie besteht wiederum aus Elementen und Regeln und kann benutzt werden, um das Modell eines konkreten Systems durch Komposition zu erstellen – dies ist mit dem rechten Pfeil in Abbildung 6.4 verdeutlicht. In der Praxis kann dieser Ansatz sogar benutzt werden, um unter Verwendung einer solchen Architektur und eines einfachen Werkzeugs das formale Modell eines informal beschriebenen konkreten Systems automatisch zu generieren [215]. Entsprechend den Beziehungen zwischen einem konkreten System und seinem Modell kann die Systemarchitektur der Modelle als Modellierung der ursprünglichen Architektur gesehen werden – durch den oberen Pfeil in Abbildung 6.4 illustriert.

Für den Nachweis von Eigenschaften können nun diese Zusammenhänge genutzt werden. Um nachzuweisen, dass die Systemarchitektur sicher komponierbar hinsichtlich einer Eigenschaft p ist, muss gezeigt werden, dass jedes System diese Eigenschaft hat. Dies wiederum kann – theoretisch – unter Verwendung des Modells formal gezeigt werden, wobei hier angenommen sei, dass sich die Eigenschaft p des Systems im Modell als Eigenschaft q widerspiegelt, es also gezeigt werden muss, dass das Modell die Eigenschaft q hat. Statt dies für jedes mögliche Modell einzeln zu zeigen (das können selbst bei simplen Architekturen unendlich viele sein), geht der Komponierbarkeitsansatz den Weg über das Modell der Systemarchitektur, also die in Abbildung 6.4 oben rechts dargestellte Architektur der dazugehörigen Modelle, von der gezeigt wird, dass sie sicher komponierbar bezüglich der Eigenschaft q ist. Das bedeutet nichts anderes, als dass jedes ihrer Systeme (also jedes konkrete Modell) diese Eigenschaft hat. Wird nun noch die Symmetrie der Kompositionen beider Architekturen dazu genommen, ist durch einen Beweis die Komponierbarkeit der ursprünglichen Systemarchitektur gezeigt. Für die Systemarchitektur *Message Scheduled System* (MSS) [214] wird ein solcher Beweis unter Benutzung zeitbehafteter Petrinetze in [215] geführt.

6.5   Empfehlungskatalog

Aufgrund des Umfangs des betrachteten Gebiets und seiner Neuheit gibt es (noch) kein geschlossenes systematisch-methodisches Vorgehen zur Sicherstellung von Verlässlichkeitseigenschaften autonomer Systeme. Daher wird im Folgenden ein Empfehlungskatalog vorgestellt, der eine Sammlung von Einzelmaßnahmen in Form kurzgehaltener Empfehlungen zur Bekämpfung von Schwachstellen autonomer Systeme und damit auch zur Sicherstellung der beabsichtigten Autonomie eines Systems enthält.[3] Der Empfehlungskatalog ist in zwei Tabellen unterteilt: In Tabelle 6.1 werden diejenigen Empfehlungen betrachtet, die einen direkten Bezug zu den in Kapitel 6 des Buches vorgestellten Maßnahmen haben, während Tabelle 6.2 allgemeine Empfehlungen beinhaltet. Dementsprechend gibt es nur in Tabelle 6.1 – in Analogie zu den Empfehlungen zur Schwachstellenerkennung in Abschnitt 5.5 – Referenzen auf die betreffenden Abschnitte des Buches. Beide Tabellen enthalten neben der eigentlichen Empfehlung jeweils Referenzen auf die Schwachstelle oder die Schwachstellen, auf die sich die Empfehlung bezieht, wobei die Nummerierung aus Tabelle 5.1 (Übersicht der Schwachstellen) verwendet wird. Bei Empfehlungen, die eher ganzheitlicher Natur sind, fehlen diese Verweise, da es nicht sinnvoll möglich ist, diese einzelnen Schwachstellen zuzuordnen.

---

[3]In diesem Katalog kommt es, bedingt durch die Tatsache, dass zu erkannten Schwachstellen auch jeweils Maßnahmen gehören und dass viele Ansätze zur Erkennung auch bereits ansatzweise entsprechende Gegenmaßnahmen enthalten, naturgemäß zu deutlichen Überschneidungen mit der Empfehlungsliste zur Schwachstellenerkennung in Abschnitt 5.5. Dennoch wird bewusst darauf verzichtet, entsprechende Überschneidungen auszuschließen, da der Empfehlungskatalog zu den Maßnahmen zur Bekämpfung von Schwachstellen ebenso wie die Empfehlungsliste zur Schwachstellenerkennung als Elemente des Buches gesehen werden, die auch einzeln für sich genutzt werden können.

Tabelle 6.1: *Empfehlungen zur Schwachstellenvermeidung mit Bezug zu Kapitel 6*

NR.	EMPFEHLUNG	SCHW.ST.
1	Die Sicherstellung von Systemeigenschaften soll bereits in der Designphase erfolgen und konsequent durch alle Phasen aufrechterhalten werden. (Abschnitt 6.3.2)	
2	Modelle sollten durchgehend in allen Phasen des Lebenszyklus eines Systems benutzt werden. (Abschnitt 6.4.2)	
3	Die Lebendigkeit des Systems muss auf allen Ebenen sichergestellt sein. (Abschnitte 5.4.4 und 6.2.5)	14
4	Eine ausreichende Beobachtbarkeit des Systems soll sichergestellt werden. (Abschnitte 5.4.2 und 6.3.3)	10, 11, 20
5	Die Steuerbarkeit relevanter, mindestens aber sicherheitsrelevanter Funktionen muss gewährleistet sein. (Abschnitte 5.4.3 und 6.3.4)	19
6	Der Ansatz der modellgetriebenen Architektur (MDA) sollte verwendet werden. (Abschnitt 6.4.2)	
7	Es muss dafür gesorgt werden, dass im System genug Wissen vorhanden ist, um mögliches Fehlverhalten von Komponenten zu erkennen. (Abschnitt 5.2.3 sowie Kapitel 6)	10, 11
8	Bei jeder Art von Optimierungen sollen Kosten und Nutzen gegeneinander abgewogen werden und, so möglich, Systemwissen aus der Vergangenheit oder über die Zukunft (beispielsweise aus einem Modell abgeleitet) benutzt werden. (Abschnitt 6.3.1)	8, 9, 10, 11
9	Beim Entwurf autonomer Architekturen oder Systeme soll genau spezifiziert werden, welches Verhalten autonom erbracht werden soll und welches nicht. Wenn möglich, soll die Spezifikation formal sein. (Anhang A.1 und 6.4)	
10	Wenn eine Architektur Autonomie unterstützen soll, sollten Architekturmuster mit autonomiefördernden Eigenschaften verwendet werden. (Abschnitt 6.2.1)	
11	Treten in einer Architektur verstärkt Eigenschaften auf, die in diesem Buch als autonomiefördernd identifiziert wurden, sollte diese auf unerwünschte Autonomie untersucht werden. (Abschnitt 6.2.1)	15, 18
12	Im System soll das Prinzip der Fehlereindämmung verwendet werden, um die Auswirkungen lokaler Fehler zu begrenzen. (Abschnitt 6.2.4)	13

Fortsetzung auf der nächsten Seite.

Fortsetzung von Tabelle 6.1

NR.	EMPFEHLUNG	SCHW.ST.
13	Das Auftreten von Oszillationen und Aufschwingen soll – sofern es der Systemintention widerspricht– vermieden werden. Hierfür kann z. B. das Konzept der Hysterese angewendet werden. (Abschnitt 6.3.1)	16
14	Die Komponenten des Systems sollten detailliert spezifiziert werden. Dies sollte sämtliche, auch zunächst unwichtig erscheinende Eigenschaften einschließen, insbesondere nicht-funktionale Eigenschaften. (Abschnitt 6.3.2)	
15	Techniken der Komponierbarkeit sollten benutzt werden, um Systemeigenschaften bereits auf Ebene der Architektur zu etablieren. (Abschnitt 6.3.2)	
16	Die Beobachtbarkeit von Systeminterna sollte konfigurierbar hinsichtlich ihrer Detailliertheit und der Wichtigkeit von beobachtbaren Details sein. (Abschnitt 6.3.3)	20
17	Sicherheitskritische Systeme sollen mit einer Möglichkeit der sicheren Notabschaltung beziehungsweise eines sicheren Notbetriebes ausgestattet sein. (Abschnitt 6.3.4)	19
18	Modellierungstechniken sollen so gewählt werden, dass sie die Modellierung der erforderlichen funktionalen *und* nicht-funktionalen Eigenschaften mit einem hohen Maß an Formalität gewährleisten. (Abschnitt 6.4.1)	
19	Modelle, die vom Menschen interpretiert oder manipuliert werden, sollten anwendungsspezifisch und auf einer hohen Abstraktionsebene angesiedelt sein. (Abschnitt 6.4.2)	
20	Eine Middleware für autonome Systeme sollte so konstruiert werden, dass sie von den darüber liegenden Schichten hinsichtlich relevanter Eigenschaften und ihrer Struktur beobachtet und beeinflusst (Reflexion) werden kann oder in der Lage ist, sich selbst anzupassen (Adaption). (Abschnitt 6.4.3)	11, 20
21	Bei Systemen, bei denen eine Verifikation erforderlich ist, sollte diese bereits beim Entwurf der Architektur eingeplant werden und Komponierbarkeitstechniken so eingesetzt werden, dass eine Verifikation auf Ebene der Architektur möglich ist. (Abschnitt 6.4.4)	
22	Es muss im System genug Wissen vorhanden sein, um effektive Optimierungen mittels Adaption zu ermöglichen. (Abschnitt 6.4.3)	8, 10, 11, 20
23	Im System muss jederzeit genügend aktuelles Wissen vorhanden sein, um eine Reifikation im Rahmen von Reflexion zu ermöglichen. (Abschnitt 6.4.3)	10, 11, 20

Fortsetzung auf der nächsten Seite.

Fortsetzung von Tabelle 6.1

NR.	EMPFEHLUNG	SCHW.ST.
24	Es ist sicherzustellen, dass zur Reflexion genutzte Informationen korrekt interpretiert werden. (Abschnitt 5.2.3 sowie Kapitel 6)	
25	Die Benutzung eines Architekturmusters mit autonomiefördernden Eigenschaften fördert Autonomie nur, sichergestellt werden muss sie bei der Erstellung der Architektur und des Systems. (Kapitel 4)	
26	Die Homogenität der Systemarchitektur soll nur soweit durchgesetzt werden, wie es für die Förderung der Autonomie sinnvoll ist. Eine vollständige Homogenität auf allen Ebenen sollte vermieden werden oder das Risiko von *common mode failures* durch eine besonders anspruchsvolle Qualitätssicherung ausgeglichen werden. (Abschnitt 6.2.2.1)	1
27	Für rein asynchrone Interaktionen soll eine Überwachung vorgesehen werden, die entweder auf der Beobachtung der angestrebten Reaktion oder einer Überwachungskomponente, die über das entsprechende Systemwissen verfügt, basiert. (Abschnitt 6.2.2.2)	2
28	Wenn die Möglichkeit besteht, dass die dynamische, späte Bindung von Komponenten dazu führt, dass Schadkomponenten oder unerwünschte Komponenten Teil des Systems werden, so soll eine Authentifikation der Komponenten etabliert werden. (Abschnitte 6.2.2.3 und 6.2.2.3)	3
29	Eine dezentrale Steuerung soll so ausgelegt werden, dass sie auch bei Manipulation oder Fehlfunktion einzelner Bestandteile noch wie gewünscht funktioniert. (Abschnitt 6.2.2.4)	4
30	Wenn die Gefahr besteht, dass Ereignisse in einer ereignisbasierten Kommunikation verfälscht oder von Dritten generiert werden können, sollen Verfahren wie Authentifikation der Ereignisquellen und Signierung der Ereignisse benutzt werden. (Abschnitt 6.2.2.5)	6
31	Es soll dafür gesorgt werden, dass Ereignisse verschiedener Herkunft, die von der gleichen Senke bearbeitet werden sollen, in ihrer Gesamthäufigkeit so beschränkt werden, dass die Senke nicht (dauerhaft) überlastet wird. (Abschnitt 6.2.2.5)	5
32	Es soll dafür gesorgt werden, dass nur Komponenten dynamisch in das System aufgenommen werden, die der Systemintention dienen. (Abschnitt 5.2.1.6)	7
33	Als Maßnahme gegen transiente Fehler sollte das Prinzip der Selbststabilisierung benutzt werden, sofern es akzeptiert werden kann, dass bestimmte Sicherheitseigenschaften in der Stabilisierungsphase nicht eingehalten werden können. (Abschnitt 6.2.3)	13

Fortsetzung auf der nächsten Seite.

Fortsetzung von Tabelle 6.1

NR.	EMPFEHLUNG	SCHW.ST.
34	Als Maßnahme gegen transiente Fehler sollte das Prinzip der Super-stabilisierung benutzt werden, wenn es nicht akzeptabel ist, während der Stabilisierungsphase beliebige Zustände zu durchlaufen. (Abschnitt 6.2.3)	13
35	Fehlereindämmung sollte nur dann zusammen mit einer Selbst- oder Superstabilisierung verwendet werden, wenn die gegenseitigen Auswirkungen bekannt sind. (Abschnitt 6.2.4)	13
36	Im System sollte genug Wissen über das System selbst vorhanden sein (Selbstkenntnis), dass Fehler zusammen mit Beobachtungen an fehlereindämmenden Schnittstellen hinsichtlich der betroffenen Komponenten lokalisiert werden können. (Abschnitt 6.2.4)	10, 11, 13
37	In zeitkritischen Systemen soll neben der Lebendigkeit auch das Problem der Prioriteninvertierung gelöst werden. (Abschnitt 6.2.4)	14
38	Modellierungstechniken, die die Generierung von (rudimentären) Implementationen sowie eine Abbildung zwischen Modell und Implementation erlauben, sollten bevorzugt werden. (Abschnitt 6.4.1)	

NR.	EMPFEHLUNG	SCHW.ST.
39	Für das System soll ein angemessenes Fehlermodell entwickelt werden. Grundlage hierfür sind die in der Realität möglichen Fehler und ihre Auswirkungen.	12
40	Autonomie birgt die Gefahr, dass unter dem Verweis auf „autonomes Verhalten" inexakt oder oberflächlich entworfen wird. Es ist sicherzustellen, dass Autonomie nicht als Entschuldigung für schlechte Entwurfsprozesse dient.	
41	Autonomie ist besonders anfällig gegenüber versteckten Wechselwirkungen. Es ist sicherzustellen, dass alle Wechselwirkungen bereits auf Modellebene offengelegt werden.	17
42	Neben den autonomietypischen Schwachstellen sind autonome Systeme wie jedes andere System auch durch „übliche" Angriffe bedroht. Geeignete Maßnahmen sind zu ergreifen.	
43	Die Informationsgewinnung im Rahmen der Selbstkenntnis muss in Menge und Detailliertheit auf das relevante Maß beschränkt werden.	10, 11, 20
44	Bei der Definition von Schnittstellen ist zu evaluieren, welche nicht-funktionalen Eigenschaften zu berücksichtigen sind.	

Tabelle 6.2: *Allgemeine Empfehlungen zur Schwachstellenvermeidung*

6.6 Zusammenfassung und Diskussion

In diesem Kapitel wurden Maßnahmen vorgestellt und diskutiert, die der Bekämpfung von Schwachstellen autonomer Systeme dienen. Dabei wurde von den in Kapitel 5 vorgestellten Schwachstellen ausgegangen. Die vorgestellten Maßnahmen beinhalten sowohl solche zur Sicherstellung erwünschter Autonomie als auch solche zur Vermeidung des unerwünschten Auftretens von Autonomie.

Als essentiell hat sich herausgestellt, dass das Wissen im System über das System selbst (Selbstkenntnis) möglichst detailliert und präzise sein muss. Das betrifft sowohl statisches Wissen über die beteiligten Komponenten, ihre Konfiguration und ihre Zusammenhänge, als auch dynamisches Wissen über den aktuellen Systemzustand. Die Akkumulation des Wissens sowie die Integration der Mechanismen zur Realisierung der Selbstkenntnis sollten dabei nicht nachträglich zum System ergänzt oder erst bei der Implementierung berücksichtigt werden, sondern von Beginn des Designs an berücksichtigt werden. Jegliches Wissen sollte explizit gemacht werden und nicht implizit in der Implementierung verborgen sein.

Eine vielversprechende Vorgehensweise ist dabei eine durchgängige Modellierung, wie sie beispielsweise im Rahmen der modellgetriebenen Entwicklung realisiert werden kann. Wichtig ist dabei, dass die im Rahmen eines solchen Ansatzes zur Verfügung stehenden Modelle so weitreichend sind, dass sie die Modellierung allen relevanten Wissens auf geeignete Weise ermöglichen. Dies umfasst insbesondere die weitgehend automatische Überführung eines Modells in eine Implementierung (Codegenerierung) als auch den umgekehrten Weg von einer angepassten Implementierung zurück zum Modell. Die durchgängige Modellierung umfasst auch den Betrieb des Systems, wo die benutzten Modelle z. B. im Rahmen einer reflektiven Middleware Verwendung finden.

Mit diesem Ansatz ist eine fundierte Basis vorhanden, um in jeder Phase des Lebenszyklus eines autonomen Systems die geeigneten Maßnahmen zur Sicherstellung der Verlässlichkeit anwenden zu können. In der Entwicklungsphase umfasst dies unter anderem den Entwurf von Schnittstellen mit Berücksichtigung sämtlicher relevanten funktionalen und nicht-funktionalen Eigenschaften, in der Integrationsphase eine hinsichtlich ihrer Eigenschaften vorhersagbare Komposition der einzelnen Subsysteme und im Betrieb beispielsweise die Selbstoptimierung und Fehlereindämmung.

Die aktuelle Praxis der Softwareentwicklung autonomer Systeme ist von diesem Idealziel allerdings noch weit entfernt. Es bedarf damit weitergehender Anstrengungen sowohl im Bereich der Bereitstellung geeigneter Softwarewerkzeuge (integrierte Modellierungs- und Entwicklungsumgebungen etc.), aber auch im Bereich der Forschung hinsichtlich beispielsweise entsprechender Algorithmen, die die skizzierten Maßnahmen durchgehend umsetzen.

Anhang

A Modellierung

Dieser Anhang stellt eine Reihe etablierter Modellierungstechniken unter Anwendung der in Abschnitt 2.2 eingeführten Taxonomie vor. Er soll helfen, Grundideen und -ansätze der verschiedenen Modellierungsverfahren vorzustellen bzw. in Erinnerung zu rufen und durch Kleinstbeispiele zu illustrieren. Für eine ausführlichere Diskussion sei auf die einschlägige vertiefende Literatur verwiesen.

Dieser Anhang ist in zwei Teile gegliedert: In A.1 werden formal-theoretische Ansätze betrachtet, während im Anschluss daran in A.2 in der Praxis der konkreten Systementwicklung angewendete Modellierungssprachen, die z. T. auf den theoretischen Modellen beruhen, vorgestellt werden.

A.1 Modelle aus der Theoretischen Informatik

In diesem Abschnitt wird eine Auswahl der wichtigsten Modelle aus der theoretischen Informatik vorgestellt, die für dieses Buch relevant sind. Abschnitt A.1.1 stellt Automatenmodelle vor, die für die Komplexitätstheorie sowie für die Theorie der Berechenbarkeit eine wichtige Rolle spielen. Die anschließenden Abschnitte behandeln Modelle, die alle auf nebenläufige Berechnungen abzielen. In Abschnitt A.1.2 werden Prozessalgebren diskutiert, die die Beschreibung von Interaktionen im Rahmen von nebenläufigen Berechnungen erlauben. Temporale Logiken werden in Abschnitt A.1.3 behandelt. Diese gestatten die Spezifikation und Verifikation von Systemabläufen. Zum Abschluss werden in Abschnitt A.1.4 netzbasierte Techniken vorgestellt.

A.1.1 Automatenmodelle

Im Folgenden werden endliche Automaten (Abschnitt A.1.1.1) und Turingmaschinen (Abschnitt A.1.1.2) als wichtigste Vertreter der Automatenmodelle behandelt. Gemein ist allen Automatenmodellen, dass sie deterministisch oder nicht-deterministisch sein können. Werden den Zustandsübergängen in einem nicht-deterministischen Automaten Wahrscheinlichkeiten zugeordnet, so wird auch von einem stochastischen Automaten gesprochen.

A.1.1.1 Endlicher Automat

Ein *endlicher Automat* (EA) ist eine abstrakte Maschine bestehend aus endlich vielen Zuständen und Zustandsübergängen, mit der sich das Verhalten eines Systems beschreiben lässt. Abhängig vom aktuellen Zustand und der anliegenden Eingabe bzw. einer erfüllten Bedingung erfolgt der Übergang in den Nachfolgezustand, wobei auch Aktionen ausgelöst und Ausgaben produziert werden können. Formal lässt sich ein EA als ein 7-Tupel $(\Sigma, \Gamma, Q, q_0, Q_{akz}, \delta, \omega)$ beschreiben, wobei

- Σ das Eingabealphabet und

- Γ das Ausgabealphabet bezeichnet,

- Q eine endliche nicht-leere Menge von Zuständen mit

- q_0 als ausgezeichnetem Anfangszustand und

- Q_{akz} eine (möglicherweise leere) Menge von akzeptierenden Endzuständen ist, sowie

- δ die Zustandsübergangsfunktion $\delta : Q \times \Sigma \to Q$ und

- ω die Ausgabefunktion bezeichnet.

Es werden zwei Arten von EA unterschieden: Akzeptoren und Transduktoren. *Akzeptoren* erzeugen keine Ausgabe und dienen der Worterkennung. Befindet sich der Automat ausgehend von seinem Startzustand und nach Verarbeitung der gesamten Eingabe in einem akzeptierenden Endzustand, so stellt die Eingabe ein korrektes Wort der Sprache des Automaten dar. Für jede mit Hilfe einer regulären Grammatik abgeleiteten Sprache lässt sich ein EA konstruieren, der genau diese Sprache erkennt. Dies findet eine direkte Anwendung im Compiler- und Übersetzerbau.

Transduktoren erzeugen Ausgaben, abhängig von ihrem internen Zustand und den anliegenden Eingaben, und eignen sich zur Modellierung und zum Entwurf einfacher Schaltwerke und Steuerungen. Ausgaben werden mit Hilfe von Aktionen erzeugt, die sich als Operationen und Dienste interpretieren lassen, die die Umwelt dem modellierten System zur Verfügung stellt. Es lassen sich zwei Ansätze unterscheiden, wann Aktionen ausgeführt werden. Der Automat kann sich einerseits passiv in einem Zustand befinden und auf Eingaben bzw. Ereignisse warten, die einen Zustandsübergang auslösen. Nur während eines Zustandsübergangs werden Aktionen ausgeführt. Auf diesem Prinzip basieren die *Mealy-Automaten*. Ihre Ausgabefunktion $\omega : Q \times \Sigma \to \Gamma$ ist somit sowohl vom internen Zustand des Automaten als auch von der anliegenden Eingabe abhängig, die die Zustandstransition erst auslöst. Andererseits lassen sich auch Zustände identifizieren, in denen der Automat aktiv mit der Bearbeitung einer Aufgabe beschäftigt ist. Hier würden Aktionen nur nach dem Erreichen eines Zustandes ausgelöst. Dieses Prinzip liegt den *Moore-Automaten* zugrunde. Ihre Ausgabefunktion $\omega : Q \to \Gamma$ ist einzig vom internen Zustand des Automaten abhängig. Mealy- und Moore-Automaten sind äquivalent, d. h. ein gegebener Mealy-Automat lässt sich in einen Moore-Automaten gleicher Funktionalität überführen und vice versa. In der Praxis werden oft Kombinationen beider Modelle eingesetzt (vgl. UML Zustandsdiagramm, Abschnitt A.2.2.4).

Abbildung A.1a zeigt einen Moore-Automaten, der eine automatisierte Tür mit Bewegungsmelder steuert. Seine Zustände werden als Knoten und die Zustandsübergänge als Kanten in einem Graphen dargestellt. Die Knoten beinhalten den Namen des Zustandes sowie die Aktion, die nach Erreichen ausgeführt wird. Die Kanten sind mit den Eingaben bzw. den Ereignissen beschriftet, die den jeweiligen Zustandsübergang auslösen. Detektiert der Bewegungsmelder bei geschlossener Tür eine sich nähernde Person, was durch das Ereignis Bewegung repräsentiert wird, so wechselt der Automat in den Zustand Öffnend und startet einen Elektromotor. Nach dem vollständigen Öffnen der Tür stößt der Motor auf einen mechanischen Widerstand, woraufhin der Automat in den Zustand Auf wechselt und den Motor abschaltet. Hat der Bewegungssensor über einen längeren Zeitraum keine Aktivität mehr festgestellt, so signalisiert er dies durch das Ereignis `Ruhe`. Der Automat wechselt in den Zustand `Schließend`, startet den Motor in entgegengesetzter Richtung zum Schließen der Tür und schaltet ihn ab, nachdem der mechanische `Widerstand` auftritt und der Zustand `Zu` erreicht wurde. Abbildung A.1b zeigt einen äquivalenten Mealy-Automaten. Aktionen sind nicht mehr mit den Knoten assoziiert, sondern neben den Ereignissen an den Kanten notiert, da sie im Mealy-Modell nur während eines Zustandsübergangs ausgelöst werden. Einerseits lässt sich so eine Reduktion in der Anzahl der benötigten Zustände erreichen, andererseits ist das Verhalten des Automaten meist schwieriger zu erfassen.

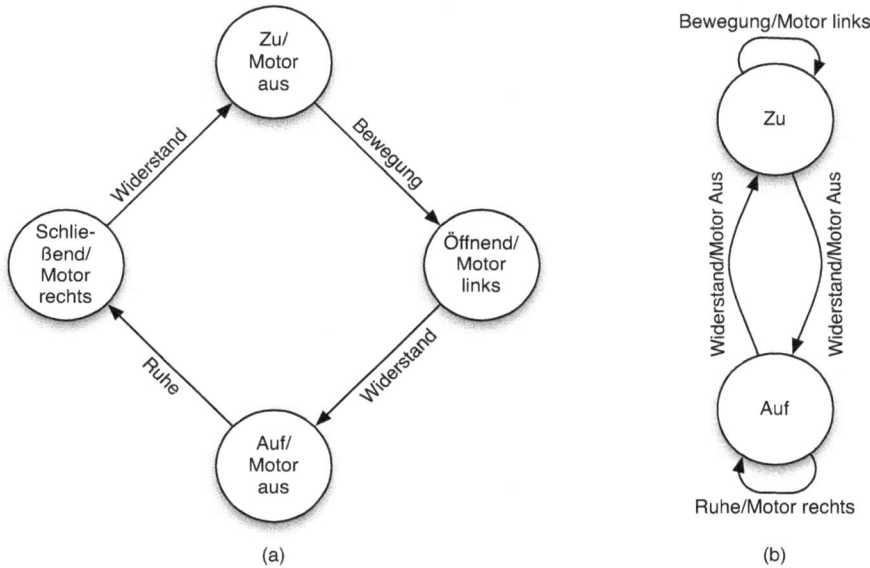

Abb. A.1: *Modelle endlicher Automaten: (a) Moore-Automat (b) Mealy-Automat*

Neben Akzeptoren und Transduktoren, zu Letzteren gehören die Moore- und Mealy-Automaten, können EA auch in deterministische und nicht-deterministische Automaten unterteilt werden. Bei den deterministischen Automaten ist die Zustandsübergangsfunktion δ eindeutig, d. h. es gibt für jeden Zustand und jede anliegende Eingabe genau einen Nachfolgezustand. Bei nicht-deterministischen Automaten ist δ eine Relation, die auch mehr als einen Nachfolgezustand zulässt, aus denen dann einer nicht-deterministisch angenommen wird. Deterministische und nicht-deterministische EA sind äquivalent, d. h. ein gegebener nicht-deterministischer EA lässt sich in einen gleichwertigen deterministischen EA überführen und vice versa. Für komplexere Automaten wie z. B. Turingmaschinen ist dies noch eine unbeantwortete Frage.

A.1.1.2 Turingmaschine

Eine *Turingmaschine* ist eine abstrakte Maschine, die 1936 vom britischen Mathematiker Allen Turing (1912–1954) als ein Modell des „menschlichen Rechners" entworfen wurde [255]. Sie war den menschlichen Aktivitäten bei der *algorithmischen* Bearbeitung einer mathematischen

Aufgabe nachempfunden. Eine Turingmaschine besitzt ein Eingabeband und eventuell zusätzliche Arbeitsbänder, die beidseitig in unendlich viele Felder unterteilt sind. In jedem Feld steht genau ein Symbol aus einem endlichen Bandalphabet. Für jedes Band gibt es einen Schreib- und Lesekopf, der sich feldweise vor und zurück bewegen lässt. Die Koordination übernimmt eine Steuereinheit, die von einem endlichen Automaten gebildet wird. In Abhängigkeit der von den Köpfen gelesenen Symbole ändert sie ihren Zustand und bestimmt die weiteren Kopfbewegungen sowie Schreib- und Leseaktionen. Abbildung A.2 zeigt den schematischen Aufbau einer Turingmaschine.

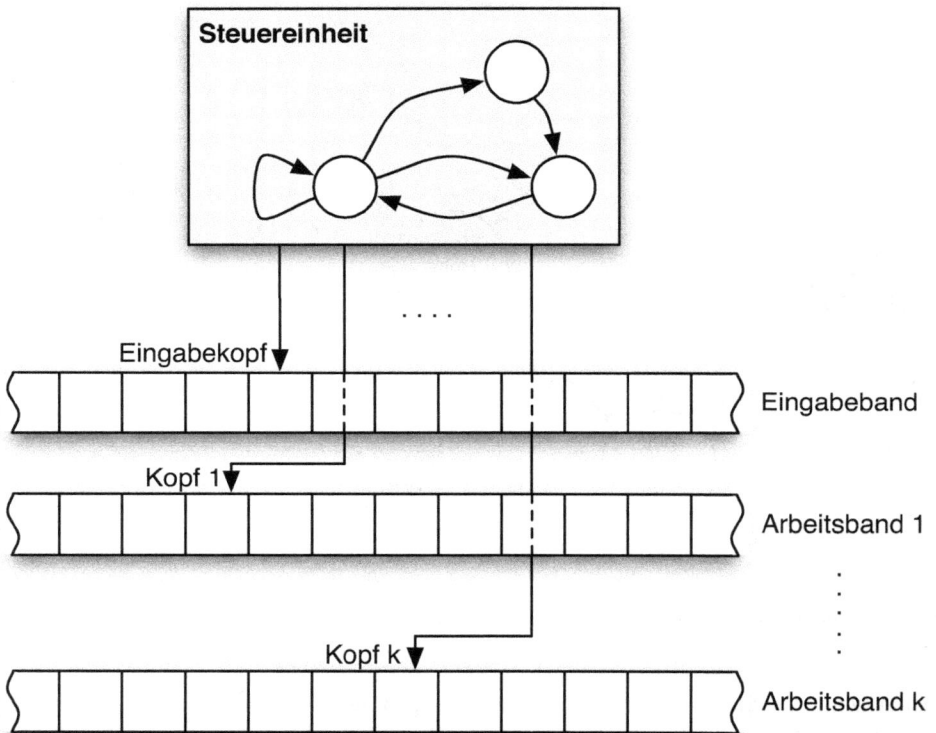

Abb. A.2: *Aufbau einer Turingmaschine*

Formal lässt sich eine Turingmaschine als ein 7-Tupel $(\Sigma, \Gamma, k, Q, q_0, Q_{akz}, \delta)$ beschreiben, wobei

- Σ das Eingabealphabet und

- $\Gamma \subseteq \Sigma$ das Arbeitsalphabet bezeichnet (inklusive dem Leersymbol $\square \in \Gamma$),

- $k \geq 0$ die Anzahl der Arbeitsbänder angibt,

- Q eine endliche nicht-leere Menge von Zuständen mit

- q_0 als ausgezeichneten Anfangszustand und

- Q_{akz} einer (möglicherweise leeren) Menge von akzeptierenden Endzuständen ist, sowie

- δ die Zustandsübergangsfunktion bezeichnet.

Je nach Einsatzzweck können verschiedene Varianten von Turingmaschinen betrachtet werden. Für Konstruktionsprobleme werden häufig Turingmaschinen mit nicht lesbarem Ausgabeband verwendet. Turingmaschinen ohne Ausgabeband, die nur ihre Eingabe prüfen sollen, heißen Akzeptor-Turingmaschinen. Sogenannte Offline-Maschinen besitzen ein Ausgabeband, dürfen aber ihr Eingabeband nicht beschreiben. Eine universelle Turingmaschine erhält die Kodierung einer anderen Turingmaschine als Teil der Eingabe und ist in der Lage, deren Verhalten auf einer beliebigen Eingabe zu simulieren. Für interaktive Modelle, die Ein- und Ausgaben über mehrere Zyklen verarbeiten bzw. produzieren, wurden persistente Turingmaschinen [86] entwickelt, die eine Art Gedächtnis über mehrere Ausführungen hinweg besitzen. Ferner lassen sich Turingmaschinen in deterministisch und nicht-deterministisch unterteilen. Erstere besitzen eine eindeutige Zustandsübergangsfunktion, letztere eine nicht eindeutige Zustandsübergangsrelation (vgl. deterministische und nicht-deterministische endliche Automaten, Abschnitt A.1.1.1).

Turingmaschinen sind ein insbesondere in der theoretischen Informatik gern genutztes Konstrukt. Ihre drei Operationen (Lesen, Schreiben und Kopf bewegen) sind ausreichend, um alle mathematischen Grundoperationen wie Addition, Subtraktion etc. zu simulieren und darauf aufbauend komplexere Programme zu formulieren. Nach der Church-Turing-These lassen sich mit Hilfe einer Turingmaschine alle intuitiv berechenbaren Funktionen berechnen, worunter genau die Funktionen zusammengefasst werden, die prinzipiell auch von einem Menschen ausgerechnet werden könnten. Das nicht-entscheidbare Halteproblem zeigt jedoch, dass es auch Funktionen gibt, die sich weder von einer Turingmaschine und folglich noch von einem Menschen lösen lassen.

Die turingberechenbaren Funktionen lassen sich nach dem Grad ihrer Komplexität weiter unterteilen, wobei ihr Aufwand durch den Platz- und den Zeitbedarf der zugehörigen Berechnung bestimmt wird. Der Platzbedarf wird in belegten Bandfeldern gemessen. Er ist ein direktes Maß für den Speicherbedarf, den ein auf einem Computer implementierter Algorithmus zur Auswertung der Funktion hätte. Der Zeitbedarf wird in der Anzahl an Schritten gemessen, die die Turingmaschine zur Berechnung benötigt. Er entspricht der Laufzeit des implementierten Algorithmus. Da eine Turingmaschine pro Schritt nur höchstens ein Feld lesen oder schreiben kann, ist der Platzbedarf stets durch die Laufzeit beschränkt. Als effizient berechenbar gelten alle Funktionen, die von einer deterministischen Turingmaschine, also auch von einem Computer, in polynomieller Laufzeit berechnet werden können, d. h. deren Schrittanzahl durch ein von der Eingabegröße abhängiges Polynom beschränkt ist. Derartige Funktionen werden in der Komplexitätsklasse P zusammengefasst. Analog beinhaltet die Klasse NP alle die Funktionen, die von einer nicht-deterministischen Turingmaschine in polynomieller Laufzeit berechnet werden können. Die Lösung eines NP-vollständigen Problems auf einer deterministischen Turingmaschine bzw. einem Computer führt hingegen zu exponentiellem Aufwand, der für größere Probleminstanzen praktisch nicht mehr zu realisieren ist. Ob dafür eine effiziente, sprich polynomielle Möglichkeit existiert, ist unbekannt und würde eine Lösung des P=NP Problems implizieren – beide Komplexitätsklassen wären dann identisch. [80] und [9] zählen bekannte

NP-vollständige Probleme auf, [1] gibt eine detailliertere Übersicht über weitere Komplexitäts-klassen.

Turingmaschinen sind ein adäquates Werkzeug zur Untersuchung der Komplexität von Problemen. Komplexitätsbetrachtungen sind insbesondere auch für autonome und adaptive Systeme wichtig, die sich selbständig an variierende Umgebungen anpassen sollen. Sie bewerten ihre Umgebung anhand einer Kostenfunktion und versuchen, die Kostenfunktion durch Änderung eigener Systemparameter zu optimieren. Oft zeigt sich jedoch, dass derartige Optimierungs-probleme NP-schwer sind, das Optimum sich also nicht effizient finden lässt. In diesen Fällen bleibt dann nur noch der Einsatz von Approximationsalgorithmen, deren Ergebnis sich höchstens um einen konstanten Faktor vom Optimum unterscheidet, oder von Heuristiken, die zwar in vielen Fällen akzeptable Ergebnisse liefern, ohne dies aber garantieren zu können.

A.1.1.3 Zellulärer Automat

Zelluläre Automaten wurden von John von Neumann (1903–1957) als formale Modelle zur Beschreibung sich selbst reproduzierender Systeme vorgestellt [262, 263]. Ein zellulärer Automat wird aus einer Menge von Zellen gebildet, die oft in einem ein- oder zweidimensionalen unendlichen Gitter angeordnet sind. Jede Zelle besitzt einen Zustand, wobei die Menge der möglichen Zustände endlich ist. In jedem diskreten Zeitschritt ändern die Zellen ihren Zustand basierend auf einer gemeinsamen lokalen Regel. Die lokale Regel ist eine Zustandsübergangsfunktion, die jeder Zelle einen Nachfolgezustand zuordnet, der sich einzig aus dem aktuellen Zustand der Zelle sowie den Zuständen der Nachbarzellen ergibt. Formal lässt sich ein zellulärer Automat als ein 4-Tupel (S_d, Q, N, δ) beschreiben, wobei

- S_d den d-dimensionalen Raum bezeichnet, in dem die Zellen verteilt sind,

- Q die endliche Menge von Zuständen ist, die eine Zelle annehmen kann,

- N die zelluläre Nachbarschaft $N : S_d \to 2^{S_d}$ bestimmt und

- δ die Zustandsübergangsfunktion (lokale Regel) angibt.

Jede Zelle bildet zusammen mit der lokalen Regel einen endlichen Automaten (vgl. Abschnitt A.1.1.1). Insofern lässt sich ein zellulärer Automat auch als eine Menge kommunizierender endlicher Automaten auffassen, die bis auf ihren aktuellen Zustand identisch sind, da sie mit der gemeinsamen Zustandsübergangsfunktion alle das gleiche „Programm" besitzen. Abbildung A.3 zeigt einen zweidimensionalen zellulären Automaten mit einer von Neumann-Nachbarschaft, in der jeder einzelne Zellautomat mit seinen vier orthogonalen Nachbarn verbunden ist.

Bereits einfache Zellautomaten mit kleiner Nachbarschaft, geringer Anzahl von Zuständen und einfacher Zustandsübergangsfunktion sind in der Lage, ein sehr komplexes globales Verhalten des gesamten zellulären Automaten zu bewirken [271]. Dies schließt konvergierende, wiederkehrende und sich selbst replizierende Strukturen ein, die nicht nur auf einfache Muster beschränkt sind. Zelluläre Automaten sind Turing-vollständig und somit in der Lage, jede beliebige berechenbare Funktion auszuwerten. Hierbei emulieren die Zellen selbst die Bandfelder einer Turingmaschine. In ihrem Zustand speichern sie das im Feld abgelegte Bandsymbol und markieren die Zelle, über der sich der Schreib-/Lesekopf der Turingmaschine befindet. Basierend auf der Zustandsübergangsfunktion der Turingmaschine verändert diese Zelle ihren

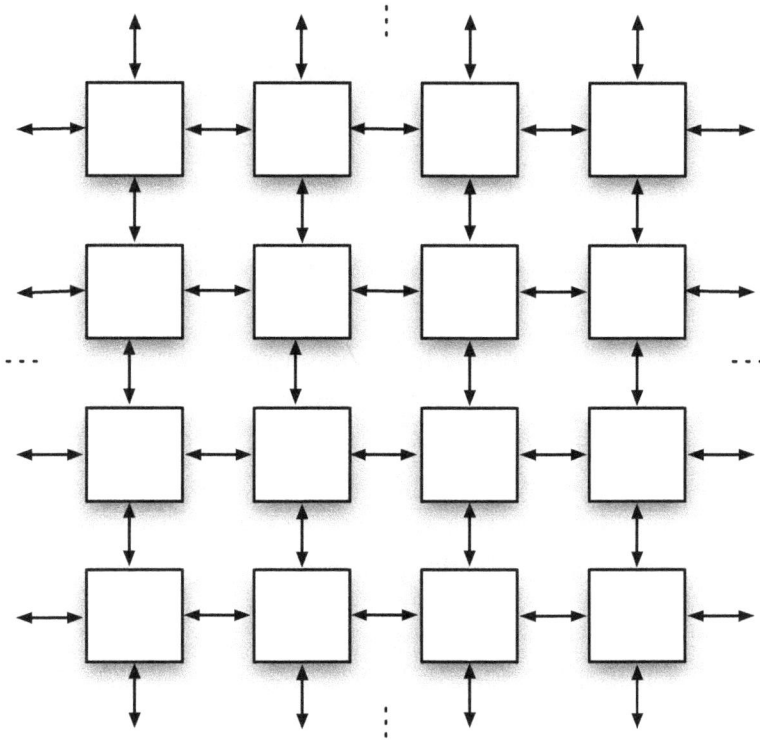

Abb. A.3: *Zweidimensionaler zellulärer Automat mit einer von Neumann (orthogonalen) Nachbarschaft*

Zustand, während alle anderen Zellen ihren Inhalt beibehalten. Vollführt die ursprüngliche Turingmaschine eine Kopfbewegung, so übernimmt die entsprechende Nachbarzelle den nächsten Berechnungsschritt. Allerdings verliert der zelluläre Automat durch diese schrittweise Simulation seine inhärente Parallelität, die gerade für praktische Anwendungen von Nutzen ist. Zelluläre Automaten können u. a. zur Muster- [41, 42] und Bilderkennung [69], zur Generierung von Zufallszahlen [185] sowie zum Testen und zur Selbstdiagnose von Schaltkreisen eingesetzt werden, die einen hohen Integrationsgrad wie z. B. very-large-scale integration (VLSI) [236] aufweisen.

A.1.2   Prozessalgebren

Im Folgenden werden als Beispiele für Prozessalgebren das λ-Kalkül (Abschnitt A.1.2.1), Communicating Sequential Processes (CSP) (Abschnitt A.1.2.2) sowie das π-Kalkül (Abschnitt A.1.2.3) behandelt.

A.1.2.1 λ-Kalkül

Das λ-Kalkül wurde zunächst zur Analyse von funktionalen, also zustandslosen Programmier-sprachen verwendet. Es gibt aber erweiterte Ansätze, die die Anwendung des λ-Kalküls auch auf zustandsbehaftete Sprachen – darunter fallen die meisten imperativen Sprachen – gestatten, so dass das λ-Kalkül häufig als allgemeines Kalkül der sequentiellen Programmierung angese-hen wird.

In einer funktionalen Sprache steht jeder Ausdruck für einen *Wert*. Funktionen sind parametri-sierte Ausdrücke. Durch Einsetzen von anderen Ausdrücken für die Parameter wird der Werte-bereich des Ausdrucks einschränkt. Parameter können nicht nur konkrete Werte sein, sondern auch selbst wieder Funktionen. Funktionen, die andere Funktionen als Parameter und als Rück-gabewert haben können, werden *Funktionen höherer Ordnung* genannt. Das λ-Kalkül enthält zwei Bestandteile:

- **Funktionsabstraktion.** $\lambda\ x.A$ beschreibt eine (anonyme) Funktion, deren Parameter x heißt und deren Funktionskörper durch A beschrieben wird. In A kommt in der Regel x vor; dies ist aber nicht zwingend notwendig.

- **Funktionsanwendung (Applikation).** Die Applikation $F A$ bedeutet, dass die Funkti-on F auf den Ausdruck A angewendet wird.

Das λ-Kalkül kennt im Wesentlichen zwei Regeln, die beschreiben, wie der Wert eines Aus-drucks abgeleitet werden kann:

- α-**Konversion.** Sie sagt aus, dass Variablennamen austauschbar sind. Entsprechend sind z. B. die Ausdrücke $\lambda\ x.x$ und $\lambda\ y.y$ äquivalent.

- β-**Konversion.** Diese Regel beschreibt die schon bekannte Funktionsapplikation. Bei-spielsweise gilt entsprechend der β-Konversion, dass die Ausdrücke $(\lambda\ x.x)(\lambda\ y.y)$ und $\lambda\ y.y$ äquivalent sind.

Mitunter wird noch eine dritte Regel, die η-Konversion, hinzugezählt. Sie sagt aus, dass zwei Funktionen gleich sind, wenn sie für alle Parameter den gleichen Wert liefern.

Funktionen im λ-Kalkül haben stets nur ein Argument. Um Funktionen mit mehr als einem Parameter zu beschreiben, werden Funktionen definiert, die bei Anwendung auf das erste Ar-gument eine neue Funktion zurückgeben, die auf das zweite Argument angewendet werden kann, usw. Dieser Ansatz wird nach dem amerikanischen Mathematiker und Logiker Haskell Brooks Curry als *Currying* bezeichnet. Um die Schreibung zu vereinfachen, werden Ausdrücke wie $\lambda\ x\ y\ z.\phi$ zugelassen, wobei ϕ ein beliebiger Ausdruck ist. $\lambda\ x\ y\ z.\phi$ wird dann als eine Kurzform für $((\lambda\ x.\phi)y)z$ angesehen.

Das λ-Kalkül (und viele andere Kalküle oder Prozessalgebren) stellt einen klassischen Fall von Komponierbarkeit dar. Über die Anwendungsregel ist gewährleistet, dass sich alle „Komponen-ten" miteinander kombinieren lassen. Dabei ist eine syntaktische Komponierbarkeit per Defi-nition gegeben, und für die semantische gilt das Kompositionalitätsprinzip, dessen erwünschte Einhaltung sogar einen Grund für die Nutzung des λ-Kalküls darstellt (vergleiche [172]).

Nicht-funktionale Eigenschaften (z. B. die Rechenzeit) der Berechnungen des λ-Kalküls sind *innerhalb* des Kalküls überhaupt nicht ausdrückbar. Jedoch können Rechenvorgänge zur Ermittlung nicht-funktionaler Eigenschaften *anderer* Systeme – deren Funktionalität durchaus selbst wieder im λ-Kalkül darstellbar ist – wiederum mit Hilfe des Kalküls beschrieben werden.

Als Weiterentwicklung des ungetypten λ-Kalküls gibt es auch getypte λ-Kalküle. Hier ist die Komponierbarkeit eingeschränkt, bedingt durch eine geforderte Übereinstimmung von Typen.

A.1.2.2   Communicating Sequential Processes (CSP)

Communicating Sequential Processes (CSP) ist eine Prozessalgebra zur Beschreibung der Interaktion nebenläufiger Prozesse [105]. CSP wurde 1978 von C. A. R. Hoare als nebenläufige Programmiersprache vorgestellt [104] und im Folgenden in Zusammenarbeit mit S. Brooks und A. W. Roscoe zu einem vollständigen Prozesskalkül weiterentwickelt [31]. Als grundlegende Primitiven dienen *Prozesse* und *Ereignisse*, mit denen die Prozesse über Kanäle kommunizieren. Das Verhalten von Prozessen wird in Form von *Traces* beschrieben, die die Abfolge der erzeugten Ereignisse darstellen. Mit Hilfe weniger Operatoren lassen sich komplexe Prozessbeschreibungen aus einfachen Grundelementen konstruieren. Die wichtigsten Operatoren in CSP sind im Folgenden kurz vorgestellt.

- **Prefix.** Der Präfix-Operator $a \to P$ verbindet das Ereignis a und den Prozess P zu einem neuen Prozess, der zunächst a mit seiner Umgebung kommuniziert und sich anschließend wie P verhält.

- **Choice.** Die Auswahl-Operatoren erlauben es einem Prozess, sich zukünftig verschiedenartig weiter zu entwickeln und somit ein unterschiedliches Verhalten zu zeigen. Durch den deterministischen (oder externen) Auswahl-Operator $(a \to P)\square(b \to Q)$ entsteht ein Prozess, der bereit ist, die Ereignisse a und b zu kommunizieren und sich anschließend entweder wie P oder wie Q verhält abhängig davon, welches Ereignis die Umgebung ausgewählt hat. Durch den nicht-deterministischen Auswahl-Operator $(a \to P) \sqcap (b \to Q)$ entsteht hingegen ein Prozess, der sich entweder wie $(a \to P)$ oder wie $(b \to Q)$ verhält, wobei die Auswahl nicht-deterministisch vom Prozess selbst getroffen wird. Insbesondere kann der neu entstandene Prozess es ablehnen, a oder b zu akzeptieren, da er sich stets für die alternative Variante entschieden haben könnte und ist nur gezwungen, zu kommunizieren, wenn die Umgebung sowohl a als auch b anbietet.

- **Interface Parallel.** Der Interface Parallel-Operator $P|[\{a\}]|Q$ erlaubt es den nebenläufigen Prozessen P und Q, sich mit Hilfe des Ereignisses a zu synchronisieren. Das Ereignis a kann erst dann auftreten, wenn beide Prozesse P und Q in der Lage sind, a zu kommunizieren, d. h. ein Prozess wartet so lange auf den anderen, bis dieser ebenfalls bereit ist, a zu kommunizieren.

- **Hiding.** Der Hiding-Operator $(a \to P) \setminus \{a\}$ ermöglicht es, die Sichtbarkeit von Ereignissen zu begrenzen. Unter der Annahme, dass a nicht in P vorkommt, ist obiger Ausdruck äquivalent zu P. Dies ist insbesondere dann sinnvoll, wenn durch Prozesse beschriebene Komponenten zu einem Gesamtsystem komponiert werden sollen, ohne deren interne Ereignisse preiszugeben.

Listing A.1 gibt ein Anwendungsbeispiel in Form einer CSP Spezifikation eines unbegrenzten Puffers. BUFFER ist spezifiziert als ein Prozess P, der sich wie ein unbegrenzter Puffer verhält. P ist mit Hilfe zweier Klauseln rekursiv definiert, um die Fälle des leeren und des (teilweise) gefüllten Puffers getrennt zu behandeln. Die erste Klausel, $P_{<>}$ = left?$m \to$ $P_{<m>}$, bezieht sich auf den leeren Puffer. Liegt eine Nachricht auf dem linken Kanal an (left?m), so ist diese zu akzeptieren und zu speichern. Die zweite Klausel, $P_{<m>\hat{}s} =$ (left?$n \to$ $P_{<m>\hat{}s<n>}$) $\square$ (right!$m \to P_s$), betrifft den nicht-leeren Puffer. Sie besagt, dass der Puffer entweder eine weitere Nachricht n auf dem linken Kanal akzeptiert und diese am Pufferende ablegt oder die erste Nachricht m des Puffers auf dem rechten Kanal wieder ausgibt.

Listing A.1: *CSP Programm und Spezifikation eines unbegrenzten Puffers*

BUFFER $= P_{<>}$
   where $P_{<>}$ =left?$m \to P_{<m>}$
     and $P_{<m>\hat{}s} =$ (left?$n \to P_{<m>\hat{}s<n>}$) $\square$ (right!$m \to P_s$)

BUFFER **sat** (right$\leq$left) $\wedge$
        (**if** right=left **then** left $\notin ref$ **else** right$\notin ref$)

BUFFER ist ein CSP-Programm, das bestimmte Ereignisabfolgen erzeugen kann. Über diese Traces lassen sich Korrektheitsaussagen formulieren und mittels algebraischer Gesetze prüfen. Die letzten zwei Zeilen in Listing A.1 beschreiben die Menge aller Traces, die jeweils das durch sat angegebene Prädikat erfüllen. Der erste Teil des Prädikates, right $\leq$ left, besagt, dass die Sequenz der auf dem rechten Kanal ausgegebenen Nachrichten stets ein Präfix der auf dem linken Kanal eingelesenen Nachrichten ist. Hiermit wird sichergestellt, dass der Puffer eingelesene Nachrichten genau einmal und in gleicher Reihenfolge wieder ausgibt. Der zweite Teil des Prädikates besagt, dass der Prozess niemals terminiert. Sofern der Puffer leer ist (right = left), muss der Prozess jede Eingabe akzeptieren (left $\notin ref$), andernfalls darf der Prozess keine Ausgabe ablehnen (right $\notin ref$). Dies stellt sicher, dass angenommene Nachrichten letztendlich auch wieder ausgeliefert werden müssen.

A.1.2.3 π-Kalkül

Das π-*Kalkül* [174, 173] ist eine von R. Milner, J. Parrow und D. Walker entwickelte Prozessalgebra, die ein minimalistisches, jedoch turingmächtiges Berechnungsmodell (vgl. Abschnitt A.1.1.2) für nebenläufige Systeme darstellt [171]. Das π-Kalkül unterscheidet sich von früheren Prozesskalkülen – wie Milners vorangegangenen Arbeiten zum Calculus of Communicating Systems (CCS) oder Hoares Communicating Sequential Processes (CSP) (vgl. Abschnitt A.1.2.2) – durch die Möglichkeit, neue Kommunikationskanäle zu erzeugen und diese wie Daten ebenfalls über Kanäle weiter zu reichen. Dies ermöglicht es, die Mobilität von Prozessen zu modellieren und somit Änderungen der Prozessstrukturen während und in Abhängigkeit von der Berechnung auszudrücken. Das Konzept von Mobilität ist zum Beispiel notwendig, um zu beschreiben, wie ein sich (schnell) bewegender Mobilfunkteilnehmer während eines Gesprächs mit mehreren Basisstationen kommuniziert (Roaming).

Basierend auf den folgenden Basiselementen und Operatoren lassen sich komplexe nebenläufige Systeme modellieren. Seien P und Q zwei Prozesse.

- $P \mid Q$ bezeichnet den Prozess, der durch die nebenläufige Ausführung von P und Q gebildet wird.

- $a(x).P$ ist der Prozess, der den Wert x auf dem Kanal a liest und sich anschließend wie Prozess P verhält. Hierbei blockiert $a(x).P$ so lange, bis x erfolgreich empfangen wurde.

- $\overline{a}\langle x\rangle.P$ ist der Prozess, der den Wert x über den Kanal a sendet und sich anschließend wie Prozess P verhält. Hierbei blockiert $\overline{a}\langle x\rangle.P$ so lange, bis x von einem anderen Prozess akzeptiert wurde.

- $(\nu a)P$ erzeugt einen neuen (frischen) Kanal a in P.

- $!P$ beschreibt eine unendliche Anzahl von nebenläufigen Kopien des Prozess P. $!P$ kann auch als ein Prozess aufgefasst werden, der in der Lage ist, neue Instanzen seiner selbst zu erzeugen, was für die Modellierung von Netzwerkdiensten genutzt werden kann.

- $P + Q$ bezeichnet den Prozess, der sich entweder wie P oder wie Q verhält.

- 0 ist der inaktive Prozess, dessen Ausführung beendet ist.

Obige Operatoren sind ausreichend, um beliebiges nebenläufiges Verhalten auszudrücken. Um dies zu verdeutlichen, soll als ein Beispiel nach [268] ein entfernter Prozeduraufruf modelliert werden. Die serverseitige Funktion incr(x) inkrementiert den ihr übergebenen Wert x um eins und liefert das Ergebnis als Rückgabe an den Aufrufer zurück. Im π-Kalkül lässt sich der Serverprozess wie folgt darstellen:

$$!\text{incr}(a, x).\overline{a}\langle x + 1\rangle.$$

Der Ausdruck besagt, dass auf dem Kanal incr zwei Eingaben akzeptiert werden: Der Name des Rückkanals, der an die Variable a gebunden wird, sowie das eigentliche Argument x des Funktionsaufrufs. Ergebnis des Aufrufs ist das um eins inkrementierte Argument $x + 1$, das dann über den Kanal a zurückgesendet wird. Der Replikationsoperator ! stellt sicher, dass für jeden Client ein eigener Serverprozess zur Verfügung steht.

Angenommen, ein Client führt den entfernten Aufruf mit dem Argument 17 aus und bindet das Ergebnis an die lokale Variable y. Im π-Kalkül entspricht dies dem Ausdruck:

$$(\nu a)(\overline{\text{incr}}\langle a, 17\rangle \mid a(y)).$$

Auf dem Kanal incr werden sowohl der Rückkanal a als auch das Funktionsargument 17 übergeben, während gleichzeitig auf dem Kanal a auf das Ergebnis y gewartet wird. Der ν-Operator stellt sicher, dass für jeden Aufruf ein neuer privater Kommunikationskanal zwischen Client und Server etabliert wird. Durch paralleles Zusammenschalten von Client und Server ergibt sich schließlich der Gesamtausdruck

$$!\text{incr}(a, x).\overline{a}\langle x + 1\rangle \mid (\nu a)(\overline{\text{incr}}\langle a, 17\rangle \mid a(y)),$$

der den entfernten Funktionsaufruf incr(x) mit dem Argument 17 und das Binden des Ergebnisses 18 an die Variable y modelliert.

A.1.3   Temporale Logiken

In diesem Abschnitt werden *temporale Logiken* vorgestellt. Diese interpretieren die Modaloperatoren im Kontext der Zeit und werden vor allem für die Modellierung sowie für die Verifikation von nebenläufigen Systemen eingesetzt. Schlussfolgerungen, die mit Hilfe der temporalen Logiken abgeleitet werden, können wertvolle Ergebnisse hinsichtlich des autonomen Verhaltens eines Systems liefern; aus diesem Grund werden Temporallogiken in diesem Buch vorgestellt.

Klassische Logiken, wie z. B. die Aussagenlogik oder die Prädikatenlogik, beschäftigen sich mit Systemen, in denen Aussagen entweder *wahr* oder *falsch* sind. Bei einer Aussage, die wiederum aus mehreren Aussagen besteht, kann aus der Zusammensetzung und der Art der Teilaussagen eindeutig auf die Wahrheit der zusammengesetzten Aussage geschlossen werden. Häufig ist jedoch nicht verlangt, über die Wahrheit einer Aussage zu argumentieren, sondern über die *Möglichkeit* oder die *Notwendigkeit*, dass sie wahr ist. Um eine derartige Argumentation zu ermöglichen, wird die Logik um neue Operatoren erweitert. Diese erweiterten Logiken heißen Modallogiken. Die neu eingeführten Operatoren können nun in verschiedenen Kontexten interpretiert werden.

Temporale Logiken besitzen neben klassischen Logikoperatoren wie $\Rightarrow$ (logische Implikation) zusätzliche *Modaloperatoren*, die sich auf die Zukunft oder auf die Vergangenheit beziehen können [159]. Beispielsweise kann mit Hilfe des Modaloperators $\Diamond$ (*eventually*, etwas wird irgendwann wahr) und der Implikation die Aussage formuliert werden, dass wenn jetzt a gilt, irgendwann auch b gelten wird:

$$a \Rightarrow \Diamond b$$

Es gibt keine allgemein akzeptierte Menge von Modaloperatoren, die eine temporale Logik haben muss. Die Operatoren, die am häufigsten genutzt werden sind $\Box$ (eine Aussage gilt *immer*), $\Diamond$ (eine Aussage gilt *irgendwann einmal*) und $\bigcirc$ (die Aussage ist im *nächsten* Zustand wahr).

Bei der *linearen temporalen Logik* (LTL), wird die Zukunft als ein *Ausführungspfad* betrachtet, der aus einer Folge von Zuständen besteht. Dies entspricht einer Sicht, in der es zu jedem Zeitpunkt nur eine mögliche Zukunft gibt. Damit unterscheidet sie sich von den Branching Time-Logiken [19], wie der *Computational Tree Logic* (CTL), die die Zukunft in Form eines Baumes, also als eine Menge von Ausführungspfaden, modellieren. Hier können daher zu einem Zeitpunkt mehrere mögliche Zukünfte existieren. Die Mengen der mit LTL und CTL spezifizierbaren Abläufe unterschieden sich und haben eine nicht-leere Schnittmenge [142]. Die Menge der mittels der Temporallogik CTL* spezifizierbaren Abläufe beinhaltet sowohl CTL als auch LTL.

Eine wichtige Einschränkung der gängigen Temporallogiken ist, dass sie es nicht erlauben, Echtzeitbedingungen auszudrücken. So lässt sich zwar die Aussage, dass *irgendwann* etwas passieren soll, ausdrücken, aber nicht die Aussage, *wann* oder *bis wann* es passieren soll. Es gibt jedoch Arbeiten, die sich mit der Erweiterung von Temporallogiken um Realzeit beschäftigt haben [18] und so Schlussfolgerungen über das zeitliche Verhalten von Systemen ermöglichen.

An dieser Stelle soll die Spezifikation einer Ampelanlage als Beispiel für die Anwendung von LTL dienen. Die Ampelanlage ist an einer Kreuzung installiert und besteht aus vier Ampeln, die im Uhrzeigersinn nummeriert sind und deren Konfiguration als 4-Tupel (S_1, S_2, S_3, S_4) angegeben wird. Jede Ampel kann entweder rot oder grün sein, d. h. $S_i \in \{R, G\}$. Damit es keinen Unfall gibt, soll immer nur maximal eine Ampel grün sein:

$$\Box(\forall i, j : S_i = G \land S_j = G \Rightarrow i = j)$$

Damit sichergestellt ist, dass auch Verkehr fließen kann, soll immer mal wieder eine Ampel grün werden:

$$\Box\Diamond(\exists i : S_i = G)$$

Mit der bisherigen Spezifikation kann es aber sein, dass ein Auto an einer Ampel ewig warten muss. Also muss ebenfalls sichergestellt werden, dass jede Ampel irgendwann einmal grün ist:

$$\Box(\forall i : S_i = R \Rightarrow \Diamond(S_i = G))$$

Generell eignen sich temporale Logiken dafür, die Sicherheit (*safety*, „es passiert niemals etwas schlimmes"), die Lebendigkeit (*liveness*, „irgendwann passiert etwas gutes") und die Fairness (*fairness*, „keine Komponente wird unverhältnismäßig benachteiligt") eines Systems zu betrachten. Es können z. B. Aussagen über die Freiheit von Verklemmungen (*deadlocks*) und die Erreichbarkeit (*reachability*) eines Zustands gemacht werden.

A.1.4   Netzbasierte Techniken

Ein große Klasse von Modellierungsansätzen beruhen auf Graphen, auch Modellierungsnetze genannt. In einer groben Unterteilung lassen sich zwei Klassen von Modellierungsnetzen unterscheiden: dynamische Netze, die ein Verhalten modellieren können, und statische Netze, die Zustände und Beziehungen beschreiben. Die Zustände können zwar wiederum Aussagen über ein Verhalten treffen, aber die Modellbeschreibung ist statisch, die Netze selbst verändern sich nicht, während dynamische Netze *ausführbar* sind.[1] Mitunter wird auch von *aktiven* und *passiven* Netzen gesprochen.

Die bekannteste Gruppe von aktiven Netzen sind *Petri-Netze* [199, 213, 240]. Die meisten anderen Ansätze sind mit Petri-Netzen verwandt. Deshalb werden hier stellvertretend für alle aktiven Ansätze Petri-Netze diskutiert.

A.1.4.1 Petri-Netze

Petri-Netze werden häufig genutzt, wenn nebenläufige Prozesse, Synchronisation und Nicht-Determinismen modelliert werden sollen. Sie lassen sich grafisch darstellen und sind aus diesem Grund häufig leicht erfassbar. Andererseits sind sie vollständig formal und bieten damit Methoden, um auf mathematischem Weg über das modellierte System zu argumentieren.

Petri-Netze sind gerichtete Graphen mit zwei Arten von Knoten. Die Knoten der einen Art werden *Plätze* genannt, die anderen *Transitionen*. Eine Kante kann in einem Petri-Netz stets nur zwischen zwei Knoten unterschiedlichen Typs existieren, also zwischen einem Platz und einer Transition, aber niemals zwischen zwei Plätzen oder zwischen zwei Transitionen. Da es sich um gerichtete Kanten handelt, wird zwischen *Eingangskanten* und *Ausgangskanten* unterschieden,

---

[1]Die Unterscheidung wird durch ein konkretes Beispiel deutlich: Ein Petri-Netz ist ein dynamisches Netz, der dazugehörige Erreichbarkeitsgraph ist statisch.

wobei sich die Richtung auf die Transition bezieht: Eine Eingangskante ist auf eine Transition gerichtet, eine Ausgangskante von ihr weg. Zusätzlich kann jeder Kante eine Vielfachheit (eine natürliche Zahl) zugewiesen werden.

Jedem Platz in einem Petri-Netz ist eine natürliche Zahl zugewiesen. Dabei wird von der *Markierung* des Platzes bzw. den *Marken* auf dem Platz gesprochen. Während die Knoten und Kanten eines Petri-Netzes unverändert bleiben, kann sich die Markierung der Plätze im Laufe der Zeit verändern, indem Transitionen schalten (auch als „feuern" bezeichnet). Eine Transition schaltet, wenn alle Plätze, von denen ihre Eingangskanten ausgehen, entsprechend der Vielfachheit der Kante markiert sind. Diese Marken werden von den entsprechenden Plätzen entfernt, während auf jeden Platz, zu dem eine Ausgangskante führt, die der Vielfachheit der Ausgangskante entsprechende Anzahl von Marken gelegt wird. Durch diese Dynamik der Markierungen lässt sich bei der Modellierung von Systemen eine *nicht-deterministische* Systemdynamik ausdrücken. Die Menge der Markierungen aller Plätze eines Petri-Netzes zu einem Zeitpunkt wird Markierung dieses Petri-Netzes genannt.

Im Rahmen der Systemmodellierung können potentielle Ereignisse mit Hilfe von Transitionen beschrieben werden, während Plätze Eigenschaften des Systems repräsentieren können. Eine Markierung beschreibt dann den aktuellen Systemzustand. Petri-Netze können dann beispielsweise für Korrektheitsbeweise bezüglich Eigenschaften eingesetzt werden.

Als Beispiel soll eine sehr einfache ampelgesteuerte Kreuzung modelliert werden, wie in Abbildung A.4 dargestellt.

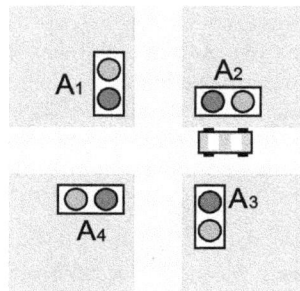

Abb. A.4: *Ampelgesteuerte Kreuzung*

Die zu zeigende Eigenschaft ist die einer technischen Sicherheit (vergleiche Abschnitt 2.3.2.2), die dadurch beschrieben wird, dass niemals zwei Ampeln, die sich nicht direkt gegenüber stehen, gleichzeitig „grün" anzeigen. Dies bedeutet, dass niemals Ampel A_1 zusammen mit A_2 oder A_4 „grün" sein darf. Analoges gilt für A_3. Dagegen dürfen (und sollen) jeweils A_1 und A_3 bzw. A_2 und A_4 gleichzeitig den Verkehr freigeben. Zeitaspekte sollen in diesem Beispiel nicht berücksichtigt werden.

Abbildung A.5 zeigt ein mögliches Modell für die Steuerung unter Benutzung eines Standard-Petri-Netzes. Dabei soll im Modell jeder Platz π_i für die Ampel A_i stehen. Ein leerer Platz bedeutet eine rote Ampel, ein markierter Platz eine grüne Ampel.

Natürlich ist die Einhaltung der genannten Korrektheitseigenschaften in diesem simplem Modell auf einen Blick zu sehen oder wenigstens leicht durch die Betrachtung des Zustandsraums

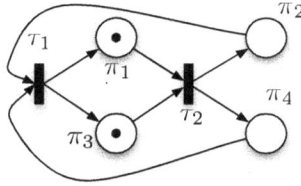

Abb. A.5: *Petri-Netz der Ampelsteuerung*

des Netzes zu zeigen. Es soll aber hier demonstriert werden, wie derartige Eigenschaften auf algebraischem Weg nachgewiesen werden können. Folgende Elemente beschreiben das Petri-Netz aus Abbildung A.5:

Strukturmatrix:
$$\mathbb{C} = \begin{pmatrix} 1 & -1 \\ -1 & 1 \\ 1 & -1 \\ -1 & 1 \end{pmatrix} \qquad \text{(A.1a)}$$

Initialmarkierung:
$$\vec{m}_0 = \begin{pmatrix} 1 \\ 0 \\ 1 \\ 0 \end{pmatrix} \qquad \text{(A.1b)}$$

Als Beispiel für den Nachweis einer Sicherheitseigenschaft soll folgender Satz für π_1 und π_2 bewiesen werden:[2]

Für das Petri-Netz aus Abbildung A.5 gibt es keine Schaltsequenz, die zu einer Markierung führt, bei der $m(\pi_1) = 1$ und $m(\pi_2) > 0$ gilt.

Für den Beweis ist es hinreichend zu zeigen, dass für jede Sequenz von der Markierung $\vec{m}_0$ aus gilt: $m(\pi_1) = 1 \Rightarrow m(\pi_2) = 0$.

---

[2]Ein analoger Satz gilt für π_3 und π_4.

Für $\vec{I} = \begin{pmatrix} 1 & 1 & 0 & 0 \end{pmatrix}$ gilt:

$$\vec{I} \cdot \mathbb{C} = \begin{pmatrix} 1 & 1 & 0 & 0 \end{pmatrix} \cdot \begin{pmatrix} 1 & -1 \\ -1 & 1 \\ 1 & -1 \\ -1 & 1 \end{pmatrix}$$

$$= \begin{pmatrix} 0 & 0 \end{pmatrix}$$

$$= \vec{O}$$

Folglich ist $\vec{I}$ eine so genannte Platzinvariante des Petri-Netzes (vgl. z. B. [213]). Daher gilt für alle Markierungen $\vec{m}_\sigma$:

$$\vec{I} \cdot \vec{m}_\sigma = \vec{I} \cdot \vec{m}_0$$

Es seien x_σ, y_σ und z_σ die Anzahl der Marken auf den Plätzen π_2, π_3 und π_4, d. h. $x_\sigma = m(\pi_2)$, $y_\sigma = m(\pi_3)$ und $z_\sigma = m(\pi_4)$. Dann gilt:

$$\begin{pmatrix} 1 & 1 & 0 & 0 \end{pmatrix} \cdot \begin{pmatrix} 1 \\ x_\sigma \\ y_\sigma \\ z_\sigma \end{pmatrix} = \begin{pmatrix} 1 & 1 & 0 & 0 \end{pmatrix} \cdot \begin{pmatrix} 1 \\ 0 \\ 1 \\ 0 \end{pmatrix}$$

$$1 + x_\sigma = 1$$

$$x_\sigma = 0 \qquad\qquad\qquad \text{q. e. d.}$$

A.1.4.2 Andere dynamische netzbasierte Modellierungsansätze

Zu Petri-Netzen, wie sie bei [199] beschrieben wurden, existieren zahlreiche Erweiterungen und Abänderungen. Beispielsweise gibt es verschiedene Ansätze, Petri-Netze mit Zeiterweiterungen zu versehen, z. B. [208, 169, 235, 46, 243]. Dabei wird Zeit wahlweise deterministisch, stochastisch und nicht-deterministisch/nicht-stochastisch beschrieben.

In so genannten Höheren Petri-Netzen (*high-level petri nets*) [125] können statt Marken komplexe algebraische Ausdrücke verwendet werden. Dies erweitert die Ausdrucksmächtigkeit der Netze enorm, schränkt jedoch die grafische Beschreibbarkeit bzw. Erfassbarkeit ein.

Mittlerweile gibt es eine nahezu unüberschaubare Vielfalt von netzbasierten Modellierungsformalismen, die entweder von Petri-Netzen direkte abgeleitet oder ihnen ähnlich sind, darunter so unterschiedliche wie AADL Nets (*axiomatic architecture description language nets*), die auf der VHDL-Sprache (siehe Abschnitt A.2.3) beruhen, oder Stochastic Reward Nets, die in erster Linie zur Modellierung von Leistungsverhalten eingesetzt werden. Einen groben Überblick über verschiedene Ansätze gibt [20].

CPU 1

CPU 2

Speicher 1

Speicher 2

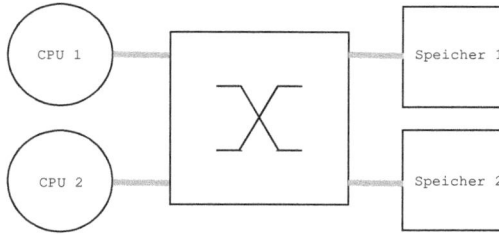

Abb. A.6: *Multiprozessorsystem mit Kreuzschienenschalter*

A.1.4.3 Statische netzbasierte Modellierungsansätze

Statische Netze werden in der Informatik so häufig zur Modellierung eingesetzt, dass sie meist als eine Grundlage und nicht als eigenständiger Modellierungsansatz angesehen werden. In Prinzip fällt jede Beschreibung, die einen nichtveränderlichen Graphen benutzt, in diese Kategorie. Beispielsweise benutzen die meisten Sprachen der UML (siehe Abschnitt A.2.2) statische Graphen.

Theoretisch kann mit dem universellen Ausdrucksmittel des Graphen alles mögliche modelliert werden. Praktisch kommen zwei Klassen von Anwendungsfällen in der Informatik besonders häufig vor: Graphen zur Beschreibung von Beziehungen zwischen verschiedenen Komponenten, z. B. Vererbungsbeziehungen von Klassen in objektorientierten Programmiersprachen, und Beschreibungen von Zustandsräumen. Beispielsweise werden die Zustandsräume von Automaten in der Regel durch Graphen beschrieben. Entsprechend wurde in Abschnitt A.1.1.1 dieses Buches in Abbildung A.1 die Unterscheidung von Moore- und Mealy-Automaten mit Hilfe von Graphen diskutiert.

Ein relativ wichtiger und viel genutzter Bereich statischer Netze in der Modellierung sind sogenannte *Markow-Ketten*, bei denen stochastische Zustandsräume beschrieben werden. Es handelt sich dabei um diskrete *Markow-Prozesse*. Ein Markow-Prozess ist ein stochastischer Prozess: $\{X(t)\}$ wird ein Markow-Prozess genannt, wenn für alle $t_0 < t_1 < \cdots < t_n < t$ die bedingte Verteilung der Zufallsvariablen des Prozesses $X(t)$ für gegebene Werte von $X(t_0), X(t_1), \ldots, X(t_n)$ nur von $X(t_n)$ abhängig ist:

$$\Pr\{X(t) \leq x | X(t_n) = x_n, X(t_{n-1}) = x_{n-1}, \ldots, X(t_0) = x_0\} =$$
$$\Pr\{X(t) \leq x | X(t_n) = x_n\} \quad \text{(A.2)}$$

Dabei beschreibt t die gemeinsame Indexmenge der Zufallsvariablen $X(t)$. In der Regel wird t als Zeit interpretiert. Die durch die Gleichung (A.2) beschriebene Eigenschaft wird als *Markow-Eigenschaft* oder *Gedächtnislosigkeit* bezeichnet.

Da eine Markow-Kette diskret ist, lässt sie sich gut durch Graphen beschreiben. Ein Beispiel, das aus [136] entnommen ist, zeigt den Einsatz von Markow-Ketten:

Beispiel A.1:

Ein Mehrprozessorsystem besteht aus zwei Prozessoren und zwei Speichermodulen, die durch einen Kreuzschienenschalter (engl.: *crossbar switch*) miteinander verbunden sind, siehe Abbildung A.6.

Der Kreuzschienenschalter kann jeden Prozessor mit jeden Speichermodul verbinden, jedoch verhindert eine Verbindung eines Prozessors mit einem Speichermodul, dass der andere Prozessor mit dem gleichen Modul kommunizieren kann.

In jedem Bearbeitungszyklus versucht ein Prozessor auf eines der Speichermodule zuzugreifen. Ist dieser Zugriff erfolglos, wird der Versuch im nächsten Zyklus wiederholt, so lange, bis er erfolgreich war. Nach einem erfolgreichen Versuch wird im nächsten Zyklus auf eines der beiden Module zugegriffen, wobei die Wahrscheinlichkeit für die Auswahl eines Modules für beide Speichermodule gleich ist.[3] Wenn zwei Prozessoren auf das gleiche Speichermodul zuzugreifen versuchen, wird zufällig (mit gleicher Wahrscheinlichkeit) ein Prozessor ausgewählt (während der andere Prozessor es im nächsten Zyklus noch einmal versucht).

Wie groß ist nun der effektive Durchsatz durch den Kreuzschienenschalter, d. h., wie viele erfolgreiche Speicherzugriffe gibt es durchschnittlich pro Zyklus?

Zur Beantwortung der Frage werden zunächst die möglichen Zustände des Systems betrachtet. Der Zustand soll so beschrieben werden, dass die Wahrscheinlichkeit eines bestimmten Folgezustands aus ihm ableitet werden kann. Es sei $S(i) = (S_1(i), S_2(i))$ der Zustand des Systems am Ende des i-ten Zyklus. $S_k(i)$ beschreibt den Zugriff von Prozessor k:

$$S_k(i) \in \{C_1, C_2, F_1, F_2\}$$

wobei

C_j den Fall bezeichnet, dass Prozessor k auf das Speichermodul j erfolgreich zugegriffen hat;

F_j den Fall bezeichnet, dass der Zugriff von Prozessor k auf das Speichermodul j durch den anderen Prozessor abgeblockt wurde.

Da ein erfolgreicher Zugriff keine Auswirkungen auf die Zukunft hat, können C_1 und C_2 zu einem Element C zusammengefasst werden. Insgesamt kann das System jetzt folgende Zustände annehmen:

(C, C) Alle Zugriffsversuche waren erfolgreich.

(C, F_1) Beide Prozessoren versuchten auf Speichermodul 1 zuzugreifen, wobei Prozessor 1 erfolgreich war und Prozessor 2 abgeblockt wurde.

(C, F_2) Beide Prozessoren versuchten auf Speichermodul 2 zuzugreifen, wobei Prozessor 1 erfolgreich war und Prozessor 2 abgeblockt wurde.

(F_1, C) Beide Prozessoren versuchten auf Speichermodul 1 zuzugreifen, wobei Prozessor 2 erfolgreich war und Prozessor 1 abgeblockt wurde.

(F_2, C) Beide Prozessoren versuchten auf Speichermodul 2 zuzugreifen, wobei Prozessor 2 erfolgreich war und Prozessor 1 abgeblockt wurde.

Es werden die Wahrscheinlichkeit betrachtet, im nächsten Zyklus von einem bestimmten Zustand in einen bestimmten anderen Zustand zu kommen. Es sei $\Pr\{S_j(i) \rightarrow S_k(i+1)\}$ die Wahrscheinlichkeit, dass das System am Ende von Zyklus $i+1$ den Zustand S_k hat, unter der Bedingung, dass es zum Ende von Zyklus i den Zustand S_j hatte. Zur besseren Übersichtlichkeit wird auch folgende Schreibweise benutzt:

$$\tilde{P}_{(X,Y)}(i, i+1) = \Pr\{X(i) \rightarrow Y(i+1)\}$$

Außerdem sei $A_{i+1}(\alpha, \beta)$ das Ereignis, dass im $i+1$ Zyklus Prozessor 1 auf das Speichermodul α und Prozessor 2 auf das Speichermodul β zugreift.

Nun kann unter Nutzung des Satzes von Bayes errechnet werden, wie groß die Wahrscheinlichkeit ist, dass im System nach einem Zyklus, in dem alle Anfragen befriedigt wurden, nochmal ein solcher Zyklus kommt:

$$\begin{aligned}
\tilde{P}_{(C,C),(C,C)}(i, i+1) &= \Pr\{S(i+1) = (C,C) \mid S(i) = (C,C)\} \\
&= \Pr\{S(i+1) = (C,C) \mid S(i) = (C,C) \wedge A_{t+1}(1,1)\} \cdot \Pr\{A_{t+1}(1,1)\} \\
&\quad + \Pr\{S(i+1) = (C,C) \mid S(i) = (C,C) \wedge A_{t+1}(1,2)\} \cdot \Pr\{A_{t+1}(1,2)\} \\
&\quad + \Pr\{S(i+1) = (C,C) \mid S(i) = (C,C) \wedge A_{t+1}(2,1)\} \cdot \Pr\{A_{t+1}(2,1)\} \\
&\quad + \Pr\{S(i+1) = (C,C) \mid S(i) = (C,C) \wedge A_{t+1}(2,2)\} \cdot \Pr\{A_{t+1}(2,2)\} \\
&= 0 \cdot 0,5 \cdot 0,5 + 1 \cdot 0,5 \cdot 0,5 + 1 \cdot 0,5 \cdot 0,5 + 0 \cdot 0,5 \cdot 0,5 \\
&= 0,5
\end{aligned}$$

$$(A.3)$$

In analoger Weise können die Wahrscheinlichkeiten aller anderen 24 Zustandsübergänge berechnet werden:

Die Abbildung A.7 gibt einen Graphen an, in dem die Knoten die Zustände und an den Kanten die bedingten Übergangswahrscheinlichkeiten dargestellt sind. Dies ist die typische graphische Darstellung einer Markow-Kette.

Es existieren eine Reihe von Modellierungstechniken, die statische und dynamische Modellierungsansätze miteinander verbinden. Exemplarisch sei hier auf stochastische Petri-Netze hingewiesen, die zur Systemspezifikation dynamische Netze und zur Systemanalyse häufig statische Netze (nämlich eben Markow-Ketten und abgeleitete Formalismen) verwenden.

A.2   Modellierungssprachen

Die Modelle der theoretischen Informatik werden meist zur Verständigung und zur mathematischen Beweisführung von grundsätzlichen theoretischen Aussagen genutzt. Sie eignen sich aber auch zur Spezifikation und Verifikation konkreter Systeme.

Für diesen Zweck sind jedoch spezielle Modellierungssprachen entwickelt worden, die teilweise auf den Modellen der theoretischen Informatik beruhen, in der Regel aber andere Ansprüche haben:

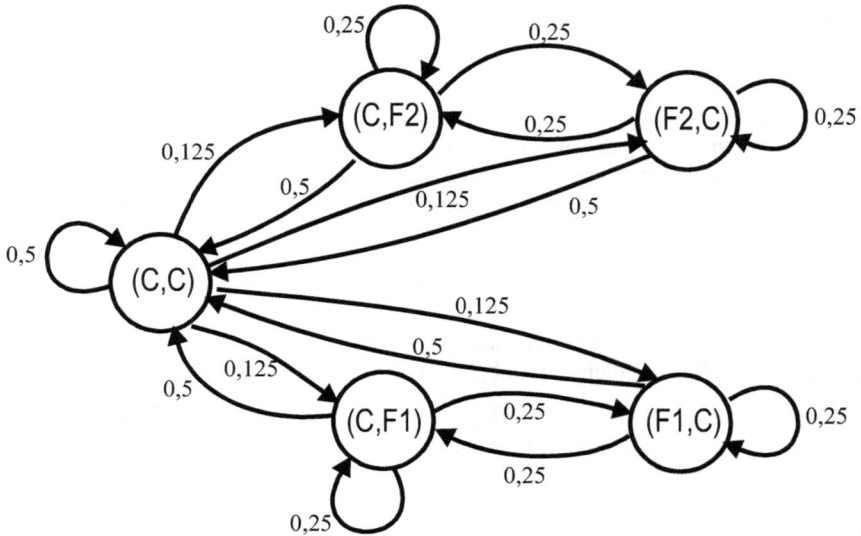

Abb. A.7: *Markow-Kette zum Beispiel aus Abschnitt A.1.4.3*

- Sie dienen mitunter nur einer groben Verständigung über ein System (z. B. einer frühen Spezifikation) und müssen deshalb dann nicht unbedingt vollständig formal sein.

- Sie sollen von Praktikern eingesetzt werden und sollten deshalb einfach handhabbar und schnell erlernbar sein.

- Sie sollen helfen, die Lücke zwischen Spezifikation und Implementation zu überbrücken und sollten deshalb nahe an Programmiersprachen sein.[4]

Es existiert eine nahezu unüberschaubare Anzahl von Modellierungssprachen. Eine auch nur annähernd vollständige Übersicht geben zu wollen, würde den Rahmen dieses Buches sprengen. Daher werden exemplarisch vielversprechende Modellierungssprachen aus drei unterschiedlichen Gebieten diskutiert. Modellierungssprachen für protokollbasierte (verteilte) Systeme bilden die erste Kategorie in Abschnitt A.2.1, wobei drei relativ alte aber relevante Vertreter, nämlich Estelle, LOTOS und SDL, vorgestellt werden. Diese Modellierungsansätze basieren auf erweiterten endlichen Automaten bzw. Prozessalgebren.

Der bekannteste Vertreter von Modellierungssprachen ist zweifellos die *Unified Modeling Language* (UML) der *Object Management Group* (OMG). Sie ist heute in der Softwareentwicklung dominierend und Grundlage für *Model Driven Architecture* (MDA), der von der OMG favorisierten Variante der modellgetriebenen Systementwicklung. UML ist der Abschnitt A.2.2 gewidmet.

In dem Gebiet der Hardwarebeschreibungssprachen dominieren besonders Verilog und VHDL. Da VHDL besonders im europäischen Raum eingesetzt wird und sich dort zum Quasi-Standard entwickelt hat, wird es exemplarisch in Abschnitt A.2.3 vorgestellt.

---

[4]Genau genommen ist auch jede Programmiersprache eine Modellierungssprache.

A.2.1 Modellierungssprachen für protokollbasierte Systeme

Aufgrund der Komplexität von Protokollspezifikationen und der besonderen Sorgfalt, die gera-
de für internationale Standards angewendet werden muss, wurde die Notwendigkeit für formale
Methoden im Bereich der Entwicklung von verteilten Systemen erkannt. Anfang der 1980er
Jahre trafen sich darum Experten der International Organization for Standardization (ISO) in
Berlin, um über die Entwicklung einer Spezifikationssprache zu diskutieren. Die eingereichten
Vorschläge lassen sich grob in die zwei Kategorien endliche Automaten und Prozessalgebren
unterteilen. Durch Vereinheitlichung innerhalb beider Kategorien wurde Estelle beziehungs-
weise LOTOS geschaffen.

Die Comité Consultatif International Telecommunication Union – Telecommunication Standardization Sector (CCITT) hatte bereits 1972 mit der Entwicklung der Specification and Description Language (SDL) als formale Spezifikationssprache begonnen, die ebenfalls auf endlichen
Automaten basiert. Darum wurde versucht, SDL und Estelle zu vereinigen, um eine einheitliche
Modellierungssprache zu realisieren, was allerdings scheiterte.

A.2.1.1 Estelle

Die Spezifikationssprache Estelle verwendet den so genannten erweiterten endlichen Automaten, welcher neben Zuständen auch noch lokale Variablen besitzt und diese manipulieren kann.
Die wesentlichen Konzepte von Estelle sind:

- **Module.** Die erweiterten endlichen Automaten werden in Estelle Module genannt. Sie
  werden in einem Pascal-ähnlichen Dialekt deklariert und beinhalten Notationen für Zustandsübergänge, Kontrollstrukturen wie if-then-else, Variablen und Kommunikationsmechanismen. Alle Module sind hierarchisch in Vater-Sohn-Beziehungen geordnet. Die Sohnmodule eines Vatermoduls können *sequentiell* oder *parallel* existieren. Die
  Baumstruktur, welche durch die Vater-Sohn-Beziehung induziert wird, muss während
  der Interpretation einer Estelle Spezifikation nicht konstant bleiben, sondern kann durch
  Beenden und Starten von Modulen dynamisch verändert werden.

- **Kanäle.** Die Kommunikation der einzelnen Module erfolgt über Kanäle. Dabei werden
  first-in-first-out (FIFO)-Puffer verwendet, um eine asynchrone Kommunikation zu implementieren.

- **Interaktionspunkte.** Die Module besitzen so genannte Interaktionspunkte. Sie bilden
  die Endpunkte der Kanäle und verwalten FIFO-Puffer. Dabei können sich auch mehrere
  Interaktionspunkte einen gemeinsamen Puffer teilen.

Im Folgenden wird ein Beispiel aus dem Protokollspezifikationsumfeld gegeben. Betrachtet
wird das Transmission Control Protocol (TCP), welches ein zuverlässiges, verbindungsorien-
tiertes Protokoll ist, das in der Regel auf dem paketorientierten und verbindungslosen Internet
Protocol (IP) aufsetzt. Es wird keine Garantie gegeben, dass ein IP Paket den Zielort auch
tatsächlich erreicht, die Dienstgüte ist also nur best-effort. Im Fehlerfall, beispielsweise wenn
keine freien Pufferplätze mehr vorhanden sind, werden IP Pakete einfach verworfen. In diesem
Sinne bietet IP einen unzuverlässigen Dienst – die Zuverlässigkeit ist von höheren Schichten zu
gewährleisten. TCP verwendet deshalb beispielsweise Sequenznummern, um verloren gegan-
gene Pakete zu erkennen und um Pakete gegebenenfalls wieder in die richtige Reihenfolge zu
bringen.

Eine TCP-Verbindung wird durch das Senden von drei Paketen im so genannten three-way handshake aufgebaut. An diesem Vorgang sind zwei Parteien beteiligt: der Initiator, der aktiv die Verbindung aufbaut und die Gegenstelle, die die neue Verbindung akzeptiert. Ein erfolgreicher Verbindungsaufbau wird im Folgenden beschrieben:

1. Der Initiator sendet ein SYN-Paket, das den initialen Verbindungswunsch ausdrückt und der Gegenstelle mitteilt, welches die erste Sequenznummer des Initiators für die neue Verbindung ist.

2. Die Gegenstelle schickt als Antwort ein SYN/ACK-Paket. Mit dem SYN wird dem Initiator die erste Sequenznummer der Gegenstelle für die Verbindung mitgeteilt. Das ACK quittiert den Empfang des SYN-Pakets vom Initiator.

3. Der Initiator antwortet mit einem ACK-Paket und quittiert damit den Empfang des vorherigen SYN/ACK-Pakets. Damit ist die Verbindung hergestellt.

Weil beide Parteien ihre jeweiligen Startsequenznummern übermittelt haben, können fehlende Pakete und Pakete in falscher Reihenfolge erkannt werden (vgl. [241]).

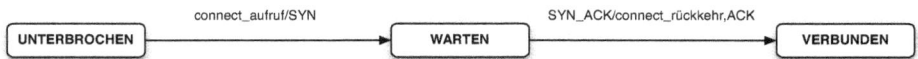

Abb. A.8: *Automat mit Zustandsübergängen für den TCP three-way handshake*

Den Standard für die Programmierung mit TCP repräsentiert die socket-API. Der Aufruf der Funktion `connect()` aus der API veranlasst den three-way handshake und blockiert den Aufrufer der Funktion. Wenn der Aufbau erfolgreich war, kehrt die Funktion zurück. Dies wird in Abbildung A.8 aus Sicht des Initiators mit einem endlichen Automaten dargestellt. Anfänglich ist die Verbindung nicht hergestellt und der Automat befindet sich in dem Zustand UNTERBROCHEN. Wenn dann vom Betriebssystem ein Verbindungswunsch empfangen wird, ausgedrückt durch den Aufruf der Funktion `connect()`, wird das SYN-Paket gesendet und der Automat geht in den Zustand WARTEN. Wenn das Gegenüber ein SYN/ACK-Paket sendet, ist die Gegenstelle bereit, die Verbindung zu akzeptieren. Dies wird dem Aufrufer von `connect()` mitgeteilt, indem die Funktion zurückkehrt. Abschließend wird der Gegenstelle das verbleibende ACK-Paket gesendet und der Automat geht in den Zustand VERBUNDEN.

Listing A.2: *Beispiel für den three-way handshake in Estelle*

```
state UNTERBROCHEN, WARTEN, VERBUNDEN;
trans
      from UNTERBROCHEN to WARTEN
      when API.connect_aufruf              begin
            output TCP.SYN                 end;
      from WARTEN to VERBUNDEN
      when TCP.SYN_ACK                      begin
            output API.connect_rückkehr;
            output TCP.ACK                 end;
```

In Listing A.2 ist das zugehörige Estelle-Modell dargestellt. Die Zustände werden durch das Schlüsselwort `state` deklariert, während die Deklaration von Transitionen bzw. Zustands-übergängen durch die Anweisungen `trans`, `from` und `to` erfolgt. Weiterhin können in Estelle die Zustandsübergänge mit Prioritäten versehen werden. Wenn mehrere Transitionen mit den gleichen Prioritäten ausführbar sind, wählt Estelle eine der ausführbaren Transitionen nicht-deterministisch aus. Wenn beschrieben werden soll, dass ein Modul seinen Zustand ohne Ein-wirkung von außen verändern kann, wird das Schlüsselwort `when` weggelassen. Mit `delay(n)` kann spezifiziert werden, dass ein Zustandsübergang erst nach n Zeiteinheiten aktiviert wer-den kann. Durch Hinzufügen einer neuen Transition mit dem `delay`-Schlüsselwort kann zum Beispiel modelliert werden, dass maximal n Zeiteinheiten auf das Eintreffen eines SYN/ACK-Pakets gewartet wird und danach der Zustand WARTEND wieder verlassen wird (vgl. [106]).

In [138] wird eine Transformation von Estelle in Erlang beschrieben. Erlang ist eine bei der Firma Ericsson entwickelte funktionale Programmiersprache für nebenläufige und verteilte Echtzeit-Anwendungen, z. B. im Telekommunikationsbereich. Das hierbei verwendete Modell von Nebenläufigkeit ähnelt dem SDL (vgl. [7]).

Das Estelle Development Toolset (EDT) umfasst Editor, Simulator und Codegenerator für die Sprache C (vgl. [65]).

A.2.1.2 LOTOS

Im Gegensatz zu Estelle basiert LOTOS nicht auf erweiterten endlichen Automaten, sondern auf Prozessalgebren und besonders auf Calculus of Communicating Systems (CCS). Daher ist die Grundeinheit von LOTOS der Prozess. Anders als bei Estelle werden keine Zustände deklariert, sondern beobachtbare Ereignisse. Implizit kann eine Kette von Ereignissen auch wieder als Zustand aufgefasst werden. Die eigentliche Beschreibung eines Prozesses geschieht mit so genannten *Verhaltensausdrücken*, durch die formal die Reihenfolge beziehungsweise Parallelität von Ereignissen mit Hilfe von Operatoren deklariert wird.

Für inaktives Verhalten existiert in LOTOS das vordefinierte Ereignis `stop`. Weiterhin gibt es eine ganze Reihe von Operatoren, um Ereignisse miteinander zu verknüpfen. Seien p und q Namen von atomaren Ereignissen und A und B Verhalten, welche aus mehreren Ereignis-sen zusammengesetzt sein können. Dann bezeichnet `p;A` ein neues Verhalten, bei dem sich der zugehörige Prozess zunächst in `p` engagiert, um sich anschließend wie `A` zu verhalten. Der zugehörige Operator `;` heißt *Aktionspräfix*. Mit dem *Auswahloperator* `[]` lässt sich ein neues Verhalten definieren, welches entweder gleich dem einen oder dem anderen Operan-den ist. Beispielsweise verhält sich `A[]B` entweder wie `A` oder wie `B`. Das Verhalten von `p;p;stop[]p;q;stop` ist per Definition entweder wie der eine oder wie der andere Ope-rand. Da aber beide `p` als erstes Ereignis spezifiziert haben, ist bei dem neuen, durch das `[]` gebildeten Verhalten nicht klar, ob es sich nach `p` erneut in `p` engagiert oder in `q`, was zu nicht-deterministischen Verhalten führt. Weiterhin lässt sich Nicht-Determinismus auch durch so genannte interne Ereignisse spezifizieren.

Es existieren noch viele weitere Konzepte wie beispielsweise Operatoren für verschiedene Ar-ten von Parallelitäten. Außerdem können abstrakte Datentypen mit Hilfe von Sorten und Ope-ratoren auf eben diesen Sorten definiert werden.

Listing A.3: Beispiel für den three-way handshake in LOTOS

```
process Handshake [ connect_aufruf ,  SYN, SYN_ACK,
    connect_rückkehr ,  ACK] :=
  connect_aufruf ; SYN;SYN_ACK;connect_rückkehr;ACK;stop
endproc
```

In Listing A.3 wird das three-way handshake Beispiel aus Abbildung A.8 exemplarisch als Prozess in LOTOS dargestellt. In den eckigen Klammern befindet sich eine Liste mit Ereignissen, über die der Prozess mit dem Namen Handshake mit seiner Umgebung in Verbindung steht. Innerhalb der Prozessdeklaration sind diese Ereignisse durch Operatoren, im vorliegenden Beispiel durch Aktionspräfixe, untereinander in Beziehung gesetzt. Das letzte Ereignis stop spezifiziert absolute Inaktivität und wird nicht explizit im Prozesskopf aufgezählt.

A.2.1.3   SDL

Die Entwicklung der Specification and Description Language (SDL) wurde 1972 von der CCITT, die heute International Telecommunication Union – Telecommunication Standardization Sector (ITU-T) heißt, initiiert. Für Modelle in SDL existieren zwei unterschiedliche Repräsentationsformen: die SDL Graphical Representation (SDL/GR) und die SDL Phrase Represenation (SDL/PR). Allerdings gibt es nicht für alle Sprachelemente eine eigene Repräsentation, zum Beispiel ist die Variablendeklaration in beiden Repräsentationen identisch.

Der Prozess ist das Grundelement in SDL und basiert auf erweiterten endlichen Automaten. Der SDL-Prozess entspricht somit konzeptuell dem Modul in Estelle, aber nicht dem Prozess in LOTOS. Ein SDL-Prozess kann neue Prozesse erzeugen, die dann gleichberechtigt neben dem Erzeuger existieren und erst dann verschwinden, wenn sie sich selbständig beenden. Es gibt also keine Hierarchisierung wie in Estelle. Ein Prozess kann sich in zwei unterschiedlichen Phasen befinden: entweder wartet er auf eine Eingabe oder befindet sich in einem Zustandsübergang. Während ein Prozess sich in einem Zustandsübergang befindet, kann er Eingaben nicht verarbeiten. Die Eingaben werden in solch einem Fall in einer dem Prozess zugehörigen und unabhängig arbeitenden Eingabewarteschlange zwischengespeichert.

In Abbildung A.9 ist das schon vorher benutzte Beispiel (TCP handshake) in SDL modelliert. Das vorliegende SDL/GR Diagramm besteht aus Vierecken mit konvexen Seitenwänden für Zustände und aus Fünfecken für Ein- bzw. Ausgabeoperationen. Dabei stehen die Fünfecke mit nach links weisender Seitenbegrenzung für Eingabe- und die Fünfecke mit nach rechts weisender Seitenbegrenzung für Ausgabeoperationen. Die verbleibende Figur mit den abgerundeten Seiten ist das Startsymbol und bezeichnet den Beginn der Verhaltensinterpretation.

Aspekte bezüglich der Zeit können auch in SDL ausgedrückt werden. Um beispielsweise zu modellieren, dass das SYN_ACK innerhalb einer gewissen Frist empfangen werden muss und somit nicht unbegrenzt im Zustand WARTEN verharrt wird, bietet SDL die Verwendung von Timern an. Der Prozess kann damit so modifiziert werden, dass vom Zustand WARTEN ausgehend entweder das SYN_ACK empfangen wird oder ein Signal vom abgelaufenen Timer.

Als erweiterter endlicher Automat kann ein Prozess lokale Daten in Variablen verwalten. Variablen können beispielsweise in Zuweisungen oder in Verzweigungen benutzt werden. In den Verzweigungen muss zum Zeitpunkt der Interpretation genau eine erfüllte Bedingung und damit genau eine mögliche Verhaltensinterpretation vorliegen. In der ursprünglichen Fassung von

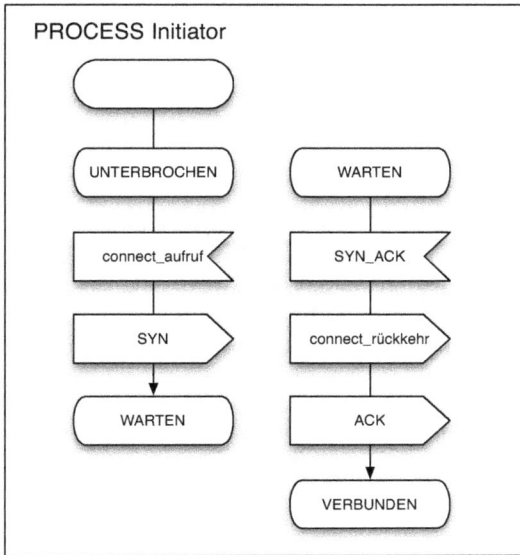

Abb. A.9: *SDL Beispiel für den TCP three-way handshake*

SDL ist auf die explizite Spezifizierung von Nicht-Determinismus verzichtet worden. Es gab/-gibt Bemühungen, Sprachelemente für Nicht-Determinismus in die Sprache aufzunehmen.

Weiterhin existiert in SDL das Konzept des Kanals. In beide Richtungen sind Verzögerungs-warteschlangen mit FIFO Semantik assoziert. Ein ankommendes Signal wird zunächst in die Warteschlange eingereiht. Nach endlicher Zeit wird es der Warteschlange entnommen und es erscheint am anderen Ende des Kanals (vgl. [106, 229]).

A.2.2   Unified Modeling Language (UML)

Die Unified Modeling Language (UML) ist eine Sprache zur Spezifikation, Visualisierung, Konstruktion und Dokumentation von Softwaresystemen, definiert von der Object Management Group (OMG). Aber auch Systeme in Anwendungsdomänen jenseits von Software, wie zum Beispiel Geschäftsprozesse, sind explizites Einsatzgebiet für die Modellierung mit UML. Im Wesentlichen besteht UML aus einer Menge verschiedener Diagrammtypen, auf die in diesem Abschnitt genauer eingegangen werden soll. Ebenfalls Bestandteil von UML ist eine grafische Notation und das Format XML Metadata Interchange (XMI), das den Austausch von UML-Diagrammen zwischen verschiedenen UML-Anwendungen gestattet. Somit wird ein sehr breites Anwendungsspektrum für die Modellierung von großen und komplexen Systemen vorgesehen (vgl. [194]).

UML entstand durch Vereinigung und Zusammenführung verschiedener objektorientierter Modellierungssprachen, wie beispielsweise Booch von Grady Booch, Object Modeling Technique (OMT) von Jim Raumbaugh und Object-Oriented Software Engineering (OOSE) von Ivar Jacabson. Diese drei Autoren waren Mitglieder der Gruppe, die 1994 UML 1.0 der Object Management Group (OMG) vorschlug. Der erste Vorschlag der Version 2 von UML wurde Ende des Jahres 2004 veröffentlicht. Es gibt eine sehr große Menge von Publikationen zu UML, aus denen für das vorliegende Buch eine relevante Untermenge ausgewählt wurde [194, 197, 198, 196, 147, 237].

A.2.2.1   Anwendungsfalldiagramm (Use Case Diagram)

Mit Anwendungsfalldiagrammen können Anforderungen an das zu erstellende System in einer sehr abstrakten Weise spezifiziert werden. Im Mittelpunkt steht die Benutzung des Systems durch Nutzer, Details über den inneren Aufbau des Systems werden explizit übergangen. Deswegen werden Anwendungsfälle typischerweise besonders während des Entwicklungsstadiums der Spezifikation verwendet, weil zu diesem Zeitpunkt der innere Aufbau des zu erstellenden Systems in der Regel noch unklar ist. Die so modellierten Szenarien sind sehr allgemein gehalten und intuitiv auch von Personen ohne spezielles IT-Wissen verständlich.

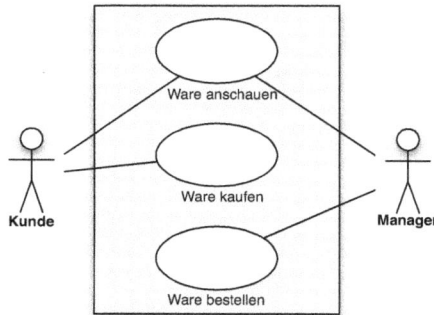

Abb. A.10: *Beispiel für ein Anwendungsfalldiagramm*

Abbildung A.10 zeigt ein stark vereinfachtes Beispiel für ein Geschäft. Dort werden zwei Akteure modelliert (der Kunde und der Manager des Geschäfts) und drei Anwendungsfälle spezifiziert. Sowohl der Kunde als auch der Manager können die vorhandenen Waren anschauen. Der Kunde kann außerdem Ware kaufen und der Manager Waren bestellen. Die Systemgrenze wird durch das Rechteck spezifiziert. Darüber hinaus können noch Relationen zwischen Anwendungsfällen ausgedrückt werden. Ein Anwendungsfall kann einen anderen zum Beispiel spezialisieren, importieren oder erweitern.

A.2.2.2   Klassendiagramm (Class Diagram)

Ein für die Implementierungsphase besonders wichtiger Diagrammtyp von UML ist das Klassendiagramm. Als wesentliche Modellierungselemente werden hier Klassen und Schnittstellen spezifiziert und zueinander in Beziehung gesetzt. Der Begriff Klasse ist im objektorientierten Sinne zu verstehen und es existieren Bildelemente, um typische Merkmale einer Klassen wie Attribute und Operationen (= Methoden) zu visualisieren. Desweiteren können Vererbungshierarchien mit Mehrfachvererbung angegeben werden.

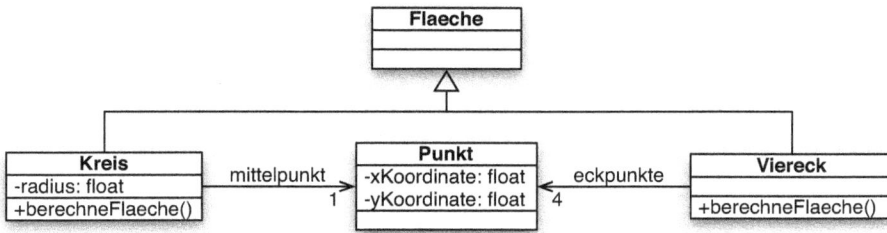

Abb. A.11: *Beispiel für ein Klassendiagramm*

Abbildung A.11 zeigt ein Klassendiagramm aus dem Umfeld der Geometrie. Hauptbestandteil des Diagramms sind die Klassen `Kreis` und `Viereck`. Die Klasse `Punkt` repräsentiert einen zweidimensionalen Punkt und wird von `Kreis` bzw. `Viereck` zur Positionierung im Koordinatensystem benutzt. Mit „+" und „-" kann die Sichtbarkeit der Attribute und der Operationen spezifiziert werden.

Das Beispiel hat nur wenige, wichtige Elemente verwendet. Zusätzlich zu den angegebenen Elementen bieten Klassendiagramme unter anderem auch Elemente für Interfaces, Namespaces und Packages. Häufig soll auch ausgedrückt werden, dass eine Klasse ein Teil einer anderen Klasse ist. Die hierfür möglichen Beziehungen sind Kompositionen und Aggregationen.

Klassendiagramme werden in verschiedenen Phase der Softwareentwicklung eingesetzt. In einer frühen Phase sind sie in der Regel sehr allgemein gehalten und werden auch Domain Model genannt. Private Attribute werden erst in der Implementierungsphase eingeführt und vorher nicht betrachtet. In dieser Phase wird das Klassendiagramm auch Design Class Diagram (DCD) genannt.

A.2.2.3   Sequenzdiagramm (Sequence Diagram)

Das Sequenzdiagramm illustriert den Fluss von Nachrichten, welche während der Abarbeitung eines bestimmten Szenarios zwischen den einzelnen Komponenten ausgetauscht werden. Das Sequenzdiagramm ist geeignet, die sehr abstrakten Szenarien aus einem Anwendungsfalldiagramm zu erweitern und präzisieren.

In Abbildung A.12 ist ein Beispiel für ein Sequenzdiagramm dargestellt, worin ein möglicher Ablauf beim Kauf eines Buches visualisiert wird. Der Kunde erkundigt sich nach einem Buch und wird dabei informiert, dass das Buch nicht vorrätig ist. Also bestellt der Buchverkäufer das Buch. Nachdem es geliefert wurde, kauft er es. Es setzt sich zusammen aus dem Akteur `Kunde` und aus Instanzen der Klassen `Buchverkaeufer` und `Lieferant`. Jede dieser Komponenten ist mit einer vertikalen, gestrichelten Linie verbunden, die oben beginnend und nach unten voranschreitend den Verlauf der Zeit repräsentiert. Interaktionen zwischen den Komponenten werden durch beschriftete Pfeile modelliert, welche durch die vertikalen Linien, den so genannten *Lebenslinien*, in eine zeitliche Ordnung gebracht werden. Auf den Lebenslinien sind *Aktivierungsbalken* in Form von kleinen Rechtecken angeordnet, die den *Focus of Control* eines Objektes spezifizieren. Während dieser Phasen ist das jeweilige Objekt aktiv.

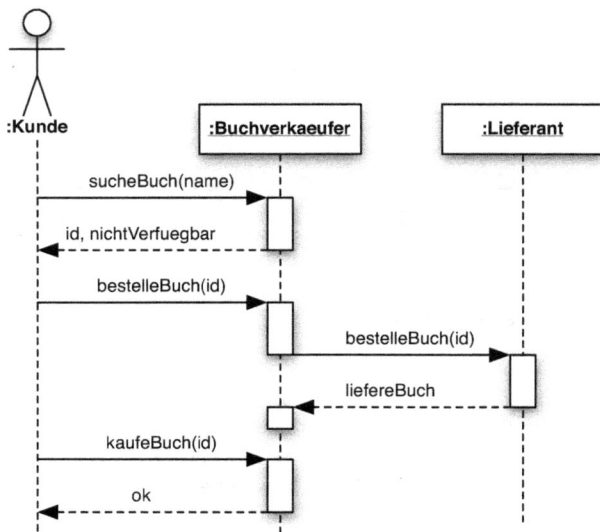

Abb. A.12: *Beispiel für ein Sequenzdiagramm*

A.2.2.4 Zustandsdiagramm (State Diagram)

Ein weiterer Diagrammtyp, der Systemverhalten spezifiziert, ist das Zustandsdiagramm. Oft ist das Verhalten eines Objektes von seinem Zustand abhängig - je nach Zustand hat dann der Aufruf einer Operation unterschiedliche Auswirkungen. Das wird im Zustandsdiagramm illustriert, indem unterschiedliche Zustände sowie Zustandsübergänge beim Auftreten bestimmter Stimuli modelliert werden.

In Abbildung A.13 ist das Verhalten einer Lampe dargestellt. Die Zustände der Lampe sind durch Rechtecke mit abgerundeten Ecken symbolisiert. Zustandsübergänge sind durch Transitionen mit Pfeilen zwischen den Rechtecken spezifiziert. Die Transitionen sind mit dem *Stimulus* beschriftet, der sie auslöst. Optional folgt danach mit einem Schrägstrich getrennt eine *Transitionsaktion*. In der Abbildung wird modelliert, wie das Resultat von `Schalter betätigen` davon abhängt, ob die Lampe vorher eingeschaltet, ausgeschaltet oder defekt war.

Zusätzlich können Zustandsdiagramme auch verschachtelt werden, um komplexe Vorgänge zusammen zu fassen und zu vereinfachen.

A.2.2.5 Aktivitätsdiagramm (Activity Diagram)

Das Aktivitätsdiagramm ist dem Zustandsdiagramm relativ ähnlich. Anstelle von Zuständen werden hier allerdings Aktivitäten betrachtet. Die Transition von einer Aktivität zur nächsten erfolgt nicht beim Eintreten bestimmter Ereignisse, sondern wenn die Vorgängeraktivität abgeschlossen ist. Dieser Diagrammtyp ist deswegen besonders für Szenarien geeignet, bei denen ein Großteil der auftretenden Ereignisse die Beendigung von Aktivitäten darstellt, was

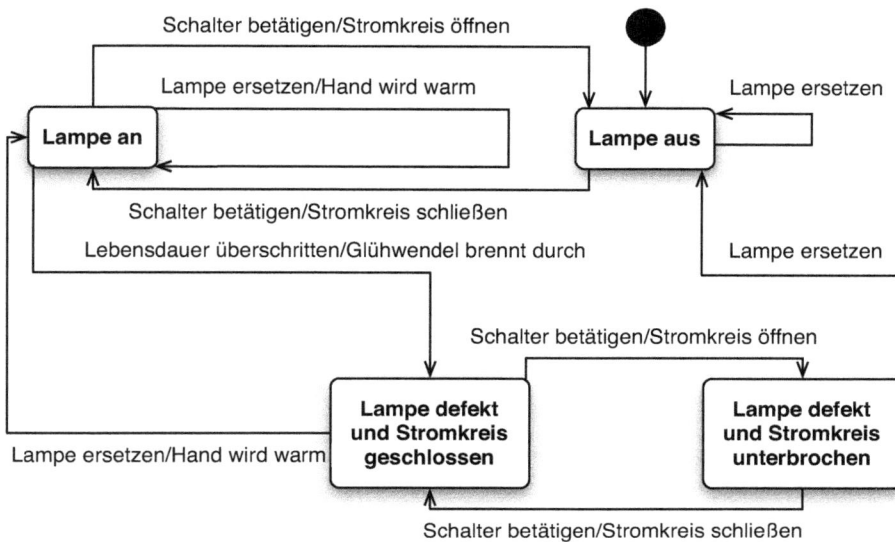

Abb. A.13: *Beispiel für ein Zustandsdiagramm*

gut mit herkömmlichem sequentiellen Programmfluss harmoniert. Ist jedoch eine Vielzahl von asynchronen Ereignissen zu verarbeiten, ist das Zustandsdiagramm besser für die Modellierung geeignet. Mit diesem Diagrammtyp können Anwendungsfälle oder die Funktionsweise von Operationen präzisiert werden.

In Abbildung A.14 ist als Beispiel für ein Aktivitätsdiagramm der Ablauf in einer Bibliothek beim Ausleihen eines Buches dargestellt. Das gewünschte Buch steht nicht im Freihandbereich, sondern muss aus dem Bibliotheksmagazin geordert werden. Ein schwarzer Balken kann – je nach Pfeilrichtung – eine Aufspaltung (Fork) des Ablaufs symbolisieren, so dass mehrere Abarbeitungsstränge entstehen, die dann parallel laufen. Wenn mehrere Pfeile in Richtung eines schwarzen Balkens zeigen, so handelt es sich um ein *Join*, bei dem erst dann die Aktivität des ausgehenden Pfeils gestartet wird, wenn alle Aktivitäten der eingehenden Pfeile beendet sind. Darüberhinaus unterstützen Aktivitätsdiagramme die Zusammenfassung von zusammenhängenden Aktivitäten zu einer *Subaktivität* oder die Verwendung von Verzweigung im Sinne von `if-then-else`.

A.2.2.6 Objektdiagramm (Object Diagram)

Das Objektdiagramm kann als Instanz eines Klassendiagramms angesehen werden. Zu einem bestimmten Zeitpunkt werden instantiierte Objekte in Form eines Schnappschusses dargestellt.

In der Abbildung A.15 wird ein Objektdiagramm dargestellt, das eine Instanz des vorher vorgestellten Klassendiagrammbeispiels ist. Vom Erscheinungsbild ist es einem Klassendiagramm sehr ähnlich, es können zum Beispiel auch Kompositionen und Aggregationen verwendet werden. Anhand der `einKreis :Kreis` Schreibweise wird deutlich, dass es sich um ein be-

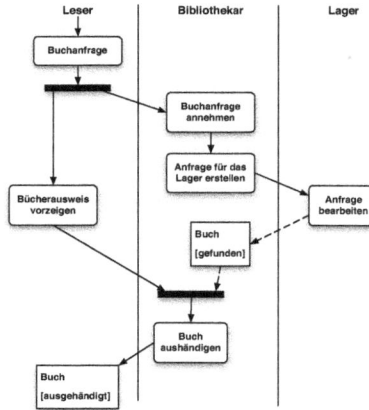

Abb. A.14: *Beispiel für ein Aktivitätsdiagramm*

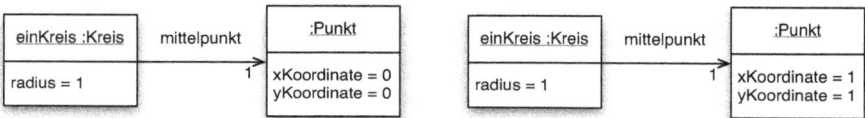

(a) Kreis an der Stelle (0, 0) zu einem früheren Zeitpunkt.

(b) Kreis an der Stelle (1, 1) zu einem späteren Zeitpunkt.

Abb. A.15: *Beispiel für ein Objektdiagramm zu verschiedenen Zeitpunkten*

nanntes Objekt handelt. Im Gegensatz dazu handelt es sich bei `:Punkt` um eine anonyme Instanz. In dem Beispiel wird ebenfalls illustriert, dass das `Kreis`-Objekt `einKreis` verschoben wurde. Dies wird realisiert, indem die Attribute der Klassen `Kreis` und `Punkt` mit Werten belegt wurden. Damit ist dieser Diagrammtyp sehr konkreter Natur, so dass ihm Beispielcharakter zukommt.

A.2.2.7   Kommunikationsdiagramm (Communication Diagram)

Das Kommunikationsdiagramm modelliert die Zusammenarbeit mehrerer Objekte innerhalb eines Szenarios durch Nachrichtenflüsse über so genannte *Links*. Die Links bilden also in beide Richtungen Kommunikationskanäle für die Nachrichten. Durch den Nachrichtenaustausch ist eine Ähnlichkeit zum Sequenzdiagramm gegeben.

In Abbildung A.16 wird ein Beispiel für die Vorgänge innerhalb eines Webservers gegeben. Ein Webbrowser verbindet sich zu dem Server und kommuniziert per Hypertext Transfer Protocol (HTTP). Zunächst stellt der Browser mit GET eine Anfrage für eine statische Seite an den Server (Nachricht 1). Dann beauftragt sich der Webbrowser über einen *self-Link*, die heruntergeladene Datei anzuzeigen (Nachricht 2). Für die Bearbeitung von Nachricht 1 ist der

2: anzeigen(seite)
<<self>>

1: seite := GET(datei) →

:Webserver

World Wide Web
Browser

1.1: dateiExistiert := existiertDatei(datei)

1.2a [dateiExistiert]: seite := leseDatei(datei)

1.2a [not dateiExistiert]: seite := leseDatei(fehlerSeite)

:Dateisystem

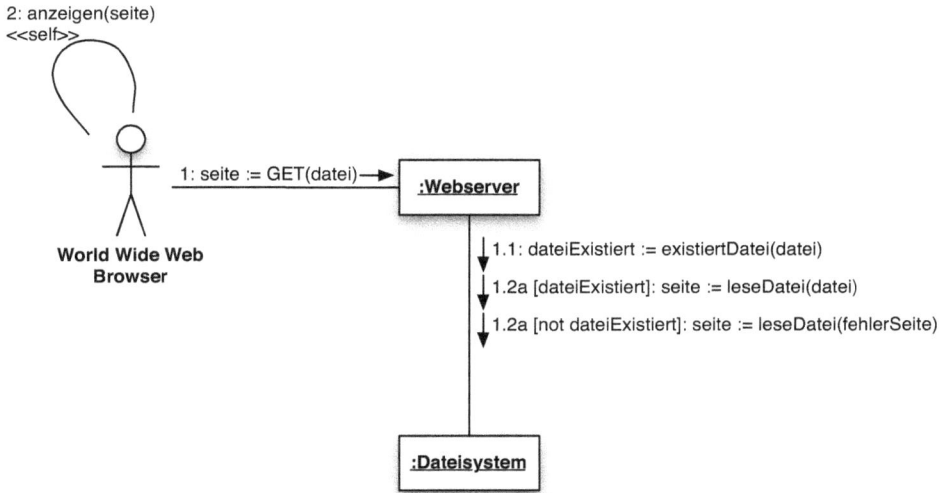

Abb. A.16: Beispiel für ein Kommunikationsdiagramm

Versand von weiteren Nachrichten nötig. Die Nummern der neuen (Unter-)Nachrichten werden mit einem Punkt an die Nummer der auslösenden Nachricht angehängt. Mit diesem Vorgehen entstehen hierarchische Nachrichtennummern.

Neben den vorgestellten gibt es noch Ausdrucksmöglichkeiten für Schleifen. Auch kann aus einer Menge von Objekten nach bestimmten Kriterien eines ausgewählt werden, an das dann anschließend eine Nachricht geschickt werden kann.

A.2.2.8 Komponentendiagramm (Component Diagram)

Bei den Komponenten des Komponentendiagramms handelt es sich um abgeschlossene, austauschbare, wiederverwendbare und autonome Einheiten eines Systems oder Subsystems. Eine Komponente stellt eine Blackbox dar, deren Interna versteckt sind. Über Schnittstellen besteht ein kontrollierter, indirekter Zugriff. Optional kann eine Komponente auch Abhängigkeiten zu Schnittstellen anderer Komponenten aufweisen. Um Autonomie und Austauschbarkeit zu gewährleisten, sind die Abhängigkeiten so klein wie möglich zu halten. Eine Schnittstelle spezifiziert strukturelle Funktionalität wie Attribute oder Verhaltensfunktionalität wie Operationen und Ereignisse. Zustands-, Aktivitäts- oder Kommunikationsdiagramme sind geeignet, um die eventuell komplexen und dynamischen Eigenschaften einer Schnittstelle zu präzisieren.

Aus Komponenten können komplexe System zusammengesetzt werden. Dabei werden die angebotenen und angeforderten Schnittstellen der Komponenten „verdrahtet". Auch können Komponenten aus mehreren Subkomponenten zusammengesetzt sein.

In Abbildung A.17 ist ein Teil einer (komponentenbasierten) Stereoanlage dargestellt. Die Austauschbarkeit wird durch standardisierte Schnittstellen realisiert.

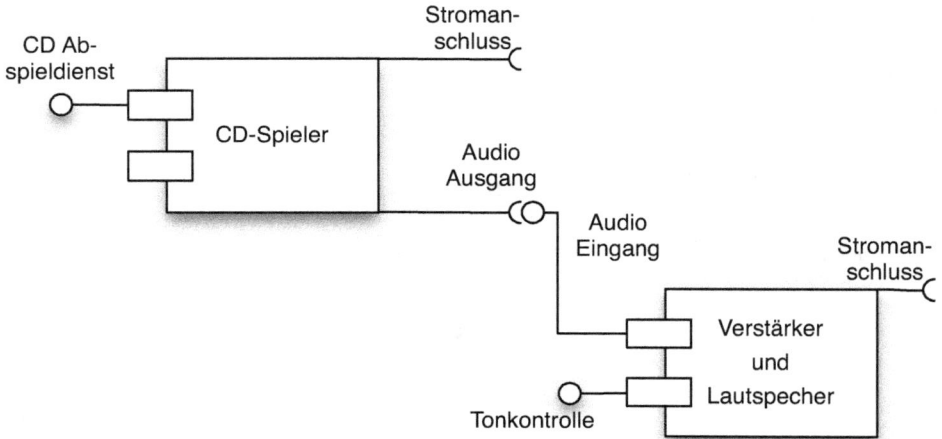

Abb. A.17: *Beispiel für ein Komponentendiagramm*

A.2.2.9   Verteilungsdiagramm (Deployment Diagram)

Die konkrete Zuweisung von Softwarekomponenten zu Verarbeitungsressourcen wird im Verteilungsdiagramm modelliert. Softwarekomponenten können beispielsweise ausführbare binäre Dateien oder zu interpretierende Skripte sein. Eine Verarbeitungsressource kann jedwedes Ding, Gerät oder Kreatur sein, die die Fähigkeit zur Verarbeitung von Programmen aufweist. Darunter fallen sämtliche elektronischen oder mechanischen Rechner, aber auch zum Beispiel Menschen.

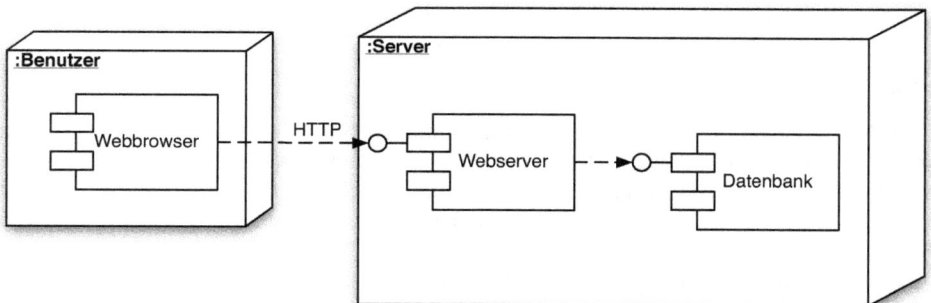

Abb. A.18: *Beispiel für ein Verteilungsdiagramm*

In Abbildung A.18 ist die Zuordnung eines Softwaresystems bestehend aus den Komponenten Webbrowser, Webserver und Datenbank dargestellt. Dabei sind Webserver und Datenbank dem gleichen Server zugeordnet, während Webbrowser auf dem Rechner des Benutzers läuft.

A.2.2.10 Meta Object Facility (MOF)

Die MOF ist ein Standard der OMG und beinhaltet eine Architektur für die Verwaltung von
Metadaten. Teil von MOF ist eine Menge von Diensten für Metadaten, die in modell- be-
ziehungsweise metadatengetriebenen Systemen benötigt werden. Metadaten beschreiben zum
Beispiel den strukturellen Aufbau von Daten oder deren Syntax sowie Semantik. Da diese Be-
schreibungen auch wieder als Daten aufgefasst werden können, sind Metadaten also Daten über
Daten. MOF und von MOF abgeleitete Technologien werden bereits in einer ganzen Reihe von
Technologien verwendet, wie zum Beispiel in MOF selbst, UML und XMI. MOF beinhaltet
Konzepte wie beispielsweise:

- **Reflexion.** Im Kontext von MOF offenbart die Klasse eines Objektes – die Klasse ist
  als das Metaobjekt des Objektes anzusehen – dessen Eigenschaften, wie zum Beispiel
  Attribute und Operationen. Das Reflexionspaket erlaubt die Erkundung und Manipulation
  von Metaobjekten und Metadaten.

- **Identifikation.** Ein Element in MOF hat einen Bezeichner, der es eindeutig von anderen
  Elementen unterscheidbar macht.

- **Erweiterung.** Metamodellelemente können in MOF wie Klassen spezifiziert werden,
  also mit Attributen und Operationen. Manchmal kann es nötig sein, noch zusätzliche,
  bisher nicht vorgesehene Informationen anzugeben.

MOF erlaubt die Verwaltung von zwei bis beliebig vielen Metaebenen. In Abbildung A.19 ist
ein Beispiel für vier Schichten dargestellt. Auf unterster Ebene (M0) findet sich der reale Gegenstand „Buch". Eine Ebene darüber (M1) befinden sich Objekte und Klassen, die zu diesem
Buch gehören. Eine Ebene weiter finden sich die Elemente, die für die Elemente aus M1 benutzt wurden, nämlich: Klasse, Instanz und Attribut. Diese Elemente sind auf oberster Ebene
(M4) als Klassen modelliert.

Insbesondere der Einsatz in der MDA haben dazu geführt, dass UML heute in der Modellierung
von IT-Systemen eine besonders wichtige Rolle spielt. Die Unterstützung für den Modellierer
ist durch ein Vielzahl an Werkzeugen gegeben, die sowohl für Programmierer als auch für
Geschäftsprozesse nutzbar sind.

A.2.3   VHSIC Hardware Description Language (VHDL)

Infolge der stark angewachsenen Integrationsdichte und der Anzahl der Halbleiterbauelemente
ist der manuelle Entwurf von Hardware auf Logikebene zu fehlerträchtig geworden und damit
nicht mehr praktikabel. Die Beschreibung des elektronischen Systems soll daher auf höheren
Abstraktionsebenen wie zum Beispiel der algorithmischen Ebene geschehen und möglichst automatisiert in Spezifikationen der unteren Ebenen transformiert bzw. synthetisiert werden. Um
Entwurfsfehler möglichst frühzeitig zu entdecken und damit die Mehrkosten für den Neuent-
wurf zu reduzieren, sollen Entwürfe auf algorithmischer Ebene per Simulation geprüft werden
(vgl. [76]).

Diese Anforderungen gerade im Umfeld des Very High Speed Integrated Circuit (VHSIC)
führten zu der Notwendigkeit, eine Hardware-Beschreibungssprache zu entwickeln. Dies wurde 1981 vom US-amerikanischen Verteidigungsministerium mit dem Auftrag zur Entwicklung
der Modellierungssprache VHSIC Hardware Description Language (VHDL) initiiert. Sie soll-

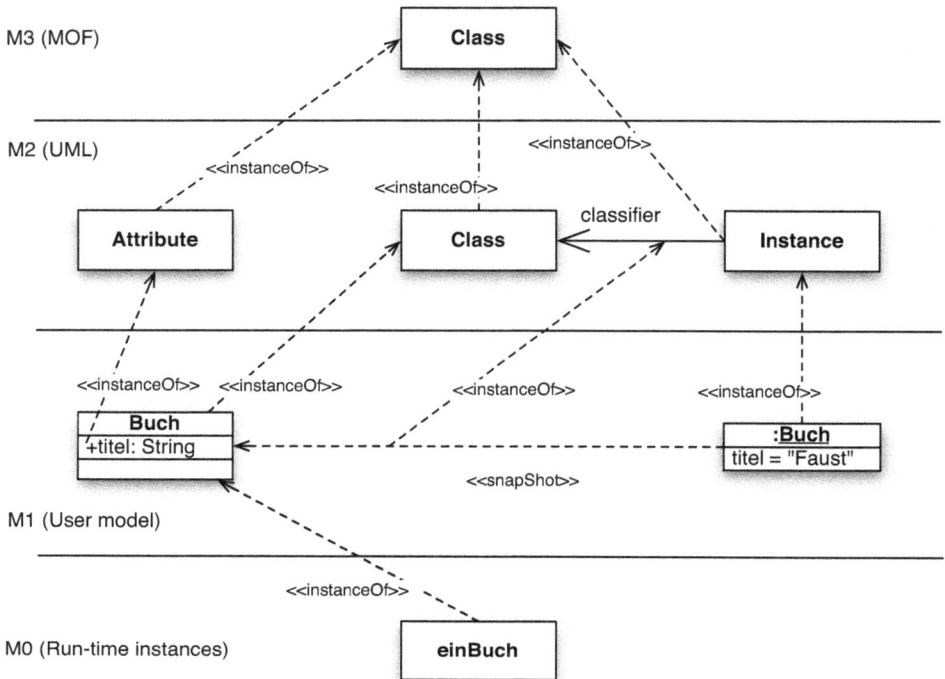

Abb. A.19: *Beispiel für ein Metamodell mit vier Schichten*

te den Entwurf von digitalen Systemen unter den Gesichtspunkten Entwicklung, Verifikation, Synthese und Prüfung unterstützen. Dabei wurde angestrebt, das „erste Fortran" der Hardware-Beschreibungssprachen zu entwickeln (vgl. [56]). Der erstellte Anforderungskatalog forderte zum Beispiel Möglichkeiten zur Beschreibung des *Verhalten* (Schnittstelle für Ein- und Ausgabe sowie zeitliche Eigenschaften), der *Struktur* und der *Dokumentation* (bzgl. Randbedingungen des Designs, der physikalischen Grenzen und des Aufbaus).

Folgende Ebenen sind für den Entwurf von elektronischen Systemen relevant:

1. **Systemebene.** Hier werden die Haupteigenschaften des elektronischen Systems auf niedrigem technischen Niveau und hohem Abstraktionsgrad beschrieben. Das kann beispielsweise in einer Skizze geschehen, die mit Hilfe von Kästchen und Pfeilen darstellt, wie einzelne Bausteine (CPU, Speicher, Bus) verschaltet sind. Auf diese Weise kann eine erste Partitionierung vorgenommen werden. Von Details über Signale oder zeitliche Eigenschaften wird hierbei abstrahiert.

2. **Algorithmische Ebene.** Diese Ebene spezifiziert algorithmische Details des Systems. Dabei kommen Elemente wie Prozesse, Prozeduren, Funktionen, Kontrollstrukturen und Variablen zum Einsatz. Verhalten kann so mit Hilfe einer höheren Programmiersprache beschrieben werden.

3. **Register-Transfer-Ebene.** Diese Ebene spezifiziert die Vorgänge innerhalb des Systems auf der Ebene von Operatoren und Transfers zwischen Registern. Hierbei werden zeitliche Eigenschaften mit Hilfe von Taktsignalen schon recht genau beschrieben; dabei werden Methoden (zum Beispiel das Addieren) und Transfers zwischen Registern bestimmten Flanken zugeordnet.

4. **Logikebene.** Diese Ebene spezifiziert das System durch Komponenten wie AND-, OR-, XOR-Gatter, Flip-Flops usw. Weiterhin sind Angaben zu Signallaufzeiten Bestandteil dieser Ebene. Auf der Logikebene wird üblicherweise mit diskreten Werten wie „low", „high" und „undefined" gearbeitet.

5. **Schaltkreisebene.** Diese Ebene spezifiziert das System nicht durch logische Gatter, sondern durch Bauelemente wie Transistoren, Kondensatoren und Widerstände. Signale auf dieser Ebene sind nicht mehr diskret, sondern kontinuierlich.

Das Beispiel in Abbildung A.20 zeigt ein OR-Gatter, zusammengesetzt aus drei NAND-Gattern.

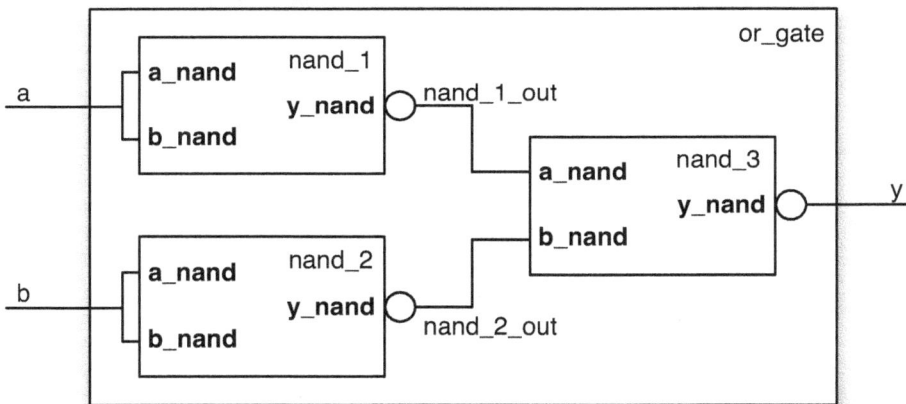

Abb. A.20: *OR-Gatter aufgebaut aus NAND-Gattern*

Das OR-Gatter hat die Eingänge a, b und den Ausgang y, die die Schnittstelle des Gatters bilden. Der VHDL ENTITY-Teil bildet genau diese Schnittstelle im folgenden Listing ab.

Listing A.4: *VHDL-Entity eines OR-Gatters*

```
ENTITY or_gate IS
   PORT (a, b : IN bit := '0';
         y : OUT bit);
END or_gate;
```

In diesem Listing werden Ports mit dem Datentyp bit deklariert. IN und OUT spezifiziert, ob der jeweilige Port zum Lesen oder Schreiben benutzt wird. Der innere Aufbau des OR-Gatters ist hier noch nicht näher spezifiziert.

Listing A.5: VHDL-Architecture eines OR-Gatters

```
ARCHITECTURE structural OF or_gate IS
  SIGNAL nand_1_out, nand_2_out :  bit ;
  COMPONENT nand2_socket
    PORT (a_nand, b_nand :  IN bit ;  y_nand  :  OUT bit);
  END COMPONENT;
BEGIN
  nand_1 :  nand2_socket
    PORT MAP (a_nand => a, b_nand => a,
      y_nand => nand_1_out);
  nand_2 :  nand2_socket
    PORT MAP (a_nand => b, b_nand => b,
      y_nand => nand_2_out);
  nand_3 :  nand2_socket
    PORT MAP (a_nand => nand_1_out, b_nand => nand_2_out,
      y_nand => y);
END structural ;
```

Die Architektur besteht aus zwei Teilen. Im ersten Teil werden lokale Variablen und die Komponente nand2_socket deklariert. Dabei ist nicht angegeben, wie oder wo diese Komponente implementiert ist. Im zweiten Teil werden dann konkrete Elemente – im Beispiel drei NAND-Gatter – verdrahtet. Mit Hilfe der PORT MAP wird spezifiziert , welche Eingänge mit welchen Ausgängen verbunden sind. Dabei sind Gatter nand_1 und nand_2 als NOT-Gatter geschaltet, um die Eingänge des OR-Gatters a und b zu invertieren. Die so invertierten Eingänge des OR-Gatters werden mit Hilfe von nand_1_out und nand_2_out an das dritte NAND-Gatter geleitet. Der Ausgang dieses Gatters ist mit dem Ausgang des OR-Gatters verbunden.

Der Komponente nand2_socket ist per VHDL-Configuration eine konkrete Implementierung zugeordnet.

Listing A.6: VHDL-Configuration eines OR-Gatters

```
CONFIGURATION or_gate_config OF or_gate IS
  FOR structural
    FOR ALL : nand2_socket
      USE ENTITY work.nand2 (behavioral);
    END FOR;
  END FOR;
END or_gate_config ;
```

In diesem Fall wird die Entity nand2 aus der Library work für alle nand2_socket benutzt.

B   Systementwicklung

Für die Entwicklung autonomer Systeme ist es besonders wichtig, dass das resultierende System von hoher Qualität ist (worin diese Qualität konkret begründet ist, hängt vom jeweiligen System ab). Diese Tatsache ist in dem Anspruch begründet, dass autonome Systeme im Wesentlichen ohne manuellen Eingriff auskommen sollen. Daraus folgt, dass Fehler im System auf ein Minimum reduziert werden müssen, da anderenfalls die Autonomie durch notwendige, regelnde Maßnahmen von Außen gefährdet werden könnte. Die Qualität des resultierenden Systems kann stark von dem gewählten Prozessmodell und den eingesetzten Entwicklungsmethoden abhängen. Dazu kommt, dass sich Autonomie meist nicht nur auf Teilbereiche eines Systems bezieht, sondern einen Aspekt darstellt, der im gesamten System oder zumindest weiten Teilen berücksichtigt werden muss.

Daher gibt dieser Anhang einen Kurzüberblick über Modelle, die in der Systementwicklung genutzt werden und des Vorgang des Entwickelns selbst modellieren.

Definition 38:   *Entwicklungsprozess*

Der *Entwicklungsprozess* (kurz die *Entwicklung*) eines Systems besteht aus der Menge all jener Aktivitäten, die unmittelbar oder mittelbar der Realisierung des Systems dienen. Am Ende des Entwicklungsprozesses steht das fertige System [237].

Der Entwicklungsprozess eines Systems umfasst diverse Aktivitäten wie beispielsweise die Erstellung eines Pflichtenhefts (Analyse) sowie die Realisierung und den Test. Häufig endet der Entwicklungsprozess mit der Abnahme durch den Auftraggeber. Der Entwicklungsprozess kann durch ein Entwicklungsprozessmodell beschrieben werden:

Definition 39:   *Entwicklungsprozessmodell*

Ein *Entwicklungsprozessmodell* beschreibt die Struktur des gesamten Entwicklungsprozesses. Dies kann beispielsweise auch die Rollen der teilnehmenden Personen beinhalten.

Ein vielzitiertes Entwicklungsprozessmodell aus dem Bereich der Softwareentwicklung ist das Wasserfallmodell. Es zeichnet sich dadurch aus, dass die einzelnen Aktivitäten der Entwicklung zu Phasen zusammengefasst werden, die sequentiell durchlaufen werden. Das konkrete

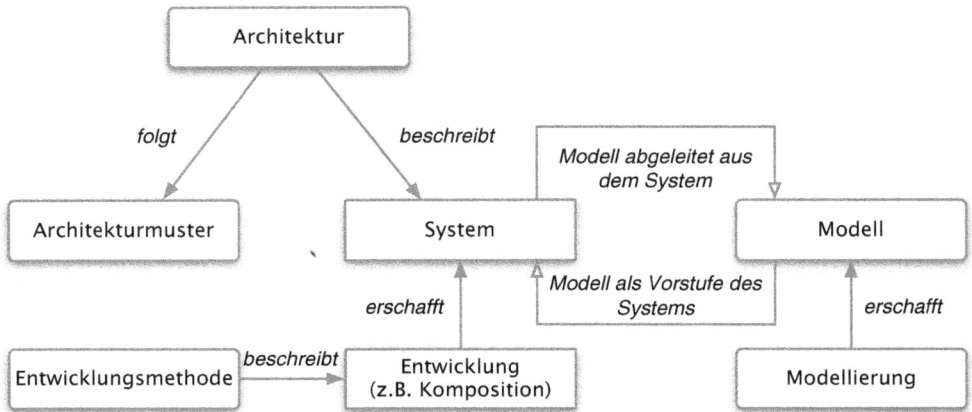

Abb. B.1: *Zusammenhang Architektur, System und Entwicklungsmethode*

Vorgehen bei einem Entwicklungsprozess oder eines Teils wird mit Entwicklungsmethoden beschrieben:

Definition 40: *Entwicklungsmethode*

Eine *Entwicklungsmethode* bezeichnet ein definiertes Vorgehen bei einem Entwicklungsprozess oder eines Teils davon.

Sowohl die Entwicklungsmethode (falls sie sich auf den gesamten Entwicklungsprozess bezieht) als auch das Entwicklungsprozessmodell bieten eine abstrakte Sicht auf den Entwicklungsprozess. Die Entwicklungsmethode bietet eine mehr aktionsbetonte Sicht, während das Entwicklungsprozessmodell die Analyse in den Vordergrund stellt. Bekannte Beispiele für Entwicklungsmethoden in der Softwaretechnik sind das Extreme Programming und die Test-getriebene Entwicklung. Die Zusammenhänge der bisher definierten Begriffe werden in Abbildung B.1 illustriert.

Für die Gewährleistung einer hochwertigen Softwareproduktion, die sowohl qualitativen als auch terminlichen Anforderungen gerecht wird, ist es notwendig, den Entwicklungsprozess der Software mit Hilfe von Prozessmodellen zu strukturieren und damit beherrschbar zu machen. Der Softwareentwicklungsprozess besteht aus einer Menge von Aktivitäten, die zusammengenommen zu der Fertigstellung eines Softwareprodukts führen [237]. Softwareprozessmodelle sind also keine Modelle für die Entwicklung von Software, sondern für den Entwicklungsprozess. Sie beschreiben folglich die Strukturierung der Aktivitäten bei der Softwareentwicklung. Einzelne Aktivitäten als Teil des Entwicklungsprozesses können sich verschiedener Entwicklungsmethoden bedienen, die eine aktionsbetonte Sicht der Aktivität oder des gesamten Prozesses bieten.

Im Folgenden wird in Abschnitt B.1 eine Auswahl verschiedener relevanter Prozessmodelle kategorisiert und kurz vorgestellt. Anschließend wird in Abschnitt B.2 auf Entwicklungsmethoden aus dem Bereich des Softwareengineering eingegangen und in Abschnitt B.3 eine kurze Einführung in Model-Driven Architecture gegeben.

B.1   Entwicklungsprozessmodelle

Für die Strukturierung des Entwicklungsprozesses stehen eine Vielfalt an Prozessmodellen zur Verfügung. Es haben sich jedoch vier grundlegende Aktivitäten herausgebildet, die in jedem Prozessmodell enthalten sind:

- **Spezifikation.** Sie dokumentiert die Anforderungen an die zu erstellende Software und beinhaltet sowohl funktionale Anforderungen als auch Bedingungen für den Betrieb der Software.

- **Entwurf und Implementierung.** Diese Aktivität besteht aus der technischen Software-produktion, die sich nach der Spezifikation richtet.

- **Validierung.** In dieser Aktivität wird überprüft und sichergestellt, dass die erstellte Software den Anforderungen der Spezifikation entspricht.

- **Evolution.** Bei sich ändernden Anforderungen an die Software während des Entwicklungsprozesses stellt diese Aktivität sicher, dass das Ergebnis den Anforderungen entspricht und diese entsprechend berücksichtigt werden.

Die Einbettung dieser Aktivitäten in den Entwicklungsprozess wird von dem angewendeten Prozessmodell bestimmt. Dabei können einzelne Aktivitäten auch mehrfach wahrgenommen werden.

B.1.1   Nicht-iterative Prozessmodelle

Ist der Softwareentwicklungsprozess sequentiell, so handelt es sich um ein nicht-iteratives Vorgehensmodell. In diesen Vorgehensmodellen werden Aktivitäten zu Phasen zusammengefasst, die strikt seriell durchlaufen werden. Das Ende einer jeden Phase wird mit einem Dokument abgeschlossen, das die Ergebnisse der Aktivitäten dieser Phase beschreibt. Dieses Dokument dient dann als Eingabe für die jeweils nächste Phase. Beispielsweise wird in einem nicht-iterativen Vorgehensmodell die Spezifikation der Software nur in speziell dafür vorgesehenen Phasen angepasst und in anderen Phasen nicht mehr geändert.

Wasserfallmodell.
Das wohl bekannteste und älteste nicht-iterative Vorgehensmodell ist das Wasserfallmodell, das 1970 von Winston Royce vorgeschlagen wurde [221]. Wie in Abbildung B.2 zu erkennen ist, wird hier lediglich zu Beginn des Prozesses eine Spezifikation erstellt, die später nicht

mehr geändert wird. Rückkopplungen auf frühere Phasen des Entwicklungsprozesses sind bei nicht-iterativen Vorgehensmodellen grundsätzlich nicht vorgesehen. Royce sieht jedoch auch durchaus das Bedürfnis der Rückkopplung auf frühere Phasen, die in Abbildung B.2 in Form von gestrichelten Linien illustriert ist. Als Lösung schlägt er vor, eine Rückkopplung zwischen benachbarten Phasen zu erlauben, weist jedoch auf die Gefahr hin, dass sich die Entwicklung dadurch zu einem iterativen Prozess entwickeln kann. Dies kann dazu führen, dass der aktuelle Status des Projekts nicht mehr eindeutig zu erkennen ist.

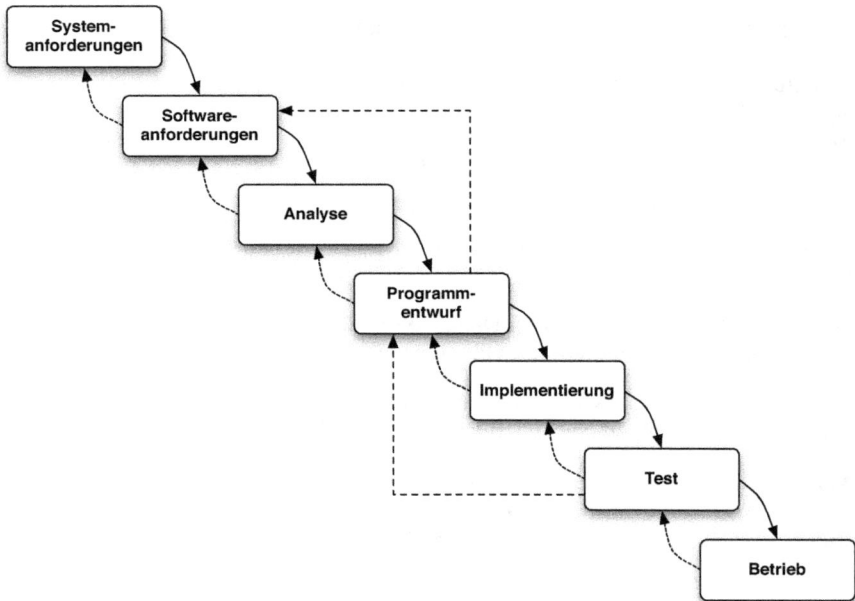

Abb. B.2: *Entwicklungsphasen im Wasserfallmodell nach Royce [221]*

Die grobkörnige Einteilung in Phasen, die jeweils in abschließenden Dokumenten beschrieben werden, erleichtert es außenstehenden Personen, den Verlauf und den Status eines Software-entwicklungsprojekts zu beurteilen. Die starke Strukturierung kann sich jedoch bei kleinen und mittleren Projekten als zu unflexibel erweisen, da gerade hier zu Beginn die Anforderungen der Kunden häufig noch nicht klar bekannt sind.

B.1.2   Iterative Vorgehensmodelle

Bei iterativen Vorgehensmodellen werden die Phasen des Softwareentwicklungsprozesses nicht mehr sequentiell durchlaufen, sondern mehrfach wiederholt. Dabei findet eine stetige Verfei-nerung des Softwareprodukts statt. Im Gegensatz zu den nicht-iterativen Vorgehensmodellen werden die einzelnen Phasen in der Regel nicht mit einer ausführlichen Dokumentation abge-schlossen, da dies aufgrund der Kürze der Phasen unverhältnismäßig lange dauern würde.

Spiralmodell.

Die Softwareproduktion wird vom Spiralmodell als iterativer Prozess modelliert. Eine Iteration ist dabei in vier Bereiche aufgeteilt:

1. Identifizierung der Ziele, Alternativen und Randbedingungen

2. Bewertung der Alternativen; Identifikation und Beseitigung der Risiken

3. Entwicklung und Test

4. Planung der nächsten Phase

Jede Iteration beginnt mit der Identifizierung von Zielen und endet mit der Abnahme durch den Kunden und der Planung der nächsten Phase. Die Erstellung einer Risikoanalyse und eines Prototypen stellen dabei in den fortgeschrittenen Runden einen wesentlichen Teil dar. Somit wird sichergestellt, dass der Entwicklungsprozess im Sinne des Auftraggebers verläuft.

Der Name dieses Entwicklungsmodells ist in dem Vorgehen begründet, dass sich die Iterationen vom Projektstart an iterativ in mehreren Runden bis zur Fertigstellung der Software in verschiedenen Detaillierungsgraden fortentwickeln. Ähnlich wie beim Wasserfallmodell wird ein Phasenkonzept verfolgt, bei dem mehrere Aktionen zu einer Phase zusammengefasst werden. Dies ermöglicht es, einen Überblick über den aktuellen Stand des Projekts zu erhalten.

B.1.3   Hybride Vorgehensmodelle

In der Praxis stellt sich häufig heraus, dass ein Vorgehensmodell, das ausschließlich iterativ oder nicht-iterativ ist, nicht immer optimal ist. Aus diesem Grund wurden Prozessmodelle vorgeschlagen, die nicht mehr eindeutig der einen oder der anderen Art von Prozessmodellen zuzuordnen sind und versuchen, das Beste von beiden Modellen zu vereinen. In diesem Abschnitt werden die zwei bekanntesten hybriden Prozessmodelle kurz vorgestellt: der Unified Process und das V-Modell.

Unified Process.

Der Unified Process ist ein iteratives Vorgehensmodell, das sich dadurch auszeichnet, dass es keinen konkreten Prozess beschreibt, sondern vielmehr ein Rahmenwerk bietet, das für das jeweilige Projekt angepasst werden muss. Der Name geht auf ein Buch von Ivar Jacobson, Grady Booch and James Rumbaugh zurück [122]. Eine kommerzielle Variante dieses Vorgehensmodells wird als Rational Unified Process (RUP) inklusive einer Wissensdatenbank mit Beispielartefakten und Beschreibungen für viele verschiedene Aktivitäten von der Firma Rational Software Corp. vertrieben. RUP macht intensiv Gebrauch von der UML (siehe auch Anhang A.2.2, die bei der Entwicklung von RUP eine wichtige Rolle gespielt hat.

Ähnlich wie das Wasserfallmodell teilt der Unified Process die Entwicklung in Phasen auf. Diese Phasen orientieren sich allerdings weniger an technischen als vielmehr an geschäftsbezogenen Aspekten:

- **Konzeptionsphase.** In dieser Phase werden Anwendungsfälle (use cases) identifiziert. Sie werden im Wesentlichen nach den Personen und Systemen kategorisiert, die mit dem

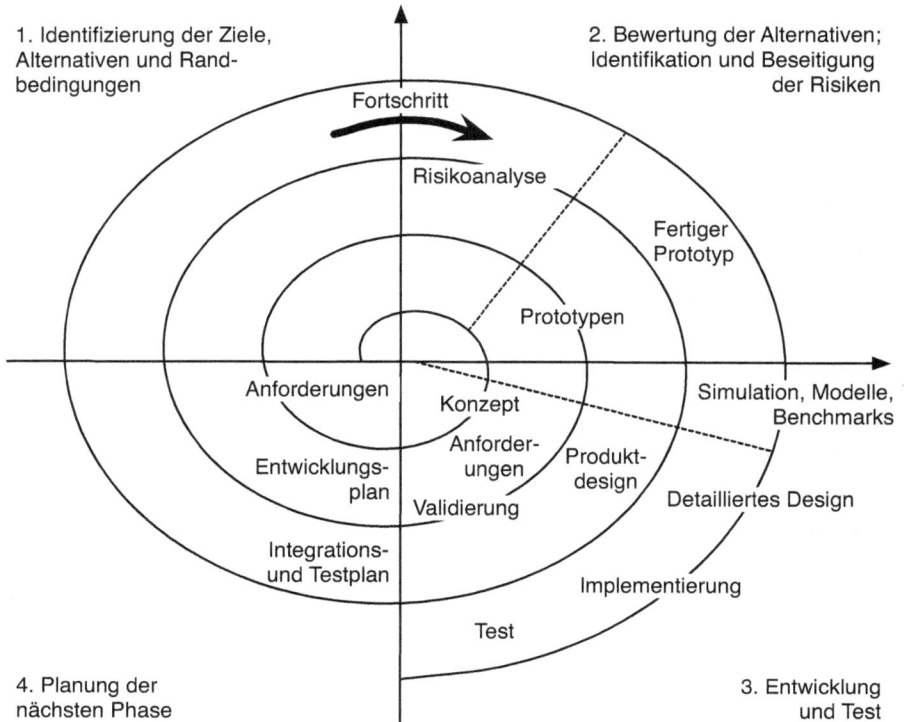

1. Identifizierung der Ziele,
Alternativen und Rand-
bedingungen

2. Bewertung der Alternativen;
Identifikation und Beseitigung
der Risiken

Fortschritt

Risikoanalyse

Fertiger
Prototyp

Prototypen

Anforderungen

Konzept

Simulation, Modelle,
Benchmarks

Anforder-
ungen

Produkt-
design

Entwicklungs-
plan

Validierung

Detailliertes Design

Integrations-
und Testplan

Implementierung

Test

4. Planung der
nächsten Phase

3. Entwicklung
und Test

Abb. B.3: *Entwicklungsphasen im Spiralmodell*

System interagieren werden. Aus der Konzeptionsphase wird abgeleitet, was das System
leisten können muss.

- **Entwurfsphase.** In dieser Phase wird ein Verständnis des Problems erarbeitet sowie ein
  Projektplan inklusive einer Risikoabschätzung. Das Ergebnis ist ein Modell des Systems,
  eine Architekturbeschreibung und ein Entwicklungsplan für die Software.

- **Konstruktionsphase.** Während dieser Phase wird die Software entworfen, entwickelt
  und getestet. Am Ende dieser Phase steht eine funktionierende Software inklusive Dokumentation, die ausgeliefert werden kann.

- **Übergabephase.** Ziel dieser Phase ist die Übergabe an den Auftraggeber. Am Ende der
  Übergabephase wird das System in der spezifizierten Umgebung in Betrieb genommen.

Als hybrides Modell unterstützt der Unified Process ebenfalls Iterationen. Diese können zum
einen auf der Ebene der Phasen sein (sog. Phaseniterationen) und zum anderen innerhalb der
Phasen stattfinden. Jede Phase besteht dabei aus einer oder mehreren Iterationen (so genannter
Disziplinen) bestehend aus Geschäftsprozessmodellierung, Anforderungsanalyse, Analyse und
Design, Implementierung, Test und Auslieferung.

Der Unified Process macht intensiv Gebrauch von modellierten Anwendungsfällen, mit denen die Anforderungen an das System definiert werden. Eine Iteration der Phasen hat dabei die Realisierung, den Test und die Einbindung von ausgewählten Anwendungsfällen zum Ziel. Im Zentrum des Entwicklungsprozesses stehen Modelle von Architekturen, die verschiedene Aspekte beschreiben und den Entwicklungsprozess steuern. Der konsequente Einsatz von Architekturen hat eine Verringerung des Fehlerrisikos zum Ziel: Entwicklungen, die nicht konform mit der Systemarchitektur sind, können auf diese Art frühzeitig erkannt werden, so dass ein rechtzeitiges Gegensteuern möglich ist.

Der Unified Process zeichnet sich also durch den konsequenten Einsatz von UML, Anwendungsfällen und Architekturen aus. Dabei erfolgt die Entwicklung inkrementell und häufig auch iterativ.

V-Modell.

Das V-Modell wurde in den frühen 1990er Jahren in Deutschland entwickelt und 1992 in der ersten Version vorgestellt. Überarbeitungen erfolgten 1997 und 2005 (V-Modell XT [112]). Es stellt das verbindliche Entwicklungsprozessmodell für Softwaresysteme des Bundes dar und bietet ein Rahmenwerk, mit dem sich firmenspezifische Prozessmodelle erzeugen lassen (ähnlich dem Unified Process). Dabei verfolgt es einen anderen Ansatz als das Wasserfallmodell und das Spiralmodell. Beide Prozessmodelle teilen den Entwicklungsprozess in Phasen von Aktivitäten auf. Im Gegensatz dazu werden im V-Modell *Vorgehensbausteine* festgelegt. Sie stehen für sich und definieren das Produkt, das am Ende seiner Durchführung realisiert sein soll. Die dafür relevanten Aktivitäten und mitwirkenden Rollen sind ebenfalls Teil eines Vorgehensbausteins. Rollen beschreiben dabei Aufgaben und Verantwortlichkeiten innerhalb des Projekts. Abhängigkeiten zwischen verschiedenen Vorgehensbausteinen werden explizit notiert.

Die Typen der Vorgehensbausteine, die für ein konkretes Projekt benötigt werden, resultieren aus dem *Projekttyp*. Dieser ergibt sich aus dem *Projektgegenstand* (z. B. eingebettetes System oder Systemintegration) und der *Projektrolle* (z. B. mit oder ohne Unterauftragnehmer). Das zu entwickelnde System (Projekttyp) bestimmt zusammen mit den Projektrollen, *was* bei dem Projekt zu tun ist. Die Vorgehensbausteine legen zusätzlich noch mittels Rollen fest, *wer* was tut.

Die Reihenfolge der Durchführung von Vorgehensbausteinen wird durch die *Projektdurchführungsstrategie* definiert, die wiederum eine Folge von *Entscheidungspunkten* darstellt. Anhand der Entscheidungspunkte kann der Projektstand gemessen werden. Der Name des V-Modells geht auf die grafische Notation der Entscheidungspunkte der verschiedenen Durchführungsstrategien zurück (siehe vereinfachte Darstellung in Abbildung B.4).

B.2   Entwicklungsmethoden

Entwicklungsmethoden beschreiben das konkrete Vorgehen im Ganzen oder auch nur in Teilen des Entwicklungsprozesses. In den letzten dreißig Jahren wurden diverse Entwicklungsmethoden vorgeschlagen. Von diesen werden im Folgenden einige exemplarisch vorgestellt, die heute häufig eingesetzt werden.

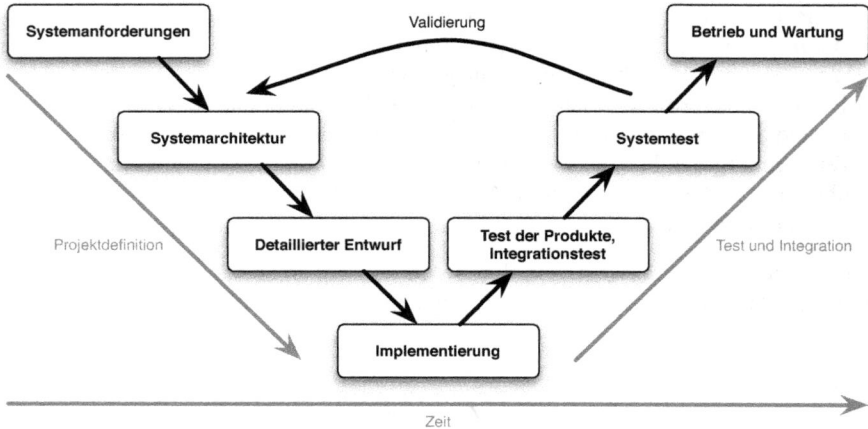

Abb. B.4: Vereinfachte Darstellung des V-Modells

B.2.1   Agile Methoden

Die Softwareentwicklung nach agilen Methoden setzt auf maximale Flexibilität beim Entwicklungsprozess. Dabei baut sie auf eine starke Einbindung des Auftraggebers und der inkrementellen Auslieferung von Software. Damit soll sichergestellt werden, dass Änderungswünsche des Auftraggebers frühzeitig erkannt und umgesetzt werden können. Die betroffenen Softwareentwickler sollen außerdem möglichst das tun, was sie jeweils am besten können, wobei das Ziel ist, die Software möglichst einfach zu halten, damit Änderungen einfach umgesetzt werden können.

Bei Anwendung agiler Methoden können sich Entwickler somit besser auf die Implementierung konzentrieren und verbringen weniger Zeit mit Spezifikation und Dokumentation. Somit wird aber auch der Einsatzbereich agiler Methoden eingeschränkt, die sich dadurch am besten für kleine oder mittelgroße Implementierungen eignen. Auch gibt es die Ansicht, dass diese Entwicklungsmethode nicht für die Entwicklung sicherheitskritischer Systeme geeignet ist [237].

Extreme Programming.

Der bekannteste Vertreter der agilen Methoden ist das *Extreme Programming* (XP) [14]. Diese Methode ist insofern „extrem", als dass sie den Auftraggeber extrem stark in die Entwicklung einbindet und extrem schnell neue Versionen der Software liefert. Die Systemanforderungen werden in Szenarien (sog. *user stories*) beschrieben, priorisiert und von den Entwicklern in Aktionen strukturiert und direkt implementiert. Die Anforderungen an das System werden also nicht zu Beginn festgelegt, sondern ergeben sich im Laufe der Entwicklung in der Zusammenarbeit mit dem Auftraggeber. Änderungen bei den Anforderungen können schnell umgesetzt werden, z. B. wenn sich nicht implementierte Szenarien ändern oder gar nicht mehr benötigt werden.

Die Methode XP hängt stark mit dem Einsatz erfolgreicher Praktiken und Prinzipien zusammen. Beim *pair programming* wird Programmcode beispielsweise von zwei Entwicklern entwickelt, wobei immer abwechselnd einer dem anderen beratend zur Seite steht. Das Prinzip des *test-first development* basiert darauf, dass zunächst Tests für die zu entwickelnden System-teile erstellt werden und Entwicklungen erst dann in das System integriert werden, wenn sie alle Tests bestanden haben. Gleichzeitig werden neue Entwicklungen möglichst schnell in das System integriert (*continuous integration*), was eine wichtige Voraussetzung für die schnelle Auslieferung neuer Systemversionen ist.

Für die Erstellung eines autonomen Systems scheinen agile Entwicklungsmethoden nicht ge-eignet zu sein, sofern sie den gesamten Entwicklungsprozess umfassen. Der Grund hierfür ist, dass Autonomie häufig eine abstraktere Sicht auf das Gesamtsystem erfordert, welche zu Be-ginn der Implementierung bereits vorhanden sein muss. Die permanente Anpassung auch von wesentlichen Systemteilen stellt hierbei eine Gefahr für die Autonomie des Gesamtsystems dar, da so das komplexe Zusammenwirken einzelner Systemteile gestört werden kann.

B.2.2   Objektorientierte Methoden

Die objektorientierte Analyse und das objektorientierte Design stellen wichtige Pfeiler der ob-jektorientierten Methoden dar und wurden 1994 von Booch eingeführt [25]. Sie hängen eng mit dem Konzept der objektorientierten Programmierung zusammen und werden vorrangig in der Entwurfsphase des Entwicklungsprozesses eingesetzt. Mit der UML wurde eine vereinheitlich-te Notation dieser Methoden geschaffen (siehe Anhang A.2.2).

Im Gegensatz zu den agilen Methoden basieren die objektorientierten Methoden auf einer sorgfältigen Planung und Analyse. Damit sind sie weniger gut für kleine Projekte geeignet, bei denen der Aufwand für eine ausführliche Analyse nicht gerechtfertigt ist und es deshalb häufig zu Änderungen der Anforderungen kommen kann. Dafür eignen sich diese Methoden insofern gut für die Realisierung von Autonomie, als dass sie eine Modellbildung im objektorientier-ten Sinne voraussetzen und es somit ermöglichen, Autonomie in das System als Gesamtheit zu integrieren.

B.2.3   Komponentenbasierte Methoden

Die Methode der komponentenbasierten Softwareentwicklung entwickelte sich in den 1990er Jahren mit dem Ziel, den Aufwand bei der Softwareentwicklung zu verringern bei gleichzeitiger Erhöhung der Qualität. Die Idee der Komponentenorientierung besteht darin, die Software im Wesentlichen aus einzelnen Komponenten zusammenzusetzen. Eine *Komponente* wird häufig als funktional geschlossene Einheit mit vertraglich spezifizierten Schnittstellen und expliziten Abhängigkeiten vom Ausführungskontext beschrieben [246]. Diese Entwicklungsmethode geht davon aus, dass ein großer Markt entsteht, der eine Vielzahl an gut getesteten, robusten Kom-ponenten liefern kann, die dann bequem für die Erstellung eines eigenen Systems eingekauft und verwendet werden können.

Wie bereits in der Diskussion der agilen Methoden angeführt, betrifft die Autonomie das Sys-tem als Ganzes und kann nur schwer auf einzelne Teile reduziert werden. Zudem kann aus der Autonomie von Systemteilen – hier also der Autonomie einzelner Komponenten – nicht zwangsweise auf die Autonomie des Gesamtsystems geschlossen werden [99].

B.3   Model-Driven Architecture

Im Abschnitt 6.4.2 wurde der Einfluss der Model-Driven Architecture (MDA) auf die Autonomie diskutiert. Deshalb werden hier kurz die Grundideen der MDA beschrieben. Anders, als der Name nahelegt, handelt es sich nicht um eine konkrete Architektur, sondern um ein Vorgehen bei der Systementwicklung.

Die Model-Driven Architecture (MDA) [189], auf deutsch „modellgetriebene Architektur", abstrahiert von konkreten Architekturen unter konsequentem Einsatz von Modellen. Dieses Vorgehen hat zum Ziel, die Spezifikation der Systemfunktionalität von spezifischen, plattformabhängigen Technologien und Architekturen zu trennen. Die Spezifikation der Modelle und der Umgang mit ihnen stellen wesentliche Bestandteile der MDA dar. Beispielsweise kann mit Hilfe der MDA eine Unternehmensanwendung unabhängig von der verwendeten Softwarearchitektur wie der Java Enterprise Edition (JEE) oder Microsoft .NET spezifiziert werden.

Die MDA beschreibt also nicht das konkrete, zu entwickelnde System, sondern vielmehr eine Entwicklungsmethode, mit deren Hilfe Systeme realisiert werden, von der Modellierung bis zur Erzeugung der ausführbaren Software.

Im Kern besteht der Ansatz der MDA daraus, den Entwicklungsprozess eines Systems als Aufgabe der Modellierung zu sehen. Das Schreiben von Programmcode als klassische Aufgabe des Softwareentwicklers rückt dabei in den Hintergrund. Transformationen helfen dabei, den Programmcode aus den vorliegenden Modellen weitestgehend für die konkrete Zielplattform zu generieren. Darüber hinaus sollen mit Hilfe der Transformation aus den Modellen auch Beschreibungsdateien für den Betrieb der Software generiert werden können. Die Anfertigung des Programmcodes wird also so weit wie möglich durch Transformationen automatisiert. Für diesen Prozess hat die Object Management Group (OMG) als Teil der MDA einen Standard namens Queries/Views/Transformations (QVT) vorgeschlagen [193]. Er definiert einen strukturell einheitlichen Rahmen für Transformationen zwischen Modellen innerhalb der MDA.

Der modellzentrierte Ansatz der OMG zielt darauf ab, plattformspezifische Aspekte der Softwareentwicklung von der funktionalen Spezifikation eines Softwaresystems zu trennen. Die MDA unterscheidet deswegen verschiedene Kategorien von Modellen. Eine Kategorie bilden diejenigen Modelle, die unabhängig von Plattform und technischen Aspekten der Implementierung sind (Platform Independent Model (PIM) [189, Abschnitt 2.3.2]). Eine zweite Kategorie wird durch Modelle gebildet, die Eigenheiten der Implementierung für eine spezielle Plattform abbilden (Platform Specific Model (PSM) [189, Abschnitt 2.3.3]). Durch diese Trennung soll erreicht werden, dass zu Beginn eines Modellierungsprozesses eine Fokussierung auf die eigentliche Funktionalität eines Softwaresystems erfolgt. Technische Aspekte der Zielplattform werden zu Beginn ignoriert, so dass die Modellierung der Funktionalität keinen Einschränkungen unterworfen ist, die durch die Anforderungen spezieller Technologien entstehen könnten. Des Weiteren soll durch diesen Ansatz ermöglicht werden, die modellierten Systeme wiederzuverwenden und leichter auf verschiedene Plattformen übertragen zu können.

Neben der Unterteilung von Softwaremodellen sieht die MDA auch vor, funktionsunabhängiges Wissen der Anwendungsdomäne in Form von Modellen zu explizieren (*Domain Model*). Dadurch soll erreicht werden, dass sich anwendungsspezifische Konzepte in Softwaremodellen auf eine einheitliche Referenz beziehen können.

Diese domänenspezifischen Modelle bilden ein konzeptuelles Modell einer Organisation oder eines Unternehmens. Mit dem PIM und dem PSM gibt es in der MDA also insgesamt drei verschiedene Kategorien von Modellen. Um die Modellierungsarbeit zu erleichtern, sollen automatisierte Transformationen zwischen den Modellen unterschiedlicher Kategorien die Entwicklungsarbeit erleichtern. Beispielsweise soll aus einem PIM ein PSM für eine konkrete Plattform automatisiert erstellt werden. Änderungen am PSM, die einen Einfluss auf das PIM haben, sollen umgekehrt auch wieder automatisiert zurückgeführt werden können (reverse engineering). Abbildung B.5 zeigt diesen Zusammenhang in schematischer Form.

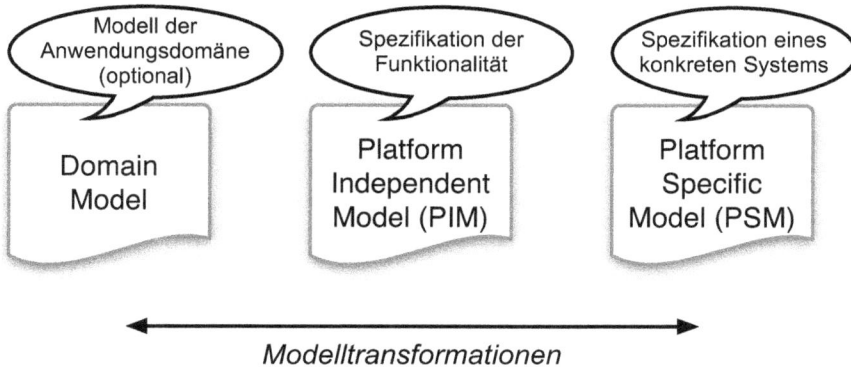

Abb. B.5: Verschiedene Kategorien von Modellen eines Systems in der MDA

Das auf der Modelltransformation basierende Konzept der MDA wurde bereits in mehreren Forschungsarbeiten aufgegriffen. So wurden beispielsweise verschiedene Arbeiten vorgestellt, die – ausgehend von einem plattformunabhängigen Systemmodell – die Entwicklung von Web Services als konkrete Implementierung behandeln (vgl. Bezevin et al. [22], Gronmo et al. [90], Kath et al. [128]). Ebenso wird die Modelltransformation bereits bei einigen Herstellern von Werkzeugen zur Softwareentwicklung eingesetzt. Beispiele hierfür sind Softwarewerkzeuge der Firmen IBM und Borland zur grafischen Modellierung mit bereits implementierten Transformationen. Damit wird die Transformation zwischen verschiedenen Modellen (wie Klassendiagramm und Programmcode) automatisiert und der Softwareentwickler entlastet.

Unified Modeling Language (UML).

Die MDA hat nicht zuletzt deshalb an Bedeutung gewonnen, weil die Unified Modeling Language (UML) als antizipierter Vorschlag zur Modellierung von Softwaresystemen über Jahre an Popularität gewonnen hat. Die UML wurde von Booch, Rumbaugh und Jacobsen vorgeschlagen und durch die OMG standardisiert [194, 197, 198]. Sie umfasst verschiedene grafische Modellierungssprachen, die nach einem gemeinsamen Muster formuliert sind und zur Modellierung von Softwaresystemen eingesetzt werden. Dieses gemeinsame Muster wird in der UML als Modell auf einer Metaebene behandelt, das die Konzepte eines Softwaremodells beschreibt. Mit den diversen Modellierungssprachen der UML lassen sich die Architektur des Systems, die Dynamik der Systembestandteile, die Arrangements für den Betrieb oder die funktionalen Erfordernisse eines Systems modellieren. Heutzutage stellt sie faktisch den State-of-the-Art in der Softwaremodellierung dar. Viele Entwicklungswerkzeuge unterschiedlicher Hersteller benutzen sie, um Softwaremodelle in Entwicklungsumgebungen zu integrieren. Die MDA ist jedoch grundsätzlich unabhängig von der verwendeten Modellierungssprache, solange deren Metamodell konform mit der Meta Object Facility (MOF) ist, die als Teil der MDA spezifiziert ist.

C   Abkürzungen

AC	Autonomic Computing
ACI	Autonomic Computing Initiative
BSI	Bundesamt für Sicherheit in der Informationstechnik
CCM	CORBA Component Model
CCS	Calculus of Communicating Systems
COM	Component Object Model
CORBA	Common Object Broker Architecture
CSP	Communicating Sequential Processes
CTL	Computational Tree Logic
DB	Datenbank
DCD	Design Class Diagram
DCOM	Distributed Component Object Model
DHT	Distributed Hash Table
DNS	Domain Name Service
EA	Endlicher Automat
GI	Gesellschaft für Informatik
HTTP	Hypertext Transfer Protocol
IEEE	Institute of Electrical and Electronics Engineers
IETF	Internet Engineering Task Force
IP	Internet Protocol

ISO	International Organization for Standardization
ISO-OSI	ISO Open System Interconnection Model
ITG	Informationstechnische Gesellschaft
ITIL	Information Technology Infrastructure Library
ITU	International Telecommunication Union
ITU-T	ITU – Telecommunication Standardization Sector
JEE	Java Enterprise Edition
KI	Künstliche Intelligenz
LTL	Lineare temporale Logik
MAPE	Monitor-Analyze-Plan-Execute
MCKP	Multiple-Choice Knapsack Problem
MDA	Model-Driven Architecture
MOF	Meta Object Facility
MOM	Message-Oriented Middleware
MTBF	Mean Time Between Failure
MTTF	Mean Time To Failure
MTTR	Mean Time To Repair
MTTT	Mean Time To Transition
NoC	Network-on-a-chip
OASIS	Organization for the Advancement of Structured Information Standards
OC	Organic Computing
OGF	Open Grid Forum
OGSA	Open Grid Service Architecture
OMG	Object Management Group

OMT	Object Modeling Technique
OOSE	Object-Oriented Software Engineering
P2P	Peer-to-peer
PIM	Platform Independent Model
PMS	Processor-Memory-Switch
PSM	Platform Specific Model
QVT	Queries/Views/Transformations
QoS	Quality of Service
RM-ODP	Reference Model for Open Distributed Processing
RMI	Remote Method Invocation
RPC	Remote Procedure Call
RUP	Rational Unified Process
SAGA	Standards und Architekturen für E-Government-Anwendungen
SDL	Specification and Description Language
SLA	Service Level Agreement
SMTP	Simple Mail Transfer Protocol
SOA	Service-Oriented Architecture
SOAP	SOAP
SoC	System-on-a-chip
TCP	Transmission Control Protocol
TMR	Tripel Modular Redundancy
UDP	User Datagram Protocol
UML	Unified Modeling Language
VDE	Verband der Elektrotechnik, Elektronik und Informationstechnik

VHDL	VHSIC Hardware Description Language
VHSIC	Very High Speed Integrated Circuit
VLSI	Very-Large-Scale Integration
VoIP	Voice over IP
W3C	The World Wide Web Consortium
WSDL	Web Service Definition Language
WSMO	Web Service Modeling Ontology
XMI	XML Metadata Interchange
XML	Extensible Markup Language
XP	Extreme Programming

Abbildungsverzeichnis

Tabellenverzeichnis

Literaturverzeichnis

[1] S. Aaronson. Complexity zoo. http://qwiki.stanford.edu/wiki/Complexity_Zoo, 2007.

[2] Karl Aberer. P-Grid: A Self-Organizing access structure for P2P information systems. In *Sixth International Conference on Cooperative Information Systems (CoopIS 2001)*, 2001.

[3] Karl Aberer and Manfred Hauswirth. Peer-to-peer information systems: Concepts and models, state-of-the-art, and future systems. Tutorial given at the 18th International Conference on Data Engineering (ICDE '02), 2002. http://www.p-grid.org/Papers/ICDE2002-Tutorial.pdf.

[4] Swarup Acharya, Michael Franklin, and Stanley Zdonik. Balancing push and pull for data broadcast. In *Proceedings of the ACM SIGMOD International Conference on Management of Data*, volume 26, pages 183–194, May 13–15 1997.

[5] Mehmet Altinel and Michael J. Franklin. Efficient filtering of XML documents for selective dissemination of information. In *The VLDB Journal*, pages 53–64, 2000.

[6] Anupriya Ankolekar, Mark H. Burstein, Jerry R. Hobbs, Ora Lassila, David L. Martin, Sheila A. McIlraith, Srini Narayanan, Massimo Paolucci, Terry R. Payne, Katia P. Sycara, and Honglei Zeng. DAML-S: Semantic markup for web services. In Isabel F. Cruz, Stefan Decker, Jérôme Euzenat, and Deborah L. McGuinness, editors, *Proceedings of 1st Semantic Web Working Symposium (SWWS' 01)*, pages 411–430, August 2001.

[7] J. Armstrong, D. Williams, and R. Virding. *Concurrent Programming in Erlang*. Prentice Hall, 1993.

[8] Aurelius Augustinus. *Bekenntnisse*. Reclam, Leipzig, 1888. Übersetzung von Otto F. Lachmann.

[9] G. Ausiello, P. Crescenzi, G. Gambosi, V. Kann, A. Marchetti-Spaccamela, and M. Protasi. *Complexity and Approximation – Combinatorial Optimization Problems and Their Approximability Properties*. Springer, Berlin/Heidelberg, November 1999.

[10] Algirdas Avizienis, Jean-Claude Laprie, and Brian Randell. Fundamental concepts of dependability. Research report n01145, laas-cnrs, Research Report N01145, LAAS-CNRS, April 2001, April 2001.

[11] F. Baccelli, G. Cohen, G. Olsder, and J.P. Quadrat. *Synchronization and Linearity: An Algebra for Discrete Event Systems*. Wiley, Chichester, 1992.

[12] Yaneer Bar-Yam. A mathematical theory of strong emergence using multiscale variety. *Complex.*, 9(6):15–24, 2004.

[13] BEA Systems, Inc. Introducing bea tuxedo atmi. http://edocs.bea.com/tuxedo/tux91/, May 2006.

[14] Kent Beck. *Extreme Programming Explained*. Addison-Wesley, 2000.

[15] Bernd Becker, Rolf Drechsler, and Paul Molitor. *Technische Informatik – Eine Einführung*. Pearson Studium, 2005.

[16] Mark A. Bedau. Weak emergence. In J. Tomberlin, editor, *Philosophical Perspectives*, volume 11: Mind, Causation, and World, pages 375–399. Blackwell, Malden, MA, 1997.

[17] D.E. Bell and L.J LaPadula. Secure computer systems: Mathematical foundation. Technical Report MTR-2547, Vol I, The MITRE Corporation, Bedford, MA, 1973.

[18] P. Bellini, R. Mattonlini, and P. Nesi. Temporal logics for real-time system specification. *ACM Computing Surveys*, 32(1):12–42, March 2000.

[19] Mordechai Ben'Ari, Zohar Manna, and Amir Pnueli. The temporal logic of branching time. In *Proceedings of the 8th ACM Symposium on Principle of Programming Languages*, Williamsburg, Virginia, January 1981. ACM.

[20] Luca Bernardinello and Fiorella de Cindio. A survey of basic net models and modular net classes. In *Advances in Petri Nets 1992, The DEMON Project*, pages 304–351, London, UK, 1992. Springer-Verlag.

[21] P.A. Bernstein and E. Newcomer. *Principles of Transaction Processing*. Morgan Kaufmann Publishers, 1997.

[22] Jean Bézivin, Slimane Hammoudi, Denivaldo Lopes, and Frédéric Jouault. B2B Applications, BPEL4WS, Web Services and dotNET in the Context of MDA. In *Proceedings of the International Conference on Enterprise Integration and Modelling Technology (ICEIMT'04)*, Toronto, Canada, October 2004. Springer Press.

[23] K. Biba. Integrity considerations for secure computing systems. Mitre Report MTR-3153, Mitre Corporation, Bedford, MA, 1975.

[24] Eric Bonabeau, Marco Dorigo, and Guy Theraulaz. *Swarm Intelligence: From Natural to Artificial Systems*. Oxford University Press, Santa Fe Institute Studies in the Sciences of Complexity, New York, NY, USA, 1999.

[25] Grady Booch. *Object-Oriented Analysis and Design with Applications*. Addison-Wesley, 3. edition, 2007.

[26] David Booth, Hugo Haas, Francis McCabe, Eric Newcomer, Michael Champion, Chris Ferris, and David Orchard. Web Services Architecture. http://www.w3c.org/TR/ws-arch/, February 2004.

[27] Abdelmajid Bouajila, Johannes Zeppenfeld, Walter Stechele, Andreas Herkersdorf, Andreas Bernauer, Oliver Bringmann, and Wolfgang Rosenstiel. Organic computing at the system on chip level. In *Proceedings of the IFIP International Conference on Very Large Scale Integration of System on Chip (VLSI-SoC 2006)*. Springer, October 2006.

[28] Tim Bray, Jean Paoli, C. M. Sperberg-McQueen, Eve Maler, and François Yergeau (Eds.). Extensible Markup Language (XML) 1.0 (Fourth Edition). W3c recommendation, W3C, http://www.w3.org/TR/xml/, 2006.

[29] David F.C. Brewer and Micheal J. Nash. The chinese wall security policy. In *IEEE Symposium on Security and Privacy*, pages 206–214, Los Alamitos, CA, USA, 1989.

[30] William J. Broad. For Parts, NASA Boldly Goes . . . on eBay. The New York Times, May 2002.

[31] S. D. Brookes, C. A. R. Hoare, and A. W. Roscoe. A theory of communicating sequential processes. *J. ACM*, 31(3):560–599, 1984.

[32] Bundesamt für Sicherheit in der Informationstechnik (BSI). BSI-Standard 100-1: Managementsysteme für Informationssicherheit (ISMS). http://www.bsi.bund.de/literat/bsi_standard/index.htm, December 2005.

[33] Bundesamt für Sicherheit in der Informationstechnik (BSI). BSI-Standard 100-2: IT-Grundschutz-Vorgehensweise. http://www.bsi.bund.de/literat/bsi_standard/index.htm, December 2005.

[34] Bundesamt für Sicherheit in der Informationstechnik (BSI). IT-Grundschutz-Kataloge. http://www.bsi.de/gshb/deutsch/index.htm, October 2007.

[35] Gianni Di Caro and Marco Dorigo. Antnet: Distributed stigmergetic control for communications networks. *Journal of Artificial Intelligence Research*, 9:317–365, 1998.

[36] W. C. Carter. A time for reflection. In *Proceedings of the 8th IEEE International Symposium on Fault Tolerant Computing (FTCS-8)*, page 41, Santa Monica, June 1982.

[37] Christos G. Cassandras and Stéphane Lafortune. *Introduction to Discrete Events Systems*. Kluwer Academic, 1999.

[38] J. L. Casti. *Would-Be Worlds: How Simulation is Changing the Frontiers of Science*. Wiley, 1997. Zitiert nach [52].

[39] Peter Checkland. *Systems Thinking, Systems Practice*. John Wiley and Sons, New York, 1981.

[40] Roberto Chinnici, Jean-Jacques Moreau, Arthur Rymanan, and Sanjiva Weerawarana. *Web Services Description Language (WSDL) Version 2.0 Part 1: Core Language*. W3C, 2003.

[41] L. O. Chua and L. Yang. Cellular neural networks: Application. *IEEE Transactions on on Circuits and Systems*, 10(35):1273–1290, 1988.

[42] L. O. Chua and L. Yang. Cellular neural networks: Theory. *IEEE Transactions on on Circuits and Systems*, 10(35):1257–1272, 1988.

[43] Alistair Cockburn. Goals and Use Cases. *Journal of Object-Oriented Programming*, 10(5):35–40, 1997.

[44] G. Cohen, S. Gaubert, and J. P. Quadrat. Max-plus algebra and system theory: where we are and where to go now. *Annual Reviews in Control*, 23:207–219, 1999.

[45] George Colouris, Jean Dollimore, and Tim Kindberg. *Distributed Systems*. Pearson Education Deutschland, München, Deustchland, 4th edition, 2005.

[46] J. E. Coolahan, Jr. and N. Roussopoulos. Timing requirements for time-driven systems using augmented petri nets. *IEEE Transaction on Software Engineering*, 9(5):603–616, 1983.

[47] M. Crispin. INTERNET MESSAGE ACCESS PROTOCOL - VERSION 4rev1. RFC 3501 (Proposed Standard), March 2003. Updated by RFCs 4466, 4469, 4551, 5032, 5182.

[48] Flaviu Cristian. Fault tolerance in the advanced automation system. Rj 7424, IBM Research Laboratory, 1990.

[49] Flaviu Cristian. Understanding fault-tolerant distributed systems. *Communications of the ACM*, pages 1–45, February 1991.

[50] G. Cugola, E. Di Nitto, and A. Fuggetta. The JEDI event-based infrastructure and its application to the development of the OPSS WFMS. *IEEE Transactions on Software Engineering*, 27(9):827–850, 2001.

[51] Yuan-Shun Dai, Tom Marshall, and Xiaohong Guan. Autonomic and Dependable Computing: Moving Towards a Model-Driven Approach. *Journal of Computer Science*, 2(6):496–504, 2006.

[52] R. I. Damper. Emergence and levels of abstraction. *International Journal of Systems Science*, 31(7):811–818, 2000.

[53] D.E. Denning. A lattice model of secure information flow. *Communications of the ACM*, 19(5):236–241, 1976.

[54] Peter J. Denning. Thrashing: Its causes and prevention. In *In AFIPS 1968 Fall Joint Computer Conference*, pages 915–922, 1968.

[55] Deutsches Institut für Normung e.V. Din 44300-1, 1988.

[56] Al Dewey. VHSIC hardware description (VHDL) development program. In *Proceedings of the 20th Conference on Design Automation (DAC '83)*, pages 625–628, Piscataway, NJ, USA, 1983. IEEE Press.

[57] Y. Diao, F. Eskesen, S. Froehlich, J. L. Hellerstein, L. F. Spainhower, and M. Surendra. Generic online optimization of multiple configuration parameters with application to a database server. In Marcus Brunner and Alexander Keller, editors, *14th IFIP/IEEE Workshop on Distributed Systems: Operations and Management (DSOM 2003)*, volume 2867 of *LNCS*, pages 3–15, Heidelberg, Germany, October 2004.

[58] Edsger W. Dijkstra. Self-stabilizing systems in spite of distributed control. *Communications of the ACM*, 17(11):643–644, 1974.

[59] Paul Adrien Maurice Dirac. *Principles of Quantum Mechanics*. Oxford University Press, 1958.

[60] Shlomi Dolev. *Self-Stabilization*. MIT Press, Cambridge, MA, 2000.

[61] Shlomi Dolev and Ted Herman. Superstabilizing protocols for dynamic distributed systems. *Chicago Journal of Theoretical Computer Science*, 4, December 1997. Special Issue on Self-Stabilization.

[62] Sérgio Duarte, J. Legatheaux Martins, Henrique J. Domingos, and Nuno Preguiça. A case study on event dissemination in an active overlay network environment. In H.-Arno Jacobsen, editor, *In Proceedings of the 2nd International Workshop on Distributed Event-Based Systems (DEBS'03)*, San Diego, CA, USA, June 2003. ACM.

[63] Dudenreaktion. *Duden: Das Fremdwörterbuch*, volume 7. Dudenverlag, Mannheim u.a., 2001.

[64] Claudia Eckert. *IT-Sicherheit*. Oldenbourg Wissenschaftsverlag, 2001.

[65] The Estelle development toolset. http://www-lor.int-evry.fr/edt/, 2007.

[66] Patrick Th. Eugster, Rachid Guerraoui, and Christian Heide Damm. On objects and events. In Linda Northrop and John Vlissides, editors, *Proceedings of the OOPSLA '01 Conference on Object Oriented Programming Systems Languages and Applications*, pages 254–269, Tampa Bay, FL, USA, 2001. ACM.

[67] Cristina Feier and John Domingue. D3.1 WSMO Primer. WSMO Final Draft, DERI International, April 2005.

[68] J. Ferber. Computational reflection in class based object-oriented languages. In *OOPSLA '89: Conference proceedings on Object-oriented programming systems, languages and applications*, pages 317–326, New York, NY, USA, 1989. ACM.

[69] D. Fey and D. Schmidt. Marching-pixels: a new organic computing paradigm for smart sensor processor arrays. In *Proceedings of the 2nd conference on Computing Frontiers (CF05)*, pages 1–9. ACM Press, 2005.

[70] R. Fielding, J. Gettys, J. Mogul, H. Frystyk, L. Masinter, P. Leach, and T. Berners-Lee. RFC2616: Hypertext Transfer Protocol - HTTP/1.1. Technical report, IETF Network Working Group, ftp://ftp.isi.edu/in-notes/rfc2616.txt, 1999.

[71] Stephanie Forrest, Steven A. Hofmeyr, and Anil Somayaji. Computer immunology. *Communications of the ACM*, 40(10):88–96, 1997.

[72] I. Foster, H. Kishimoto, A. Savva, D. Berry, A. Djaoui, A. Grimshaw, B. Horn, F. Maciel, F. Siebenlist, R. Subramaniam, J. Treadwell, and J. Von Reich. The Open Grid Services Architecture, Version 1.0 . Memo of the Global Grid Forum, January 2005.

[73] Jochen Fromm. *The Emergence of Complexity*. Kassel University Press, 2004.

[74] Jochen Fromm. Types and forms of emergence. Eprint, 2005. arXiv:nlin/0506028v1.

[75] Jochen Fromm. On engineering and emergence. Eprint, 2006. arXiv:nlin/0506028v1.

[76] G. Lehmann, B. Wunder, and M. Selz. *Schaltungsdesign mit VHDL; Synthese, Simulation und Dokumentation digitaler Schaltungen*. Franzis', 1994.

[77] Erich Gamma, Richard Helm, Ralph Johnson, and John Vlissides. *Design Patterns: Elements of Reusable Object-Oriented Software*. Addison-Wesley, Reading, MA, USA, 1995.

[78] A. G. Ganek and T. A. Corbi. The dawning of the autonomic computing era. *IBM Syst. J.*, 42(1):5–18, 2003.

[79] F.R. Gantmacher. *The Theory of Matrices*. Chelsea Publishing Company, New York, 1959.

[80] M.R. Garey and D.S. Johnson. *Computers and Intractability: A Guide to the Theory of NP-Completeness*. W.H. Freeman and Co., San Francisco, CA, USA, Januar 1979.

[81] Felix C. Gärtner. A survey of self-stabilizing spanning-tree construction algorithms. Technical Report 200338, Swiss Federal Institute of Technology (EPFL), School of Computer and Communication Sciences, Lausanne, Switzerland, June 2003.

[82] R. Gellens, C. Newman, and L. Lundblade. POP3 Extension Mechanism. RFC 2449 (Proposed Standard), November 1998. Updated by RFC 5034.

[83] Gero Mühl. Self-Managing Distributed Systems. Habilitationsschrift der Technischen Universität Berlin, 2007.

[84] S. Ghosh, A. Gupta, T. Herman, and S. Pemmaraju. Fault-containing self-stabilizing algorithms. In *Proceedings of the 15th Annual ACM Symposium of Distributed Computing (PODC '96)*, pages 45–54. ACM, 1996.

[85] Sukumar Ghosh and Sriram V. Pemmaraju. Trade-offs in fault-containing self-stabilization. In *Proceedings of the 16th Annual ACM Symposium on Principles of Distributed Computing (PODC '97)*, page 289, New York, NY, USA, 1997. ACM.

[86] D. Goldin, S. Smolka, and P.Wegner. Turing machines, transition systems, and interaction. In *Proceedings of the 8th International Workshop on Expressiveness in Concurrency*, Aarlborg, Denmark, August 2001.

[87] J. B. Goodenough and L. Sha. The priority ceiling protocol: A method for minimizing the blocking of high priority ada tasks. In *IRTAW '88: Proceedings of the second international workshop on Real-time Ada issues*, pages 20–31, New York, NY, USA, 1988. ACM Press.

[88] J. N. Gray, R. A. Lorie, G. R. Putzolu, and I. L. Traiger. Granularity of locks and degrees of consistency in a shared data base. In G. M. Nijssen, editor, *Modeling in Data Base Management Systems*, pages 365–395. North-Holland, Amsterdam, The Netherlands, 1976.

[89] Jim Gray and Andreas Reuter. *Transaction Processing: Concepts and Techniques*. Morgan Kaufmann, 1993.

[90] Roy Grønmo, David Skogan, Ida Solheim, and Jon Oldevik. Model-Driven Web Services Development. In *Proceedings of 2004 IEEE International Conference on e-Technology, e-Commerce and e-Service (EEE'04)*, pages 42–45, Taipei, Taiwan, March 2004. IEEE Press.

[91] Mesut Günes and Otto Spaniol. *Ant-Routing-Algorithm for Mobile Multi-Hop Ad-Hoc Networks*, pages 120–138. Kluwer Academic Publishers, Norwell, MA, USA, 2003.

[92] A. Gupta. *Fault-containing self-stabilization in distributed systems*. PhD thesis, University of Iowa, 1996.

[93] R. Gusella and S. Zatti. The accuracy of the clock synchronization achieved by tempo in berkeley unix 4.3bsd. *IEEE Trans. Softw. Eng.*, 15(7):847–853, 1989.

[94] Matthew J. Hawthorne and Dewayne E. Perry. Architectural Styles for Adaptable Self-Healing Dependable Systems. In *27th International Conference on Software Engineering (ICSE'05)*, St. Louis, Missouri, USA, May 2005. ACM.

[95] C.L. Hedrick. Routing Information Protocol. RFC 1058 (Historic), June 1988. Updated by RFCs 1388, 1723.

[96] Harald Heinecke, Klaus-Peter Schnelle, Helmut Fennel, Jürgen Bortolazzi, Lennart Lundh, Jean Leflour, Jean-Luc Maté, Kenji Nishikawa, and Thomas Scharnhorst. AUTomotive Open System ARchitecture - an industry-wide initiative to manage the complexity of emerging automotive E/E-architectures. In *Proceedings of the International Congress on Transportation Electronics*, 2004.

[97] Hans-Ulrich Heiss and Michael Schmitz. Decentralized dynamic load balancing: The particles approach. *Information Sciences*, 84(1&2):115–128, 1995.

[98] Klaus Herrmann, Kurt Geihs, and Gero Mühl. Ad hoc service grid – a self-organizing infrastructure for mobile commerce. In *Proceedings of the IFIP TC8 Working Conference on Mobile Information Systems (MOBIS 2004)*, pages 261–274, Oslo, Norway, September 2004. Kluwer Academic.

[99] Klaus Herrmann, Gero Mühl, and Kurt Geihs. Self-Management – Potentiale, Probleme, Perspektiven. *Praxis der Informationsverarbeitung und Kommunikation (PIK)*, 27(2):74–79, April 2004.

[100] Klaus Herrmann, Gero Mühl, and Kurt Geihs. Self-management: The solution to complexity or just another problem? *IEEE Distributed Systems Online (DSOnline)*, 6(1), January 2005.

[101] Klaus Herrmann, Matthias Werner, and Gero Mühl. A methodology for classifying self-organizing software systems. *International Transactions on Systems Science and Applications*, 2007.

[102] Klaus Herrmann, Matthias Werner, Gero Mühl, and Hans-Ulrich Heiß. Ein methodischer Ansatz zur Klassifizierung selbstorganisierender Softwaresysteme. In *Selbstorganisierende, Adaptive, Kontextsensitive verteilte Systeme (SAKS)*, Fachgespräch der GI/ITG-Fachgruppe Kommunikation und Verteilte Systeme, Kassel, Germany, March 2006.

[103] Scott Hissam, Gabriel Moreno, Judith Stafford, and Kurt Wallnau. Packaging predictable assembly. In *First International IFIP/ACM Working Conference on Component Deployment*, Berlin, 2002. Springer.

[104] C. A. R. Hoare. Communicating sequential processes. *Communications of the ACM*, 21(8):666–677, August 1978.

[105] C.A.R. Hoare. *Communicating Sequential Processes*. Prentice Hall, 1985.

[106] Dieter Hogrefe. *Estelle, Lotos und SDL Standard-Spezifikationssprachen für verteilte Systeme*. Springer, Berlin, 1989.

[107] Gregor Hohpe. Architect's Dream or Developer's Nightmare. In Hans-Arno Jacobsen, Gero Mühl, and Michael A. Jaeger, editors, *Proceedings of the Inaugural Conference on Distributed Event-Based Systems*, page 188, New York, NY, USA, June 2007. ACM Press.

[108] John E. Hopcroft, Rajeev Motwani, and Jeffrey D. Ullman. *Introduction to Automata Theory, Languages, and Computation*. Pearson Education, 2. edition, 2001.

[109] Markus Horstmann and Mary Kirtland. Dcom architecture. DCOM Technical Articles, Microsoft Corporation, Redmond, WA, USA, July 1997.

[110] J. Howard, S. Dighe, Y. Hoskote, S. Vangal, D. Finan, G. Ruhl, D. Jenkins, H. Wilson, N. Borkar, G. Schrom, F. Pailet, S. Jain, T. Jacob, S. Yada, S. Marella, P. Salihundam, V. Erraguntla, M. Konow, M. Riepen, G. Droege, J. Lindemann, M. Gries, T. Apel, K. Henriss, T. Lund-Larsen, S. Steibl, S. Borkar, V. De, R. Van Der Wijngaart, and T. Mattson. A 48-core ia-32 message-passing processor with dvfs in 45nm cmos. pages 108 –109, feb. 2010.

[111] Michael N. Huhns and Munindar P. Singh. Service-oriented computing: Key concepts and principles. *IEEE Internet Computing*, 9(1):75–81, 2005.

[112] IABG mbh. Das V-Modell XT. http://www.v-modell.iabg.de, 2005. http://www.v-modell.iabg.de.

[113] IBM Corp. Websphere mq (mqseries). http://www.software.ibm.com/mqseries, 2003.

[114] IBM White Paper. An architectural blueprint for autonomic computing (4th edition). Technical report, IBM Corporation, June 2006.

[115] IEEE Architecture Working Group. Ieee std 1471-2000: Recommended practice for architectural description of software-intensive systems. IEEE-SA Standards Board, New York, NY, USA, October 2000.

[116] Institute for Security and Open Methodologies (ISECOM). SOMA - Security Operations Maturity Architecture. http://www.isecom.org/research/soma.shtml, November 2008.

[117] Rolf Isermann. *Fahrdynamik-Regelung*, chapter 2, pages 27–29. Vieweg, 1. edition, September 2006.

[118] ISO/IEC. ITU.TS Recommendation X.902 — ISO/IEC 10746-2: Open Distributed Processing Reference Model - Part 2: Foundations, August 1996.

[119] ISO/IEC. ITU.TS Recommendation X.902 — ISO/IEC 10746-3: Open Distributed Processing Reference Model - Part 3: Architecture, September 1996.

[120] ISO/IEC. ISO/IEC 7498-1: Information Technology - Open Systems Interconnection - The Basic Model, 1997.

[121] M. Izal, G. Urvoy-Keller, E. Biersack, P. Felber, A. Al Hamra, and L. Garces-Erice. Dissecting bittorrent: Five months in a torrent's lifetime. In *Passive and Active Measurements*, volume 3015 of *Lecture Notes in Computer Science*, pages 1–11, Antibes Juan-les-Pins, France, April 2004. Springer.

[122] Ivar Jacobson, Grady Booch, and James Rumbaugh. The unified software development process, 1999.

[123] Michael A. Jaeger and Gero Mühl. Stochastic analysis and comparison of self-stabilizing routing algorithms for publish/subscribe systems. In *The 13th IEEE/ACM International Symposium on Modeling, Analysis and Simulation of Computer and Telecommunication Systems (MASCOTS 2005)*, pages 471–479, Atlanta, Georgia, USA, September 2005. IEEE.

[124] Michael C. Jaeger, Gregor Rojec-Goldmann, Gero Mühl, Christoph Liebetruth, and Kurt Geihs. Ranked Matching for Service Descriptions using OWL-S. In *Kommunikation in verteilten Systemen (KiVS 2005)*, Informatik Aktuell, pages 91–102, Kaiserslautern, Germany, February 2005. Springer Press.

[125] K. Jensen and G. Rozenberg, editors. *High-Level Petri Nets: Theory and Application.* Springer, 1991.

[126] Christopher W. Johnson. What are emergent properties and how do they affect the engineering of complex systems? In *2nd Workshop on Complexity in Design and Engineering*, pages 9–19, Glasgow, 2005.

[127] R.E. Kalman and B. Bucy. New results in linear filtering and prediction theory. *Transactions of the ASME – Journal of Basic Engineering*, 83:95–108, 1961.

[128] Olaf Kath, Andrei Blazarenas, Marc Born, Klaus-Peter Eckert, Motoshisa Funabashi, and Chiaki Hirai. Towards Executable Models: Transforming EDOC Behavior Models to CORBA and BPEL. In *Proceedings of the 8th International Enterprise Distributed Object Computing Conference (EDOC'04)*, pages 267–274, Monterey, California, USA, September 2004. IEEE Press.

[129] Jeffrey O. Kephart and David M. Chess. The vision of autonomic computing. *Computer*, 36(1):41–50, 2003.

[130] Uwe Kiencke. *Ereignisdiskrete Systeme.* Oldenbourg, 1997.

[131] Michael Klein, Birgitta Konig-Ries, and Michael Mussig. What is needed for semantic service descriptions? A proposal for suitable language constructs. *International Journal of Web and Grid Services*, 1(3/4):328–364, 2005.

[132] J. Klensin. Simple Mail Transfer Protocol. RFC 2821 (Proposed Standard), April 2001.

[133] Fabio Kon, Fabio Costa, Gordon Blair, and Roy H. Campbell. The case for reflective middleware. *Communications of the ACM*, 45(6):33–38, 2002.

[134] H. Kopetz, M. Braun, C. Ebner, A. Krueger, D. Millinger, R. Nossal, and A. Schedl. The design of large real-time systems: The time-triggered approach. In *IEEE Real-Time Systems Symposium*, pages 182–189, Vienna, Austria, 1995.

[135] Hermann Kopetz. *Real-Time Systems — Design Principles for Distributed Embedded Applications*. Kluwer Academic Publishers, Norwell, Massachusetts, 1997.

[136] K.G. Shin Krishna, C.M. *Real-Time Systems*. McGraw-Hill Companies, New York, 1997.

[137] Aleš Kubik. Toward a formalization of emergence. *Artificial Life*, 9(1):41–65, 2003.

[138] R. Lai and P. Tansis. Implementation of Estelle Specification using Erlang. In *Proceedings of IEEE Singapore International Conference on Networks [in conjaunction with the] International Conference on Information Engineering*, July 1995.

[139] L. Lamport. Time, Clocks, and the Ordering of Events in a Distributed Environment. *Communications of the ACM*, 21:558–564, July 1978.

[140] L. Lamport, R. Shostak, and M. Pease. The Byzantine generals problem. *ACM Transactions on Programming Languages and Systems*, 4(3):382–401, July 1982.

[141] Leslie Lamport. Time, clocks, and the ordering of events in a distributed system. *Commun. ACM*, 21(7):558–565, 1978.

[142] Leslie Lamport. 'Sometimes' is sometimes 'not never'. In *Proceedings of SIGPLAN-80, 7th ACM Symposium on Principles of Programming Languages*, pages 174–185, Las Vegas, Nevada, 1980.

[143] J. Laprie. Dependability: From concepts to limits. In *12th IFAC International Conference on Computer Safety, Reliability and Security*, 1993.

[144] J. C. Laprie and A. Costes. Dependability: A unifying concept for reliable computing. In *12th IEEE International Symposium on Fault-Tolerant Computing (FTCS-12)*, pages 18–21, 1982.

[145] J.C. Laprie, editor. *Dependability: Basic Concepts and Terminology*, volume Wien. Springer-Verlag, 1992.

[146] Luiz A. Laranjeira, Miroslaw Malek, and Roy Jenevein. Nest: A nested-predicate scheme for fault tolerance. *IEEE Transactions on Computers*, 42(11):1303–1324, November 1993.

[147] Craig Larman. *Applying UML and Patterns: An Introduction to Object-Oriented Analysis and Design and Iterative Development*. Prentice Hall PTR, Upper Saddle River, NJ, 3. edition, 2005.

[148] W. Leal and A. Arora. Scalable self-stabilization via composition. In Ten H. Lai and Kenichi Okada, editors, *Proceedings of the 24th International Conference on Distributed Computing Systems*, pages 12–21, Tokyo, Japan, March 2004. IEEE Computer Society Press.

[149] Stanislaw Lem. The inquest. In *More Tales of Pirx the Pilot*. Harcourt Brace, 1982.

[150] George G. Lendaris. On the definition of self-organizing systems. *Proceedings of the IEEE*, 52:324–325, 1964.

[151] H. Liebig. *Logischer Entwurf digitaler Systeme*. Springer, Berlin, 2006.

[152] Richard J. Lipton and Lawrence Snyder. A linear time algorithm for deciding subject security. *Journal of the ACM*, 24(3):455–464, 1977.

[153] Jiming Liu and Kwok Ching Tsui. Toward Nature-Inspired Computing. *Communications of the ACM*, 49(10):59–64, October 2006.

[154] Jan Lunze. *Regelungstechnik 2: Mehrgrößensysteme. Digitale Regelung*. Springer, Heidelberg, 4. edition, 2006.

[155] B. Lussier, R. Chatila, F. Ingrand, M.-O. Killijian, and D. Powell. On fault tolerance and robustness in autonomous systems. In *Proceedings of the 3rd IARP–IEEE/RAS–EURON Joint Workshop on Technical Challenges for Dependable Robots in Human Environments*, 2004.

[156] Edgar Magaña, Laurent Lefèvre, and Joan Serrat. Autonomic Management Architecture for Flexible Grid Services Deployment Based on Policies. In Paul Lukowicz, Lothar Thiele, and Gerhard Tröster, editors, *20th International Conference on Architecture of Computing Systems (ARCS'07)*, volume 4415 of *Lecture Notes in Computer Science*, pages 150–170, Zurich, Switzerland, March 2007. Springer.

[157] Bernd Mahr. Ein Modell des Modellseins. In Ulrich Dirks and Eberhard Knobloch, editors, *Modelle*, Berlin, 2007. Peter Lang Verlag.

[158] G. Malkin. RIP Version 2. RFC 2453 (Standard), November 1998. Updated by RFC 4822.

[159] Z. Manna and A. Pnueli. *The Temporal Logic of Reactive and Concurrent Systems*. Springer, 1992.

[160] MathWorks. Real-time workshop® 7.1. http://www.mathworks.com/products/rtw, 2008.

[161] MathWorks. Simulink® – simulation und model-based design. http://www.mathworks.de/products/simulink, 2008.

[162] Sheila McIlraith, Tran Cao Son, and Honglei Zeng. Semantic Web Services. *IEEE Intelligent Systems*, pages 46–53, March–April 2001.

[163] Sheila A. McIlraith and David L. Martin. Bringing Semantics to Web Services. *IEEE Intelligent Systems*, 18:90–93, January/February 2003.

[164] Malcolm D. McIlroy. Mass Produced Software Components. In P. Naur and B. Randell, editors, *Software Engineering: Report of a conference sponsored by the NATO Science Committee*, pages 79–87, Garmisch, Germany, October 1969. Scientific Affairs Division, NATO.

[165] C. Meadows. Applying the dependability paradigm to computer security. In *Proceedings of the 1995 New Security Paradigms Workshop*. IEEE Computer Society Press, 1996.

[166] Catherine Meadows. A cost-based framework for analysis of denial of service in networks. *Journal of Computer Security*, 9(1/2):143–164, 2001.

[167] A. B. Mearns. Fault tree analysis : The study of unlikely events in complex systems. In *Boeing/UW System Safety Symposium*, 1965.

[168] Alfred J. Menezes, Scott A. Vanstone, and Paul C. Van Oorschot. *Handbook of Applied Cryptography*. CRC Press, Inc., Boca Raton, FL, USA, 1996.

[169] Philip Meir Merlin. *A study of the recoverability of computing systems*. PhD thesis, University of California, Irvine, 1974.

[170] Eric Miller. Semantic Web Activity Statement. Technical report, W3C, http://www.w3.org/2001/sw/Activity, 2003.

[171] Robin Milner. Functions as processes. *Journal of Mathematical Structures in Computer Science*, 2(2):119–141, 1992.

[172] Robin Milner. Elements of interaction: Turing award lecture. *Communications of the ACM*, 36(1):78–89, 1993.

[173] Robin Milner. *Communicating and Mobile Systems: the Pi-Calculus*. Cambridge University Press, Cambridge, UK, 1999.

[174] Robin Milner, Joachim Parrow, and David Walker. A calculus of mobile processes, i. *Inf. Comput.*, 100(1):1–40, 1992.

[175] Nilo Mitra. SOAP Version 1.2 Part 0: Primer. Technical report, W3C, http://www.w3.org/TR/soap12-part0/, 2003.

[176] P.V. Mockapetris. Domain names - implementation and specification. RFC 1035 (Standard), November 1987. Updated by RFCs 1101, 1183, 1348, 1876, 1982, 1995, 1996, 2065, 2136, 2181, 2137, 2308, 2535, 2845, 3425, 3658, 4033, 4034, 4035, 4343.

[177] Gero Mühl. Generic constraints for content-based publish/subscribe systems. In C. Batini, F. Giunchiglia, P. Giorgini, and M. Mecella, editors, *Proceedings of the 6th International Conference on Cooperative Information Systems (CoopIS '01)*, volume 2172 of *LNCS*, pages 211–225, Trento, Italy, 2001. Springer.

[178] Gero Mühl, Ludger Fiege, and Alejandro P. Buchmann. Evaluation of cooperation models for electronic business. In *Information Systems for E-Commerce, Conference of German Society for Computer Science*, pages 81–94, November 2000. ISBN 3-85487-194-5.

[179] Gero Mühl, Ludger Fiege, and Peter R. Pietzuch. *Distributed Event-Based Systems*. Springer, August 2006.

[180] Gero Mühl, Michael A. Jaeger, Klaus Herrmann, Torben Weis, Ludger Fiege, and Andreas Ulbrich. Self-stabilizing publish/subscribe systems: Algorithms and evaluation. In José C. Cunha and Pedro D. Medeiros, editors, *Proceedings of the 11th European Conference on Parallel Processing (Euro-Par 2005)*, volume 3648 of *Lecture Notes in Computer Science (LNCS)*, pages 664–674, Lisbon, Portugal, August 2005. Springer.

[181] Gero Mühl, Matthias Werner, Michael A. Jaeger, Klaus Herrmann, and Helge Parzyjegla. On the definitions of self-managing and self-organizing systems. In T. Braun, G. Carle, and B. Stiller, editors, *KiVS 2007 Workshop: Selbstorganisierende, Adaptive, Kontextsensitive verteilte Systeme (SAKS 2007)*, Informatik aktuell, pages 291–301. Springer, 2007.

[182] C. Müller-Schloer, C. von der Malsburg, and R. P. Würtz. Organic computing. *Informatik Spektrum*, 27(4):332–336, August 2004.

[183] Christian Müller-Schloer. Organic computing: On the feasibility of controlled emergence. In *Proceedings of the 2nd IEEE/ACM/IFIP international conference on Hardware/software codesign and system synthesis (CODES+ISSS '04)*, pages 2–5, 2004.

[184] J. Myers and M. Rose. Post Office Protocol - Version 3. RFC 1939 (Standard), May 1996. Updated by RFCs 1957, 2449.

[185] S. Nandi and P. Pal Chaudhuri. Analysis of periodic and intermediate boundary 90/150 cellular automata. *IEEE Transactions on Computers*, 45(1):1–12, 1996.

[186] R. Nelson. Some Observations on Implementations of the Post Office Protocol (POP3). RFC 1957 (Informational), June 1996.

[187] Victor P. Nelson. Fault-tolerant computing: fundamental concepts. *IEEE Computer*, 23(7):19–25, July 1990.

[188] OASIS Service Oriented Architecture TC. Reference model for service oriented architecture. http://www.oasis-open.org/committees/download.php/16587/wd-soa-rm-cd1ED.pdf, February 2006.

[189] Object Management Group (OMG). Model driven architecture (mda). OMG document number ormsc/01-07-01, July 2001.

[190] Object Management Group (OMG). Common object request broker architecture: Core specification, v3.0. OMG document number formal/02-12-06, December 2002.

[191] Object Management Group (OMG). CORBA components, v3.0. OMG document number formal/02-06-65, June 2002.

[192] Object Management Group (OMG). Event service specification, v1.2. OMG document number formal/04-10-02, October 2004.

[193] Object Management Group (OMG). Meta object facility (mof) 2.0 query/view/transformation specification. OMG document number ptc/05-11-01, November 2005.

[194] Object Management Group (OMG). Unified modeling language specification, v1.4.2. OMG document number formal/05-04-01, January 2005.

[195] Object Management Group (OMG). CORBA Component Model Specification. OMG formal document/06-04-01, April 2006.

[196] Object Management Group (OMG). Meta object facility (mof) core specification. OMG document number formal/06-01-01, January 2006.

[197] Object Management Group (OMG). Unified modeling language: Infrastructure, v2.1.1. OMG document number formal/07-02-06, February 2007.

[198] Object Management Group (OMG). Unified modeling language: Superstructure, v2.1.1. OMG document number formal/07-02-05, February 2007.

[199] Carl Adam Petri. *Kommunikation mit Automaten*. Bonn: Institut für Instrumentelle Mathematik, Schriften des IIM Nr. 2, 1962.

[200] Max Plus. Linear systems in (max,+)-algebra. In *Proceedings of the 29th Conference on Decision and Control*, Honolulu, December 1990.

[201] Hartmut Pohl. Taxonomie und modellbildung in der informationssicherheit. *Datenschutz und Datensicherheit*, 28(11):678–685, 2004.

[202] J. Postel. Simple Mail Transfer Protocol. RFC 821 (Standard), August 1982. Obsoleted by RFC 2821.

[203] David Powell. Failure mode assumtions and assumption coverage. Technical Report 91462, LAAS-CNRS, 7 avenue du Colonel Roche, 31077 Toulouse, France, March 1995.

[204] Arno Puder. *Typsysteme für die Dienstvermittlung in Offenen Verteilten Systemen*. PhD thesis, Computer Science Department, Johann Wolfgang Goethe University, Frankurt/M., 1997.

[205] Preeda Rajasekaran, John A. Miller, Kunal Verma, and Amit P. Sheth. Enhancing web services description and discovery to facilitate composition. In *Revised Selected Papers of the First International Workshop on Semantic Web Services and Web Process Composition (SWSWPC'04)*, volume 3387 of *Lecture Notes in Computer Science*, pages 55–68, San Diego, California, USA, July 2004. Springer.

[206] P.J. Ramadge and W.M. Wonham. Modular feedback logic for discrete event systems. *SIAM Journal of Control and Optimization*, 25(5):1202–1218, 1987.

[207] P.J. Ramadge and W.M. Wonham. Supervisory control of a class of discrete-event processes. *SIAM Journal of Control and Optimization*, 25(1):206–203, 1987.

[208] C. Ramchandani. Analysis of asynchronous concurrent systems by Timed Petri Nets. *Project MAC-TR 120, MIT*, February 1974.

[209] B. Randell. Dependability–a unifying concept. In *Computer Security, Dependability, and Assurance: From Needs to Solutions, 1998, York, UK & Williamsburg, VA, USA*, pages 16–25. IEEE Computer Society, 1999.

[210] Sylvia Ratnasamy, Paul Francis, Mark Handley, Richard Karp, and Scott Schenker. A scalable content-addressable network. In *Proceedings of the 2001 Conference on Applications, Technologies, Architectures, and Protocols for Computer Communications (SIGCOMM)*, pages 161–172, San Diego, California, United States, 2001. ACM.

[211] Eric S. Raymond. The jargon file. http://www.catb.org/jargon/, v4.4.7, 2003.

[212] David P. Reed. Implementing atomic actions on decentralized data. *ACM Trans. Comput. Syst.*, 1(1):3–23, 1983.

[213] Wolfgang Reisig. *Petri Nets – An Introduction*. Springer, 1985.

[214] Jan Richling. Message Scheduled System - a composable architecture for embedded real-time-systems. In *Prooceedings of 2000 International Conference on Parallel and Distributed Processing Techniques and Applications (PDPTA 2000)*, volume 4, pages 2143–2150, June 2000.

[215] Jan Richling. *Komponierbarkeit eingebetteter Echtzeitsysteme*. PhD thesis, Institut für Informatik, Humboldt-Universität zu Berlin, 2006.

[216] Jan Richling, Matthias Werner, and Louchka Popova-Zeugmann. A formally-proven composable architecture for real-time systems. In *Proceedings of Workshop about Architectures for Cooperative Embedded Real-Time Systems (WACERTS) at the 25th IEEEE Real-Time Systems Symposium*, pages 31–34, 2004.

[217] Urban Richter, Moez Mnif, Jürgen Branke, Christian Müller-Schloer, and Hartmut Schmeck. Towards a generic observer/controller architecture for organic computing. In Christian Hochberger and Rüdiger Liskowsky, editors, *INFORMATIK 2006 – Informatik für Menschen*, volume P-93 of *GI-Edition – Lecture Notes in Informatics*, pages 112–119, Bonn, Germany, September 2006. Köllen Verlag.

[218] E. M. A. Ronald, M. Sipper, and M. S. Capcarrère. Design, observation, surprise! A test of emergence. *Artificial Life*, 5(3):225–239, 1999.

[219] E. M. A. Ronald, M. Sipper, and M. S. Capcarrère. Testing for emergence in artificial life. In D. Floreano, J.-D. Nicoud, and F. Mondada, editors, *Advances in Artificial Life: 5th European Conference (ECAL 99)*, volume 1674 of *Lecture Notes in Computer Science*, pages 13–20. Springer, 1999.

[220] Antony Rowstron and Peter Druschel. Pastry: scalable, decentraized object location and routing for large-scale peer-to-peer systems. In R. Guerraoui, editor, *Proceedings of the 18th IFIP/ACM International Conference on Distributed Systems Platforms (Middleware)*, volume 2218 of *LNCS*, pages 329–350, Heidelberg, Germany, 2001. Springer.

[221] Winston Royce. Managing the development of large software systems: Concepts and techniques. In *Proceedings of the IEEE WESTCON*, pages 1–9, Los Angeles, CA, 1970. IEEE Computer Society Press.

[222] Ravi S. Sandhu. Role hierachies and constraints for lattice-based access control. In *European Symposium on Research in Security and Privacy*, 1996.

[223] Stefan Saroiu, P. Krishna Gummadi, and Steven D. Gribble. A Measurement Study of Peer-to-Peer File Sharing Systems. In *Proceedings of the Multimedia Computing and Networking (MMCN'02)*, 2002.

[224] Hartmut Schmeck. Adaptivity and self-organisation. Talk at the Second Winter School about Self-Organisation in Embedded Systems, November 2007. http://www.ift. cs.uni-potsdam.de/techinf/misc/soes07/presentation/Schmeck_annotiert_SOES2007.pdf.

[225] Douglas C. Schmidt. Why software reuse has failed and how to make it work for you. *C++ Report*, January 1999.

[226] Marco Schneider. Self-stabilization. *ACM Computing Surveys (CSUR)*, 25(1):45–67, 1993.

[227] Bruce Schneier. Attack trees: Modeling security threats. *Dr. Dobb's Journal*, 24(12):21–29, 1999.

[228] Bruce Schneier. *Secrets and Lies–Digital Security in a Networked World*. John Wiley & Sons, 2000.

[229] Ralf Schröder. *SDL-Datenkonzepte - Analyse und Verbesserungen*. PhD thesis, Humboldt Universität zu Berlin, March 2003.

[230] L. Sha, R. Rajkumar, and J. Lojoczky. Priority inheritence protocols: An approach to real-time syncronization. *IEEE Transactions on Computers*, 39(9):1175–1185, 1990.

[231] Lui Sha. Using simplicity to control complexity. *IEEE Software*, 18:20–28, 2001.

[232] Lui Sha, Michael Gagliardi, and Ragunathan Rajkumar. Analytic redundancy: A foundation for evolable dependable systems. Technical report, Carnegie-Mellon University, 1994.

[233] Kang G. Shin and Parameswaran Ramanathan. Real-Time Computing: A New Discipline of Computer Science and Engineering. In *Proceedings of the IEEE*, volume 82, pages 6–24. IEEE Press, January 1994.

[234] Daniel P. Siewiorek and Robert S. Swarz. *The Theory and Practice of Reliable Systems Design*. Digital Press, Bedford, Massachusetts, 1982.

[235] Joseph Sifakis. Use of petri nets for performance evaluation. In *Proceedings of the Third International Symposium on Measuring, Modelling and Evaluating Computer Systems*, pages 75–93. North-Holland, 1977.

[236] B. K. Sikdar, N. Ganguly, A. Karmakar, S. Chowdhury, and P. Pal Chaudhuri. Multiple attractor cellular automata for hierarchical diagnosis of vlsi circuits. In *Proceedings of Asian Test Symposium*, pages 385–390, November 2001.

[237] Ian Sommerville. *Software Engineering*. Addison-Wesley, 8. edition, 2007.

[238] Steffen Staab. Web services: Been there, done that? *IEEE Intelligent Systems*, 18(1):72–85, January 2003.

[239] H. Stachowiak. *Allgemeine Modelltheorie.* Springer, Berlin, 1973.

[240] Peter H. Starke. *Analyse von Petri-Netz-Modellen.* B.G. Teubner, Stuttgart, 1990.

[241] W. Richard Stevens. *TCP/IP Illustrated, Volume 1.* Addison-Wesley, 1994.

[242] Ion Stoica, Robert Morris, David Karger, M. Frans Kaashoek, and Hari Balakrishnan. Chord: A scalable peer-to-peer lookup service for Internet applications. In *Proceedings of the 2001 Conference on Applications, Technologies, Architectures, and Protocols for Computer Communications (SIGCOMM)*, pages 149–160, San Diego, California, United States, August 2001. ACM.

[243] P.D. Stotts and T.W. Pratt. Hierarchical modeling of software systems with timed petri nets. In *International Workshop on Timed Petri Nets*, pages 32–39, Washington, DC, USA, 1985. IEEE Computer Society.

[244] Sun Microsystems, Inc. Simplified guide to the java 2 platform, enterprise edition. http://java.sun.com/j2ee/, September 1999.

[245] Katia Sycara, Massimo Paolucci, Julien Soudry, and Naveen Srinivasan. Dynamic Discovery and Coordination of Agent-Based Semantic Web Services. *IEEE Internet Computing*, 8(3):66–73, May/June 2004.

[246] Clemens Szyperski. *Component Software: Beyond Object-Oriented Programming.* Addison-Wesley, 1997.

[247] Clemens Szyperski. Components and web services. *Dr. Dobb's (Software Development)*, 9(8), August 2001.

[248] Clemens Szyperski. Components and objects together. *Dr. Dobb's (Software Development)*, 7(5):33–41, May 2001 (1999).

[249] Andrew S. Tanenbaum and Maarten van Steen. *Distributed Systems – Principles and Paradigms.* Prentice Hall, Upper Saddle River, New Jersey, USA, 2002.

[250] The OWL Services Coalition. OWL-S: Semantic Markup for Web Services. Technical report, The DARPA Agent Markup Language (DAML) Program, http://www.daml.org/services/, 2004.

[251] Oliver Theel and Felix C. Gärtner. On proving the stability of distributed algorithms: self-stabilization vs. control theory. In Vladimir B. Bajic, editor, *Proceedings of the International Systems, Signals, Control, Computers Conference (SSCC'98), Durban, South Africa*, volume III, pages 58–66, September 1998.

[252] Oliver Theel and Felix C. Gärtner. An exercise in proving convergence through transfer functions. In Anish Arora, editor, *Proceedings of the 19th IEEE International Conference on Distributed Computing Systems Workshop on Self-Stabilizing Systems*, pages 41–47, Austin, TX, June 1999. IEEE Computer Society Press.

[253] Kishor Shridharbhai Trivedi. *Probabilistic and Statistics with Reliability, Queuing and Computer Science Applications.* John Wiley and Sons, New York, 2002.

[254] S. Tuecke, K. Czajkowski, I. Foster, J. Frey, S. Graham, C. Kesselman, T. Maquire, T. Sandholm, D. Snelling, and P. Vanderbilt. Open grid services infrastructure (ogsi), v1.0. OGF Recommendation Document, June 2003.

[255] A. Turing. On computable numbers, with an application to the entscheidungsproblem. In *Proceedings of the London Mathematical Society*, volume 42 of 2, pages 230–265, November 1936.

[256] Alan Turing. Computing machinery and intelligence. *Mind*, 59(236):433–460, 1950.

[257] Mark Twain. *The Prince and the Pauper*. James R. Osgood and Co, Boston, 1882.

[258] H. Unbehauen. *Regelungstechnik*. Vieweg, 1989.

[259] United Nations Development Programme. United Nations Standard Products and Services Code. http://www.unspsc.org/, 2005.

[260] Frank Vaid and Tony Givargis. *Embedded System Design*. John Wiley and Sons, Hoboken, NJ, USA, 2002.

[261] VDE/ITG/GI. Organic computing: Computer- und systemarchitektur im jahr 2010, vde/itg/gi positionspapier. http://www.gi-ev.de/fileadmin/redaktion/Presse/VDE-ITG-GI-Positionspapier_20Organic_20Computing.pdf, 2003.

[262] John von Neumann. The general and logical theory of automata. In A. H. Taub, editor, *The Collected Works of John von Neumann*. Pergamon Press, New York, NY, USA, 1963.

[263] John von Neumann. *Theory of Self-Reproducing Automata*. University of Illinois Press, Champaign, IL, USA, 1966.

[264] Main Commission Aircraft Accident Investigation Warsaw. Report on the accident to airbus a320-211 aircraft in warsaw on 14 september 1993. Final Report, Available at: http://aviation-safety.net/database/record.php?id=19930914-2, March 1994.

[265] H. A. Watson. Launch control safety study. Technical Report Section VII, Bell Labs, 1961.

[266] W. Weaver and C. E. Shannon. *The Mathematical Theory of Communication*. University of Illinois Press, Urbana, Illinois, 1949.

[267] Matthias Werner. Eigenschaften Verlässlicher Systeme. Habilitationsschrift der Technischen Universität Berlin, 2007.

[268] Jeannette M. Wing. Faq on π-calculus. Microsoft Internal Memo, http://www.cs.cmu.edu/%7Ewing/publications/Wing02a.pdf, December 2002.

[269] Glynn Winskel. *The Formal Semantics of Programming Languages: An Introduction*. MIT Press, 1993.

[270] Alexander Wolfe. Intel fixes a Pentium FPU glitch. *EE Times*, (822), November 1994.

[271] Stephen Wolfram, editor. *Theory and Applications of Cellular Automata: Including Selected Papers 1983-1986*. World Scientific, River Edge, NJ, USA, 1986.

[272] Boris Wyssusek. *Methodologische Aspekte der Organisationsmodellierung in der Wirt-schaftsinformatik — Ein soziopragmatisch-konstruktivistischer Ansatz.* PhD thesis, Fakultät IV – Elektrotechnik und Informatik, Technische Universität Berlin., Berlin, Germany, 2004.

[273] Y. C. Yeh. Triple-triple redundant 777 primary flight computer. In *Proceedings of the 1996 IEEE Aerospace Applications Conference*, pages 293–307, Piscataway, NJ, USA, 1996. IEEE.

[274] Y. C. (Bob) Yeh. Dependability of the 777 primary flight control system. In *The Proceedings of DCCA Conference*, 1995.

Index

www.ingramcontent.com/pod-product-compliance
Lightning Source LLC
Chambersburg PA
CBHW081057220326
41598CB00038B/7134